D1691833

Kostentafeln

und andere Tabellen
für die juristische Praxis

29. Auflage
Stand: 1. Juli 2006

Herausgegeben von der
Hans Soldan GmbH

Copyright 2006 by Deutscher Anwaltverlag, Bonn
Satz: Reemers publishing services, Krefeld
Druck: Hans Soldan GmbH, Essen

Bibliografische Information der Deutschen Bibliothek
Die Deutsche Bibliothek verzeichnet diese Publikation in der
Deutschen Nationalbibliografie; detaillierte bibliografische Daten sind
im Internet über http://dnb.ddb.de abrufbar.

ISBN 10:   3-8240-0837-8
ISBN 13: 978-3-8240-0837-7

Vorbemerkungen zur 29. Auflage

Die 29. Auflage entspricht dem Rechtsstand vom 1. 7. 2006. An Gesetzesänderungen wurden nach Inkrafttreten des Gesetzes zur Modernisierung des Kostenrechts (Kostenrechtsmodernisierungsgesetz — KostRMoG) vom 5. 5. 2004 (BGBl. I S. 718) insbesondere berücksichtigt:

- Gesetz zur Verbesserung der Rechte von Verletzten im Strafverfahren (Opferrechtsreformgesetz — OpferRRG) vom 24. 6. 2004 (BGBl. I S. 1354);
- Gesetz zur Neuordnung der Gebühren in Handels-, Partnerschafts- und Genossenschaftsregistersachen (Handelsregistergebühren-Neuordnungsgesetz — HRegGebNeuOG) vom 3. 7. 2004 (BGBl. I S. 1410);
- Gesetz zur Einführung der nachträglichen Sicherungsverwahrung vom 23. 7. 2004 (BGBl. I S. 1838);
- Erstes Gesetz zur Modernisierung der Justiz (1. Justizmodernisierungsgesetz) vom 24. 8. 2004 (BGBl. I S. 2198);
- Gesetz über die Rechtsbehelfe bei Verletzung des Anspruchs auf rechtliches Gehör (Anhörungsrügengesetz) vom 9. 12. 2004 (BGBl. I S. 3220);
- Gesetz zur Umsetzung gemeinschaftsrechtlicher Vorschriften über die grenzüberschreitende Prozesskostenhilfe in Zivil- und Handelssachen in den Mitgliedstaaten (EG-Prozesskostenhilfegesetz) vom 15. 12. 2004 (BGBl. I S. 3392);
- Gesetz zur Überarbeitung des Lebenspartnerschaftsrechts vom 15. 12. 2004 (BGBl. I S. 3396);
- Gesetz zur Kontrolle von Unternehmensabschlüssen (Bilanzkontrollgesetz — BilKoG) vom 15. 12. 2004 (BGBl. I S. 3408);
- Gesetz zum internationalen Familienrecht vom 26. 1. 2005 (BGBl I S. 162);
- Gesetz über die Verwendung elektronischer Kommunikationsformen in der Justiz (Justizkommunikationsgesetz — JKomG) vom 22. 3. 2005 (BGBl. I S. 837);
- Zweites Gesetz zur Neuregelung des Energiewirtschaftsrechts vom 7. 7. 2005 (BGBl. I S. 1970, berichtigt S. 3621);
- Gesetz zur Einführung von Kapitalanleger-Musterverfahren vom 16. 8. 2005 (BGBl. I S. 2437);
- Gesetz zur Durchführung der Verordnung (EG) Nr. 805/2004 über einen Europäischen Vollstreckungstitel für unbestrittene Forderungen (EG-Vollstreckungstitel-Durchführungsgesetz vom 18. 8. 2005) (BGBl. I S. 2477);
- Gesetz zur Unternehmensintegrität und Modernisierung des Anfechtungsrechts (UMAG) vom 22. 9. 2005 (BGBl. I S. 2802).

I. Übergangsvorschriften aus Anlass des Inkrafttretens des Kostenrechtsmodernisierungsgesetzes zum 1. 7. 2004

GKG § 72 **Übergangsvorschrift aus Anlass des Inkrafttretens dieses Gesetzes**
[1] Das Gerichtskostengesetz in der Fassung der Bekanntmachung vom 15. Dezember 1975 (BGBl. I S. 3047) [...] und Verweisungen hierauf sind weiter anzuwenden
1. in Rechtsstreitigkeiten, die vor dem 1. Juli 2004 anhängig geworden sind; dies gilt nicht im Verfahren über ein Rechtsmittel, das nach dem 1. Juli 2004 eingelegt worden ist;
2. in Strafsachen, in gerichtlichen Verfahren nach dem Gesetz über Ordnungswidrigkeiten und nach dem Strafvollzugsgesetz, wenn die über die Kosten ergehende Entscheidung vor dem 1. Juli 2004 rechtskräftig geworden ist;
3. in Insolvenzverfahren, Verteilungsverfahren nach der Schifffahrtsrechtlichen Verteilungsordnung und Verfahren der Zwangsversteigerung und Zwangsverwaltung für Kosten, die vor dem 1. Juli 2004 fällig geworden sind.

RVG § 61 **Übergangsvorschrift aus Anlass des Inkrafttretens dieses Gesetzes**
(1) [1] Die Bundesgebührenordnung für Rechtsanwälte in der im Bundesgesetzblatt Teil III, Gliederungsnummer 368-1, veröffentlichten bereinigten Fassung [...] und Verweisungen hierauf sind weiter anzuwenden, wenn der unbedingte Auftrag zur Erledigung derselben Angelegenheit im Sinne des § 15 vor dem 1. Juli 2004 erteilt oder der Rechtsanwalt vor diesem Zeitpunkt gerichtlich bestellt oder beigeordnet worden ist. [2] Ist der Rechtsanwalt am 1. Juli 2004 in derselben Angelegenheit und, wenn ein gerichtliches Verfahren anhängig ist, in demselben Rechtszug bereits tätig, gilt für das Verfahren über ein Rechtsmittel, das nach diesem Zeitpunkt eingelegt worden ist, dieses Gesetz. [3] § 60 Abs. 2 ist entsprechend anzuwenden.

(2) [1] Auf die Vereinbarung der Vergütung sind die Vorschriften dieses Gesetzes auch dann anzuwenden, wenn nach Absatz 1 die Vorschriften der Bundesgebührenordnung für Rechtsanwälte weiterhin anzuwenden und die Willenserklärungen beider Parteien nach dem 1. Juli 2004 abgegeben worden sind.

KostO § 163 **Übergangsvorschrift zum Kostenrechtsmodernisierungsgesetz**
[1] Für die Beschwerde und die Erinnerung finden die vor dem 1. Juli 2004 geltenden Vorschriften weiter Anwendung, wenn die Kosten vor dem 1. Juli 2004 angesetzt oder die anzufechtende Entscheidung vor dem 1. Juli 2004 der Geschäftsstelle übermittelt worden ist.

JVEG § 25 **Übergangsvorschrift aus Anlass des Inkrafttretens dieses Gesetzes**
[1] Das Gesetz über die Entschädigung der ehrenamtlichen Richter in der Fassung der Bekanntmachung vom 1. Oktober 1969 (BGBl. I S. 1753) [...] und das Gesetz über die Entschädigung von Zeugen und Sachverständigen in der Fassung der Bekanntmachung vom 1. Oktober 1969 (BGBl. I S. 1756) [...] sowie Verweisungen auf diese Gesetze sind weiter anzuwenden, wenn der Auftrag an den Sachverständigen, Dolmetscher oder Übersetzer vor dem 1. Juli 2004 erteilt oder der Berechtigte vor diesem Zeitpunkt herangezogen worden ist. [2] Satz 1 gilt für Heranziehungen vor dem 1. Juli 2004 auch dann, wenn der Berechtigte in derselben Rechtssache auch nach dem 1. Juli 2004 herangezogen worden ist.

II. Zusätzliche Übergangsvorschriften aus Anlass des Inkrafttretens des Handelsregistergebühren-Neuordnungsgesetzes

KostO § 164 Zusätzliche Übergangsvorschriften aus Anlass des Inkrafttretens des Handelsregistergebühren-Neuordnungsgesetzes
(1) [1] Die vor dem Tag des Inkrafttretens einer Rechtsverordnung nach § 79a fällig gewordenen Gebühren für alle eine Gesellschaft oder Partnerschaft betreffenden Eintragungen in das Handels- und das Partnerschaftsregister sind der Höhe nach durch die in dieser Rechtsverordnung bestimmten Gebührenbeträge begrenzt, soweit diese an ihre Stelle treten. [2] Dabei sind die Maßgaben in Anlage I Kapitel III Sachgebiet A Abschnitt III Nr. 20 Buchstabe a des Einigungsvertrages vom 31. August 1990 (BGBl. 1990 II S. 885, 935, 940) in Verbindung mit der Ermäßigungssatz-Anpassungsverordnung vom 15. April 1996 (BGBl. I S. 604) in dem in Artikel 3 des Einigungsvertrages genannten Gebiet bis zum 28. Februar 2002 und in dem in Artikel 1 Abs. 1 des Einigungsvertrages genannten Gebiet bis zum 30. Juni 2004 entsprechend anzuwenden. [3] Die Sätze 1 und 2 gelten nicht, soweit Ansprüche auf Rückerstattung von Gebühren zum Zeitpunkt des Inkrafttretens dieser Rechtsverordnung bereits verjährt sind.

(2) [1] Rückerstattungsansprüche, die auf der Gebührenbegrenzung nach Absatz 1 beruhen, können nur im Wege der Erinnerung geltend gemacht werden, es sei denn, die dem Rückerstattungsanspruch zugrunde liegende Zahlung erfolgte aufgrund eines vorläufigen Kostenansatzes. [2] Eine gerichtliche Entscheidung über den Kostenansatz steht der Einlegung einer Erinnerung insoweit nicht entgegen, als der Rückerstattungsanspruch auf der Gebührenbegrenzung nach Absatz 1 beruht.

(3) [1] § 17 Abs. 2 findet in der ab 1. Juli 2004 geltenden Fassung auf alle Rückerstattungsansprüche Anwendung, die auf der Gebührenbegrenzung nach Absatz 1 beruhen. [2] Rückerstattungsansprüche nach Absatz 1, die auf Zahlungen beruhen, die aufgrund eines vorläufigen Kostenansatzes geleistet worden sind, verjähren frühestens in vier Jahren nach Ablauf des Kalenderjahrs, in dem der endgültige Kostenansatz dem Kostenschuldner mitgeteilt worden ist.

III. Soweit ein Gesetz keine besondere Übergangsregelung enthält, gelten für die Anwendung von altem bzw. neuem Kostenrecht folgende Regelungen

GKG § 71 Übergangsvorschrift
(1) [1] In Rechtsstreitigkeiten, die vor dem Inkrafttreten einer Gesetzesänderung anhängig geworden sind, werden die Kosten nach bisherigem Recht erhoben. [2] Dies gilt nicht im Verfahren über ein Rechtsmittel, das nach dem Inkrafttreten einer Gesetzesänderung eingelegt worden ist. [3] Die Sätze 1 und 2 gelten auch, wenn Vorschriften geändert werden, auf die dieses Gesetz verweist.

(2) [1] In Strafsachen, in gerichtlichen Verfahren nach dem Gesetz über Ordnungswidrigkeiten und nach dem Strafvollzugsgesetz werden die Kosten nach dem bisherigen Recht erhoben, wenn die über die Kosten ergehende Entscheidung vor dem Inkrafttreten einer Gesetzesänderung rechtskräftig geworden ist.

(3)[1] In Insolvenzverfahren, Verteilungsverfahren nach der Schifffahrtsrechtlichen Verteilungsordnung und Verfahren der Zwangsversteigerung und

Zwangsverwaltung gilt das bisherige Recht für Kosten, die vor dem Inkrafttreten einer Gesetzesänderung fällig geworden sind.

RVG § 60 Übergangsvorschrift

(1) [1] Die Vergütung ist nach bisherigem Recht zu berechnen, wenn der unbedingte Auftrag zur Erledigung derselben Angelegenheit im Sinne des § 15 vor dem Inkrafttreten einer Gesetzesänderung erteilt oder der Rechtsanwalt vor diesem Zeitpunkt gerichtlich bestellt oder beigeordnet worden ist. [2] Ist der Rechtsanwalt im Zeitpunkt des Inkrafttretens einer Gesetzesänderung in derselben Angelegenheit und, wenn ein gerichtliches Verfahren anhängig ist, in demselben Rechtszug bereits tätig, ist die Vergütung für das Verfahren über ein Rechtsmittel, das nach diesem Zeitpunkt eingelegt worden ist, nach neuem Recht zu berechnen. [3] Die Sätze 1 und 2 gelten auch, wenn Vorschriften geändert werden, auf die dieses Gesetz verweist.

(2) [1] Sind Gebühren nach dem zusammengerechneten Wert mehrerer Gegenstände zu bemessen, gilt für die gesamte Vergütung das bisherige Recht auch dann, wenn dies nach Absatz 1 nur für einen der Gegenstände gelten würde.

KostO § 161 Übergangsvorschrift

[1] Für Kosten, die vor dem Inkrafttreten einer Gesetzesänderung fällig geworden sind, gilt das bisherige Recht. [2] Werden Gebühren für ein Verfahren erhoben, so werden die Kosten für die jeweilige Instanz nach bisherigem Recht erhoben, wenn die Instanz vor dem Inkrafttreten einer Gesetzesänderung eingeleitet worden ist. [3] Die Sätze 1 und 2 gelten auch, wenn Vorschriften geändert werden, auf die dieses Gesetz verweist.

JVEG § 24 Übergangsvorschrift

[1] Die Vergütung und die Entschädigung sind nach bisherigem Recht zu berechnen, wenn der Auftrag an den Sachverständigen, Dolmetscher oder Übersetzer vor dem Inkrafttreten einer Gesetzesänderung erteilt oder der Berechtigte vor diesem Zeitpunkt herangezogen worden ist. [2] Dies gilt auch, wenn Vorschriften geändert werden, auf die dieses Gesetz verweist.

Rechtsanwaltsgebühren

Schnellübersicht

Gebührensätze

Abänderung von Entscheidungen

- aufgrund Beschwerde/Erinnerung (§§ 573, 766 ZPO; § 11 RPflG)

Verfahrensgebühr VV 3500	0,5
Terminsgebühr VV 3513	0,5

- von Unterhaltstiteln (vereinfachtes Verfahren) nach § 655 Abs. 1 ZPO

Verfahrensgebühr VV 3331	0,5
Terminsgebühr VV 3332	0,5

  Anrechnung der Verfahrensgebühr auf die Verfahrensgebühr bei nachfolgendem Rechtsstreit gem. §§ 651, 656 ZPO

- von Urteilen, Beschlüssen und anderen Unterhaltstiteln gem. § 323 ZPO

Verfahrensgebühr VV 3100	1,3
Terminsgebühr VV 3104	1,2

Abschriften siehe Dokumentenpauschale

Abwesenheitsgeld siehe Reisekosten

Adhäsionsverfahren

Verfahrensgebühr für das erstinstanzliche Verfahren sowie bei Einzeltätigkeit

VV 4143, VV Vorb. 4.3 Abs. 2	2,0

(1) Die Gebühr entsteht auch, wenn der Anspruch erstmalig im Berufungsverfahren geltend gemacht wird.

(2) Die Gebühr wird zu einem Drittel auf die Verfahrensgebühr, die für einen bürgerlichen Rechtsstreit wegen desselben Anspruchs entsteht, angerechnet.

Verfahrensgebühr im Berufungs- und Revisionsverfahren sowie bei Einzeltätigkeit

VV 4144, VV Vorb. 4.3 Abs. 2	2,5

Verfahrensgebühr für das Verfahren über die Beschwerde gegen den Beschluss, mit dem nach § 406 Abs. 5 S. 2 StPO von einer Entscheidung abgesehen wird

VV 4145, VV Vorb. 4.3 Abs. 2	0,5

Anhörungsrüge siehe Gehörsrüge

Gebührensätze

Arbeitssachen

Gebühren grundsätzlich wie im Prozessverfahren, vgl. VV Vorb. 3.1 Abs. 1, u. a. mit folgenden Ausnahmen:

- In Verfahren über Beschwerden oder Rechtsbeschwerden gegen die den Rechtszug beendenden Entscheidungen im Beschlussverfahren vor den Gerichten für Arbeitssachen ist jedoch VV Teil 3 Abschnitt 2 Unterabschnitt 1 anzuwenden, vgl. VV Vorb. 3.2.1 Abs. 1 Nr. 2e.
- Verfahren vor den Gerichten für Arbeitssachen, wenn sich die Tätigkeit auf eine gerichtliche Entscheidung über die Bestimmung einer Frist (§ 102 Abs. 3 ArbGG), die Ablehnung eines Schiedsrichters (§ 103 Abs. 3 ArbGG) oder die Vornahme einer Beweisaufnahme oder einer Vereidigung (§ 106 Abs. 2 ArbGG) beschränkt:

Verfahrensgebühr VV 3326	0,75
Vorzeitige Beendigung des Auftrags: Gebühr VV 3326 reduziert sich gem. VV 3337 auf	0,5
Terminsgebühr VV 3332	0,5

Arrest

Grundsätzlich Gebühren wie im Prozessverfahren 1. und 2. Instanz (VV Teil 3 Abschnitt 1 und 2).

Wenn im Verfahren über einen Antrag auf Anordnung, Abänderung oder Aufhebung eines Arrests oder einer einstweiligen Verfügung das Berufungsgericht als Gericht der Hauptsache anzusehen ist (§ 943 ZPO), bestimmen sich die Gebühren nach VV Teil 3 Abschnitt 1, vgl. VV Vorb. 3.2. Abs. 2.

Im Beschwerdeverfahren gegen die Zurückweisung des Arrestantrags erhält der Rechtsanwalt eine

Verfahrensgebühr VV 3500	0,5
Terminsgebühr VV 3513	0,5

Entscheidet das Beschwerdegericht über eine Beschwerde gegen die Zurückweisung des Antrags auf Anordnung eines Arrests durch Urteil, beträgt die Gebühr VV 3513 gem. VV 3514 1,2

Beachte auch § 15 Abs. 2 S. 2, § 17 Nr. 4 und § 16 Nr. 6 zur Frage derselben Angelegenheit.

Aufgebotsverfahren

Verfahrensgebühr VV 3324	1,0
Bei vorzeitiger Beendigung des Auftrags reduziert sich die Verfahrensgebühr VV 3324 gem. VV 3337 auf	0,5
Terminsgebühr VV 3332	0,5

Auskunft siehe Beratung

Auslieferungssachen siehe Internationale Rechtshilfe in Strafsachen

Aussöhnung von Ehegatten
Aussöhnungsgebühr VV 1001 1,5
Der dem Antragsgegner gem. § 625 ZPO beigeordnete Rechtsanwalt kann von diesem die Vergütung eines zum Prozessbevollmächtigten bestellten Rechtsanwalts und einen Vorschuss verlangen (§ 39 S. 1). Die für einen in einer Scheidungssache beigeordneten Rechtsanwalt geltenden Vorschriften sind für einen in einer Lebenspartnerschaftssache beigeordneten Rechtsanwalt entsprechend anzuwenden (§ 39 S. 2). Bei Zahlungsverzug des Zahlungsverpflichteten Vergütung aus der Landeskasse (§ 45 Abs. 2).

Über die Ehesache ist ein gerichtliches Verfahren anhängig:
Gebühr VV 1001 beträgt gem. VV 1003 1,0

Über die Ehesache ist ein Berufungs- oder Revisionsverfahren anhängig:
Gebühr VV 1001 beträgt gem. VV 1004 1,3

Beratung, Auskunft, Gutachten, Mediation (gültig ab 1.7.2006)
Seit dem 1.1.2006 soll der Rechtsanwalt für einen mündlichen oder schriftlichen Rat oder eine Auskunft (Beratung), die nicht mit einer anderen gebührenpflichtigen Tätigkeit zusammenhängen, für die Ausarbeitung eines schriftlichen Gutachtens und für die Tätigkeit als Mediator auf eine Gebührenvereinbarung hinwirken, soweit in Teil 2 Abschnitt 1 des VV (2100 – 2103) keine Gebühren bestimmt sind.

Ist keine Vereinbarung getroffen worden, erhält der Rechtsanwalt Gebühren nach §§ 612, 632 BGB. Ist keine Vereinbarung getroffen und ist der Auftraggeber Verbraucher, beträgt die Gebühr für die Beratung oder für die Ausarbeitung eines schriftlichen Gutachtens jeweils höchstens 250 Euro; § 14 Abs. 1 gilt entsprechend; für ein erstes Beratungsgespräch beträgt die Gebühr jedoch höchstens 190 Euro.

Wenn nichts anderes vereinbart ist, ist die Gebühr für die Beratung auf eine Gebühr für eine sonstige Tätigkeit, die mit der Beratung zusammenhängt, anzurechnen.

Beratungshilfe
nach dem Beratungshilfegesetz (BerHG) vom 18.6.1980, BGBl. I S. 689, zuletzt geändert durch Gesetz vom 15.12.2004, BGBl. I S. 3392, 3393.

Gebührensätze

VV 2500: Dem Rechtsanwalt steht gegen den Rechtsuchenden, dem er Beratungshilfe gewährt, eine Gebühr von . . . . 10,00 EUR zu, die er nach dessen Verhältnissen erlassen kann. Neben der Gebühr werden keine Auslagen erhoben.

Vereinbarungen über eine Vergütung sind nichtig, § 8 BerHG.

Aus der Landeskasse erhält der Rechtsanwalt für seine Tätigkeit nach VV Teil 2 Abschnitt 5 folgende Vergütung:

Beratungsgebühr VV 2501 . . . . 30,00 EUR

> (1) Die Gebühr entsteht für eine Beratung, wenn die Beratung nicht mit einer anderen gebührenpflichtigen Tätigkeit zusammenhängt.
>
> (2) Die Gebühr ist auf eine Gebühr für eine sonstige Tätigkeit anzurechnen, die mit der Beratung zusammenhängt.

Beratungstätigkeit mit dem Ziel einer außergerichtlichen Einigung mit den Gläubigern über die Schuldenbereinigung auf der Grundlage eines Plans (§ 305 Abs. 1 Nr. 1 InsO):
Die Gebühr VV 2501 beträgt gem. VV 2502. . . . . 60,00 EUR

Geschäftsgebühr VV 2503 . . . . 70,00 EUR

> (1) Die Gebühr entsteht für das Betreiben des Geschäfts einschließlich der Information oder die Mitwirkung bei der Gestaltung eines Vertrags.
>
> (2) Auf die Gebühren für ein anschließendes gerichtliches oder behördliches Verfahren ist diese Gebühr zur Hälfte anzurechnen. Auf die Gebühren für ein Verfahren auf Vollstreckbarerklärung eines Vergleichs nach den §§ 796a, 796b und 796c Abs. 2 Satz 2 ZPO ist die Gebühr zu einem Viertel anzurechnen.

Tätigkeit mit dem Ziel einer außergerichtlichen Einigung mit den Gläubigern über die Schuldenbereinigung auf der Grundlage eines Plans (§ 305 Abs. 1 Nr. 1 InsO):
Die Geschäftsgebühr VV 2503 beträgt bei

– bis zu 5 Gläubigern, VV 2504. . . . . 224,00 EUR
– es sind 6 bis 10 Gläubiger, VV 2505 . . . . 336,00 EUR
– es sind 11 bis 15 Gläubiger, VV 2506 . . . . 448,00 EUR
– es sind mehr als 15 Gläubiger, VV 2507. . . . . 560,00 EUR

Einigungs- und Erledigungsgebühr VV 2508 . . . . 125,00 EUR

> (1) Die Anmerkungen zu VV 1000 und 1002 sind anzuwenden.
>
> (2) Die Gebühr entsteht auch für die Mitwirkung bei einer außergerichtlichen Einigung mit den Gläubigern über die Schuldenbereinigung auf der Grundlage eines Plans (§ 305 Abs. 1 Nr. 1 InsO).

Berufungsverfahren in Zivilsachen und in verwaltungsgerichtlichen Verfahren

Verfahrensgebühr VV 3200	1,6
Bei vorzeitiger Beendigung des Auftrags reduziert sich die Gebühr VV 3200 gem. VV 3201 auf	1,1
Terminsgebühr VV 3202	1,2
Reduzierte Terminsgebühr VV 3203	0,5

Zu den Gebühren in Berufungsverfahren in Strafsachen siehe „Strafsachen"

Beschwerde Gem. §§ 573, 766 ZPO, § 11 RPflG

Verfahrensgebühr VV 3500	0,5
Terminsgebühr VV 3513	0,5

Im Übrigen in unterschiedlicher Höhe je nach Art der Beschwerde, siehe

- VV Vorb. 3.2.1 Abs. 1
- VV Vorb. 3.2.1 Abs. 2, VV Vorb. 3.2.2
- VV Vorb. 3.1 Abs. 2
- VV Teil 3 Abschnitt 5

Beschwerden in Folgesachen
siehe Ehesachen bzw. Lebenspartnerschaft

Beweisgebühr entfallen

Bußgeldsachen – Gebühren des Verteidigers (VV Teil 5 Abschnitt 1)

Gebührentatbestand *	VV	Wahlverteidiger				Pflichtverteidiger	
		Mindestgebühr €	Höchstgebühr €	Mittelgebühr €	Zusätzliche Gebühr** €	Gebühr €	Zusätzliche Gebühr** €
1. Grundgebühr	5100	20,00	150,00	85,00		68,00	
2. Vorbereitendes Verfahren							
a) Verfahrensgebühr							
Bußgeld weniger als 40 €	5101	10,00	100,00	55,00	55,00	44,00	44,00
Bußgeld von 40 bis 5.000 €	5103	20,00	250,00	135,00	135,00	108,00	108,00
Bußgeld über 5.000 €	5105	30,00	250,00	140,00	140,00	112,00	112,00
b) Terminsgebühr							
Bußgeld weniger als 40 €	5102	10,00	100,00	55,00		44,00	
Bußgeld von 40 bis 5.000 €	5104	20,00	250,00	135,00		108,00	
Bußgeld über 5.000 €	5106	30,00	250,00	140,00		112,00	
3. Verfahren vor dem Amtsgericht							
a) Verfahrensgebühr							
Bußgeld weniger als 40 €	5107	10,00	100,00	55,00	55,00	44,00	44,00
Bußgeld von 40 bis 5.000 €	5109	20,00	250,00	135,00	135,00	108,00	108,00
Bußgeld über 5.000 €	5111	40,00	300,00	170,00	170,00	136,00	136,00
b) Terminsgebühr							
Bußgeld weniger als 40 €	5108	20,00	200,00	110,00		88,00	
Bußgeld von 40 bis 5.000 €	5110	30,00	400,00	215,00		172,00	
Bußgeld über 5.000 €	5112	70,00	470,00	270,00		216,00	
4. Rechtsbeschwerde und Verfahren auf Zulassung der Rechtsbeschwerde							
a) Verfahrensgebühr	5113	70,00	470,00	270,00	270,00	216,00	216,00
b) Terminsgebühr	5114	70,00	470,00	270,00		216,00	
5. Einzeltätigkeiten							
Verfahrensgebühr	5200	10,00	100,00	55,00		44,00	

* Auf die Ausrechnung der Auslagen wurde verzichtet, da durch mögliche Anrechnung bzw. Addition mit anderen Gebühren die Berechnung unzutreffend wäre.
** Zusätzliche Gebühr bei Erledigung des Verfahrens gem. VV 5115 in Höhe der jeweiligen Verfahrensmittelgebühr (ohne Zuschlag). Zusätzliche Gebühr bei Einziehung und verwandten Maßnahmen gem. VV 5116 für Wahl- wie Pflichtverteidiger in Höhe von 1,0.

Disziplinarverfahren und berufsgerichtliche Verfahren wegen der Verletzung einer Berufspflicht – Gebühren des Rechtsanwalts (VV Teil 6 Abschnitt 2)

Gebührentatbestand *	VV	Wahlverteidiger oder Verfahrensbevollmächtigter				Gerichtlich bestellter oder beigeordneter RA	
		Mindestgebühr €	Höchstgebühr €	Mittelgebühr €	Zusätzliche Gebühr** €	Gebühr €	Zusätzliche Gebühr** €
Allgemeine Gebühren							
1. Grundgebühr	6200	30,00	300,00	165,00		132,00	
2. Terminsgebühr	6201	30,00	312,50	171,25		137,00	
Außergerichtliches Verfahren							
Verfahrensgebühr	6202	30,00	250,00	140,00	140,00	112,00	112,00
Gerichtliches Verfahren							
1. Instanz							
Verfahrensgebühr	6203	40,00	270,00	155,00	155,00	124,00	124,00
Terminsgebühr je Verhandlungstag	6204	70,00	470,00	270,00		216,00	
Der gerichtlich bestellte Rechtsanwalt nimmt mehr als 5 und bis 8 Stunden an der Hauptverhandlung teil: Zusätzliche Gebühr neben der Gebühr 6204	6205					108,00	
Der gerichtlich bestellte Rechtsanwalt nimmt mehr als 8 Stunden an der Hauptverhandlung teil: Zusätzliche Gebühr neben der Gebühr 6204	6206					216,00	

* Auf die Ausrechnung der Auslagen wurde verzichtet, da durch mögliche Anrechnung bzw. Addition mit anderen Gebühren die Berechnung unzutreffend wäre.

** Wird durch die anwaltliche Mitwirkung die mündliche Verhandlung entbehrlich, erhält der Anwalt eine zusätzliche Gebühr gem. VV 6216 in Höhe der jeweiligen Verfahrensgebühr für den jeweiligen Rechtszug, wobei sich für den Wahlanwalt die Gebühr nach der Rahmenmitte bemisst.
Die Gebühr entsteht, wenn eine gerichtliche Entscheidung mit Zustimmung der Beteiligten ohne mündliche Verhandlung ergeht oder einer beabsichtigten Entscheidung ohne Hauptverhandlungstermin nicht widersprochen wird.
Die Gebühr entsteht nicht, wenn eine auf die Förderung des Verfahrens gerichtete Tätigkeit nicht ersichtlich ist.

Disziplinarverfahren und berufsgerichtliche Verfahren wegen der Verletzung einer Berufspflicht – Gebühren des Rechtsanwalts (VV Teil 6 Abschnitt 2)

Gebührentatbestand *	VV	Wahlverteidiger oder Verfahrensbevollmächtigter				Gerichtlich bestellter oder beigeordneter RA	
		Mindestgebühr €	Höchstgebühr €	Mittelgebühr €	Zusätzliche Gebühr** €	Gebühr €	Zusätzliche Gebühr** €
2. Instanz							
Verfahrensgebühr	6207	70,00	470,00	270,00	270,00	216,00	216,00
Terminsgebühr je Verhandlungstag	6208	70,00	470,00	270,00		216,00	
Der gerichtlich bestellte Rechtsanwalt nimmt mehr als 5 und bis 8 Stunden an der Hauptverhandlung teil: Zusätzliche Gebühr neben der Gebühr 6208	6209					108,00	
Der gerichtlich bestellte Rechtsanwalt nimmt mehr als 8 Stunden an der Hauptverhandlung teil: Zusätzliche Gebühr neben der Gebühr 6208	6210					216,00	
3. Instanz							
Verfahrensgebühr	6211	100,00	930,00	515,00	515,00	412,00	412,00
Terminsgebühr je Verhandlungstag	6212	100,00	470,00	515,00		228,00	
Der gerichtlich bestellte Rechtsanwalt nimmt mehr als 5 und bis 8 Stunden an der Hauptverhandlung teil: Zusätzliche Gebühr neben der Gebühr 6212	6213					114,00	
Der gerichtlich bestellte Rechtsanwalt nimmt mehr als 8 Stunden an der Hauptverhandlung teil: Zusätzliche Gebühr neben der Gebühr 6212	6214					228,00	
Verfahrensgebühr für das Verfahren über die Beschwerde gegen die Nichtzulassung der Revision	6215	60,00	930,00	495,00		396,00	

* Auf die Ausrechnung der Auslagen wurde verzichtet, da durch mögliche Anrechnung bzw. Addition mit anderen Gebühren die Berechnung unzutreffend wäre.

** Wird durch die anwaltliche Mitwirkung die mündliche Verhandlung entbehrlich, erhält der Anwalt eine zusätzliche Gebühr gem. VV 6216 in Höhe der jeweiligen Verfahrensgebühr für den jeweiligen Rechtszug, wobei sich für den Wahlanwalt die Gebühr nach der Rahmenmitte bemisst.
Die Gebühr entsteht, wenn eine gerichtliche Entscheidung mit Zustimmung der Beteiligten ohne mündliche Verhandlung ergeht oder einer beabsichtigten Entscheidung ohne Hauptverhandlungstermin nicht widersprochen wird.
Die Gebühr entsteht nicht, wenn eine auf die Förderung des Verfahrens gerichtete Tätigkeit nicht ersichtlich ist.

Dokumentenpauschale

Der Rechtsanwalt erhält nach VV 7000 eine Dokumentenpauschale für die Herstellung und Überlassung von Dokumenten:

1. für Ablichtungen und Ausdrucke

   a) aus Behörden- und Gerichtsakten, soweit deren Herstellung zur sachgemäßen Bearbeitung der Rechtssache geboten war,

   b) zur Zustellung oder Mitteilung an Gegner oder Beteiligte und Verfahrensbevollmächtigte auf Grund einer Rechtsvorschrift oder nach Aufforderung durch das Gericht, die Behörde oder die sonst das Verfahren führende Stelle, soweit hierfür mehr als 100 Seiten zu fertigen waren,

   c) zur notwendigen Unterrichtung des Auftraggebers, soweit hierfür mehr als 100 Seiten zu fertigen waren,

   d) in sonstigen Fällen nur, wenn sie im Einverständnis mit dem Auftraggeber zusätzlich, auch zur Unterrichtung Dritter, angefertigt worden sind:

   für die ersten 50 abzurechnenden Seiten je Seite ..... 0,50 EUR

   für jede weitere Seite .... 0,15 EUR

2. für die Überlassung von elektronisch gespeicherten Dateien anstelle der in Nummer 1 Buchstabe d genannten Ablichtungen und Ausdrucke:
   je Datei................................. 2,50 EUR

Die Höhe der Dokumentenpauschale nach Nummer 1 ist in derselben Angelegenheit und in gerichtlichen Verfahren in demselben Rechtszug einheitlich zu berechnen.

Durchschriften siehe Dokumentenpauschale

Ehesachen

1. Scheidungs- und Scheidungsfolgesachen

Gebühren wie im Prozessverfahren gem. VV Teil 3 Abschnitt 1 und 2.

Scheidungssache und die Folgesachen (§ 621 Abs. 1 Nr. 1 bis 9, § 623 Abs. 1 bis 3, 5 ZPO) gelten als **dieselbe Angelegenheit**, § 16 Nr. 4.

Die Gebühren sind nach dem zusammengerechneten Wert der Gegenstände zu berechnen (§ 22 Abs. 1).

Zum **Gegenstandswert** siehe Übersicht „Die wichtigsten Gegenstandswerte in familiengerichtlichen Verfahren", S. 131 ff.

In Verfahren über **Beschwerden** oder Rechtsbeschwerden gegen die den Rechtszug beendenden Entscheidungen in

Familien- und Lebenspartnerschaftssachen findet VV Teil 3 Abschnitt 2 Unterabschnitt 1 – VV 3200 ff. – Anwendung, vgl. VV Vorb. 3.2.1 Abs. 1 Nr. 2 a und b; u.a. also:

Verfahrensgebühr VV 3200	1,6
Ermäßigte Verfahrensgebühr VV 3201	1,1
Terminsgebühr VV 3202	1,2

Wenn sich die Parteien nur durch einen beim BGH zugelassenen Rechtsanwalt vertreten lassen können (vgl. VV Vorb. 3.2.1 Abs. 2, VV Vorb. 3.2.2):

Verfahrensgebühr VV 3206, 3208	2,3
Terminsgebühr VV 3210	1,5

2. Aussöhnung von Ehegatten

Aussöhnungsgebühr VV 1001	1,5

Der dem Antragsgegner gem. § 625 ZPO beigeordnete Rechtsanwalt kann von diesem die Vergütung eines zum Prozessbevollmächtigten bestellten Rechtsanwalts und einen Vorschuss verlangen (§ 39 S. 1). Die für einen in einer Scheidungssache beigeordneten Rechtsanwalt geltenden Vorschriften sind für einen in einer Lebenspartnerschaftssache beigeordneten Rechtsanwalt entsprechend anzuwenden (§ 39 S. 2). Bei Zahlungsverzug des Zahlungsverpflichteten Vergütung aus der Landeskasse (§ 45 Abs. 2).

Über die Ehesache ist ein gerichtliches Verfahren anhängig:

Gebühr VV 1001 beträgt gem. VV 1003	1,0

Über die Ehesache ist ein Berufungs- oder Revisionsverfahren anhängig:

Gebühr VV 1001 beträgt gem. VV 1004	1,3

Ehren- und berufsgerichtliche Verfahren
siehe Disziplinarverfahren

Eidesstattliche Versicherung
Nach §§ 807, 900, 901 ZPO:

Verfahrensgebühr VV 3309	0,3
Terminsgebühr VV 3310	0,3

Einfaches Schreiben

enthält weder schwierige rechtliche Ausführungen noch größere sachliche Auseinandersetzungen, VV 2402 und VV 3404	0,3

Einigungsgebühr

    Unter den Voraussetzungen der Anmerkung Abs. 1 bis 5 zu VV 1000 1,5

    Über den Gegenstand ist ein anderes gerichtliches Verfahren als ein selbständiges Beweisverfahren anhängig: Gebühr VV 1000 beträgt gem. VV 1003 1,0

    Über den Gegenstand ist ein Berufungs- oder Revisionsverfahren anhängig: Gebühr VV 1000 beträgt gem. VV 1004 1,3

    Dies gilt auch im Verfahren der Nichtzulassungsbeschwerde und in den Beschwerdeverfahren nach VV Vorb. 3.2.1 Abs. 1 Nr. 1–3 (vgl. AnwK-RVG/N. *Schneider*, VV 1004 Rn 2).

Einstweilige Anordnungen in Ehe-, Kindschafts- und Lebenspartnerschaftssachen

    Verfahren nach

    a) § 127a ZPO,

    b) den §§ 620, 620b Abs. 1, 2 ZPO, auch in Verbindung mit § 661 Abs. 2 ZPO,

    c) § 621f ZPO, auch in Verbindung mit § 661 Abs. 2 ZPO,

    d) § 621g ZPO, auch in Verbindung mit § 661 Abs. 2 ZPO,

    e) § 641d ZPO,

    f) § 644 ZPO, auch in Verbindung mit § 661 Abs. 2 ZPO,

    g) § 64b Abs. 3 FGG

    sind im Verhältnis zueinander gem. § 18 Nr. 1 besondere Angelegenheiten, im Verhältnis zum Hauptverfahren sind es verschiedene Angelegenheiten gem. § 17 Nr. 4 Buchst. b und d.

    Mehrere Verfahren, die unter demselben Buchstaben genannt sind, sind jedoch eine Angelegenheit; die Gegenstandswerte sind zusammenzurechnen; dies gilt auch dann, wenn die mehreren Verfahren denselben Gegenstand betreffen;

    Gem. VV Vorb. 3.1 Abs. 1 Gebühren wie im Prozessverfahren.

Einstweilige Verfügung siehe Arrest

Einvernehmen nach § 28 EuRAG

    Der Rechtsanwalt erhält nach VV 2300 für die Herstellung des Einvernehmens nach § 28 EuRAG eine Geschäftsgebühr in Höhe der einem Bevollmächtigten oder Verteidiger zustehenden Verfahrensgebühr. Kann das beabsichtigte Einvernehmen nicht hergestellt werden, ermäßigt sich die Gebühr VV 2300 auf 0,1 bis 0,5 oder den Mindestbetrag der einem Bevollmächtigten oder Verteidiger zustehenden Verfahrensgebühr, VV 2301.

Einzeltätigkeiten des nicht zum Prozessbevollmächtigten bestellten Rechtsanwalts in Zivilsachen

Der **Verkehrsanwalt** erhält gem. VV 3400 eine Verfahrensgebühr in Höhe der dem Verfahrensbevollmächtigten zustehenden Verfahrensgebühr, höchstens 1,0

bei Betragsrahmengebühren .... höchstens 260,00 EUR

Der **Terminsvertreter** erhält gem. VV 3401 eine Verfahrensgebühr in Höhe der Hälfte der dem Verfahrensbevollmächtigten zustehenden Verfahrensgebühr sowie gem. VV 3402 zudem eine Terminsgebühr in Höhe der einem Verfahrensbevollmächtigten zustehenden Terminsgebühr.

Gebühr für **sonstige Einzeltätigkeiten** in einem gerichtlichen Verfahren, wenn der Rechtsanwalt nicht zum Prozess- oder Verfahrensbevollmächtigten bestellt ist, soweit in VV Teil 3 Abschnitt 4 nichts anderes bestimmt ist,
VV 3403 0,8

Der Auftrag beschränkt sich auf ein **Schreiben einfacher Art**: Die Gebühr VV 3403 beträgt gem. VV 3404. 0,3

Endet der Auftrag im Falle der Nummer 3400, **bevor** der Verfahrensbevollmächtigte beauftragt oder der Rechtsanwalt gegenüber dem Verfahrensbevollmächtigten tätig geworden ist, oder im Falle der Nummer 3401, bevor der Termin begonnen hat, gilt gem. VV 3405:

Die Gebühren VV 3400 und VV 3401 betragen höchstens . . 0,5

bei Betragsrahmengebühren .... höchstens 130,00 EUR

Energiewirtschaftsgesetz

In Beschwerde- und Rechtsbeschwerdeverfahren nach dem EnWG erwachsen für den Rechtsanwalt gem. VV Vorb. 3.2.1 Abs. 1 Nr. 9 Gebühren nach VV Teil 3 Abschnitt 2 Unterabschnitt 1 (VV 3200 ff.).

Eine Anwendung des Unterabschnitts 2 scheidet aus, weil die gem. VV Vorb. 3.2.1 Abs. 2 dafür notwendige Voraussetzung – Vertretung der Parteien nur durch einen beim BGH zugelassenen Rechtsanwalt – nicht erfüllt wird (vgl. § 80 EnWG).

Entgelte für Post- und Telekommunikationsdienstleistungen

Auslagenersatz nach VV 7001 .... in voller Höhe der tatsächlich angefallenen Beträge

Stattdessen kann nach VV 7002 auch eine Pauschale verlangt werden. Diese beträgt .... 20 % der gesetzlichen Gebühren, jedoch höchstens 20,00 EUR je Angelegenheit

Entscheidung nach Lage der Akten

Terminsgebühr

1. Instanz VV 3104	1,2
2. Instanz VV 3202	1,2

Erinnerung Gegen die Kostenfestsetzung, den Kostenansatz, gem. § 766 ZPO, § 11 Abs. 2 RPflG und gem. § 573 ZPO als Einzelauftrag:

Verfahrensgebühr VV 3500	0,5
Terminsgebühr VV 3513	0,5

Sonstige Erinnerungen gehören zur Hauptsache (§ 19 Abs. 1 S. 2 Nr. 5).

Erledigungsgebühr

Erledigungsgebühr, soweit nicht VV 1005 gilt, VV 1002 ...   1,5

Die Gebühr entsteht, wenn sich eine Rechtssache ganz oder teilweise nach Aufhebung oder Änderung des mit einem Rechtsbehelf angefochtenen Verwaltungsakts durch die anwaltliche Mitwirkung erledigt. Das Gleiche gilt, wenn sich eine Rechtssache ganz oder teilweise durch Erlass eines bisher abgelehnten Verwaltungsakts erledigt.

Über den Gegenstand ist ein anderes gerichtliches Verfahren als ein selbständiges Beweisverfahren anhängig:

Die Gebühr VV 1002 beträgt nach VV 1003   1,0

Dies gilt auch, wenn ein Verfahren über die Prozesskostenhilfe anhängig ist, soweit nicht lediglich Prozesskostenhilfe für die gerichtliche Protokollierung des Vergleichs beantragt wird.

Über den Gegenstand ist ein Berufungs- oder Revisionsverfahren anhängig:

Die Gebühr VV 1002 beträgt nach VV 1004   1,3

Dies gilt auch im Verfahren der Nichtzulassungsbeschwerde, dem Verfahren vor dem Finanzgericht und den Beschwerdeverfahren nach VV Vorb. 3.2.1 Abs. 1 Nr. 4–8 (vgl. AnwK-RVG/*Wolf*, VV 1002 Rn 24 f.).

Erledigung in **sozialrechtlichen Angelegenheiten**, in denen im gerichtlichen Verfahren Betragsrahmengebühren entstehen (§ 3 RVG):

Die Gebühr VV 1002 beträgt nach VV 1005 . . . . 40,00 bis 520,00 EUR

Über den Gegenstand ist ein gerichtliches Verfahren anhängig:
Die Gebühr VV 1005 beträgt nach VV 1006 . . . . 30,00 bis 350,00 EUR

Über den Gegenstand ist ein Berufungs- oder Revisionsverfahren anhängig:
Die Gebühr VV 1005 beträgt nach VV 1007 . . . . 40,00 bis 460,00 EUR

Erörterungsgebühr
ersetzt durch Terminsgebühr, siehe dort

Erstberatung siehe Beratung

Europäischer Vollstreckungstitel über unbestrittene Forderungen

Jedes Verfahren über Anträge nach § 1084 Abs. 1 ZPO auf Verweigerung, Aussetzung oder Beschränkung der Zwangsvollstreckung aus einem Europäischen Vollstreckungstitel stellt gem. § 18 Nr. 8 eine besondere Angelegenheit dar. In diesen Verfahren erwachsen Gebühren für eine Tätigkeit in der Zwangsvollstreckung nach VV 3309, 3310.

Soweit es in diesem Rahmen einstweilige Anordnungsverfahren gibt, wird die Tätigkeit des Rechtsanwalts durch die Vergütung für das Verfahren als solches mitumfasst. Nur wenn darüber hinaus eine abgesonderte mündliche Verhandlung stattfindet, entstehen zusätzliche Gebühren nach VV 3328, 3332 (§ 19 Abs. 1 S. 2 Nr. 11).

Fahrtkosten Gebühren nach VV 7003 bzw. VV 7004, siehe Reisekosten

Familiensachen
- Gebühren siehe Übersicht „Rechtsanwaltsgebühren in familiengerichtlichen Verfahren", S. 125 ff.
- Gegenstandswerte siehe Übersicht „Die wichtigsten Gegenstandswerte in familiengerichtlichen Verfahren", S. 133 ff.

Finanzgerichtsbarkeit

In Verfahren vor dem Finanzgericht richten sich die Gebühren gem. VV Vorb. 3.2.1 Abs. 1 Nr. 1 nach VV Teil 3 Abschnitt 2 Unterabschnitt 1, also nach den für das Berufungsverfahren vorgesehenen Gebühren (VV 3200 ff.).

Im Revisionsverfahren bestimmen sich die Gebühren nach VV Teil 3 Abschnitt 2 Unterabschnitt 2.

Für das Verfahren über die **Beschwerde gegen die Nichtzulassung der Revision** durch das Finanzgericht erhält der Rechtsanwalt eine gesonderte Verfahrensgebühr nach VV 3506 mit einem Gebührensatz von 1,6. Bei vorzeitiger Beendigung des Auftrags reduziert sich die Verfahrensgebühr gem. VV 3505 auf 1,0. Ferner kann eine Terminsgebühr nach VV 3516 von 1,2 anfallen. Kommt es zur Durchführung der Revision, ist diese Gebühr auf die Verfahrensgebühr des Revisionsverfahrens anzurechnen.

Es kann ferner eine **Erledigungsgebühr** nach VV 1002 entstehen; siehe „Erledigungsgebühr".

Eine wegen desselben Gegenstands entstandene **Geschäftsgebühr** nach VV 2300 bis 2302 wird gem. VV Vorb. 3 Abs. 4 zur Hälfte, jedoch höchstens mit einem Gebührenansatz von 0,75, auf die Verfahrensgebühr des gerichtlichen Verfahrens angerechnet. Sind mehrere Geschäftsgebühren entstanden, ist für die Anrechnung die zuletzt entstandene Gebühr maßgebend. Die Anrechnung erfolgt nach dem Wert des Gegenstands, der in das gerichtliche Verfahren übergegangen ist.

Fotokopien siehe Dokumentenpauschale

Freiheitsentziehungen

VV	Gebührentatbestand	Wahlverteidiger oder Verfahrensbevollmächtigter	gerichtlich bestellter oder beigeordneter Rechtsanwalt
6300	Erstmalige Freiheitsentziehung nach dem Gesetz über das gerichtliche Verfahren bei Freiheitsentziehungen (FEVG) und bei Unterbringungsmaßnahmen nach § 70 Abs. 1 FGG. Verfahrensgebühr für jeden Rechtszug.	30,00 bis 400,00 EUR	172,00 EUR
6301	Terminsgebühr für die Teilnahme an gerichtlichen Terminen.	30,00 bis 400,00 EUR	172,00 EUR
6302	Verfahrensgebühr in sonstigen Fällen Die Gebühr entsteht für jeden Rechtszug des Verfahrens über die Fortdauer der Freiheitsentziehung und über Anträge auf Aufhebung der Freiheitsentziehung sowie des Verfahrens über die Aufhebung oder Verlängerung einer Unterbringungsmaßnahme nach § 70 i FGG.	20,00 bis 250,00 EUR	108,00 EUR
6303	Terminsgebühr in sonstigen Fällen (VV 6302) für die Teilnahme an gerichtlichen Terminen.	20,00 bis 250,00 EUR	108,00 EUR

Gehörsrüge Gebühr für Verfahren über eine Rüge wegen Verletzung des Anspruchs auf rechtliches Gehör, soweit nicht nach § 19 Abs. 1 S. 2 Nr. 5 zur Hauptsache gehörig

Verfahrensgebühr VV 3330 0,5

Terminsgebühr VV 3332 0,5

Gerichtshof der Europäischen Gemeinschaften
In Vorabentscheidungsverfahren vor dem EuGH (§ 38)

Verfahren mit Wertgebühren: Es gelten die Vorschriften in VV Teil 3 Abschnitt 2 Unterabschnitt 2 (vgl. § 38 Abs. 2), also:

Verfahrensgebühr (VV 3206) mit einem Gebührensatz von . . 1,6

Terminsgebühr (VV 3210) mit einem Gebührensatz von 1,5

Der Gegenstandswert bestimmt sich nach den Wertvorschriften, die für die Gerichtsgebühren des Verfahrens gelten, in dem vorgelegt wird.

Sozialgerichtliche Verfahren, in denen das GKG nicht gilt: Auch hier gelten die Vorschriften in VV Teil 3 Abschnitt 2; der Rechtsanwalt erhält

als Verfahrensgebühr (VV 3212) . . . . 80,00 bis 800,00 EUR

als Terminsgebühr (VV 3213) . . . . 40,00 bis 700,00 EUR

Verfahren nach VV Teil 4, 5 oder 6: VV 4130 und VV 4132 sind entsprechend anzuwenden. Gem. § 38 Abs. 3 wird die Verfahrensgebühr des Verfahrens, in dem vorgelegt worden ist, auf die Verfahrensgebühr des Verfahrens vor dem EuGH **angerechnet**, wenn nicht eine im Verfahrensrecht vorgesehene schriftliche Stellungnahme gegenüber dem EuGH abgegeben wird.

Güteverfahren

Geschäftsgebühr gem. VV 2303 mit einem Gebührensatz von . 1,5
für

1. Güteverfahren vor einer durch die Landesjustizverwaltung eingerichteten oder anerkannten Gütestelle (§ 794 Abs. 1 Nr. 1 ZPO) oder, wenn die Parteien den Einigungsversuch einvernehmlich unternehmen, vor einer Gütestelle, die Streitbeilegung betreibt (§ 15a Abs. 3 EGZPO),

2. Verfahren vor einem Ausschuss der in § 111 Abs. 2 ArbGG bezeichneten Art,

3. Verfahren vor dem Seemannsamt zur vorläufigen Entscheidung von Arbeitssachen und

4. Verfahren vor sonstigen gesetzlich eingerichteten Einigungsstellen, Gütestellen oder Schiedsstellen.

Soweit wegen desselben Gegenstands eine Geschäftsgebühr nach VV 2300 entstanden ist, wird die Hälfte dieser Gebühr nach dem Wert des Gegenstands, der in das Verfahren übergegangen ist, jedoch höchstens mit einem Gebührensatz von 0,75, angerechnet.

Gutachten siehe Beratung

Hausratssachen

Es fallen erstinstanzlich Gebühren nach VV Teil 3 Abschnitt 1 an, also u.a.

Verfahrensgebühr VV 3100 mit einem Gebührensatz von . . .   1,3

Terminsgebühr VV 3104 mit einem Gebührensatz von   1,2

Soweit wegen desselben Gegenstands eine Geschäftsgebühr nach VV 2300 bis 2302 entstanden ist, wird diese Gebühr zur Hälfte, jedoch höchstens mit einem Gebührensatz von 0,75, auf die Verfahrensgebühr des gerichtlichen Verfahrens angerechnet.

In Verfahren über **Beschwerden** oder **Rechtsbeschwerden** gegen die den Rechtszug beendenden Entscheidungen in Familien- und Lebenspartnerschaftssachen findet VV Teil 3 Abschnitt 2 Unterabschnitt 1 – VV 3200 ff. – Anwendung, vgl. VV Vorb. 3.2.1 Abs. 1 Nr. 2 a und b; u.a. also:

Verfahrensgebühr VV 3200   1,6

Terminsgebühr VV 3202   1,2

Hebegebühr VV 1009, siehe Berechnungsbeispiel Seite 347

Herstellung des Einvernehmens siehe Einvernehmen

Insolvenzverfahren

VV	Gebührentatbestand	Gebührensatz
3313	Verfahrensgebühr für die Vertretung des Schuldners im Eröffnungsverfahren	1,0
3314	Verfahrensgebühr für die Vertretung des Gläubigers im Eröffnungsverfahren	0,5
3315	Tätigkeit auch im Verfahren über den Schuldenbereinigungsplan: Die Verfahrensgebühr 3313 beträgt	1,5

VV	Gebührentatbestand	Gebührensatz
3316	Tätigkeit auch im Verfahren über den Schuldenbereinigungsplan: Die Verfahrensgebühr 3314 beträgt	1,0
3317	Verfahrensgebühr für das Insolvenzverfahren	1,0
3318	Verfahrensgebühr für das Verfahren über einen Insolvenzplan	1,0
3319	Vertretung des Schuldners, der den Plan vorgelegt hat: Die Verfahrensgebühr 3318 beträgt	3,0
3320	Die Tätigkeit beschränkt sich auf die Anmeldung einer Insolvenzforderung: Die Verfahrensgebühr 3317 beträgt	0,5
3321	Verfahrensgebühr für das Verfahren über einen Antrag auf Versagung oder Widerruf der Restschuldbefreiung (1) Das Verfahren über mehrere gleichzeitig anhängige Anträge ist eine Angelegenheit. (2) Die Gebühr entsteht auch gesondert, wenn der Antrag bereits vor Aufhebung des Insolvenzverfahrens gestellt wird.	0,5

VV Vorb. 3.3.5:
(1) ...
(2) Bei der Vertretung mehrerer Gläubiger, die verschiedene Forderungen geltend machen, entstehen die Gebühren jeweils besonders.
(3) Für die Vertretung des ausländischen Insolvenzverwalters im Sekundärinsolvenzverfahren entstehen die gleichen Gebühren wie für die Vertretung des Schuldners.

Gebührensätze

Insolvenzverwalter

Der Insolvenzverwalter erhält nach der Insolvenzrechtlichen Vergütungsverordnung (InsVV) vom 19.8.1998 (BGBl I S. 2205) in der Regel (§ 2 InsVV):

- von den ersten 25.000,00 EUR der Insolvenzmasse ... 40 v.H.
- von dem Mehrbetrag bis zu 50.000,00 EUR .... 25 v.H.
- von dem Mehrbetrag bis zu 250.000,00 EUR .... 7 v.H.
- von dem Mehrbetrag bis zu 500.000,00 EUR .... 3 v.H.
- von dem Mehrbetrag bis zu 25.000.000,00 EUR ..... 2 v.H.
- von dem Mehrbetrag bis zu 50.000.000,00 EUR ..... 1 v.H.
- von dem darüber hinausgehenden Betrag .... 0,5 v.H.

Die Vergütung soll in der Regel mindestens 500,00 EUR betragen. Das Insolvenzgericht kann die Vergütung abweichend vom Regelsatz festsetzen, insbesondere im Hinblick auf die detaillierte Auflistung von Zu- und Abschlägen in § 3 InsVV.

Vorläufiger Insolvenzverwalter. Dessen Tätigkeit wird besonders vergütet. Die Vergütung soll in der Regel einen angemessenen Bruchteil der Vergütung des Insolvenzverwalters nicht überschreiten. Art, Dauer und Umfang sind bei der Festsetzung durch das Insolvenzgericht zu berücksichtigen (§ 11 InsVV).

Internationale Rechtshilfe in Strafsachen und Verfahren nach dem IStGH-Gesetz

Gebührentatbestand	VV	Wahlverteidiger oder Verfahrensbevollmächtigter			Gerichtlich bestellter oder beigeordneter RA
		Mindestgebühr €	Höchstgebühr €	Mittelgebühr €	Gebühr €
Verfahrensgebühr	6100	80,00	580,00	330,00	264,00
Terminsgebühr je Verhandlungstag	6101	110,00	780,00	445,00	356,00

VV Vorb. 6:
Der Rechtsanwalt erhält für die Tätigkeit als Beistand für einen Zeugen oder Sachverständigen die gleichen Gebühren wie für einen Verfahrensbevollmächtigten in diesem Verfahren.

Gebührensätze

Kapitalanleger-Musterverfahren

Zur Minimierung des Prozesskostenrisikos der geschädigten Kapitalanleger entstehen im erstinstanzlichen Musterverfahren keine zusätzlichen Rechtsanwaltsgebühren, obwohl das OLG über das Musterverfahren entscheidet, § 16 Nr. 15.

Die Dokumentenpauschale ist jedoch auch im erstinstanzlichen Musterverfahren nach dem KapMuG gesondert zu berechnen (VV 9000 Anm. Abs. 1 S. 2).

Wird gegen die Entscheidung Rechtsbeschwerde zum BGH eingelegt, entstehen im Verfahren über die Rechtsbeschwerde gem. VV Vorb. 3.2.2 Nr. 2 Gebühren nach Teil 3 Abschnitt 2 Unterabschnitt 2, also nach VV 3206 ff.

Konkursverfahren*

Geb. § 72 BRAGO	Antrag auf Eröffnung des Verfahrens	
	Vertretung des Gemeinschuldners	3/10
	Vertretung eines Gläubigers	5/10
Geb. § 73 BRAGO	Vertretung im Konkursverfahren......	5/10
Geb. § 74 BRAGO	Tätigkeit im Zwangsvergleichsverfahren .	10/10
Geb. § 75 BRAGO	nur Anmeldung einer Konkursforderung	3/10

* Diese Vorschriften gelten weiter für Verfahren, die zwar nach dem 1. 1. 1999 beantragt worden sind, bei denen der Auftrag aber bereits vor dem 1. 1. 1999 erteilt worden ist

Geb. § 76 BRAGO Beschwerdeverfahren und Sicherheitsmaßregeln, die Geb. des § 31 BRAGO zu je 5/10
Gegenstandswerte siehe § 77 BRAGO.

Konkursverwalter*

Verordnung über die Vergütung des Konkursverwalters, des Vergleichsverwalters, der Mitglieder des Gläubigerausschusses und der Mitglieder des Gläubigerbeirats vom 25. 5. 1960 (BGBl I S. 329) in der Fassung der Verordnung vom 22. 12. 1967 (BGBl I S. 1366), vom 19. 7.1972 (BGBl I S. 1260) und vom 11. 6. 1979 (BGBl I S. 637).

Der Konkursverwalter erhält in der Regel:

- von den ersten 5.112,90 EUR Teilungsmasse 15 v. H.
- von dem Mehrbetrag bis zu 25.569,50 EUR Teilungsmasse 12 v. H.
- von dem Mehrbetrag bis zu 51.129,00 EUR Teilungsmasse 6 v. H.
- von dem Mehrbetrag bis zu 255.695,00 EUR Teilungsmasse 2 v. H.
- von dem Mehrbetrag bis zu 511.290,00 EUR Teilungsmasse 1 v. H.
- von dem darüber hinausgehenden Betrag .... 0,5 v. H.

Die Vergütung soll in der Regel mindestens 204,50 EUR betragen. Das Gericht kann die Vergütung abweichend vom Regelsatz nach Ermessen höher oder niedriger festsetzen.

Kontaktperson

Gebühr für den als Kontaktperson beigeordneten Rechtsanwalt (§ 34a EGGVG) VV 4304 .... 3.000,00 EUR

Kostenfestsetzungsverfahren

Antrag auf Festsetzung: keine gesonderte Gebühr, soweit es sich nicht um eine Einzeltätigkeit handelt (vgl. § 19 Abs. 1 S. 2 Nr. 13); anderenfalls VV 3403.

Erinnerung bzw. **Beschwerde** in Angelegenheiten, in denen sich die Gebühr nach VV Teil 3 bemisst, sind eine besondere Angelegenheit, § 18 Nr. 5; Entsprechendes gilt für Straf- und Bußgeldsachen gem. VV Vorb. 4 Abs. 5 und VV Vorb. 5 Abs. 4. Bei mehreren Verfahren in demselben Rechtszug handelt es sich jedoch um dieselbe Angelegenheit, § 16 Nr. 12.

Verfahrensgebühr VV 3500 0,5
Terminsgebühr VV 3513 0,5

---

* Diese Vorschriften gelten weiter für Verfahren, die zwar nach dem 1. 1. 1999 beantragt worden sind, bei denen der Auftrag aber bereits vor dem 1. 1. 1999 erteilt worden ist

Korrespondenzanwalt siehe Verkehrsanwalt

Landwirtschaftssachen

Es fallen erstinstanzlich Gebühren nach VV Teil 3 Abschnitt 1 an, also

Verfahrensgebühr VV 3100	1,3
Terminsgebühr VV 3104	1,2

In Verfahren über **Beschwerden** oder **Rechtsbeschwerden** gegen die den Rechtszug beendenden Entscheidungen in Verfahren nach dem Gesetz über das gerichtliche Verfahren in Landwirtschaftssachen findet VV Teil 3 Abschnitt 2 Unterabschnitt 1 – VV 3200 ff. – Anwendung, vgl. VV Vorb. 3.2.1 Abs. 1 Nr. 2 d; u.a. also:

Verfahrensgebühr VV 3200	1,6
Terminsgebühr VV 3202	1,2

In Verfahren nach § 1 Nr. 1a LwVfG finden Berufung und Revision statt, so dass dort die Vorschriften nach VV Teil 3 Abschnitt 2 unmittelbar Anwendung finden; zu den Einzelheiten siehe „Berufung" und „Revision".

Lebenspartnerschaft

1. Aufhebung der Lebenspartnerschaft und Folgesachen

Gebühren wie im Prozessverfahren gem. VV Teil 3 Abschnitt 1 und 2.

Aufhebung und die Folgesachen (§ 661 Abs. 2, § 623 Abs. 1 und 5 ZPO) gelten als **dieselbe Angelegenheit**, § 16 Nr. 5.

Die Gebühren sind nach dem zusammengerechneten Wert der Gegenstände zu berechnen (§ 22 Abs. 1).

Zum **Gegenstandswert** siehe Übersicht „Die wichtigsten Gegenstandswerte in familiengerichtlichen Verfahren", S. 133 ff.

In Verfahren über **Beschwerden** oder Rechtsbeschwerden gegen die den Rechtszug beendenden Entscheidungen in Lebenspartnerschaftssachen findet VV Teil 3 Abschnitt 2 Unterabschnitt 1 – VV 3200 ff. – Anwendung, vgl. VV Vorb. 3.2.1 Abs. 1 Nr. 2 b; u.a. also:

Verfahrensgebühr VV 3200	1,6
Terminsgebühr VV 3202	1,2

2. Aussöhnung von Lebenspartnern

Aussöhnungsgebühr VV 1001	1,5

Der dem Antragsgegner gem. § 625 ZPO beigeordnete Rechtsanwalt kann von diesem die Vergütung eines zum Prozessbevollmächtigten bestellten Rechtsanwalts und einen Vorschuss verlangen (§ 39 S. 1). Die für einen in einer

Scheidungssache beigeordneten Rechtsanwalt geltenden Vorschriften sind für einen in einer Lebenspartnerschaftssache beigeordneten Rechtsanwalt entsprechend anzuwenden (§ 39 S. 2). Bei Zahlungsverzug des Zahlungsverpflichteten Vergütung aus der Landeskasse (§ 45 Abs. 2).

Über den Gegenstand ist ein anderes gerichtliches Verfahren als ein selbständiges Beweisverfahren anhängig:

Gebühr VV 1001 beträgt gem. VV 1003 1,0

Über den Gegenstand ist ein Berufungs- oder Revisionsverfahren anhängig:

Gebühr VV 1001 beträgt gem. VV 1004 1,3

Mahnverfahren

Verfahrensgebühr für die Vertretung des Antragstellers VV 3305 1,0

Die Gebühr wird auf die Verfahrensgebühr für einen nachfolgenden Rechtsstreit angerechnet.

Beendigung des Auftrags, bevor der Rechtsanwalt den verfahrenseinleitenden Antrag eingereicht hat, VV 3306:

Die Gebühr VV 3305 beträgt 0,5

Verfahrensgebühr für die Vertretung des Antragsgegners, VV 3307 0,5

Die Gebühr wird auf die Verfahrensgebühr für einen nachfolgenden Rechtsstreit angerechnet.

Verfahrensgebühr für die Vertretung des Antragstellers im Verfahren über den Antrag auf Erlass eines Vollstreckungsbescheids, VV 3308 0,5

Die Gebühr entsteht neben der Gebühr VV 3305 nur, wenn innerhalb der Widerspruchsfrist kein Widerspruch erhoben oder der Widerspruch gemäß § 703a Abs. 2 Nr. 4 ZPO beschränkt worden ist. VV 1008 ist nicht anzuwenden, wenn sich bereits die Gebühr VV 3305 erhöht.

Terminsgebühr für die Vertretung des Antragstellers bzw. des Antragsgegners, VV Vorb. 3.3.2, VV 3104 1,2

Mediation   siehe Beratung

Mehrere Auftraggeber, § 7, VV 1008

Wird der Rechtsanwalt in derselben Angelegenheit für mehrere Auftraggeber tätig, erhält er die Gebühren nur einmal (§ 7 Abs. 1). Jeder der Auftraggeber schuldet die Gebühren und Auslagen, die er schulden würde, wenn der Rechtsanwalt nur in seinem Auftrag tätig geworden wäre; die Dokumentenpauschale nach VV 7000 schuldet er auch insoweit, wie diese nur durch die Unterrichtung mehrerer Auftraggeber entstanden ist (§ 7 Abs. 2 S. 1). Der Rechtsanwalt kann aber insgesamt nicht mehr als die nach Absatz 1 berechneten Gebühren und die insgesamt entstandenen Auslagen fordern (§ 7 Abs. 2 S. 2).

Sind Auftraggeber in derselben Angelegenheit mehrere Personen, erhöht sich gem. VV 1008 die Verfahrens- oder Geschäftsgebühr

für jede weitere Person um 0,3
oder
30 % bei Festgebühren, bei Betragsrahmengebühren erhöhen sich der Mindest- und Höchstbetrag um 30 %

(1) Dies gilt bei Wertgebühren nur, soweit der Gegenstand der anwaltlichen Tätigkeit derselbe ist.

(2) Die Erhöhung wird nach dem Betrag berechnet, an dem die Personen gemeinschaftlich beteiligt sind.

(3) Mehrere Erhöhungen dürfen einen Gebührensatz von 2,0 nicht übersteigen; bei Festgebühren dürfen die Erhöhungen das Doppelte der Festgebühr und bei Betragsrahmengebühren das Doppelte des Mindest- und Höchstbetrags nicht übersteigen.

Mindestgebühr

§ 13 Abs. 2 .... 10,00 EUR

Gebühren werden auf den nächstliegenden Cent auf- oder abgerundet; 0,5 Cent werden aufgerundet (§ 2 Abs. 2 S. 2).

Nebenkläger

Gem. VV Vorb. 4 Abs. 1 erhält der Rechtsanwalt dieselben Gebühren wie ein Verteidiger in Strafsachen; siehe daher die Tabelle auf Seite 37 ff.

Bei Vertretung mehrerer Nebenkläger Erhöhung nach VV 1008.

Pflichtverteidiger siehe hierzu die Tabellen auf Seite 12 und 37 ff.

Postgebühren siehe Entgelte für Post- und Telekommunikationsdienstleistungen

Privatklageverfahren

Gem. VV Vorb. 4 Abs. 1 erhält der Rechtsanwalt dieselben

Gebühren wie ein Verteidiger in Strafsachen; siehe daher die Tabelle auf Seite 37 ff.

Bei Vertretung mehrerer Privatkläger Erhöhung nach VV 1008.

Sühneterminsgebühr VV 4102 Nr. 5

- für den Wahlanwalt .... 30,00 bis 250,00 EUR

- für den gerichtlich bestellten oder beigeordneten Rechtsanwalt .... 112,00 EUR

Einigungsgebühr VV 4147

- für den Wahlanwalt .... : . 20,00 bis 150,00 EUR

- für den gerichtlich bestellten oder beigeordneten Rechtsanwalt .... 68,00 EUR

Prozesskostenhilfesachen

§§ 45 ff.; die Tabelle zu § 49 befindet sich auf Seite 120 f.

Prozesskostenhilfeverfahren

Im Verfahren über die Bewilligung oder Aufhebung der Prozesskostenhilfe erhält der Rechtsanwalt gem. VV 3335 eine Gebühr von 1,0

(1) Im Verfahren über die Bewilligung der Prozesskostenhilfe oder die Aufhebung der Bewilligung nach § 124 Nr. 1 ZPO bestimmt sich der Gegenstandswert nach dem für die Hauptsache maßgebenden Wert; im Übrigen ist er nach dem Kosteninteresse nach billigem Ermessen zu bestimmen.

(2) Entsteht die Verfahrensgebühr auch für das Verfahren, für das die Prozesskostenhilfe beantragt worden ist, werden die Werte nicht zusammengerechnet.

Im Falle vorzeitiger Beendigung gem. VV 3337 reduziert sich die Verfahrensgebühr auf 0,5

Terminsgebühr VV Vorb. 3.3.6, VV 3104 1,2

Für das Verfahren über die Prozesskostenhilfe vor Gerichten der Sozialgerichtsbarkeit, wenn in dem Verfahren, für das Prozesskostenhilfe beantragt wird, Betragsrahmengebühren entstehen (§ 3 RVG), erhält der Rechtsanwalt gem.

VV 3336 eine Verfahrensgebühr von .... 30,00 bis 320,00 EUR

Prüfung der Erfolgsaussicht

1. Abrechnung nach Wertgebühren

- eines Rechtsmittels VV 2100 (soweit nicht VV 2102) ... 0,5 bis 1,0

Die Gebühr ist auf eine Gebühr für das Rechtsmittelverfahren anzurechnen.

- eines Rechtsmittels, verbunden mit der Ausarbeitung eines schriftlichen Gutachtens, VV 2101 1,3

2. Abrechnung nach Betragsrahmengebühren
- eines Rechtsmittels VV 2102 .... 10,00 bis 260,00 EUR

   Die Gebühr ist auf eine Gebühr für das Rechtsmittelverfahren anzurechnen.

- eines Rechtsmittels, verbunden mit der Ausarbeitung eines schriftlichen Gutachtens, VV 2103 .... 40,00 bis 400,00 EUR

Rat, Auskunft, Erstberatung siehe Beratung

Räumungsfrist

Für Verfahren vor dem Prozessgericht oder dem Amtsgericht auf Bewilligung, Verlängerung oder Verkürzung einer Räumungsfrist (§§ 721, 794a ZPO), wenn das Verfahren mit dem Verfahren über die Hauptsache nicht verbunden ist,

Verfahrensgebühr VV 3334 1,0

Bei vorzeitiger Beendigung des Auftrags reduziert sich gem. VV 3337 die Verfahrensgebühr auf 0,5

Terminsgebühr VV Vorb. 3.3.6, VV 3104 1,2

Rechtsbeistände

Gem. Art. IX des Gesetzes zur Änderung und Ergänzung kostenrechtlicher Vorschriften vom 26.7.1957, BGBl I S. 861, 155 (1959) gilt das RVG für die Vergütung von Personen, denen die Erlaubnis zur geschäftsmäßigen Besorgung fremder Rechtsangelegenheiten erteilt worden ist, sinngemäß. Eine Vereinbarung, durch die die Höhe der Vergütung vom Ausgang der Sache oder sonst vom Erfolg der Tätigkeit abhängig gemacht wird, ist nichtig. Für die Erstattung der Vergütung gelten die Vorschriften der Verfahrensordnungen über die Erstattung der Vergütung eines Rechtsanwalts sinngemäß.

Dies gilt nicht für Frachtprüfer und Inkassobüros.

Rechtsbeschwerde

Für das **Verfahren über die Rechtsbeschwerde nach § 574 ZPO**

Verfahrensgebühr VV 3502 1,0

Bei vorzeitiger Beendigung des Auftrags reduziert sich diese Gebühr gem. VV 3503 auf 0,5

   Die Anmerkung zu Nummer 3201 ist entsprechend anzuwenden.

Terminsgebühr VV 3516 1,2

Wegen **weiterer Rechtsbeschwerden** siehe VV 3500, VV Vorb. 3.2.1 und 3.2.2 sowie VV 5113, 5114.

Rehabilitierung

VV Vorb. 4 Abs. 1 bestimmt **generell**, dass der Rechtsanwalt im Verfahren nach dem Strafrechtlichen Rehabilitierungsgesetz (StrRehaG) dieselben Gebühren wie ein Verteidiger in Strafsachen erhält; siehe daher die Tabelle auf Seite 37 ff.

Bei Vertretung mehrerer Beteiligter Erhöhung nach VV 1008.

Nach VV 4112 beträgt im Rehabilitierungsverfahren nach Abschnitt 2 StrRehaG die Verfahrensgebühr für den **ersten Rechtszug** für den Wahlanwalt 40,00 bis 270,00 EUR, für den gerichtlich bestellten oder beigeordneten Rechtsanwalt 124,00 EUR.

Im **Beschwerdeverfahren** nach § 13 StrRehaG erhält der Wahlanwalt eine Verfahrensgebühr (VV 4124) und eine Terminsgebühr (VV 4126) von jeweils 70,00 bis 470,00 EUR, der gerichtlich bestellte oder beigeordnete Rechtsanwalt erhält jeweils 216,00 EUR.

Für das Verfahren über einen Antrag auf gerichtliche Entscheidung oder über die Beschwerde gegen eine den Rechtszug beendende Entscheidung nach § 25 Abs. 1 S. 3 bis 5, § 13 StrRehaG erwächst sowohl für den Wahlanwalt als auch den gerichtlich bestellten oder beigeordneten Rechtsanwalt eine Verfahrensgebühr mit einem Gebührensatz von 1,5

Reisekosten Für Geschäftsreisen sind zu erstatten:

1. Fahrtkosten

a) Benutzung eines eigenen Kfz, VV 7003
   für jeden gefahrenen Kilometer .... 0,30 EUR

   Mit den Fahrtkosten sind die Anschaffungs-, Unterhaltungs- und Betriebskosten sowie die Abnutzung des Kraftfahrzeugs abgegolten.

b) Benutzung eines anderen Verkehrsmittels, soweit sie angemessen sind, VV 7004 .... in voller Höhe

2. Tage- und Abwesenheitsgeld, VV 7005

a) von nicht mehr als 4 Stunden .... 20,00 EUR

b) von mehr als 4 bis 8 Stunden .... 35,00 EUR

c) von mehr als 8 Stunden .... 60,00 EUR

   Bei Auslandsreisen kann zu diesen Beträgen ein Zuschlag von 50 % berechnet werden.

3. Sonstige Auslagen (z.B. Übernachtungskosten), soweit sie angemessen sind, VV 7006 .... in voller Höhe

Revisionsverfahren in Zivilsachen

- Verfahrensgebühr VV 3206 1,6
- Bei vorzeitiger Beendigung des Auftrags reduziert sich die Gebühr VV 3206 gem. VV 3207 auf 1,1
- Im Verfahren können sich die Parteien nur durch einen beim BGH zugelassenen Rechtsanwalt vertreten lassen: Gebühr VV 3206 beträgt gem. VV 3208 2,3
- Vorzeitige Beendigung des Auftrags, wenn sich die Parteien nur durch einen beim BGH zugelassenen Rechtsanwalt vertreten lassen können: Gebühr VV 3206 beträgt gem. VV 3209 1,8
- Terminsgebühr VV 3210 1,5
- Reduzierte Terminsgebühr VV 3211.............. 0,8

Zu den Gebühren in Revisionsverfahren betr. Strafsachen siehe unter „Strafsachen".

Sachwalter Gem. § 12 InsVV erhält der Sachwalter in der Regel 60 vom Hundert der für den Insolvenzverwalter bestimmten Vergütung. Eine den Regelsatz übersteigende Vergütung ist insbesondere festzusetzen, wenn das Insolvenzgericht gemäß § 277 Abs. 1 InsO angeordnet hat, dass bestimmte Rechtsgeschäfte des Schuldners nur mit Zustimmung des Sachwalters wirksam sind.

Der Sachwalter kann nach seiner Wahl anstelle der tatsächlich entstandenen Auslagen einen Pauschsatz fordern, der im ersten Jahr 15 vom Hundert, danach 10 vom Hundert der gesetzlichen Vergütung, höchstens jedoch 125,00 EUR je angefangenen Monat der Dauer der Tätigkeit des Sachwalters beträgt. Der Pauschsatz darf 30 vom Hundert der Regelvergütung nicht übersteigen.

Schiedsrichterliches Verfahren

Gem. § 36 erhält der Rechtsanwalt Gebühren nach VV Teil 3 Abschnitt 1 und 2 im schiedsrichterlichen Verfahren nach dem Zehnten Buch der ZPO. Die Terminsgebühr erwächst auch dann, wenn der Schiedsspruch ohne mündliche Verhandlung erlassen wird.

Im Verfahren der **Rechtsbeschwerde** nach § 1065 ZPO richten sich die Gebühren nach VV Teil 3 Abschnitt 1, vgl. VV Vorb. 3.1 Abs. 2.

Für die Tätigkeit als Verfahrensbevollmächtigter im Verfahren über die **Vollstreckbarerklärung** eines Schiedsspruchs erhält der Rechtsanwalt die Gebühren nach VV Teil 3.

Gerichtliche Verfahren über die **Bestellung** eines Schiedsrichters oder Ersatzschiedsrichters, über die **Ablehnung** eines Schiedsrichters oder über die **Beendigung** des Schiedsrichteramts, zur **Unterstützung** bei der Beweisaufnahme oder bei der **Vornahme** sonstiger richterlicher Handlungen anlässlich eines schiedsrichterlichen Verfahrens:

Verfahrensgebühr VV 3327	0,75
Terminsgebühr VV 3332	0,5
Im Falle der **vorzeitigen Beendigung** nach Maßgabe der VV 3337 reduziert sich die Verfahrensgebühr auf	0,5

Zur **Frage derselben Angelegenheit** vgl. § 16 Nr. 9 und 10 sowie § 17 Nr. 6.

Schreibauslagen siehe Dokumentenpauschale

Selbständiges Beweisverfahren

Der Rechtsanwalt erhält für eine Tätigkeit im selbständigen Beweisverfahren nach §§ 485 ff. ZPO Gebühren nach VV Teil 3 Abschnitt 1 und 2.

Es kann auch eine **Einigungsgebühr** nach VV 1000 mit einem Gebührensatz von 1,5 entstehen. Die Anhängigkeit des selbständigen Beweisverfahrens führt nicht zu einer Reduzierung auf 1,0, vgl. VV 1003.

Nach VV Vorb. 3 Abs. 5 werden, soweit der Gegenstand eines selbständigen Beweisverfahrens auch Gegenstand eines Rechtsstreits ist oder wird, die Verfahrensgebühren des selbstständigen Beweisverfahrens und des Hauptsacheverfahrens aufeinander **angerechnet**.

Sozialgerichtsverfahren

1. Verfahren vor den Sozialgerichten mit Betragsrahmengebühren, § 3 Abs. 1 S. 1 RVG

Sozialgericht

– Verfahrensgebühr VV 3102	40,00 bis 460,00 EUR
– Bei vorangegangener Vertretung reduziert sich die Gebühr VV 3102 gem. VV 3103 auf	20,00 bis 320,00 EUR
– Terminsgebühr VV 3106	20,00 bis 380,00 EUR

Landessozialgericht

– Verfahrensgebühr VV 3204 .... 50,00 bis
570,00 EUR
– Terminsgebühr VV 3205 .... 20,00 bis
380,00 EUR

Bundessozialgericht

– Verfahrensgebühr VV 3212 .... 80,00 bis
800,00 EUR
– Terminsgebühr VV 3213 .... 40,00 bis
700,00 EUR

Beschwerde

– Verfahrensgebühr VV 3501 .... 15,00 bis
160,00 EUR
– Terminsgebühr VV 3515 .... 15,00 bis
160,00 EUR

Beschwerde gegen die Nichtzulassung der Berufung

– Verfahrensgebühr VV 3511 .... 50,00 bis
570,00 EUR
– Terminsgebühr VV 3517 .... 12,50 bis
215,00 EUR

Beschwerde gegen die Nichtzulassung der Revision

– Verfahrensgebühr VV 3512 .... 80,00 bis
800,00 EUR
– Terminsgebühr VV 3518 .... 20,00 bis
350,00 EUR

Verkehrsanwalt

– Verfahrensgebühr VV 3400* .... in Höhe der dem Verfahrensbevollmächtigten zustehenden Verfahrensgebühr, bei Betragsrahmengebühren höchstens 260,00 EUR
– Bei vorzeitiger Beendigung VV 3405* .. bei Betragsrahmengebühren höchstens 130,00 EUR

Terminsvertreter

– Verfahrensgebühr VV 3401* .... in Höhe der Hälfte der dem Verfahrensbevollmächtigten zustehenden Verfahrensgebühr

- Bei vorzeitiger Beendigung VV 3405* . . bei Betragsrahmengebühren höchstens 130,00 EUR
- Terminsgebühr VV 3402* . . . . in Höhe der einem Verfahrensbevollmächtigten zustehenden Terminsgebühr

Einzeltätigkeiten
- Verfahrensgebühr VV 3406* . . . . 10,00 bis 200,00 EUR

* Gem. VV Vorb. 3.4 Abs. 2 vermindern sich die in den Nummern 3400, 3401, 3405 und 3406 bestimmten Höchstbeträge auf die Hälfte, wenn eine Tätigkeit im Verwaltungsverfahren oder im weiteren, der Nachprüfung des Verwaltungsakts dienenden Verwaltungsverfahren vorausgegangen ist. Bei der Bemessung der Gebühren ist nicht zu berücksichtigen, dass der Umfang der Tätigkeit infolge der Tätigkeit im Verwaltungsverfahren oder im weiteren, der Nachprüfung des Verwaltungsakts dienenden Verwaltungsverfahren geringer ist.

2. Verfahren vor den Sozialgerichten mit Gebühren nach dem Gegenstandswert, § 3 Abs. 1 S. 2 RVG

In sonstigen Verfahren vor Gerichten der Sozialgerichtsbarkeit erwachsen die Gebühren nach VV Teil 3 Abschnitt 1, wenn der Auftraggeber nicht zu den in § 183 SGG genannten Personen gehört.

Strafsachen – Gebühren des Verteidigers (VV Teil 4 Abschnitt 1)

Gebührentatbestand *	VV	Wahlverteidiger				Pflichtverteidiger	
		Mindestgebühr €	Höchstgebühr €	Mittelgebühr €	Zusätzliche Gebühr ** €	Gebühr €	Zusätzliche Gebühr ** €
1. Allgemeine Gebühren							
a) Grundgebühr	4100	30,00	300,00	165,00		132,00	
mit Haftzuschlag	4101	30,00	375,00	202,50		162,00	
b) Terminsgebühr ***	4102	30,00	250,00	140,00		112,00	
mit Haftzuschlag	4103	30,00	312,50	171,25		137,00	
2. Vorbereitendes Verfahren							
a) Verfahrensgebühr	4104	30,00	250,00	140,00	140,00	112,00	112,00
mit Haftzuschlag	4105	30,00	312,50	171,25	140,00	137,00	112,00
3. Verfahren 1. Instanz							
a) Verfahrensgebühr							
Amtsgericht	4106	30,00	250,00	140,00	140,00	112,00	112,00
mit Haftzuschlag	4107	30,00	312,50	171,25	140,00	137,00	112,00
Strafkammer; Jugendkammer, soweit nicht VV 4118	4112	40,00	270,00	155,00	155,00	124,00	124,00
mit Haftzuschlag	4113	40,00	337,50	188,75	155,00	151,00	124,00
OLG, Schwurgericht (auch Jugendkammer), Strafkammer nach §§ 74a und 74c GVG	4118	80,00	580,00	330,00	330,00	264,00	264,00
mit Haftzuschlag	4119	80,00	725,00	402,50	330,00	322,00	264,00

* Auf die Ausrechnung der Auslagen wurde verzichtet, da durch mögliche Anrechnung bzw. Addition mit anderen Gebühren die Berechnung unzutreffend wäre.
** Zusätzliche Gebühr bei Erledigung des Verfahrens gem. VV 4141 in Höhe der jeweiligen Verfahrensmittelgebühr (ohne Zuschlag). Zusätzliche Gebühr bei Einziehung und verwandten Maßnahmen gem. VV 4142 für Wahl- wie Pflichtverteidiger in Höhe von 1,0.
*** Die Gebühr deckt bis zu drei Termine in jedem Rechtszug ab.

Strafsachen – Gebühren des Verteidigers (VV Teil 4 Abschnitt 1)

Gebührentatbestand *	VV	Wahlverteidiger				Pflichtverteidiger	
		Mindestgebühr €	Höchstgebühr €	Mittelgebühr €	Zusätzliche Gebühr ** €	Gebühr €	Zusätzliche Gebühr ** €
b) Terminsgebühr							
Amtsgericht	4108	60,00	400,00	230,00		184,00	
mit Haftzuschlag	4109	60,00	500,00	280,00		224,00	
Zuschlag bei Dauer 5 bis 8 Std.	4110					92,00	
Zuschlag bei Dauer über 8 Std.	4111					184,00	
Strafkammer; Jugendkammer, soweit nicht VV 4118	4114	70,00	470,00	270,00		216,00	
mit Haftzuschlag	4115	70,00	587,50	328,75		263,00	
Zuschlag bei Dauer 5 bis 8 Std.	4116					108,00	
Zuschlag bei Dauer über 8 Std.	4117					216,00	
OLG, Schwurgericht (auch Jugendkammer), Strafkammer nach §§ 74a und 74c GVG	4120	110,00	780,00	445,00		356,00	
mit Haftzuschlag	4121	110,00	975,00	542,50		434,00	
Zuschlag bei Dauer 5 bis 8 Std.	4122					178,00	
Zuschlag bei Dauer über 8 Std.	4123					356,00	
4. Berufung							
a) Verfahrensgebühr	4124	70,00	470,00	270,00	270,00	216,00	216,00
mit Haftzuschlag	4125	70,00	587,50	328,75	270,00	263,00	216,00
b) Terminsgebühr	4126	70,00	470,00	270,00		216,00	
mit Haftzuschlag	4127	70,00	587,50	328,75		263,00	
Zuschlag bei Dauer 5 bis 8 Std.	4128					108,00	
Zuschlag bei Dauer über 8 Std.	4129					216,00	
5. Revision							
a) Verfahrensgebühr	4130	100,00	930,00	515,00	515,00	412,00	412,00
mit Haftzuschlag	4131	100,00	1.162,50	631,25	515,00	505,00	412,00
b) Terminsgebühr	4132	100,00	470,00	285,00		228,00	
mit Haftzuschlag	4133	100,00	587,50	343,75		275,00	
Zuschlag bei Dauer 5 bis 8 Std.	4134					114,00	
Zuschlag bei Dauer über 8 Std.	4135					228,00	

*   Auf die Ausrechnung der Auslagen wurde verzichtet, da durch mögliche Anrechnung bzw. Addition mit anderen Gebühren die Berechnung unzutreffend wäre.
** Zusätzliche Gebühr bei Erledigung des Verfahrens gem. VV 4141 in Höhe der jeweiligen Verfahrensmittelgebühr (ohne Zuschlag). Zusätzliche Gebühr bei Einziehung und verwandten Maßnahmen gem. VV 4142 für Wahl- wie Pflichtverteidiger in Höhe von 1,0.

Gebührentatbestand *	VV	Mindest-gebühr €	Wahlverteidiger Höchst-gebühr €	Mittel-gebühr €	Zusätz-liche Ge-bühr ** €	Pflichtverteidiger Gebühr €	Zusätz-liche Ge-bühr ** €
6. Strafvollstreckung							
a) Verfahren nach VV 4200							
Verfahrensgebühr	4200	50,00	560,00	305,00		244,00	
mit Haftzuschlag	4201	50,00	700,00	375,00		300,00	
Terminsgebühr	4202	50,00	250,00	150,00		120,00	
mit Haftzuschlag	4203	50,00	312,50	181,25		145,00	
b) Sonstige Verfahren							
Verfahrensgebühr	4204	20,00	250,00	135,00		108,00	
mit Haftzuschlag	4205	20,00	312,50	166,25		133,00	
Terminsgebühr	4206	20,00	250,00	135,00		108,00	
mit Haftzuschlag	4207	20,00	312,50	166,25		133,00	
7. Einzeltätigkeiten							
Verfahren nach	4300	50,00	560,00	305,00		244,00	
Verfahren nach	4301	35,00	385,00	210,00		168,00	
Verfahren nach	4302	20,00	250,00	135,00		108,00	
8. Gnadensachen	4303	25,00	250,00	137,50		110,00	

Gebühren im Adhäsionsverfahren siehe „Adhäsionsverfahren"

Tagegeld siehe Reisekosten

Teilungsversteigerung
    Gebühren wie Zwangsversteigerung; siehe dort

Terminsgebühr
    Ersetzt die bisherige Verhandlungs- bzw. Erörterungsgebühr.
    Die Höhe ist in den einzelnen Verfahren unterschiedlich.

---

* Auf die Ausrechnung der Auslagen wurde verzichtet, da durch mögliche Anrechnung bzw. Addition mit anderen Gebühren die Berechnung unzutreffend wäre.
** Zusätzliche Gebühr bei Erledigung des Verfahrens gem. VV 4141 in Höhe der jeweiligen Verfahrensmittelgebühr (ohne Zuschlag). Zusätzliche Gebühr bei Einziehung und verwandten Maßnahmen gem. VV 4142 für Wahl- wie Pflichtverteidiger in Höhe von 1,0.

Die Terminsgebühr **entsteht in Bürgerlichen Rechtsstreitigkeiten, Verfahren der freiwilligen Gerichtsbarkeit, der öffentlich-rechtlichen Gerichtsbarkeit, Verfahren nach dem Strafvollzugsgesetz und ähnlichen Verfahren** (VV Teil 3) gem. VV Vorb. 3 Abs. 3 für die Vertretung in einem Verhandlungs-, Erörterungs- oder Beweisaufnahmetermin oder die Wahrnehmung eines von einem gerichtlich bestellten Sachverständigen anberaumten Termins oder die Mitwirkung an auf die Vermeidung oder Erledigung des Verfahrens gerichteten Besprechungen ohne Beteiligung des Gerichts; dies gilt nicht für Besprechungen mit dem Auftraggeber.

In **Straf-** und **Bußgeldsachen** sowie in **sonstigen Verfahren** (VV Teil 4–6) entsteht die Terminsgebühr gem. VV Vorb. 4 Abs. 3, Vorb. 5 Abs. 3 und Vorb. 6 Abs. 3 für die Teilnahme an gerichtlichen Terminen, soweit nichts anderes bestimmt ist. Der Rechtsanwalt erhält die Terminsgebühr auch, wenn er zu einem anberaumten Termin erscheint, dieser aber aus Gründen, die er nicht zu vertreten hat, nicht stattfindet. Dies gilt nicht, wenn er rechtzeitig von der Aufhebung oder Verlegung des Termins in Kenntnis gesetzt worden ist.

Terminsvertreter
siehe Vertretung beschränkt sich auf die Vertretung in einem Termin

Treuhänder im vereinfachten Insolvenzverfahren
Er erhält in der Regel 15 v.H. der Insolvenzmasse, jedoch insbesondere dann weniger, wenn das vereinfachte Insolvenzverfahren vorzeitig beendigt wird.

Die Vergütung soll mindestens 250,00 EUR betragen; sie kann in Abhängigkeit von der Tätigkeit des Treuhänders bis auf 100,00 EUR herabgesetzt werden.

Treuhänder nach § 293 InsO (Restschuldbefreiung)
Die Vergütung wird gem. § 14 InsVV nach der Summe der Beträge berechnet, die auf Grund der Abtretungserklärung des Schuldners (§ 287 Abs. 2 InsO) oder auf andere Weise zur Befriedigung der Gläubiger des Schuldners beim Treuhänder eingehen.

Der Treuhänder erhält
1. von den ersten 25.000,00 EUR .... 5 %,
2. von dem Mehrbetrag bis 50.000,00 EUR .... 3 %,
3. von dem darüber hinausgehenden Betrag .... 1 %.

Die Vergütung beträgt mindestens 100,00 EUR für jedes Jahr der Tätigkeit des Treuhänders.

Hat der Treuhänder die Aufgabe, die Erfüllung der Obliegenheiten des Schuldners zu **überwachen** (§ 292 Abs. 2 InsO), so erhält er gem. § 15 InsVV eine zusätzliche Vergütung. Diese beträgt regelmäßig 15,00 EUR je Stunde. Der Gesamtbetrag der zusätzlichen Vergütung darf den Gesamtbetrag der Vergütung nach § 14 InsVV nicht überschreiten. Die Gläubigerversammlung kann eine abweichende Regelung treffen.

Übergangsrecht siehe Seite 4 ff.

Unterbevollmächtigter siehe Vertretung beschränkt sich auf die Vertretung in einem Termin

Unterbringungssachen siehe Freiheitsentziehungen

Urheberrechtsverfahren vor dem OLG

Verfahrensgebühr VV 3302	1,6
Vorzeitige Beendigung des Auftrags VV 3303	1,0
Terminsgebühr VV Vorb. 3.3.1, VV 3104	1,2

Vereinfachtes Verfahren über den Unterhalt Minderjähriger

1. Verfahren über einen Antrag auf Festsetzung des Unterhalts nach § 645 ZPO

Verfahrensgebühr VV 3100 1,3

(1) Die Verfahrensgebühr für ein vereinfachtes Verfahren über den Unterhalt Minderjähriger wird auf die Verfahrensgebühr angerechnet, die in dem nachfolgenden Rechtsstreit entsteht (§§ 651 und 656 ZPO).
(2) ...
(3) ...

Bei vorzeitiger Beendigung des Auftrags reduziert sich die Gebühr VV 3100 gem. VV 3101 auf 0,8

Die Verfahrensgebühr für ein vereinfachtes Verfahren über den Unterhalt Minderjähriger wird auf die Verfahrensgebühr angerechnet, die in dem nachfolgenden Rechtsstreit entsteht (§§ 651 und 656 ZPO). Der Wert bestimmt sich nach § 42 GKG.

2. Verfahren über einen Antrag auf Abänderung eines Vollstreckungstitels nach § 655 Abs. 1 ZPO

Verfahrensgebühr VV 3331 0,5
  Der Wert bestimmt sich nach § 42 GKG.

Terminsgebühr VV 3332 0,5

Verfahren auf Vollstreckbarerklärung der durch Rechtsmittelanträge nicht angefochtenen Teile eines Urteils (§§ 537, 558 ZPO), soweit nicht nach § 19 Abs. 1 S. 2 Nr. 9 zum Rechtszug gehörig

Verfahrensgebühr VV 3329	0,5
Terminsgebühr VV 3332	0,5

Vergleichsgebühr ersetzt durch Einigungsgebühr, siehe dort

Vergleichsverwalter*

Verordnung über die Vergütung des Konkursverwalters, des Vergleichsverwalters, der Mitglieder des Gläubigerausschusses und der Mitglieder des Gläubigerbeirats vom 25. 5. 1960 (BGBl I S. 329), in der Fassung der Verordnung vom 22. 12. 1967 (BGBl I S. 1366), vom 19.7 1972 (BGBl I S. 1260) und vom 11. 6. 1979 (BGBl I S. 637).

Die Vergütung beträgt in der Regel die Hälfte der für den Konkursverwalter bestimmten Sätze, in der Regel jedoch mindestens 153,39 EUR. Das Gericht kann Abweichungen von den Regelsätzen nach oben oder nach unten nach Ermessen festsetzen.

Zu den Regelsätzen siehe unter Konkursverwalter.

Verhandlungsgebühr ersetzt durch Terminsgebühr, siehe dort

Verkehrsanwalt

Der Auftrag beschränkt sich auf die Führung des Verkehrs der Partei mit dem Verfahrensbevollmächtigten:

Verfahrensgebühr VV 3400**	in Höhe der dem Verfahrensbevollmächtigten zustehenden Verfahrensgebühr, höchstens 1,0, bei Betragsrahmengebühren höchstens 260,00 EUR
Bei vorzeitiger Beendigung beträgt die Gebühr VV 3400 gem. VV 3405**	höchstens 0,5, bei Betragsrahmengebühren höchstens 130,00 EUR

---

* Diese Vorschriften gelten weiter für Verfahren, die zwar nach dem 1. 1. 1999 beantragt worden sind, bei denen der Auftrag aber bereits vor dem 1. 1. 1999 erteilt worden ist.

** Gem. VV Vorb. 3.4 Abs. 2 vermindern sich die in den Nummern 3400, 3401, 3405 und 3406 bestimmten Höchstbeträge auf die Hälfte, wenn eine Tätigkeit im Verwaltungsverfahren oder im weiteren, der Nachprüfung des Verwaltungsakts dienenden Verwaltungsverfahren vorausgegangen ist. Bei der Bemessung der Gebühren ist nicht zu berücksichtigen, dass der Umfang der Tätigkeit infolge der Tätigkeit im Verwaltungsverfahren oder im weiteren, der Nachprüfung des Verwaltungsakts dienenden Verwaltungsverfahren geringer ist.

Verkehrsanwalt in Strafsachen

Der Auftrag beschränkt sich auf die Führung des Verkehrs der Partei mit dem Verteidiger:

Verfahrensgebühr VV 4301 Wahlverteidiger . . . . 35,00 bis 385,00 EUR

Verfahrensgebühr VV 4301 gerichtlich bestellter oder beigeordneter Rechtsanwalt . . . . 168,00 EUR

Verteilungsverfahren außerhalb der Zwangsversteigerung und Zwangsverwaltung

Verfahrensgebühr VV 3333 0,4

Der Wert bestimmt sich nach § 26 Nr. 1 und 2 RVG. Eine Terminsgebühr entsteht nicht.

Vertretung beschränkt sich auf die Vertretung in einem Termin

Ein gerichtliches Verfahren ist anhängig, der Auftrag an den anderen Rechtsanwalt beschränkt sich auf die Vertretung in einem Termin im Sinne der VV Vorb. 3 Abs. 3:

Verfahrensgebühr VV 3401** . . . . in Höhe der Hälfte der dem Verfahrensbevollmächtigten zustehenden Verfahrensgebühr

Terminsgebühr VV 3402 . . . . in Höhe der einem Verfahrensbevollmächtigten zustehenden Terminsgebühr

Bei vorzeitiger Beendigung betragen die Gebühren VV 3400 und 3401 gem. VV 3405** . . . . höchstens 0,5, bei Betragsrahmengebühren höchstens 130,00 EUR

Vertretung für außergerichtliche Tätigkeiten einschließlich Verwaltungsverfahren, jedoch ohne Verwaltungszwangsverfahren und ohne Bußgeldsachen

Für die außergerichtliche Vertretung erhält der Rechtsanwalt nach VV 2300 eine Geschäftsgebühr mit einem Gebührensatz von . . . . 0,5 bis 2,5

Eine Gebühr von mehr als 1,3 kann nur gefordert werden, wenn die Tätigkeit umfangreich oder schwierig war.

** Gem. VV Vorb. 3.4 Abs. 2 vermindern sich die in den Nummern 3400, 3401, 3405 und 3406 bestimmten Höchstbeträge auf die Hälfte, wenn eine Tätigkeit im Verwaltungsverfahren oder im weiteren, der Nachprüfung des Verwaltungsakts dienenden Verwaltungsverfahren vorausgegangen ist. Bei der Bemessung der Gebühren ist nicht zu berücksichtigen, dass der Umfang der Tätigkeit infolge der Tätigkeit im Verwaltungsverfahren oder im weiteren, der Nachprüfung des Verwaltungsakts dienenden Verwaltungsverfahren geringer ist.

Ist wegen desselben Gegenstands eine Geschäftsgebühr entstanden, wird diese Gebühr gem. VV Vorb. 3 Abs. 4 zur Hälfte, jedoch höchstens mit einem Gebührensatz von 0,75, auf die Verfahrensgebühr des gerichtlichen Verfahrens angerechnet. Sind mehrere Gebühren entstanden, ist für die Anrechnung die zuletzt entstandene Gebühr maßgebend. Die Anrechnung erfolgt nach dem Wert des Gegenstands, der in das gerichtliche Verfahren übergegangen ist.

Es ist eine Tätigkeit im Verwaltungsverfahren vorausgegangen:
Die Gebühr VV 2300 für das weitere, der Nachprüfung des Verwaltungsakts dienende Verwaltungsverfahren beträgt nach VV 2301 .... 0,5 bis 1,3

(1) Bei der Bemessung der Gebühr ist nicht zu berücksichtigen, dass der Umfang der Tätigkeit infolge der Tätigkeit im Verwaltungsverfahren geringer ist.
(2) Eine Gebühr von mehr als 0,7 kann nur gefordert werden, wenn die Tätigkeit umfangreich oder schwierig war.

Verwaltungsgerichtsbarkeit

In Verfahren vor den Verwaltungsgerichten bestimmen sich die Gebühren grundsätzlich nach **VV Teil 3 Abschnitt 1 und 2** (VV 3100 ff., 3200 ff.).

Für das **erstinstanzliche Verfahren vor dem Bundesverwaltungsgericht und dem Oberverwaltungsgericht** (Verwaltungsgerichtshof) beträgt die

Verfahrensgebühr VV 3302 1,6

Terminsgebühr VV Vorb. 3.3.1, VV 3104 1,2

Beschwerde gegen Entscheidungen der Verwaltungsgerichte, bei denen es sich nicht um Urteile oder Rechtsentscheide handelt:

Verfahrensgebühr VV 3500 0,5

Terminsgebühr VV 3513 0,5

Für das Verfahren über die **Beschwerde gegen die Nichtzulassung der Revision** durch das OVG/den VGH erhält der Rechtsanwalt eine gesonderte Verfahrensgebühr nach VV 3506 mit einem Gebührensatz von 1,6. Bei vorzeitiger Beendigung des Auftrags reduziert sich die Verfahrensgebühr gem. VV 3507 auf 1,1. Ferner kann eine Terminsgebühr nach VV 3516 von 1,2 anfallen. Kommt es zur Durchführung der Revision, ist diese Gebühr auf die Verfahrensgebühr des Revisionsverfahrens anzurechnen.

Eine wegen desselben Gegenstands entstandene **Geschäftsgebühr** nach VV 2300 bis 2303 wird gem. VV Vorb. 3 Abs. 4 zur Hälfte, jedoch höchstens mit einem Gebührenansatz von 0,75, auf die Verfahrensgebühr des gerichtlichen Verfahrens angerechnet. Sind mehrere Geschäftsgebühren entstanden, ist für die Anrechnung die zuletzt entstandene Gebühr maßgebend. Die Anrechnung erfolgt nach dem Wert des Gegenstands, der in das gerichtliche Verfahren übergegangen ist.

Verwaltungszwangsverfahren

Sowohl für das außergerichtliche Verwaltungszwangsverfahren (VV Vorb. 2.4 Abs. 1 und 2.5 Abs. 1) als auch für das gerichtliche Verfahren über einen Akt der Zwangsvollstreckung (des Verwaltungszwangs, vgl. VV Vorb. 3.3.3) bestimmen sich die Gebühren nach VV Teil 3 Abschnitt 3 Unterabschnitt 3, also

Verfahrensgebühr VV 3309	0,3
Terminsgebühr VV 3310	0,3

Die Gebühr entsteht nur für die Teilnahme an einem gerichtlichen Termin oder einem Termin zur Abnahme der eidesstattlichen Versicherung.

Vollstreckbarerklärung von Schiedssprüchen und Anwaltsvergleichen

Für die Tätigkeit als Verfahrensbevollmächtigter im Verfahren über die Vollstreckbarerklärung eines Schiedsspruchs oder Anwaltsvergleichs erhält der Rechtsanwalt die Gebühren nach VV Teil 3.

Gerichtliche Verfahren über die **Bestellung** eines Schiedsrichters oder Ersatzschiedsrichters, über die **Ablehnung** eines Schiedsrichters oder über die **Beendigung** des Schiedsrichteramts, zur **Unterstüzung** bei der Beweisaufnahme oder bei der **Vornahme** sonstiger richterlicher Handlungen anlässlich eines schiedsrichterlichen Verfahrens

Verfahrensgebühr VV 3327	0,75
Terminsgebühr VV 3332	0,5
Im Falle der **vorzeitigen Beendigung** nach Maßgabe der VV 3337 reduziert sich die Verfahrensgebühr auf	0,5

Vollstreckbarerklärung ausländischer Titel

Für die Tätigkeit als Verfahrensbevollmächtigter im Verfahren über die Vollstreckbarerklärung eines ausländischen Urteils erhält der Rechtsanwalt die Gebühren nach **VV Teil 3 Abschnitt 1**.

In **Beschwerde- und Rechtsbeschwerdeverfahren** gegen den Rechtszug beendende Entscheidungen über Anträge auf Vollstreckbarerklärung ausländischer Titel oder auf Erteilung der Vollstreckungsklausel zu ausländischen Titeln sowie Anträge auf Aufhebung oder Abänderung der Vollstreckbarerklärung oder der Vollstreckungsklausel richten sich die Gebühren gem. VV Vorb. 3.2.1 Abs. 1 Nr. 3 nach VV Teil 3 Abschnitt 2 Unterabschnitt 1, also nach den VV 3200 ff.

Vollstreckung inländischer Titel im Ausland

Für die Ausstellung einer Bescheinigung nach § 48 des Internationalen Familienrechtsverfahrensgesetzes oder § 56 AVAG bzw. die Ausstellung, die Berechtigung oder den Widerruf einer Bestätigung nach § 1079 ZPO zum Zwecke der Vollstreckung eines inländischen Titels im Ausland erhält der Rechtsanwalt, der bereits im Erkenntnisverfahren tätig war, keine gesonderte Gebühr, weil diese Tätigkeit zum Rechtszug gehört, § 19 Abs. 1 S. 2 Nr. 9. Für den nur mit der Durchführung der Zwangsvollstreckung im Ausland beauftragten Rechtsanwalt gehören die vorgenannten Tätigkeiten zum Rechtszug des Vollstreckungsverfahrens, können also ebenfalls nicht gesondert berechnet werden.

Entsprechendes gilt, wenn für die Geltendmachung im Ausland eine Vervollständigung der Entscheidung und die Bezifferung eines dynamisierten Unterhaltstitels vorgesehen ist, § 19 Abs. 1 S. 2 Nr. 8.

Vorläufiger Insolvenzverwalter siehe Insolvenzverwalter

Wehrbeschwerdeverfahren

Gem. VV Vorb. 6.4 Nr. 1 richten sich die Gebühren in Verfahren auf gerichtliche Entscheidung nach der WBO, auch i. V. m. § 42 WDO, nach VV Teil 6 Abschnitt 4.

VV	Gebührentatbestand	Gebühr	
		Wahlverteidiger oder Verfahrensbevollmächtigter	gerichtlich bestellter oder beigeordneter Rechtsanwalt
6400	Verfahrensgebühr für das Verfahren auf gerichtliche Entscheidung nach der WBO vor dem Truppendienstgericht	70,00 bis 570,00 EUR	
6401	Terminsgebühr je Verhandlungstag in den in VV 6400 genannten Verfahren	70,00 bis 570,00 EUR	
6402	Verfahrensgebühr für das Verfahren auf gerichtliche Entscheidung nach der WBO vor dem Bundesverwaltungsgericht	85,00 bis 665,00 EUR	
6403	Terminsgebühr je Verhandlungstag in den in VV 6402 genannten Verfahren	85,00 bis 665,00 EUR	
6404	Verfahrensgebühr für die übrigen Verfahren und für Einzeltätigkeiten	20,00 bis 250,00 EUR	108,00 EUR

Wertpapiererwerbs- und -übernahmegesetz (WpÜG)
Wertpapierhandelsgesetz (WpHG)

In Beschwerde- und Rechtsbeschwerdeverfahren nach dem WpÜG bzw. WpHG erwachsen für den Rechtsanwalt gem. VV Vorb. 3.2.1 Abs. 1 Nr. 5 bzw. 6 Gebühren nach VV Teil 3 Abschnitt 2 Unterabschnitt 1 (VV 3200 ff.).
Eine Anwendung des Unterabschnitts 2 scheidet aus, weil die gem. VV Vorb. 3.2.1 Abs. 2 dafür notwendige Voraussetzung – Vertretung der Parteien nur durch einen beim BGH zugelassenen Rechtsanwalt – nicht erfüllt wird (vgl. § 37u Abs. 2 WpHG i.V.m. § 53 WpÜG).

Wettbewerbsbeschränkungen

In **Beschwerde- und Rechtsbeschwerdeverfahren** nach dem GWB erwachsen für den Rechtsanwalt gem. VV Vorb. 3.2.1 Abs. 1 Nr. 4 Gebühren nach VV Teil 3 Abschnitt 2 Unterabschnitt 1 (VV 3200 ff.); soweit sich die Parteien nur durch einen beim BGH zugelassenen Rechtsanwalt vertreten lassen können, findet gem. VV Vorb. 3.2.1 Abs. 2 der Unterabschnitt 2 (VV 3206 ff.) Anwendung.

Für das Verfahren über einen Antrag nach **§ 115 Abs. 2 S. 2 und 3, § 118 Abs. 1 S. 3** oder nach **§ 121 GWB** beträgt die Verfahrensgebühr nach VV 3300 2,3

Bei vorzeitiger Beendigung des Auftrags beträgt die Gebühr VV 3300 nach VV 3301 1,8

Terminsgebühr VV 3304 1,2

Wohnungseigentumssachen

Es fallen erstinstanzlich Gebühren nach VV Teil 3 Abschnitt 1 an, also u.a.

Verfahrensgebühr VV 3100 1,3

Ermäßigte Verfahrensgebühr VV 3101 0,8

Terminsgebühr VV Vorb. 3.3.1, VV 3104 1,2

Soweit wegen desselben Gegenstands eine Geschäftsgebühr nach VV 2300 bis 2303 entstanden ist, wird diese Gebühr zur Hälfte, jedoch höchstens mit einem Gebührensatz von 0,75, auf die Verfahrensgebühr des gerichtlichen Verfahrens angerechnet.

In Verfahren über **Beschwerden** oder **Rechtsbeschwerden** gegen die den Rechtszug beendenden Entscheidungen in Verfahren nach § 43 WEG findet VV Teil 3 Abschnitt 2 Unterabschnitt 1 – VV 3200 ff. – Anwendung, vgl. VV Vorb. 3.2.1 Abs. 1 Nr. 2 c; u.a. also:

Verfahrensgebühr VV 3200 1,6

Ermäßigte Verfahrensgebühr VV 3201 1,1

Terminsgebühr VV 3202 1,2

Einigungsgebühr analog VV 1004 1,3

Zwangsversteigerung

Verfahrensgebühr VV 3311   0,4

Die Gebühr entsteht jeweils gesondert

1. für die Tätigkeit im Zwangsversteigerungsverfahren bis zur Einleitung des Verteilungsverfahrens;

2. im Zwangsversteigerungsverfahren für die Tätigkeit im Verteilungsverfahren, und zwar auch für eine Mitwirkung an einer außergerichtlichen Verteilung;

3. ...

4. ...

5. ...

6. für die Tätigkeit im Verfahren über Anträge auf einstweilige Einstellung oder Beschränkung der Zwangsvollstreckung und einstweilige Einstellung des Verfahrens sowie für Verhandlungen zwischen Gläubiger und Schuldner mit dem Ziel der Aufhebung des Verfahrens.

Terminsgebühr VV 3312   0,4

Die Gebühr entsteht nur für die Wahrnehmung eines Versteigerungstermins für einen Beteiligten. Im Übrigen entsteht im Verfahren der Zwangsversteigerung und der Zwangsverwaltung keine Terminsgebühr.

Der **Gegenstandswert** bestimmt sich gemäß § 26 RVG:

1. bei der Vertretung des Gläubigers oder eines anderen nach § 9 Nr. 1 und 2 ZVG Beteiligten nach dem Wert des dem Gläubiger oder dem Beteiligten zustehenden Rechts; wird das Verfahren wegen einer Teilforderung betrieben, ist der Teilbetrag nur maßgebend, wenn es sich um einen nach § 10 Abs. 1 Nr. 5 ZVG zu befriedigenden Anspruch handelt; Nebenforderungen sind mitzurechnen; der Wert des Gegenstands der Zwangsversteigerung (§ 66 Abs. 1, § 74a Abs. 5 ZVG), im Verteilungsverfahren der zur Verteilung kommende Erlös, sind maßgebend, wenn sie geringer sind;

2. bei der Vertretung eines anderen Beteiligten, insbesondere des Schuldners, nach dem Wert des Gegenstands der Zwangsversteigerung, im Verteilungsverfahren nach dem zur Verteilung kommenden Erlös; bei Miteigentümern oder sonstigen Mitberechtigten ist der Anteil maßgebend;

3. bei der Vertretung eines Bieters, der nicht Beteiligter ist, nach dem Betrag des höchsten für den Auftraggeber abgegebenen Gebots, wenn ein solches Gebot nicht abgegeben ist, nach dem Wert des Gegenstands der Zwangsversteigerung.

Zwangsverwalter

Zwangsverwalterverordnung (ZwVwV) vom 19.12.2003 (BGBl I S. 2804)

Gem. § 17 hat der Verwalter Anspruch auf eine **angemessene Vergütung** für seine Geschäftsführung sowie auf Erstattung seiner **Auslagen** nach Maßgabe des § 21. Die Höhe der Vergütung ist an der Art und dem Umfang der Aufgabe sowie an der Leistung des Zwangsverwalters auszurichten. Zusätzlich zur Vergütung und zur Erstattung der Auslagen wird ein Betrag in Höhe der vom Verwalter zu zahlenden Umsatzsteuer festgesetzt. Ist der Verwalter als Rechtsanwalt zugelassen, so kann er für Tätigkeiten, die ein nicht als Rechtsanwalt zugelassener Verwalter einem Rechtsanwalt übertragen hätte, die gesetzliche Vergütung eines Rechtsanwalts abrechnen. Ist der Verwalter Steuerberater oder besitzt er eine andere besondere Qualifikation, gilt Satz 1 sinngemäß.

§ 18 Regelvergütung

Bei der Zwangsverwaltung von Grundstücken, die durch Vermieten oder Verpachten genutzt werden, erhält der Verwalter als Vergütung in der Regel 10 Prozent des für den Zeitraum der Verwaltung an Mieten oder Pachten eingezogenen Bruttobetrags. Für vertraglich geschuldete, nicht eingezogene Mieten oder Pachten erhält er 20 Prozent der Vergütung, die er erhalten hätte, wenn diese Mieten eingezogen worden wären. Soweit Mietrückstände eingezogen werden, für die der Verwalter bereits eine Vergütung nach Satz 2 erhalten hat, ist diese anzurechnen.

Ergibt sich im Einzelfall ein **Missverhältnis** zwischen der Tätigkeit des Verwalters und der Vergütung nach Absatz 1, so kann der in Absatz 1 Satz 1 genannte Prozentsatz bis auf 5 vermindert oder bis auf 15 angehoben werden.

Für die **Fertigstellung von Bauvorhaben** erhält der Verwalter 6 Prozent der von ihm verwalteten Bausumme. Planungs-, Ausführungs- und Abnahmekosten sind Bestandteil der Bausumme und finden keine Anrechnung auf die Vergütung des Verwalters.

§ 19 Abweichende Berechnung der Vergütung

Wenn dem Verwalter eine Vergütung nach § 18 nicht zusteht, bemisst sich die Vergütung nach Zeitaufwand. In diesem Fall erhält er für jede Stunde der für die Verwaltung erforderlichen Zeit, die er oder einer seiner Mitarbeiter aufgewendet hat, eine Vergütung von mindestens 35,00 Euro und höchstens 95,00 Euro. Der Stundensatz ist für den jeweiligen Abrechnungszeitraum einheitlich zu bemessen.

Der Verwalter kann für den Abrechnungszeitraum einheitlich nach Absatz 1 abrechnen, wenn die Vergütung nach § 18 Abs. 1 und 2 offensichtlich unangemessen ist.

§ 20 Mindestvergütung

Ist das Zwangsverwaltungsobjekt von dem Verwalter in Besitz genommen, so beträgt die Vergütung des Verwalters mindestens 600,00 Euro.

Ist das Verfahren der Zwangsverwaltung aufgehoben worden, bevor der Verwalter das Grundstück in Besitz genommen hat, so erhält er eine Vergütung von 200,00 Euro, sofern er bereits tätig geworden ist.

Zwangsverwaltung

Verfahrensgebühr VV 3311 0,4

    Die Gebühr entsteht jeweils gesondert

    1. ...

    2. ...

    3. im Verfahren der Zwangsverwaltung für die Vertretung des Antragstellers im Verfahren über den Antrag auf Anordnung der Zwangsverwaltung oder auf Zulassung des Beitritts;

    4. im Verfahren der Zwangsverwaltung für die Vertretung des Antragstellers im weiteren Verfahren einschließlich des Verteilungsverfahrens;

    5. im Verfahren der Zwangsverwaltung für die Vertretung eines sonstigen Beteiligten im ganzen Verfahren einschließlich des Verteilungsverfahrens und

    6. für die Tätigkeit im Verfahren über Anträge auf einstweilige Einstellung oder Beschränkung der Zwangsvollstreckung und einstweilige Einstellung des Verfahrens sowie für Verhandlungen zwischen Gläubiger und Schuldner mit dem Ziel der Aufhebung des Verfahrens.

Terminsgebühr VV 3312 0,4

    Die Gebühr entsteht nur für die Wahrnehmung eines Versteigerungstermins für einen Beteiligten. Im Übrigen entsteht im Verfahren der Zwangsversteigerung und der Zwangsverwaltung keine Terminsgebühr.

Der **Gegenstandswert** bestimmt sich gemäß § 27 RVG:

In der Zwangsverwaltung bestimmt sich der Gegenstandswert bei der Vertretung des Antragstellers nach dem Anspruch, wegen dessen das Verfahren beantragt ist; Nebenforderungen sind mitzurechnen; bei Ansprüchen auf wiederkehrende Leistungen ist der Wert der Leistungen eines Jahres maßgebend. Bei der Vertretung des Schuldners bestimmt sich der Gegenstandswert nach dem zusammengerechneten Wert aller Ansprüche, wegen derer das Verfahren beantragt ist, bei der Vertretung eines sonstigen Beteiligten nach § 23 Abs. 3 S. 2.

Zwangsvollstreckung

Verfahrensgebühr VV 3309 0,3

Die Gebühr entsteht für die Tätigkeit in der Zwangsvollstreckung, soweit nachfolgend keine besonderen Gebühren bestimmt sind.

Terminsgebühr VV 3310 0,3

Die Gebühr entsteht nur für die Teilnahme an einem gerichtlichen Termin oder einem Termin zur Abnahme der eidesstattlichen Versicherung.

Verfahrensgebühr für Verfahren über die vorläufige Einstellung, Beschränkung oder Aufhebung der Zwangsvollstreckung VV 3328 0,5

Die Gebühr entsteht nur, wenn eine abgesonderte mündliche Verhandlung hierüber stattfindet. Wird der Antrag beim Vollstreckungsgericht und beim Prozessgericht gestellt, entsteht die Gebühr nur einmal.

Terminsgebühr VV 3332 0,5

Bei Vertretung mehrerer Auftraggeber Erhöhung nach VV 1008.

Der **Gegenstandswert** bestimmt sich gemäß § 25 Abs. 1 RVG:

1. nach dem Betrag der zu vollstreckenden Geldforderung einschließlich der Nebenforderungen; soll ein bestimmter Gegenstand gepfändet werden und hat dieser einen geringeren Wert, ist der geringere Wert maßgebend; wird künftig fällig werdendes Arbeitseinkommen nach § 850d Abs. 3 ZPO gepfändet, sind die noch nicht fälligen Ansprüche nach § 42 Abs. 1 und 2 GKG zu bewerten; im Verteilungsverfahren (§ 858 Abs. 5, §§ 872 bis 877 und 882 ZPO) ist höchstens der zu verteilende Geldbetrag maßgebend;

2. nach dem Wert der herauszugebenden oder zu leistenden Sachen; der Gegenstandswert darf jedoch den Wert nicht übersteigen, mit dem der Herausgabe- oder Räumungsanspruch nach den für die Berechnung von Gerichtskosten maßgeblichen Vorschriften zu bewerten ist;

3. nach dem Wert, den die zu erwirkende Handlung, Duldung oder Unterlassung für den Gläubiger hat, und

4. in Verfahren über den Antrag auf Abnahme der eidesstattlichen Versicherung nach § 807 ZPO nach dem Betrag, der einschließlich der Nebenforderungen aus dem

Vollstreckungstitel noch geschuldet wird; der Wert beträgt jedoch höchstens 1.500 Euro.

In Verfahren über Anträge des Schuldners ist der Wert nach dem Interesse des Antragstellers nach billigem Ermessen zu bestimmen (§ 25 Abs. 2 RVG).

Vergütungsverzeichnis zum Rechtsanwaltsvergütungsgesetz

(Anlage 1 zu § 2 Abs. 2 RVG)

Gliederung

Teil 1: **Allgemeine Gebühren**

Teil 2: **Außergerichtliche Tätigkeiten einschließlich der Vertretung im Verwaltungsverfahren**

Abschnitt 1. Prüfung der Erfolgsaussicht eines Rechtsmittels
Abschnitt 2. Herstellung des Einvernehmens
Abschnitt 3. Vertretung
Abschnitt 4. Vertretung in bestimmten sozialrechtlichen Angelegenheiten
Abschnitt 5. Beratungshilfe

Teil 3: **Bürgerliche Rechtsstreitigkeiten, Verfahren der freiwilligen Gerichtsbarkeit, der öffentlich-rechtlichen Gerichtsbarkeiten, Verfahren nach dem Strafvollzugsgesetz und ähnliche Verfahren**

Abschnitt 1. Erster Rechtszug
Abschnitt 2. Berufung, Revision, bestimmte Beschwerden und Verfahren vor dem Finanzgericht

    Unterabschnitt 1.   Berufung, bestimmte Beschwerden und Verfahren vor dem Finanzgericht
    Unterabschnitt 2.   Revision

Abschnitt 3. Gebühren für besondere Verfahren

    Unterabschnitt 1.   Besondere erstinstanzliche Verfahren
    Unterabschnitt 2.   Mahnverfahren
    Unterabschnitt 3.   Zwangsvollstreckung und Vollziehung einer im Wege des einstweiligen Rechtsschutzes ergangenen Entscheidung
    Unterabschnitt 4.   Zwangsversteigerung und Zwangsverwaltung
    Unterabschnitt 5.   Insolvenzverfahren, Verteilungsverfahren nach der Schifffahrtsrechtlichen Verteilungsordnung
    Unterabschnitt 6.   Sonstige besondere Verfahren

Abschnitt 4. Einzeltätigkeiten
Abschnitt 5. Beschwerde, Nichtzulassungsbeschwerde und Erinnerung

Teil 4: Strafsachen
Abschnitt 1. Gebühren des Verteidigers

Unterabschnitt 1.	Allgemeine Gebühren
Unterabschnitt 2.	Vorbereitendes Verfahren
Unterabschnitt 3.	Gerichtliches Verfahren
	Erster Rechtszug
	Berufung
	Revision
Unterabschnitt 4.	Wiederaufnahmeverfahren
Unterabschnitt 5.	Zusätzliche Gebühren

Abschnitt 2. Gebühren in der Strafvollstreckung
Abschnitt 3. Einzeltätigkeiten

Teil 5: Bußgeldsachen
Abschnitt 1. Gebühren des Verteidigers

Unterabschnitt 1.	Allgemeine Gebühr
Unterabschnitt 2.	Verfahren vor der Verwaltungsbehörde
Unterabschnitt 3.	Verfahren vor dem Amtsgericht
Unterabschnitt 4.	Verfahren über die Rechtsbeschwerde
Unterabschnitt 5.	Zusätzliche Gebühren

Abschnitt 2. Einzeltätigkeiten

Teil 6: Sonstige Verfahren
Abschnitt 1. Verfahren nach dem Gesetz über die internationale Rechtshilfe in Strafsachen und Verfahren nach dem IStGH-Gesetz
Abschnitt 2. Disziplinarverfahren, berufsgerichtliche Verfahren wegen der Verletzung einer Berufspflicht

Unterabschnitt 1.	Allgemeine Gebühren
Unterabschnitt 2.	Außergerichtliches Verfahren
Unterabschnitt 3.	Gerichtliches Verfahren
	Erster Rechtszug
	Zweiter Rechtszug
	Dritter Rechtszug
Unterabschnitt 4.	Zusatzgebühr

Abschnitt 3. Gerichtliche Verfahren bei Freiheitsentziehung und in Unterbringungssachen
Abschnitt 4. Besondere Verfahren und Einzeltätigkeiten

Teil 7: Auslagen

Vergütungsverzeichnis (VV)

Nr.	Gebührentatbestand	Gebühr oder Satz der Gebühr nach § 13 RVG

Teil 1
Allgemeine Gebühren

Vorbemerkung 1:
Die Gebühren dieses Teils entstehen neben den in anderen Teilen bestimmten Gebühren.

1000 Einigungsgebühr 1,5

(1) Die Gebühr entsteht für die Mitwirkung beim Abschluss eines Vertrags, durch den der Streit oder die Ungewissheit der Parteien über ein Rechtsverhältnis beseitigt wird, es sei denn, der Vertrag beschränkt sich ausschließlich auf ein Anerkenntnis oder einen Verzicht. Dies gilt auch für die Mitwirkung bei einer Einigung der Parteien in einem der in § 36 RVG bezeichneten Güteverfahren. Im Privatklageverfahren ist Nummer 4147 anzuwenden.

(2) Die Gebühr entsteht auch für die Mitwirkung bei Vertragsverhandlungen, es sei denn, dass diese für den Abschluss des Vertrags im Sinne des Absatzes 1 nicht ursächlich war.

(3) Für die Mitwirkung bei einem unter einer aufschiebenden Bedingung oder unter dem Vorbehalt des Widerrufs geschlossenen Vertrag entsteht die Gebühr, wenn die Bedingung eingetreten ist oder der Vertrag nicht mehr widerrufen werden kann.

(4) Soweit über die Ansprüche vertraglich verfügt werden kann, gelten die Absätze 1 und 2 auch bei Rechtsverhältnissen des öffentlichen Rechts.

(5) Die Gebühr entsteht nicht in Ehesachen (§ 606 Abs. 1 Satz 1 ZPO) und in Lebenspartnerschaftssachen (§ 661 Abs. 1 Nr. 1 bis 3 ZPO). Wird ein Vertrag, insbesondere über den Unterhalt, im Hinblick auf die in Satz 1 genannten Verfahren geschlossen, bleibt der Wert dieser Verfahren bei der Berechnung der Gebühr außer Betracht.

1001 Aussöhnungsgebühr 1,5

Die Gebühr entsteht für die Mitwirkung bei der Aussöhnung, wenn der ernstliche Wille eines Ehegatten, eine Scheidungssache oder ein Verfahren auf Aufhebung der Ehe anhängig zu machen, hervorgetreten ist und die Ehegatten die eheliche Lebensgemeinschaft fortsetzen oder die eheliche Lebensgemeinschaft wieder aufnehmen. Dies gilt entsprechend bei Lebenspartnerschaften.

1002 Erledigungsgebühr, soweit nicht Nummer 1005 gilt .. 1,5

Die Gebühr entsteht, wenn sich eine Rechtssache ganz oder teilweise nach Aufhebung oder Änderung des mit einem

Vergütungsverzeichnis (VV)

Nr.	Gebührentatbestand	Gebühr oder Satz der Gebühr nach § 13 RVG
	Rechtsbehelf angefochtenen Verwaltungsakts durch die anwaltliche Mitwirkung erledigt. Das Gleiche gilt, wenn sich eine Rechtssache ganz oder teilweise durch Erlass eines bisher abgelehnten Verwaltungsakts erledigt.	
1003	Über den Gegenstand ist ein anderes gerichtliches Verfahren als ein selbstständiges Beweisverfahren anhängig:	
	Die Gebühren 1000 bis 1002 betragen	1,0
	Dies gilt auch, wenn ein Verfahren über die Prozesskostenhilfe anhängig ist, soweit nicht lediglich Prozesskostenhilfe für die gerichtliche Protokollierung des Vergleichs beantragt wird oder sich die Beiordnung auf den Abschluss eines Vertrags im Sinne der Nummer 1000 erstreckt (§ 48 Abs. 3 RVG).	
1004	Über den Gegenstand ist ein Berufungs- oder Revisionsverfahren anhängig:	
	Die Gebühren 1000 bis 1002 betragen	1,3
1005	Einigung oder Erledigung in sozialrechtlichen Angelegenheiten, in denen im gerichtlichen Verfahren Betragsrahmengebühren entstehen (§ 3 RVG):	
	Die Gebühren 1000 und 1002 betragen	40,00 bis 520,00 EUR
1006	Über den Gegenstand ist ein gerichtliches Verfahren anhängig:	
	Die Gebühr 1005 beträgt	30,00 bis 350,00 EUR
1007	Über den Gegenstand ist ein Berufungs- oder Revisionsverfahren anhängig:	
	Die Gebühr 1005 beträgt	40,00 bis 460,00 EUR
1008	Auftraggeber sind in derselben Angelegenheit mehrere Personen:	
	Die Verfahrens- oder Geschäftsgebühr erhöht sich für jede weitere Person um	0,3 oder 30 % bei Festgebühren, bei Betragsrahmengebühren erhöhen sich der Mindest- und Höchstbetrag um 30 %
	(1) Dies gilt bei Wertgebühren nur, soweit der Gegenstand der anwaltlichen Tätigkeit derselbe ist.	
	(2) Die Erhöhung wird nach dem Betrag berechnet, an dem die Personen gemeinschaftlich beteiligt sind.	
	(3) Mehrere Erhöhungen dürfen einen Gebührensatz von 2,0 nicht übersteigen; bei Festgebühren dürfen die Erhöhungen das Doppelte der Festgebühr und bei Betragsrahmengebühren das Doppelte des Mindest- und Höchstbetrages nicht übersteigen.	

Vergütungsverzeichnis (VV)

Nr.	Gebührentatbestand	Gebühr oder Satz der Gebühr nach § 13 RVG
1009	Hebegebühr	
	1. bis einschließlich 2 500,00 EUR	1,0 %
	2. von dem Mehrbetrag bis einschließlich 10 000,00 EUR	0,5 %
	3. von dem Mehrbetrag über 10 000,00 EUR	0,25 % des aus- oder zurückgezahlten Betrags — mindestens 1,00 EUR
	(1) Die Gebühr wird für die Auszahlung oder Rückzahlung von entgegengenommenen Geldbeträgen erhoben.	
	(2) Unbare Zahlungen stehen baren Zahlungen gleich. Die Gebühr kann bei der Ablieferung an den Auftraggeber entnommen werden.	
	(3) Ist das Geld in mehreren Beträgen gesondert ausgezahlt oder zurückgezahlt, wird die Gebühr von jedem Betrag besonders erhoben.	
	(4) Für die Ablieferung oder Rücklieferung von Wertpapieren und Kostbarkeiten entsteht die in den Absätzen 1 bis 3 bestimmte Gebühr nach dem Wert.	
	(5) Die Hebegebühr entsteht nicht, soweit Kosten an ein Gericht oder eine Behörde weitergeleitet oder eingezogene Kosten an den Auftraggeber abgeführt oder eingezogene Beträge auf die Vergütung verrechnet werden.	

Teil 2
Außergerichtliche Tätigkeiten einschließlich der Vertretung im Verwaltungsverfahren

Vorbemerkung 2:

(1) Die Vorschriften dieses Teils sind nur anzuwenden, soweit nicht die §§ 34 bis 36 RVG etwas anderes bestimmen.

(2) Für die Tätigkeit als Beistand für einen Zeugen oder Sachverständigen in einem Verwaltungsverfahren, für das sich die Gebühren nach diesem Teil bestimmen, entstehen die gleichen Gebühren wie für einen Bevollmächtigten in diesem Verfahren. Für die Tätigkeit als Beistand eines Zeugen oder Sachverständigen vor einem parlamentarischen Untersuchungsausschuss entstehen die gleichen Gebühren wie für die entsprechende Beistandsleistung in einem Strafverfahren des ersten Rechtszugs vor dem Oberlandesgericht.

(3) Die Vorschriften dieses Teils mit Ausnahme der Gebühren nach den Nummern 2102, 2103, 2500 und 2501 gelten nicht für die in den Teilen 4 bis 6 geregelten Angelegenheiten.

Vergütungsverzeichnis (VV)

Nr.	Gebührentatbestand	Gebühr oder Satz der Gebühr nach § 13 RVG

Abschnitt 1
Prüfung der Erfolgsaussicht eines Rechtsmittels

2100 Gebühr für die Prüfung der Erfolgsaussicht eines Rechtsmittels, soweit in Nummer 2102 nichts anderes bestimmt ist . . . . 0,5 bis 1,0

Die Gebühr ist auf eine Gebühr für das Rechtsmittelverfahren anzurechnen.

2101 Die Prüfung der Erfolgsaussicht eines Rechtsmittels ist mit der Ausarbeitung eines schriftlichen Gutachtens verbunden:

Die Gebühr 2100 beträgt 1,3

2102 Gebühr für die Prüfung der Erfolgsaussicht eines Rechtsmittels in sozialrechtlichen Angelegenheiten, in denen im gerichtlichen Verfahren Betragsrahmengebühren entstehen (§ 3 RVG), und in Angelegenheiten, die in den Teilen 4 bis 6 geregelt sind . . . . 10,00 bis 260,00 EUR

Die Gebühr ist auf eine Gebühr für das Rechtsmittelverfahren anzurechnen.

2103 Die Prüfung der Erfolgsaussicht eines Rechtsmittels ist mit der Ausarbeitung eines schriftlichen Gutachtens verbunden:

Die Gebühr 2102 beträgt . . . . 40,00 bis 400,00 EUR

Abschnitt 2
Herstellung des Einvernehmens

2200 Geschäftsgebühr für die Herstellung des Einvernehmens nach § 28 EuRAG . . . . in Höhe der einem Bevollmächtigten oder Verteidiger zustehenden Verfahrensgebühr

2201 Das Einvernehmen wird nicht hergestellt:

Die Gebühr 2200 beträgt . . . . 0,1 bis 0,5
oder
Mindestbetrag der einem Bevollmächtigten oder Verteidiger zustehenden Verfahrensgebühr

Abschnitt 3
Vertretung

Vorbemerkung 2.3:

(1) Im Verwaltungszwangsverfahren ist Teil 3 Abschnitt 3 Unterabschnitt 3 entsprechend anzuwenden.
(2) Dieser Abschnitt gilt nicht für die in Abschnitt 4 genannten Angelegenheiten.

Vergütungsverzeichnis (VV)

Nr.	Gebührentatbestand	Gebühr oder Satz der Gebühr nach § 13 RVG

(3) Die Geschäftsgebühr entsteht für das Betreiben des Geschäfts einschließlich der Information und für die Mitwirkung bei der Gestaltung eines Vertrags.

2300 Geschäftsgebühr . . . . 0,5 bis 2,5

Eine Gebühr von mehr als 1,3 kann nur gefordert werden, wenn die Tätigkeit umfangreich oder schwierig war.

2301 Es ist eine Tätigkeit im Verwaltungsverfahren vorausgegangen:

Die Gebühr 2300 für das weitere, der Nachprüfung des Verwaltungsakts dienende Verwaltungsverfahren beträgt . . . . 0,5 bis 1,3

(1) Bei der Bemessung der Gebühr ist nicht zu berücksichtigen, dass der Umfang der Tätigkeit infolge der Tätigkeit im Verwaltungsverfahren geringer ist.

(2) Eine Gebühr von mehr als 0,7 kann nur gefordert werden, wenn die Tätigkeit umfangreich oder schwierig war.

2302 Der Auftrag beschränkt sich auf ein Schreiben einfacher Art:

Die Gebühr 2300 beträgt 0,3

Es handelt sich um ein Schreiben einfacher Art, wenn dieses weder schwierige rechtliche Ausführungen noch größere sachliche Auseinandersetzungen enthält.

2303 Geschäftsgebühr für

1. Güteverfahren vor einer durch die Landesjustizverwaltung eingerichteten oder anerkannten Gütestelle (§ 794 Abs. 1 Nr. 1 ZPO) oder, wenn die Parteien den Einigungsversuch einvernehmlich unternehmen, vor einer Gütestelle, die Streitbeilegung betreibt (§ 15a Abs. 3 EGZPO),

2. Verfahren vor einem Ausschuss der in § 111 Abs. 2 des Arbeitsgerichtsgesetzes bezeichneten Art,

3. Verfahren vor dem Seemannsamt zur vorläufigen Entscheidung von Arbeitssachen und

4. Verfahren vor sonstigen gesetzlich eingerichteten Einigungsstellen, Gütestellen oder Schiedsstellen 1,5

Soweit wegen desselben Gegenstands eine Geschäftsgebühr nach Nummer 2300 entstanden ist, wird die Hälfte dieser Gebühr nach dem Wert des Gegenstands, der in das Verfahren übergegangen ist, jedoch höchstens mit einem Gebührensatz von 0,75, angerechnet.

Vergütungsverzeichnis (VV)

Nr.	Gebührentatbestand	Gebühr oder Satz der Gebühr nach § 13 RVG

Abschnitt 4
Vertretung in bestimmten sozialrechtlichen Angelegenheiten

Vorbemerkung 2.4:

(1) Im Verwaltungszwangsverfahren ist Teil 3 Abschnitt 3 Unterabschnitt 3 entsprechend anzuwenden.

(2) Vorbemerkung 2.3 Abs. 3 gilt entsprechend.

2400	Geschäftsgebühr in sozialrechtlichen Angelegenheiten, in denen im gerichtlichen Verfahren Betragsrahmengebühren entstehen (§ 3 RVG)	40,00 bis 520,00 EUR
	Eine Gebühr von mehr als 240,00 EUR kann nur gefordert werden, wenn die Tätigkeit umfangreich oder schwierig war.	
2401	Es ist eine Tätigkeit im Verwaltungsverfahren vorausgegangen:	
	Die Gebühr 2400 für das weitere, der Nachprüfung des Verwaltungsakts dienende Verwaltungsverfahren beträgt	40,00 bis 260,00 EUR
	(1) Bei der Bemessung der Gebühr ist nicht zu berücksichtigen, dass der Umfang der Tätigkeit infolge der Tätigkeit im Verwaltungsverfahren geringer ist.	
	(2) Eine Gebühr von mehr als 120,00 EUR kann nur gefordert, wenn die Tätigkeit umfangreich oder schwierig war.	

Abschnitt 5
Beratungshilfe

Vorbemerkung 2.5:

Im Rahmen der Beratungshilfe entstehen Gebühren ausschließlich nach diesem Abschnitt.

2500	Beratungshilfegebühr	10,00 EUR
	Neben der Gebühr werden keine Auslagen erhoben. Die Gebühr kann erlassen werden.	
2501	Beratungsgebühr	30,00 EUR
	(1) Die Gebühr entsteht für eine Beratung, wenn die Beratung nicht mit einer anderen gebührenpflichtigen Tätigkeit zusammenhängt.	
	(2) Die Gebühr ist auf eine Gebühr für eine sonstige Tätigkeit anzurechnen, die mit der Beratung zusammenhängt.	
2502	Beratungstätigkeit mit dem Ziel einer außergerichtlichen Einigung mit den Gläubigern über die Schuldenbereinigung auf der Grundlage eines Plans (§ 305 Abs. 1 Nr. 1 InsO):	
	Die Gebühr 2501 beträgt	60,00 EUR

Vergütungsverzeichnis (VV)

Nr.	Gebührentatbestand	Gebühr oder Satz der Gebühr nach § 13 RVG
2503	Geschäftsgebühr	70,00 EUR
	(1) Die Gebühr entsteht für das Betreiben des Geschäfts einschließlich der Information oder die Mitwirkung bei der Gestaltung eines Vertrags.	
	(2) Auf die Gebühren für ein anschließendes gerichtliches oder behördliches Verfahren ist diese Gebühr zur Hälfte anzurechnen. Auf die Gebühren für ein Verfahren auf Vollstreckbarerklärung eines Vergleichs nach den §§ 796a, 796b und 796c Abs. 2 Satz 2 ZPO ist die Gebühr zu einem Viertel anzurechnen.	
2504	Tätigkeit mit dem Ziel einer außergerichtlichen Einigung mit den Gläubigern über die Schuldenbereinigung auf der Grundlage eines Plans (§ 305 Abs. 1 Nr. 1 InsO):	
	Die Gebühr 2503 beträgt bei bis zu 5 Gläubigern ...	224,00 EUR
2505	Es sind 6 bis 10 Gläubiger vorhanden:	
	Die Gebühr 2503 beträgt	336,00 EUR
2506	Es sind 11 bis 15 Gläubiger vorhanden:	
	Die Gebühr 2503 beträgt	448,00 EUR
2507	Es sind mehr als 15 Gläubiger vorhanden:	
	Die Gebühr 2503 beträgt	560,00 EUR
2508	Einigungs- und Erledigungsgebühr	125,00 EUR
	(1) Die Anmerkungen zu Nummern 1000 und 1002 sind anzuwenden.	
	(2) Die Gebühr entsteht auch für die Mitwirkung bei einer außergerichtlichen Einigung mit den Gläubigern über die Schuldenbereinigung auf der Grundlage eines Plans (§ 305 Abs. 1 Nr. 1 InsO).	

Teil 3
Bürgerliche Rechtsstreitigkeiten, Verfahren der freiwilligen Gerichtsbarkeit, der öffentlich-rechtlichen Gerichtsbarkeiten, Verfahren nach dem Strafvollzugsgesetz und ähnliche Verfahren

Vorbemerkung 3:

(1) Für die Tätigkeit als Beistand für einen Zeugen oder Sachverständigen in einem Verfahren, für das sich Gebühren nach diesem Teil bestimmen, entstehen die gleichen Gebühren wie für einen Verfahrensbevollmächtigten in diesem Verfahren.
(2) Die Verfahrensgebühr entsteht für das Betreiben des Geschäfts einschließlich der Information.

Vergütungsverzeichnis (VV)

Nr.	Gebührentatbestand	Gebühr oder Satz der Gebühr nach § 13 RVG

(3) Die Terminsgebühr entsteht für die Vertretung in einem Verhandlungs-, Erörterungs- oder Beweisaufnahmetermin oder die Wahrnehmung eines von einem gerichtlich bestellten Sachverständigen anberaumten Termins oder die Mitwirkung an auf die Vermeidung oder Erledigung des Verfahrens gerichteten Besprechungen ohne Beteiligung des Gerichts; dies gilt nicht für Besprechungen mit dem Auftraggeber.

(4) Soweit wegen desselben Gegenstands eine Geschäftsgebühr nach den Nummern 2300 bis 2303 entstanden ist, wird diese Gebühr zur Hälfte, jedoch höchstens mit einem Gebührensatz von 0,75, auf die Verfahrensgebühr des gerichtlichen Verfahrens angerechnet. Sind mehrere Gebühren entstanden, ist für die Anrechnung die zuletzt entstandene Gebühr maßgebend. Die Anrechnung erfolgt nach dem Wert des Gegenstands, der in das gerichtliche Verfahren übergegangen ist.

(5) Soweit der Gegenstand eines selbstständigen Beweisverfahrens auch Gegenstand eines Rechtsstreits ist oder wird, wird die Verfahrensgebühr des selbstständigen Beweisverfahrens auf die Verfahrensgebühr des Rechtszugs angerechnet.

(6) Soweit eine Sache an ein untergeordnetes Gericht zurückverwiesen wird, das mit der Sache bereits befasst war, ist die vor diesem Gericht bereits entstandene Verfahrensgebühr auf die Verfahrensgebühr für das erneute Verfahren anzurechnen.

(7) Die Vorschriften dieses Teils sind nicht anzuwenden, soweit Teil 6 besondere Vorschriften enthält.

Abschnitt 1
Erster Rechtszug

Vorbemerkung 3.1:

(1) Die Gebühren dieses Abschnitts entstehen in allen Verfahren, für die in den folgenden Abschnitten dieses Teils keine Gebühren bestimmt sind.

(2) Dieser Abschnitt ist auch für das Rechtsbeschwerdeverfahren nach § 1065 ZPO anzuwenden.

3100 Verfahrensgebühr, soweit in Nummer 3102 nichts anderes bestimmt ist   1,3

(1) Die Verfahrensgebühr für ein vereinfachtes Verfahren über den Unterhalt Minderjähriger wird auf die Verfahrensgebühr angerechnet, die in dem nachfolgenden Rechtsstreit entsteht (§§ 651 und 656 ZPO).

(2) Die Verfahrensgebühr für einen Urkunden- oder Wechselprozess wird auf die Verfahrensgebühr für das ordentliche Verfahren angerechnet, wenn dieses nach Abstandnahme vom Urkunden- oder Wechselprozess oder nach einem Vorbehaltsurteil anhängig bleibt (§§ 596, 600 ZPO).

(3) Die Verfahrensgebühr für ein Vermittlungsverfahren nach § 52a FGG wird auf die Verfahrensgebühr für ein sich anschließendes Verfahren angerechnet.

3101   1. Endigt der Auftrag, bevor der Rechtsanwalt die Klage, den ein Verfahren einleitenden Antrag oder einen Schriftsatz, der Sachanträge, Sachvortrag, die Zurücknahme der Klage oder die Zurücknahme des Antrags enthält, eingereicht oder bevor er für seine Partei einen gerichtlichen Termin wahrgenommen hat,

Vergütungsverzeichnis (VV)

Nr.	Gebührentatbestand	Gebühr oder Satz der Gebühr nach § 13 RVG
	2. soweit lediglich beantragt ist, eine Einigung der Parteien oder mit Dritten über in diesem Verfahren nicht rechtshängige Ansprüche zu Protokoll zu nehmen oder festzustellen (§ 278 Abs. 6 ZPO) oder soweit lediglich Verhandlungen vor Gericht zur Einigung über solche Ansprüche geführt werden oder	
	3. soweit in einem Verfahren der freiwilligen Gerichtsbarkeit lediglich ein Antrag gestellt und eine Entscheidung entgegengenommen wird,	
	beträgt die Gebühr 3100	0,8
	(1) Soweit in den Fällen der Nummer 2 der sich nach § 15 Abs. 3 RVG ergebende Gesamtbetrag der Verfahrensgebühren die Gebühr 3100 übersteigt, wird der übersteigende Betrag auf eine Verfahrensgebühr angerechnet, die wegen desselben Gegenstands in einer anderen Angelegenheit entsteht.	
	(2) Nummer 3 ist in streitigen Verfahren der freiwilligen Gerichtsbarkeit, insbesondere in Familiensachen, in Verfahren nach § 43 des Wohnungseigentumsgesetzes und in Verfahren nach dem Gesetz über das gerichtliche Verfahren in Landwirtschaftssachen, nicht anzuwenden.	
3102	Verfahrensgebühr für Verfahren vor den Sozialgerichten, in denen Betragsrahmengebühren entstehen (§ 3 RVG)	40,00 bis 460,00 EUR
3103	Es ist eine Tätigkeit im Verwaltungsverfahren oder im weiteren, der Nachprüfung des Verwaltungsakts dienenden Verwaltungsverfahren vorausgegangen:	
	Die Gebühr 3102 beträgt	20,00 bis 320,00 EUR
	Bei der Bemessung der Gebühr ist nicht zu berücksichtigen, dass der Umfang der Tätigkeit infolge der Tätigkeit im Verwaltungsverfahren oder im weiteren, der Nachprüfung des Verwaltungsakts dienenden Verwaltungsverfahren geringer ist.	
3104	Terminsgebühr, soweit in Nummer 3106 nichts anderes bestimmt ist	1,2
	(1) Die Gebühr entsteht auch, wenn	
	1. in einem Verfahren, für das mündliche Verhandlung vorgeschrieben ist, im Einverständnis mit den Parteien oder gemäß § 307 oder § 495a ZPO ohne mündliche Verhandlung entschieden oder in einem solchen Verfahren ein schriftlicher Vergleich geschlossen wird,	
	2. nach § 84 Abs. 1 Satz 1, § 130a VwGO oder § 105 Abs. 1 SGG ohne mündliche Verhandlung durch Gerichtsbescheid entschieden wird oder	

Vergütungsverzeichnis (VV)

Nr.	Gebührentatbestand	Gebühr oder Satz der Gebühr nach § 13 RVG
	3. das Verfahren vor dem Sozialgericht nach angenommenem Anerkenntnis ohne mündliche Verhandlung endet. (2) Sind in dem Termin auch Verhandlungen zur Einigung über in diesem Verfahren nicht rechtshängige Ansprüche geführt worden, wird die Terminsgebühr, soweit sie den sich ohne Berücksichtigung der nicht rechtshängigen Ansprüche ergebenden Gebührenbetrag übersteigt, auf eine Terminsgebühr angerechnet, die wegen desselben Gegenstands in einer anderen Angelegenheit entsteht. (3) Die Gebühr entsteht nicht, soweit lediglich beantragt ist, eine Einigung der Parteien oder mit Dritten über nicht rechtshängige Ansprüche zu Protokoll zu nehmen.	
3105	Wahrnehmung nur eines Termins, in dem eine Partei nicht erschienen oder nicht ordnungsgemäß vertreten ist und lediglich ein Antrag auf Versäumnisurteil oder zur Prozess- oder Sachleitung gestellt wird: Die Gebühr 3104 beträgt . . . . (1) Die Gebühr entsteht auch, wenn 1. das Gericht bei Säumnis lediglich Entscheidungen zur Prozess- oder Sachleitung von Amts wegen trifft oder 2. eine Entscheidung gemäß § 331 Abs. 3 ZPO ergeht. (2) Absatz 1 der Anmerkung zu Nummer 3104 gilt entsprechend. (3) § 333 ZPO ist nicht entsprechend anzuwenden.	0,5
3106	Terminsgebühr in Verfahren vor den Sozialgerichten, in denen Betragsrahmengebühren entstehen (§ 3 RVG) . . . . Die Gebühr entsteht auch, wenn 1. in einem Verfahren, für das mündliche Verhandlung vorgeschrieben ist, im Einverständnis mit den Parteien ohne mündliche Verhandlung entschieden wird, 2. nach § 105 Abs. 1 SGG ohne mündliche Verhandlung durch Gerichtsbescheid entschieden wird oder 3. das Verfahren nach angenommenem Anerkenntnis ohne mündliche Verhandlung endet.	20,00 bis 380,00 EUR

Abschnitt 2
Berufung, Revision, bestimmte Beschwerden und Verfahren vor dem Finanzgericht

Vorbemerkung 3.2:
(1) Dieser Abschnitt ist auch in Verfahren vor dem Rechtsmittelgericht über die Zulassung des Rechtsmittels anzuwenden.

Vergütungsverzeichnis (VV)

Nr.	Gebührentatbestand	Gebühr oder Satz der Gebühr nach § 13 RVG

(2) Wenn im Verfahren über einen Antrag auf Anordnung, Abänderung oder Aufhebung eines Arrests oder einer einstweiligen Verfügung das Berufungsgericht als Gericht der Hauptsache anzusehen ist (§ 943 ZPO), bestimmen sich die Gebühren nach Abschnitt 1. Dies gilt entsprechend im Verfahren vor den Gerichten der Verwaltungs- und Sozialgerichtsbarkeit auf Anordnung oder Wiederherstellung der aufschiebenden Wirkung, auf Aussetzung oder Aufhebung der Vollziehung oder Anordnung der sofortigen Vollziehung eines Verwaltungsakts und in Verfahren auf Erlass einer einstweiligen Anordnung.

Unterabschnitt 1
Berufung, bestimmte Beschwerden und Verfahren vor dem Finanzgericht

Vorbemerkung 3.2.1:

(1) Dieser Unterabschnitt ist auch anzuwenden
1. in Verfahren vor dem Finanzgericht,
2. in Verfahren über Beschwerden oder Rechtsbeschwerden gegen die den Rechtszug beendenden Entscheidungen
   a) in Familiensachen,
   b) in Lebenspartnerschaftssachen,
   c) in Verfahren nach § 43 des Wohnungseigentumsgesetzes,
   d) in Verfahren nach dem Gesetz über das gerichtliche Verfahren in Landwirtschaftssachen und
   e) im Beschlussverfahren vor den Gerichten für Arbeitssachen,
3. in Beschwerde- und Rechtsbeschwerdeverfahren gegen den Rechtszug beendende Entscheidungen über Anträge auf Vollstreckbarerklärung ausländischer Titel oder auf Erteilung der Vollstreckungsklausel zu ausländischen Titeln sowie Anträge auf Aufhebung oder Abänderung der Vollstreckbarerklärung oder der Vollstreckungsklausel,
4. in Beschwerde- und Rechtsbeschwerdeverfahren nach dem GWB,
5. in Beschwerdeverfahren nach dem WpÜG,
6. in Beschwerdeverfahren nach dem WpHG,
7. in Verfahren vor dem Bundesgerichtshof über die Beschwerde oder Rechtsbeschwerde gegen Entscheidungen des Bundespatentgerichts,
8. in Verfahren über die Rechtsbeschwerde nach § 116 StVollzG,
9. in Beschwerde- und Rechtsbeschwerdeverfahren nach dem EnWG.

(2) Für die in Absatz 1 genannten Verfahren ist Unterabschnitt 2 anzuwenden, wenn sich die Parteien nur durch einen beim Bundesgerichtshof zugelassenen Rechtsanwalt vertreten lassen können.

3200	Verfahrensgebühr, soweit in Nummer 3204 nichts anderes bestimmt ist	1,6
3201	Vorzeitige Beendigung des Auftrags:	
	Die Gebühr 3200 beträgt	1,1

Eine vorzeitige Beendigung liegt vor,
1. wenn der Auftrag endigt, bevor der Rechtsanwalt das Rechtsmittel eingelegt oder einen Schriftsatz, der Sachanträge, Sachvortrag, die Zurücknahme der Klage oder die Zurücknahme des Rechtsmittels ent-

Vergütungsverzeichnis (VV)

Nr.	Gebührentatbestand	Gebühr oder Satz der Gebühr nach § 13 RVG
	hält, eingereicht oder bevor er für seine Partei einen gerichtlichen Termin wahrgenommen hat, oder 2. soweit lediglich beantragt ist, eine Einigung der Parteien oder mit Dritten über in diesem Verfahren nicht rechtshängige Ansprüche zu Protokoll zu nehmen oder festzustellen (§ 278 Abs. 6 ZPO), oder soweit lediglich Verhandlungen zur Einigung über solche Ansprüche geführt werden. Soweit in den Fällen der Nummer 2 der sich nach § 15 Abs. 3 RVG ergebende Gesamtbetrag der Verfahrensgebühren die Gebühr 3200 übersteigt, wird der übersteigende Betrag auf eine Verfahrensgebühr angerechnet, die wegen desselben Gegenstands in einer anderen Angelegenheit entsteht.	
3202	Terminsgebühr, soweit in Nummer 3205 nichts anderes bestimmt ist . . . . (1) Die Anmerkung zu Nummer 3104 gilt entsprechend. (2) Die Gebühr entsteht auch, wenn gemäß § 79a Abs. 2, § 90a oder § 94a FGO ohne mündliche Verhandlung entschieden wird.	1,2
3203	Wahrnehmung nur eines Termins, in dem eine Partei, im Berufungsverfahren der Berufungskläger, nicht erschienen oder nicht ordnungsgemäß vertreten ist und lediglich ein Antrag auf Versäumnisurteil oder zur Prozess- oder Sachleitung gestellt wird: Die Gebühr 3202 beträgt . . . . Die Anmerkung zu Nummer 3105 und Absatz 2 der Anmerkung zu Nummer 3202 gelten entsprechend.	0,5
3204	Verfahrensgebühr für Verfahren vor den Landessozialgerichten, in denen Betragsrahmengebühren entstehen (§ 3 RVG)	50,00 bis 570,00 EUR
3205	Terminsgebühr in Verfahren vor den Landessozialgerichten, in denen Betragsrahmengebühren entstehen (§ 3 RVG) . . . . Die Anmerkung zu Nummer 3106 gilt entsprechend.	20,00 bis 380,00 EUR

Unterabschnitt 2
Revision

Vorbemerkung 3.2.2:

Dieser Unterabschnitt ist auch anzuwenden

1. in den in Vorbemerkung 3.2.1 Abs. 1 genannten Verfahren, wenn sich die Parteien nur durch einen beim Bundesgerichtshof zugelassenen Rechtsanwalt vertreten lassen können,
2. in Verfahren über die Rechtsbeschwerde nach § 15 des Kapitalanleger-Musterverfahrensgesetzes.

Vergütungsverzeichnis (VV)

Nr.	Gebührentatbestand	Gebühr oder Satz der Gebühr nach § 13 RVG
3206	Verfahrensgebühr, soweit in Nummer 3212 nichts anderes bestimmt ist	1,6
3207	Vorzeitige Beendigung des Auftrags:	
	Die Gebühr 3206 beträgt	1,1
	Die Anmerkung zu Nummer 3201 gilt entsprechend.	
3208	Im Verfahren können sich die Parteien nur durch einen beim Bundesgerichtshof zugelassenen Rechtsanwalt vertreten lassen:	
	Die Gebühr 3206 beträgt	2,3
3209	Vorzeitige Beendigung des Auftrags, wenn sich die Parteien nur durch einen beim Bundesgerichtshof zugelassenen Rechtsanwalt vertreten lassen können:	
	Die Gebühr 3206 beträgt	1,8
	Die Anmerkung zu Nummer 3201 gilt entsprechend.	
3210	Terminsgebühr, soweit in Nummer 3213 nichts anderes bestimmt ist	1,5
	Die Anmerkung zu Nummer 3104 gilt entsprechend.	
3211	Wahrnehmung nur eines Termins, in dem der Revisionskläger nicht ordnungsgemäß vertreten ist und lediglich ein Antrag auf Versäumnisurteil oder zur Prozess- oder Sachleitung gestellt wird:	
	Die Gebühr 3210 beträgt	0,8
	Die Anmerkung zu Nummer 3105 und Absatz 2 der Anmerkung zu Nummer 3202 gelten entsprechend.	
3212	Verfahrensgebühr für Verfahren vor dem Bundessozialgericht, in denen Betragsrahmengebühren entstehen (§ 3 RVG)	80,00 bis 800,00 EUR
3213	Terminsgebühr in Verfahren vor dem Bundessozialgericht, in denen Betragsrahmengebühren entstehen (§ 3 RVG)	40,00 bis 700,00 EUR
	Die Anmerkung zu Nummer 3106 gilt entsprechend.	

Abschnitt 3
Gebühren für besondere Verfahren

Unterabschnitt 1
Besondere erstinstanzliche Verfahren

Vergütungsverzeichnis (VV)

Nr.	Gebührentatbestand	Gebühr oder Satz der Gebühr nach § 13 RVG

Vorbemerkung 3.3.1:
Die Terminsgebühr bestimmt sich nach Abschnitt 1.

3300 Verfahrensgebühr für das Verfahren über einen Antrag nach § 115 Abs. 2 Satz 2 und 3, § 118 Abs. 1 Satz 3 oder nach § 121 GWB 2,3

3301 Vorzeitige Beendigung des Auftrags in den Fällen der Nummer 3300:

  Die Gebühr 3300 beträgt 1,8

  Die Anmerkung zu Nummer 3201 gilt entsprechend.

3302 Verfahrensgebühr

  1. für das Verfahren vor dem Oberlandesgericht nach § 16 Abs. 4 des Urheberrechtswahrnehmungsgesetzes und

  2. für das erstinstanzliche Verfahren vor dem Bundesverwaltungsgericht und dem Oberverwaltungsgericht (Verwaltungsgerichtshof) 1,6

3303 Vorzeitige Beendigung des Auftrags in den Fällen der Nummer 3302:

  Die Gebühr 3302 beträgt 1,0

  Die Anmerkung zu Nummer 3201 gilt entsprechend.

3304 (aufgehoben)

Unterabschnitt 2
Mahnverfahren

Vorbemerkung 3.3.2:
Die Terminsgebühr bestimmt sich nach Abschnitt 1.

3305 Verfahrensgebühr für die Vertretung des Antragstellers 1,0

  Die Gebühr wird auf die Verfahrensgebühr für einen nachfolgenden Rechtsstreit angerechnet.

3306 Beendigung des Auftrags, bevor der Rechtsanwalt den verfahrenseinleitenden Antrag eingereicht hat:

  Die Gebühr 3305 beträgt 0,5

3307 Verfahrensgebühr für die Vertretung des Antragsgegners 0,5

  Die Gebühr wird auf die Verfahrensgebühr für einen nachfolgenden Rechtsstreit angerechnet.

Vergütungsverzeichnis (VV)

Nr.	Gebührentatbestand	Gebühr oder Satz der Gebühr nach § 13 RVG
3308	Verfahrensgebühr für die Vertretung des Antragstellers im Verfahren über den Antrag auf Erlass eines Vollstreckungsbescheids	0,5

Die Gebühr entsteht neben der Gebühr 3305 nur, wenn innerhalb der Widerspruchsfrist kein Widerspruch erhoben oder der Widerspruch gemäß § 703a Abs. 2 Nr. 4 ZPO beschränkt worden ist. Nummer 1008 ist nicht anzuwenden, wenn sich bereits die Gebühr 3305 erhöht.

Unterabschnitt 3
Zwangsvollstreckung und Vollziehung einer im Wege des einstweiligen Rechtsschutzes ergangenen Entscheidung

Vorbemerkung 3.3.3:

Dieser Unterabschnitt gilt auch für Verfahren auf Eintragung einer Zwangshypothek (§§ 867 und 870a ZPO), Verfahren nach § 33 FGG und für gerichtliche Verfahren über einen Akt der Zwangsvollstreckung (des Verwaltungszwangs).

Nr.	Gebührentatbestand	Gebühr
3309	Verfahrensgebühr	0,3

Die Gebühr entsteht für die Tätigkeit in der Zwangsvollstreckung, soweit nachfolgend keine besonderen Gebühren bestimmt sind.

| 3310 | Terminsgebühr . . . . | 0,3 |

Die Gebühr entsteht nur für die Teilnahme an einem gerichtlichen Termin oder einem Termin zur Abnahme der eidesstattlichen Versicherung.

Unterabschnitt 4
Zwangsversteigerung und Zwangsverwaltung

| 3311 | Verfahrensgebühr . . . . | 0,4 |

Die Gebühr entsteht jeweils gesondert

1. für die Tätigkeit im Zwangsversteigerungsverfahren bis zur Einleitung des Verteilungsverfahrens;
2. im Zwangsversteigerungsverfahren für die Tätigkeit im Verteilungsverfahren, und zwar auch für eine Mitwirkung an einer außergerichtlichen Verteilung;
3. im Verfahren der Zwangsverwaltung für die Vertretung des Antragstellers im Verfahren über den Antrag auf Anordnung der Zwangsverwaltung oder auf Zulassung des Beitritts;
4. im Verfahren der Zwangsverwaltung für die Vertretung des Antragstellers im weiteren Verfahren einschließlich des Verteilungsverfahrens;

Vergütungsverzeichnis (VV)

Nr.	Gebührentatbestand	Gebühr oder Satz der Gebühr nach § 13 RVG
	5. im Verfahren der Zwangsverwaltung für die Vertretung eines sonstigen Beteiligten im ganzen Verfahren einschließlich des Verteilungsverfahrens und	
	6. für die Tätigkeit im Verfahren über Anträge auf einstweilige Einstellung oder Beschränkung der Zwangsvollstreckung und einstweilige Einstellung des Verfahrens sowie für Verhandlungen zwischen Gläubiger und Schuldner mit dem Ziel der Aufhebung des Verfahrens.	
3312	Terminsgebühr	0,4
	Die Gebühr entsteht nur für die Wahrnehmung eines Versteigerungstermins für einen Beteiligten. Im Übrigen entsteht im Verfahren der Zwangsversteigerung und der Zwangsverwaltung keine Terminsgebühr.	

Unterabschnitt 5
Insolvenzverfahren, Verteilungsverfahren nach der Schifffahrtsrechtlichen Verteilungsordnung

Vorbemerkung 3.3.5:

(1) Die Gebührenvorschriften gelten für die Verteilungsverfahren nach der SVertO, soweit dies ausdrücklich angeordnet ist.

(2) Bei der Vertretung mehrerer Gläubiger, die verschiedene Forderungen geltend machen, entstehen die Gebühren jeweils besonders.

(3) Für die Vertretung des ausländischen Insolvenzverwalters im Sekundärinsolvenzverfahren entstehen die gleichen Gebühren wie für die Vertretung des Schuldners.

3313	Verfahrensgebühr für die Vertretung des Schuldners im Eröffnungsverfahren	1,0
	Die Gebühr entsteht auch im Verteilungsverfahren nach der SVertO.	
3314	Verfahrensgebühr für die Vertretung des Gläubigers im Eröffnungsverfahren	0,5
	Die Gebühr entsteht auch im Verteilungsverfahren nach der SVertO.	
3315	Tätigkeit auch im Verfahren über den Schuldenbereinigungsplan:	
	Die Verfahrensgebühr 3313 beträgt	1,5
3316	Tätigkeit auch im Verfahren über den Schuldenbereinigungsplan:	
	Die Verfahrensgebühr 3314 beträgt	1,0
3317	Verfahrensgebühr für das Insolvenzverfahren	1,0

Vergütungsverzeichnis (VV)

Nr.	Gebührentatbestand	Gebühr oder Satz der Gebühr nach § 13 RVG
	Die Gebühr entsteht auch im Verteilungsverfahren nach der SVertO.	
3318	Verfahrensgebühr für das Verfahren über einen Insolvenzplan	1,0
3319	Vertretung des Schuldners, der den Plan vorgelegt hat:	
	Die Verfahrensgebühr 3318 beträgt	3,0
3320	Die Tätigkeit beschränkt sich auf die Anmeldung einer Insolvenzforderung:	
	Die Verfahrensgebühr 3317 beträgt	0,5
	Die Gebühr entsteht auch im Verteilungsverfahren nach der SVertO.	
3321	Verfahrensgebühr für das Verfahren über einen Antrag auf Versagung oder Widerruf der Restschuldbefreiung	0,5
	(1) Das Verfahren über mehrere gleichzeitig anhängige Anträge ist eine Angelegenheit.	
	(2) Die Gebühr entsteht auch gesondert, wenn der Antrag bereits vor Aufhebung des Insolvenzverfahrens gestellt wird.	
3322	Verfahrensgebühr für das Verfahren über Anträge auf Zulassung der Zwangsvollstreckung nach § 17 Abs. 4 SVertO	0,5
3323	Verfahrensgebühr für das Verfahren über Anträge auf Aufhebung von Vollstreckungsmaßregeln (§ 8 Abs. 5 und § 41 SVertO)	0,5

Unterabschnitt 6
Sonstige besondere Verfahren

Vorbemerkung 3.3.6:
Die Terminsgebühr bestimmt sich nach Abschnitt 1, soweit in diesem Unterabschnitt nichts anderes bestimmt ist.

3324	Verfahrensgebühr für das Aufgebotsverfahren	1,0
3325	Verfahrensgebühr für Verfahren nach § 148 Abs. 1 und 2, §§ 246a, 319 Abs. 6 AktG, auch i. V. m. § 327e Abs. 2 AktG, oder nach § 16 Abs. 3 UmwG	0,75
3326	Verfahrensgebühr für Verfahren vor den Gerichten für Arbeitssachen, wenn sich die Tätigkeit auf eine gerichtliche Entscheidung über die Bestimmung einer Frist (§ 102 Abs. 3 des Arbeitsgerichtsgesetzes), die Ablehnung eines Schiedsrichters (§ 103 Abs. 3 des	

Vergütungsverzeichnis (VV)

Nr.	Gebührentatbestand	Gebühr oder Satz der Gebühr nach § 13 RVG
	Arbeitsgerichtsgesetzes) oder die Vornahme einer Beweisaufnahme oder einer Vereidigung (§ 106 Abs. 2 des Arbeitsgerichtsgesetzes) beschränkt ...	0,75
3327	Verfahrensgebühr für gerichtliche Verfahren über die Bestellung eines Schiedsrichters oder Ersatzschiedsrichters, über die Ablehnung eines Schiedsrichters oder über die Beendigung des Schiedsrichteramts, zur Unterstützung bei der Beweisaufnahme oder bei der Vornahme sonstiger richterlicher Handlungen anlässlich eines schiedsrichterlichen Verfahrens	0,75
3328	Verfahrensgebühr für Verfahren über die vorläufige Einstellung, Beschränkung oder Aufhebung der Zwangsvollstreckung	0,5
	Die Gebühr entsteht nur, wenn eine abgesonderte mündliche Verhandlung hierüber stattfindet. Wird der Antrag beim Vollstreckungsgericht und beim Prozessgericht gestellt, entsteht die Gebühr nur einmal.	
3329	Verfahrensgebühr für Verfahren auf Vollstreckbarerklärung der durch Rechtsmittelanträge nicht angefochtenen Teile eines Urteils (§§ 537, 558 ZPO)	0,5
3330	Verfahrensgebühr für Verfahren über eine Rüge wegen Verletzung des Anspruchs auf rechtliches Gehör	0,5
3331	Verfahrensgebühr für das Verfahren über einen Antrag auf Abänderung eines Vollstreckungstitels nach § 655 Abs. 1 ZPO	0,5
	Der Wert bestimmt sich nach § 42 GKG.	
3332	Terminsgebühr in den in Nummern 3324 bis 3331 genannten Verfahren	0,5
3333	Verfahrensgebühr für ein Verteilungsverfahren außerhalb der Zwangsversteigerung und der Zwangsverwaltung	0,4
	Der Wert bestimmt sich nach § 26 Nr. 1 und 2 RVG. Eine Terminsgebühr entsteht nicht.	
3334	Verfahrensgebühr für Verfahren vor dem Prozessgericht oder dem Amtsgericht auf Bewilligung, Verlängerung oder Verkürzung einer Räumungsfrist (§§ 721, 794a ZPO), wenn das Verfahren mit dem Verfahren über die Hauptsache nicht verbunden ist	1,0
3335	Verfahrensgebühr für das Verfahren über die Prozesskostenhilfe, soweit in Nummer 3336 nichts anderes bestimmt ist	1,0

Vergütungsverzeichnis (VV)

Nr.	Gebührentatbestand	Gebühr oder Satz der Gebühr nach § 13 RVG
	(1) Im Verfahren über die Bewilligung der Prozesskostenhilfe oder die Aufhebung der Bewilligung nach § 124 Nr. 1 ZPO bestimmt sich der Gegenstandswert nach dem für die Hauptsache maßgebenden Wert; im Übrigen ist er nach dem Kosteninteresse nach billigem Ermessen zu bestimmen. (2) Entsteht die Verfahrensgebühr auch für das Verfahren, für das die Prozesskostenhilfe beantragt worden ist, werden die Werte nicht zusammengerechnet.	
3336	Verfahrensgebühr für das Verfahren über die Prozesskostenhilfe vor Gerichten der Sozialgerichtsbarkeit, wenn in dem Verfahren, für das Prozesskostenhilfe beantragt wird, Betragsrahmengebühren entstehen (§ 3 RVG)	30,00 bis 320,00 EUR
3337	Vorzeitige Beendigung des Auftrags im Fall der Nummern 3324 bis 3327, 3334 und 3335:	
	Die Gebühren 3324 bis 3327, 3334 und 3335 betragen	0,5
	Eine vorzeitige Beendigung liegt vor, 1. wenn der Auftrag endigt, bevor der Rechtsanwalt den das Verfahren einleitenden Antrag oder einen Schriftsatz, der Sachanträge, Sachvortrag oder die Zurücknahme des Antrags enthält, eingereicht oder bevor er für seine Partei einen gerichtlichen Termin wahrgenommen hat, oder 2. soweit lediglich beantragt ist, eine Einigung der Parteien zu Protokoll zu nehmen.	

Abschnitt 4
Einzeltätigkeiten

Vorbemerkung 3.4:

(1) Für in diesem Abschnitt genannte Tätigkeiten entsteht eine Terminsgebühr nur, wenn dies ausdrücklich bestimmt ist.

(2) Im Verfahren vor den Sozialgerichten, in denen Betragsrahmengebühren entstehen (§ 3 RVG), vermindern sich die in den Nummern 3400, 3401, 3405 und 3406 bestimmten Höchstbeträge auf die Hälfte, wenn eine Tätigkeit im Verwaltungsverfahren oder im weiteren, der Nachprüfung des Verwaltungsakts dienenden Verwaltungsverfahren vorausgegangen ist. Bei der Bemessung der Gebühren ist nicht zu berücksichtigen, dass der Umfang der Tätigkeit infolge der Tätigkeit im Verwaltungsverfahren oder im weiteren, der Nachprüfung des Verwaltungsakts dienenden Verwaltungsverfahren geringer ist.

Vergütungsverzeichnis (VV)

Nr.	Gebührentatbestand	Gebühr oder Satz der Gebühr nach § 13 RVG

3400 Der Auftrag beschränkt sich auf die Führung des Verkehrs der Partei mit dem Verfahrensbevollmächtigten:

Verfahrensgebühr . . . . in Höhe der dem Verfahrensbevollmächtigten zustehenden Verfahrensgebühr, höchstens 1,0, bei Betragsrahmengebühren höchstens 260,00 EUR

Die gleiche Gebühr entsteht auch, wenn im Einverständnis mit dem Auftraggeber mit der Übersendung der Akten an den Rechtsanwalt des höheren Rechtszugs gutachterliche Äußerungen verbunden sind.

3401 Der Auftrag beschränkt sich auf die Vertretung in einem Termin im Sinne der Vorbemerkung 3 Abs. 3:

Verfahrensgebühr . . . . in Höhe der Hälfte der dem Verfahrensbevollmächtigten zustehenden Verfahrensgebühr

3402 Terminsgebühr in dem in Nummer 3401 genannten Fall . . . . in Höhe der einem Verfahrensbevollmächtigten zustehenden Terminsgebühr

3403 Verfahrensgebühr für sonstige Einzeltätigkeiten, soweit in Nummer 3406 nichts anderes bestimmt ist . . 0,8

Die Gebühr entsteht für sonstige Tätigkeiten in einem gerichtlichen Verfahren, wenn der Rechtsanwalt nicht zum Prozess- oder Verfahrensbevollmächtigten bestellt ist, soweit in diesem Abschnitt nichts anderes bestimmt ist.

3404 Der Auftrag beschränkt sich auf ein Schreiben einfacher Art:

Die Gebühr 3403 beträgt 0,3

Die Gebühr entsteht insbesondere, wenn das Schreiben weder schwierige rechtliche Ausführungen noch größere sachliche Auseinandersetzungen enthält.

3405 Endet der Auftrag

1. im Falle der Nummer 3400, bevor der Verfahrensbevollmächtigte beauftragt oder der Rechtsanwalt gegenüber dem Verfahrensbevollmächtigten tätig geworden ist,

2. im Falle der Nummer 3401, bevor der Termin begonnen hat:

Die Gebühren 3400 und 3401 betragen . . . . höchstens 0,5, bei Betragsrahmengebühren höchstens 130,00 EUR

Im Falle der Nummer 3403 gilt die Vorschrift entsprechend.

Vergütungsverzeichnis (VV)

Nr.	Gebührentatbestand	Gebühr oder Satz der Gebühr nach § 13 RVG
3406	Verfahrensgebühr für sonstige Einzeltätigkeiten in Verfahren vor Gerichten der Sozialgerichtsbarkeit, wenn Betragsrahmengebühren entstehen (§ 3 RVG). Die Anmerkung zu Nummer 3403 gilt entsprechend.	10,00 bis 200,00 EUR

Abschnitt 5
Beschwerde, Nichtzulassungsbeschwerde und Erinnerung

Vorbemerkung 3.5:
Die Gebühren nach diesem Abschnitt entstehen nicht in den in Vorbemerkung 3.1 Abs. 2 und Vorbemerkung 3.2.1 genannten Beschwerdeverfahren.

Nr.	Gebührentatbestand	Gebühr oder Satz
3500	Verfahrensgebühr für Verfahren über die Beschwerde und die Erinnerung, soweit in diesem Abschnitt keine besonderen Gebühren bestimmt sind	0,5
3501	Verfahrensgebühr für Verfahren vor den Gerichten der Sozialgerichtsbarkeit über die Beschwerde und die Erinnerung, wenn in den Verfahren Betragsrahmengebühren entstehen (§ 3 RVG), soweit in diesem Abschnitt keine besonderen Gebühren bestimmt sind	15,00 bis 160,00 EUR
3502	Verfahrensgebühr für das Verfahren über die Rechtsbeschwerde (§ 574 ZPO)	1,0
3503	Vorzeitige Beendigung des Auftrags: Die Gebühr 3502 beträgt .... Die Anmerkung zu Nummer 3201 ist entsprechend anzuwenden.	0,5
3504	Verfahrensgebühr für das Verfahren über die Beschwerde gegen die Nichtzulassung der Berufung, soweit in Nummer 3511 nichts anderes bestimmt ist . Die Gebühr wird auf die Verfahrensgebühr für ein nachfolgendes Berufungsverfahren angerechnet.	1,6
3505	Vorzeitige Beendigung des Auftrags: Die Gebühr 3504 beträgt .... Die Anmerkung zu Nummer 3201 ist entsprechend anzuwenden.	1,0
3506	Verfahrensgebühr für das Verfahren über die Beschwerde gegen die Nichtzulassung der Revision, soweit in Nummer 3512 nichts anderes bestimmt ist . Die Gebühr wird auf die Verfahrensgebühr für ein nachfolgendes Revisionsverfahren angerechnet.	1,6

Vergütungsverzeichnis (VV)

Nr.	Gebührentatbestand	Gebühr oder Satz der Gebühr nach § 13 RVG
3507	Vorzeitige Beendigung des Auftrags:	
	Die Gebühr 3506 beträgt	1,1
	Die Anmerkung zu Nummer 3201 ist entsprechend anzuwenden.	
3508	In dem Verfahren über die Beschwerde gegen die Nichtzulassung der Revision können sich die Parteien nur durch einen beim Bundesgerichtshof zugelassenen Rechtsanwalt vertreten lassen:	
	Die Gebühr 3506 beträgt	2,3
3509	Vorzeitige Beendigung des Auftrags, wenn sich die Parteien nur durch einen beim Bundesgerichtshof zugelassenen Rechtsanwalt vertreten lassen können:	
	Die Gebühr 3506 beträgt	1,8
	Die Anmerkung zu Nummer 3201 ist entsprechend anzuwenden.	
3510	Verfahrensgebühr für Beschwerdeverfahren vor dem Bundespatentgericht	
	1. nach dem Patentgesetz, wenn sich die Beschwerde gegen einen Beschluss richtet,	
	a) durch den die Vergütung bei Lizenzbereitschaftserklärung festgesetzt wird oder Zahlung der Vergütung an das Deutsche Patent- und Markenamt angeordnet wird,	
	b) durch den eine Anordnung nach § 50 Abs. 1 PatG oder die Aufhebung dieser Anordnung erlassen wird,	
	c) durch den die Anmeldung zurückgewiesen oder über die Aufrechterhaltung, den Widerruf oder die Beschränkung des Patents entschieden wird,	
	2. nach dem Gebrauchsmustergesetz, wenn sich die Beschwerde gegen einen Beschluss richtet,	
	a) durch den die Anmeldung zurückgewiesen wird,	
	b) durch den über den Löschungsantrag entschieden wird,	
	3. nach dem Markengesetz, wenn sich die Beschwerde gegen einen Beschluss richtet,	
	a) durch den über die Anmeldung einer Marke, einen Widerspruch oder einen Antrag auf Löschung oder über die Erinnerung gegen einen solchen Beschluss entschieden worden ist oder	

Vergütungsverzeichnis (VV)

Nr.	Gebührentatbestand	Gebühr oder Satz der Gebühr nach § 13 RVG
	b) durch den ein Antrag auf Eintragung einer geographischen Angabe oder einer Ursprungsbezeichnung zurückgewiesen worden ist,	
	4. nach dem Halbleiterschutzgesetz, wenn sich die Beschwerde gegen einen Beschluss richtet, a) durch den die Anmeldung zurückgewiesen wird, b) durch den über den Löschungsantrag entschieden wird,	
	5. nach dem Geschmacksmustergesetz, wenn sich die Beschwerde gegen einen Beschluss richtet, durch den die Anmeldung eines Geschmacksmusters zurückgewiesen oder durch den über einen Löschungsantrag entschieden worden ist,	
	6. nach dem Sortenschutzgesetz, wenn sich die Beschwerde gegen einen Beschluss des Widerspruchsausschusses richtet	1,3
3511	Verfahrensgebühr für das Verfahren über die Beschwerde gegen die Nichtzulassung der Berufung vor dem Landessozialgericht, wenn Betragsrahmengebühren entstehen (§ 3 RVG) . . . . Die Gebühr wird auf die Verfahrensgebühr für ein nachfolgendes Berufungsverfahren angerechnet.	50,00 bis 570,00 EUR
3512	Verfahrensgebühr für das Verfahren über die Beschwerde gegen die Nichtzulassung der Revision vor dem Bundessozialgericht, wenn Betragsrahmengebühren entstehen (§ 3 RVG) . . . . Die Gebühr wird auf die Verfahrensgebühr für ein nachfolgendes Revisionsverfahren angerechnet.	80,00 bis 800,00 EUR
3513	Terminsgebühr in den in Nummer 3500 genannten Verfahren	0,5
3514	Das Beschwerdegericht entscheidet über eine Beschwerde gegen die Zurückweisung des Antrags auf Anordnung eines Arrests oder Erlass einer einstweiligen Verfügung durch Urteil: Die Gebühr 3513 beträgt	1,2
3515	Terminsgebühr in den in Nummer 3501 genannten Verfahren	15,00 bis 160,00 EUR
3516	Terminsgebühr in den in Nummer 3502, 3504, 3506 und 3510 genannten Verfahren	1,2

Vergütungsverzeichnis (VV)

Nr.	Gebührentatbestand	Gebühr oder Satz der Gebühr nach § 13 RVG
3517	Terminsgebühr in den in Nummer 3511 genannten Verfahren	12,50 bis 215,00 EUR
3518	Terminsgebühr in den in Nummer 3512 genannten Verfahren	20,00 bis 350,00 EUR

Teil 4
Strafsachen

Vorbemerkung 4:

(1) Für die Tätigkeit als Beistand oder Vertreter eines Privatklägers, eines Nebenklägers, eines Einziehungs- oder Nebenbeteiligten, eines Verletzten, eines Zeugen oder Sachverständigen und im Verfahren nach dem Strafrechtlichen Rehabilitierungsgesetz sind die Vorschriften entsprechend anzuwenden.

(2) Die Verfahrensgebühr entsteht für das Betreiben des Geschäfts einschließlich der Information.

(3) Die Terminsgebühr entsteht für die Teilnahme an gerichtlichen Terminen, soweit nichts anderes bestimmt ist. Der Rechtsanwalt erhält die Terminsgebühr auch, wenn er zu einem anberaumten Termin erscheint, dieser aber aus Gründen, die er nicht zu vertreten hat, nicht stattfindet. Dies gilt nicht, wenn er rechtzeitig von der Aufhebung oder Verlegung des Termins in Kenntnis gesetzt worden ist.

(4) Befindet sich der Beschuldigte nicht auf freiem Fuß, entsteht die Gebühr mit Zuschlag.

(5) Für folgende Tätigkeiten entstehen Gebühren nach den Vorschriften des Teils 3:
1. im Verfahren über die Erinnerung oder die Beschwerde gegen einen Kostenfestsetzungsbeschluss (§ 464b StPO) und im Verfahren über die Erinnerung gegen den Kostenansatz und im Verfahren über die Beschwerde gegen die Entscheidung über diese Erinnerung,
2. in der Zwangsvollstreckung aus Entscheidungen, die über einen aus der Straftat erwachsenen vermögensrechtlichen Anspruch oder die Erstattung von Kosten ergangen sind (§§ 406b, 464b StPO), für die Mitwirkung bei der Ausübung der Veröffentlichungsbefugnis und im Beschwerdeverfahren gegen eine dieser Entscheidungen.

Abschnitt 1
Gebühren des Verteidigers

Vorbemerkung 4.1:

(1) Dieser Abschnitt ist auch anzuwenden auf die Tätigkeit im Verfahren über die im Urteil vorbehaltene Sicherungsverwahrung und im Verfahren über die nachträgliche Anordnung der Sicherungsverwahrung.

(2) Durch die Gebühren wird die gesamte Tätigkeit als Verteidiger entgolten. Hierzu gehören auch Tätigkeiten im Rahmen des Täter-Opfer-Ausgleichs, soweit der Gegenstand nicht vermögensrechtlich ist.

Vergütungsverzeichnis (VV)

Nr.	Gebührentatbestand	Gebühr oder Satz der Gebühr nach § 13 oder § 49 RVG	
		Wahlanwalt	gerichtlich bestellter oder beigeordneter Rechtsanwalt

Unterabschnitt 1
Allgemeine Gebühren

4100	Grundgebühr	30,00 bis 300,00 EUR	132,00 EUR

(1) Die Gebühr entsteht für die erstmalige Einarbeitung in den Rechtsfall nur einmal, unabhängig davon, in welchem Verfahrensabschnitt sie erfolgt.

(2) Eine wegen derselben Tat oder Handlung bereits entstandene Gebühr 5100 ist anzurechnen.

4101	Gebühr 4100 mit Zuschlag	30,00 bis 375,00 EUR	162,00 EUR
4102	Terminsgebühr für die Teilnahme an		

1. richterlichen Vernehmungen und Augenscheinseinnahmen,
2. Vernehmungen durch die Staatsanwaltschaft oder eine andere Strafverfolgungsbehörde,
3. Terminen außerhalb der Hauptverhandlung, in denen über die Anordnung oder Fortdauer der Untersuchungshaft oder der einstweiligen Unterbringung verhandelt wird,
4. Verhandlungen im Rahmen des Täter-Opfer-Ausgleichs sowie

	5. Sühneterminen nach § 380 StPO	30,00 bis 250,00 EUR	112,00 EUR

Mehrere Termine an einem Tag gelten als ein Termin. Die Gebühr entsteht im vorbereitenden Verfahren und in jedem Rechtszug für die Teilnahme an jeweils bis zu drei Terminen einmal.

4103	Gebühr 4102 mit Zuschlag	30,00 bis 312,50 EUR	137,00 EUR

Unterabschnitt 2
Vorbereitendes Verfahren

Vorbemerkung 4.1.2:

Die Vorbereitung der Privatklage steht der Tätigkeit im vorbereitenden Verfahren gleich.

4104	Verfahrensgebühr	30,00 bis 250,00 EUR	112,00 EUR

Die Gebühr entsteht für eine Tätigkeit in dem Verfahren bis zum Eingang der Anklageschrift, des Antrags auf Erlass eines Strafbefehls bei Gericht oder im beschleunigten Verfahren bis zum Vor-

Vergütungsverzeichnis (VV)

Nr.	Gebührentatbestand	Gebühr oder Satz der Gebühr nach § 13 oder § 49 RVG	
		Wahlanwalt	gerichtlich bestellter oder beigeordneter Rechtsanwalt
	trag der Anklage, wenn diese nur mündlich erhoben wird.		
4105	Gebühr 4104 mit Zuschlag	30,00 bis 312,50 EUR	137,00 EUR
	Unterabschnitt 3 *Gerichtliches Verfahren*		
	Erster Rechtszug		
4106	Verfahrensgebühr für den ersten Rechtszug vor dem Amtsgericht	30,00 bis 250,00 EUR	112,00 EUR
4107	Gebühr 4106 mit Zuschlag	30,00 bis 312,50 EUR	137,00 EUR
4108	Terminsgebühr je Hauptverhandlungstag in den in Nummer 4106 genannten Verfahren	60,00 bis 400,00 EUR	184,00 EUR
4109	Gebühr 4108 mit Zuschlag	60,00 bis 500,00 EUR	224,00 EUR
4110	Der gerichtlich bestellte oder beigeordnete Rechtsanwalt nimmt mehr als 5 und bis 8 Stunden an der Hauptverhandlung teil:		
	Zusätzliche Gebühr neben der Gebühr 4108 oder 4109		92,00 EUR
4111	Der gerichtlich bestellte oder beigeordnete Rechtsanwalt nimmt mehr als 8 Stunden an der Hauptverhandlung teil:		
	Zusätzliche Gebühr neben der Gebühr 4108 oder 4109		184,00 EUR
4112	Verfahrensgebühr für den ersten Rechtszug vor der Strafkammer	40,00 bis 270,00 EUR	124,00 EUR
	Die Gebühr entsteht auch für Verfahren		
	1. vor der Jugendkammer, soweit sich die Gebühr nicht nach Nummer 4118 bestimmt,		
	2. im Rehabilitierungsverfahren nach Abschnitt 2 StrRehaG.		
4113	Gebühr 4112 mit Zuschlag	40,00 bis 337,50 EUR	151,00 EUR
4114	Terminsgebühr je Hauptverhandlungstag in den in Nummer 4112 genannten Verfahren	70,00 bis 470,00 EUR	216,00 EUR
4115	Gebühr 4114 mit Zuschlag	70,00 bis 587,50 EUR	263,00 EUR

Vergütungsverzeichnis (VV)

Nr.	Gebührentatbestand	Gebühr oder Satz der Gebühr nach § 13 oder § 49 RVG	
		Wahlanwalt	gerichtlich bestellter oder beigeordneter Rechtsanwalt
4116	Der gerichtlich bestellte oder beigeordnete Rechtsanwalt nimmt mehr als 5 und bis 8 Stunden an der Hauptverhandlung teil: Zusätzliche Gebühr neben der Gebühr 4114 oder 4115		108,00 EUR
4117	Der gerichtlich bestellte oder beigeordnete Rechtsanwalt nimmt mehr als 8 Stunden an der Hauptverhandlung teil: Zusätzliche Gebühr neben der Gebühr 4114 oder 4115		216,00 EUR
4118	Verfahrensgebühr für den ersten Rechtszug vor dem Oberlandesgericht, dem Schwurgericht oder der Strafkammer nach den §§ 74a und 74c GVG .... Die Gebühr entsteht auch für Verfahren vor der Jugendkammer, soweit diese in Sachen entscheidet, die nach den allgemeinen Vorschriften zur Zuständigkeit des Schwurgerichts gehören.	80,00 bis 580,00 EUR	264,00 EUR
4119	Gebühr 4118 mit Zuschlag	80,00 bis 725,00 EUR	322,00 EUR
4120	Terminsgebühr je Hauptverhandlungstag in den in Nummer 4118 genannten Verfahren	110,00 bis 780,00 EUR	356,00 EUR
4121	Gebühr 4120 mit Zuschlag	110,00 bis 975,00 EUR	434,00 EUR
4122	Der gerichtlich bestellte oder beigeordnete Rechtsanwalt nimmt mehr als 5 und bis 8 Stunden an der Hauptverhandlung teil: Zusätzliche Gebühr neben der Gebühr 4120 oder 4121		178,00 EUR
4123	Der gerichtlich bestellte oder beigeordnete Rechtsanwalt nimmt mehr als 8 Stunden an der Hauptverhandlung teil: Zusätzliche Gebühr neben der Gebühr 4120 oder 4121		356,00 EUR
	Berufung		
4124	Verfahrensgebühr für das Berufungsverfahren .... Die Gebühr entsteht auch für Beschwerdeverfahren nach § 13 StrRehaG.	70,00 bis 470,00 EUR	216,00 EUR
4125	Gebühr 4124 mit Zuschlag..........	70,00 bis 587,50 EUR	263,00 EUR

Vergütungsverzeichnis (VV)

Nr.	Gebührentatbestand	Gebühr oder Satz der Gebühr nach § 13 oder § 49 RVG	
		Wahlanwalt	gerichtlich bestellter oder beigeordneter Rechtsanwalt
4126	Terminsgebühr je Hauptverhandlungstag im Berufungsverfahren .... Die Gebühr entsteht auch für Beschwerdeverfahren nach § 13 StrRehaG.	70,00 bis 470,00 EUR	216,00 EUR
4127	Gebühr 4126 mit Zuschlag	70,00 bis 587,50 EUR	263,00 EUR
4128	Der gerichtlich bestellte oder beigeordnete Rechtsanwalt nimmt mehr als 5 und bis 8 Stunden an der Hauptverhandlung teil:		
	Zusätzliche Gebühr neben der Gebühr 4126 oder 4127		108,00 EUR
4129	Der gerichtlich bestellte oder beigeordnete Rechtsanwalt nimmt mehr als 8 Stunden an der Hauptverhandlung teil:		
	Zusätzliche Gebühr neben der Gebühr 4126 oder 4127		216,00 EUR
	Revision		
4130	Verfahrensgebühr für das Revisionsverfahren	100,00 bis 930,00 EUR	412,00 EUR
4131	Gebühr 4130 mit Zuschlag	100,00 bis 1162,50 EUR	505,00 EUR
4132	Terminsgebühr je Hauptverhandlungstag im Revisionsverfahren	100,00 bis 470,00 EUR	228,00 EUR
4133	Gebühr 4132 mit Zuschlag	100,00 bis 587,50 EUR	275,00 EUR
4134	Der gerichtlich bestellte oder beigeordnete Rechtsanwalt nimmt mehr als 5 und bis 8 Stunden an der Hauptverhandlung teil:		
	Zusätzliche Gebühr neben der Gebühr 4132 oder 4133		114,00 EUR
4135	Der gerichtlich bestellte oder beigeordnete Rechtsanwalt nimmt mehr als 8 Stunden an der Hauptverhandlung teil:		
	Zusätzliche Gebühr neben der Gebühr 4132 oder 4133		228,00 EUR

Unterabschnitt 4
Wiederaufnahmeverfahren

Vorbemerkung 4.1.4:

Eine Grundgebühr entsteht nicht.

Vergütungsverzeichnis (VV)

Nr.	Gebührentatbestand	Gebühr oder Satz der Gebühr nach § 13 oder § 49 RVG	
		Wahlanwalt	gerichtlich bestellter oder beigeordneter Rechtsanwalt

4136	Geschäftsgebühr für die Vorbereitung eines Antrags .... Die Gebühr entsteht auch, wenn von der Stellung eines Antrags abgeraten wird.	in Höhe der Verfahrensgebühr für den ersten Rechtszug
4137	Verfahrensgebühr für das Verfahren über die Zulässigkeit des Antrags	in Höhe der Verfahrensgebühr für den ersten Rechtszug
4138	Verfahrensgebühr für das weitere Verfahren	in Höhe der Verfahrensgebühr für den ersten Rechtszug
4139	Verfahrensgebühr für das Beschwerdeverfahren (§ 372 StPO)	in Höhe der Verfahrensgebühr für den ersten Rechtszug
4140	Terminsgebühr für jeden Verhandlungstag	in Höhe der Terminsgebühr für den ersten Rechtszug

Unterabschnitt 5
Zusätzliche Gebühren

4141	Durch die anwaltliche Mitwirkung wird die Hauptverhandlung entbehrlich: Zusätzliche Gebühr	in Höhe der jeweiligen Verfahrensgebühr (ohne Zuschlag)

(1) Die Gebühr entsteht, wenn
1. das Verfahren nicht nur vorläufig eingestellt wird oder
2. das Gericht beschließt, das Hauptverfahren nicht zu eröffnen oder
3. sich das gerichtliche Verfahren durch Rücknahme des Einspruchs gegen den Strafbefehl, der Berufung oder der Revision des Angeklagten oder eines anderen Verfahrensbeteiligten erledigt; ist bereits ein Termin zur Hauptverhandlung bestimmt, entsteht die Gebühr nur, wenn der Einspruch, die Berufung oder die Revision früher als zwei Wochen vor Beginn des Tages, der für die Hauptverhandlung vorgesehen war, zurückgenommen wird.

(2) Die Gebühr entsteht nicht, wenn eine auf die Förderung des Verfahrens gerichtete Tätigkeit nicht ersichtlich ist.

(3) Die Höhe der Gebühr richtet sich nach dem Rechtszug, in dem die Hauptverhandlung vermie-

Vergütungsverzeichnis (VV)

Nr.	Gebührentatbestand	Gebühr oder Satz der Gebühr nach § 13 oder § 49 RVG	
		Wahlanwalt	gerichtlich bestellter oder beigeordneter Rechtsanwalt
	den wurde. Für den Wahlanwalt bemisst sich die Gebühr nach der Rahmenmitte.		
4142	Verfahrensgebühr bei Einziehung und verwandten Maßnahmen	1,0	1,0
	(1) Die Gebühr entsteht für eine Tätigkeit für den Beschuldigten, die sich auf die Einziehung, dieser gleichstehende Rechtsfolgen (§ 442 StPO), die Abführung des Mehrerlöses oder auf eine diesen Zwecken dienende Beschlagnahme bezieht.		
	(2) Die Gebühr entsteht nicht, wenn der Gegenstandswert niedriger als 25,00 EUR ist.		
	(3) Die Gebühr entsteht für das Verfahren des ersten Rechtszugs einschließlich des vorbereitenden Verfahrens und für jeden weiteren Rechtszug.		
4143	Verfahrensgebühr für das erstinstanzliche Verfahren über vermögensrechtliche Ansprüche des Verletzten oder seines Erben.	2,0	2,0
	(1) Die Gebühr entsteht auch, wenn der Anspruch erstmalig im Berufungsverfahren geltend gemacht wird.		
	(2) Die Gebühr wird zu einem Drittel auf die Verfahrensgebühr, die für einen bürgerlichen Rechtsstreit wegen desselben Anspruchs entsteht, angerechnet.		
4144	Verfahrensgebühr im Berufungs- und Revisionsverfahren über vermögensrechtliche Ansprüche des Verletzten oder seines Erben	2,5	2,5
4145	Verfahrensgebühr für das Verfahren über die Beschwerde gegen den Beschluss, mit dem nach § 406 Abs. 5 Satz 2 StPO von einer Entscheidung abgesehen wird	0,5	0,5
4146	Verfahrensgebühr für das Verfahren über einen Antrag auf gerichtliche Entscheidung oder über die Beschwerde gegen eine den Rechtszug beendende Entscheidung nach § 25 Abs. 1 Satz 3 bis 5, § 13 StrRehaG ..	1,5	1,5
4147	Einigungsgebühr im Privatklageverfahren bezüglich des Strafanspruchs und des Kostenerstattungsanspruchs:		
	Die Gebühr 1000 beträgt	20,00 bis 150,00 EUR	68,00 EUR

Vergütungsverzeichnis (VV)

Nr.	Gebührentatbestand	Gebühr oder Satz der Gebühr nach § 13 oder § 49 RVG	
		Wahlanwalt	gerichtlich bestellter oder beigeordneter Rechtsanwalt

Für einen Vertrag über sonstige Ansprüche entsteht eine weitere Einigungsgebühr nach Teil 1.

Abschnitt 2
Gebühren in der Strafvollstreckung

Vorbemerkung 4.2:

Im Verfahren über die Beschwerde gegen die Entscheidung in der Hauptsache entstehen die Gebühren besonders.

4200	Verfahrensgebühr als Verteidiger für ein Verfahren über		
	1. die Erledigung oder Aussetzung der Maßregel der Unterbringung		
	a) in der Sicherungsverwahrung,		
	b) in einem psychiatrischen Krankenhaus oder		
	c) in einer Entziehungsanstalt,		
	2. die Aussetzung des Restes einer zeitigen Freiheitsstrafe oder einer lebenslangen Freiheitsstrafe oder		
	3. den Widerruf einer Strafaussetzung zur Bewährung oder den Widerruf der Aussetzung einer Maßregel der Besserung und Sicherung zur Bewährung	50,00 bis 560,00 EUR	244,00 EUR
4201	Gebühr 4200 mit Zuschlag	50,00 bis 700,00 EUR	300,00 EUR
4202	Terminsgebühr in den in Nummer 4200 genannten Verfahren	50,00 bis 250,00 EUR	120,00 EUR
4203	Gebühr 4202 mit Zuschlag	50,00 bis 312,50 EUR	145,00 EUR
4204	Verfahrensgebühr für sonstige Verfahren in der Strafvollstreckung	20,00 bis 250,00 EUR	108,00 EUR
4205	Gebühr 4204 mit Zuschlag	20,00 bis 312,50 EUR	133,00 EUR
4206	Terminsgebühr für sonstige Verfahren	20,00 bis 250,00 EUR	108,00 EUR
4207	Gebühr 4206 mit Zuschlag	20,00 bis 312,50 EUR	133,00 EUR

Abschnitt 3
Einzeltätigkeiten

Vorbemerkung 4.3:

(1) Die Gebühren entstehen für einzelne Tätigkeiten, ohne dass dem Rechtsanwalt sonst die Verteidigung oder Vertretung übertragen ist.

Vergütungsverzeichnis (VV)

Nr.	Gebührentatbestand	Gebühr oder Satz der Gebühr nach § 13 oder § 49 RVG	
		Wahlanwalt	gerichtlich bestellter oder beigeordneter Rechtsanwalt

(2) Beschränkt sich die Tätigkeit des Rechtsanwalts auf die Geltendmachung oder Abwehr eines aus der Straftat erwachsenen vermögensrechtlichen Anspruchs im Strafverfahren, so erhält er die Gebühren nach den Nummern 4143 bis 4145.

(3) Die Gebühr entsteht für jede der genannten Tätigkeiten gesondert, soweit nichts anderes bestimmt ist. § 15 RVG bleibt unberührt. Das Beschwerdeverfahren gilt als besondere Angelegenheit.

(4) Wird dem Rechtsanwalt die Verteidigung oder die Vertretung für das Verfahren übertragen, werden die nach diesem Abschnitt entstandenen Gebühren auf die für die Verteidigung oder Vertretung entstehenden Gebühren angerechnet.

4300	Verfahrensgebühr für die Anfertigung oder Unterzeichnung einer Schrift		
	1. zur Begründung der Revision,		
	2. zur Erklärung auf die von dem Staatsanwalt, Privatkläger oder Nebenkläger eingelegte Revision oder		
	3. in Verfahren nach den §§ 57a und 67e StGB	50,00 bis 560,00 EUR	244,00 EUR
	Neben der Gebühr für die Begründung der Revision entsteht für die Einlegung der Revision keine besondere Gebühr.		

4301	Verfahrensgebühr für		
	1. die Anfertigung oder Unterzeichnung einer Privatklage,		
	2. die Anfertigung oder Unterzeichnung einer Schrift zur Rechtfertigung der Berufung oder zur Beantwortung der von dem Staatsanwalt, Privatkläger oder Nebenkläger eingelegten Berufung,		
	3. die Führung des Verkehrs mit dem Verteidiger,		
	4. die Beistandsleistung für den Beschuldigten bei einer richterlichen Vernehmung, einer Vernehmung durch die Staatsanwaltschaft oder eine andere Strafverfolgungsbehörde oder in einer Hauptverhandlung, einer mündlichen Anhörung oder bei einer Augenscheinseinnahme,		
	5. die Beistandsleistung im Verfahren zur gerichtlichen Erzwingung der Anklage (§ 172 Abs. 2 bis 4, § 173 StPO) oder		
	6. sonstige Tätigkeiten in der Strafvollstreckung	35,00 bis 385,00 EUR	168,00 EUR

Vergütungsverzeichnis (VV)

Nr.	Gebührentatbestand	Gebühr oder Satz der Gebühr nach § 13 oder § 49 RVG	
		Wahlanwalt	gerichtlich bestellter oder beigeordneter Rechtsanwalt
	Neben der Gebühr für die Rechtfertigung der Berufung entsteht für die Einlegung der Berufung keine besondere Gebühr.		
4302	Verfahrensgebühr für 1. die Einlegung eines Rechtsmittels, 2. die Anfertigung oder Unterzeichnung anderer Anträge, Gesuche oder Erklärungen oder 3. eine andere nicht in Nummer 4300 oder 4301 erwähnte Beistandsleistung	20,00 bis 250,00 EUR	108,00 EUR
4303	Verfahrensgebühr für die Vertretung in einer Gnadensache .... Der Rechtsanwalt erhält die Gebühr auch, wenn ihm die Verteidigung übertragen war.	25,00 bis 250,00 EUR	110,00 EUR
4304	Gebühr für den als Kontaktperson beigeordneten Rechtsanwalt (§ 34a EGGVG) ..		3 000,00 EUR

Teil 5
Bußgeldsachen

Vorbemerkung 5:

(1) Für die Tätigkeit als Beistand oder Vertreter eines Einziehungs- oder Nebenbeteiligten, eines Zeugen oder eines Sachverständigen in einem Verfahren, für das sich die Gebühren nach diesem Teil bestimmen, entstehen die gleichen Gebühren wie für einen Verteidiger in diesem Verfahren.

(2) Die Verfahrensgebühr entsteht für das Betreiben des Geschäfts einschließlich der Information.

(3) Die Terminsgebühr entsteht für die Teilnahme an gerichtlichen Terminen, soweit nichts anderes bestimmt ist. Der Rechtsanwalt erhält die Terminsgebühr auch, wenn er zu einem anberaumten Termin erscheint, dieser aber aus Gründen, die er nicht zu vertreten hat, nicht stattfindet. Dies gilt nicht, wenn er rechtzeitig von der Aufhebung oder Verlegung des Termins in Kenntnis gesetzt worden ist.

(4) Für folgende Tätigkeiten entstehen Gebühren nach den Vorschriften des Teils 3:
1. für das Verfahren über die Erinnerung oder die Beschwerde gegen einen Kostenfestsetzungsbeschluss, für das Verfahren über die Erinnerung gegen den Kostenansatz, für das Verfahren über die Beschwerde gegen die Entscheidung über diese Erinnerung und für Verfahren über den Antrag auf gerichtliche Entscheidung gegen einen Kostenfestsetzungsbescheid und den Ansatz der Gebühren und Auslagen (§ 108 OWiG),
2. in der Zwangsvollstreckung aus Entscheidungen, die über die Erstattung von Kosten ergangen sind, und für das Beschwerdeverfahren gegen die gerichtliche Entscheidung nach Nummer 1.

Vergütungsverzeichnis (VV)

Nr.	Gebührentatbestand	Gebühr oder Satz der Gebühr nach § 13 oder § 49 RVG	
		Wahlanwalt	gerichtlich bestellter oder beigeordneter Rechtsanwalt

Abschnitt 1
Gebühren des Verteidigers

Vorbemerkung 5.1:

(1) Durch die Gebühren wird die gesamte Tätigkeit als Verteidiger entgolten.

(2) Hängt die Höhe der Gebühren von der Höhe der Geldbuße ab, ist die zum Zeitpunkt des Entstehens der Gebühr zuletzt festgesetzte Geldbuße maßgebend. Ist eine Geldbuße nicht festgesetzt, richtet sich die Höhe der Gebühren im Verfahren vor der Verwaltungsbehörde nach dem mittleren Betrag der in der Bußgeldvorschrift angedrohten Geldbuße. Sind in einer Rechtsvorschrift Regelsätze bestimmt, sind diese maßgebend. Mehrere Geldbußen sind zusammenzurechnen.

Unterabschnitt 1
Allgemeine Gebühr

5100	Grundgebühr	20,00 bis 150,00 EUR	68,00 EUR
	(1) Die Gebühr entsteht für die erstmalige Einarbeitung in den Rechtsfall nur einmal, unabhängig davon, in welchem Verfahrensabschnitt sie erfolgt.		
	(2) Die Gebühr entsteht nicht, wenn in einem vorangegangenen Strafverfahren für dieselbe Handlung oder Tat die Gebühr 4100 entstanden ist.		

Unterabschnitt 2
Verfahren vor der Verwaltungsbehörde

Vorbemerkung 5.1.2:

(1) Zu dem Verfahren vor der Verwaltungsbehörde gehört auch das Verwarnungsverfahren und das Zwischenverfahren (§ 69 OWiG) bis zum Eingang der Akten bei Gericht.

(2) Die Terminsgebühr entsteht auch für die Teilnahme an Vernehmungen vor der Polizei oder der Verwaltungsbehörde.

5101	Verfahrensgebühr bei einer Geldbuße von weniger als 40,00 EUR	10,00 bis 100,00 EUR	44,00 EUR
5102	Terminsgebühr für jeden Tag, an dem ein Termin in den in Nummer 5101 genannten Verfahren stattfindet	10,00 bis 100,00 EUR	44,00 EUR
5103	Verfahrensgebühr bei einer Geldbuße von 40,00 EUR bis 5 000,00 EUR	20,00 bis 250,00 EUR	108,00 EUR
5104	Terminsgebühr für jeden Tag, an dem ein Termin in den in Nummer 5103 genannten Verfahren stattfindet	20,00 bis 250,00 EUR	108,00 EUR

Vergütungsverzeichnis (VV)

Nr.	Gebührentatbestand	Gebühr oder Satz der Gebühr nach § 13 oder § 49 RVG	
		Wahlanwalt	gerichtlich bestellter oder beigeordneter Rechtsanwalt
5105	Verfahrensgebühr bei einer Geldbuße von mehr als 5 000,00 EUR	30,00 bis 250,00 EUR	112,00 EUR
5106	Terminsgebühr für jeden Tag, an dem ein Termin in den in Nummer 5105 genannten Verfahren stattfindet	30,00 bis 250,00 EUR	112,00 EUR

Unterabschnitt 3
Verfahren vor dem Amtsgericht

Vorbemerkung 5.1.3:

(1) Die Terminsgebühr entsteht auch für die Teilnahme an gerichtlichen Terminen außerhalb der Hauptverhandlung.

(2) Die Gebühren dieses Abschnitts entstehen für das Wiederaufnahmeverfahren einschließlich seiner Vorbereitung gesondert; die Verfahrensgebühr entsteht auch, wenn von der Stellung eines Wiederaufnahmeantrags abgeraten wird.

Nr.	Gebührentatbestand	Wahlanwalt	gerichtlich bestellter oder beigeordneter Rechtsanwalt
5107	Verfahrensgebühr bei einer Geldbuße von weniger als 40,00 EUR	10,00 bis 100,00 EUR	44,00 EUR
5108	Terminsgebühr je Hauptverhandlungstag in den in Nummer 5107 genannten Verfahren	20,00 bis 200,00 EUR	88,00 EUR
5109	Verfahrensgebühr bei einer Geldbuße von 40,00 EUR bis 5 000,00 EUR	20,00 bis 250,00 EUR	108,00 EUR
5110	Terminsgebühr je Hauptverhandlungstag in den in Nummer 5109 genannten Verfahren	30,00 bis 400,00 EUR	172,00 EUR
5111	Verfahrensgebühr bei einer Geldbuße von mehr als 5 000,00 EUR	40,00 bis 300,00 EUR	136,00 EUR
5112	Terminsgebühr je Hauptverhandlungstag in den in Nummer 5111 genannten Verfahren	70,00 bis 470,00 EUR	216,00 EUR

Unterabschnitt 4
Verfahren über die Rechtsbeschwerde

5113	Verfahrensgebühr	70,00 bis 470,00 EUR	216,00 EUR
5114	Terminsgebühr je Hauptverhandlungstag .	70,00 bis 470,00 EUR	216,00 EUR

Unterabschnitt 5
Zusätzliche Gebühren

5115 Durch die anwaltliche Mitwirkung wird das Verfahren vor der Verwaltungsbehörde erledigt oder die Hauptverhandlung entbehrlich:

Vergütungsverzeichnis (VV)

Nr.	Gebührentatbestand	Gebühr oder Satz der Gebühr nach § 13 oder § 49 RVG	
		Wahlanwalt	gerichtlich bestellter oder beigeordneter Rechtsanwalt
	Zusätzliche Gebühr .... (1) Die Gebühr entsteht, wenn 1. das Verfahren nicht nur vorläufig eingestellt wird oder 2. der Einspruch gegen den Bußgeldbescheid zurückgenommen wird oder 3. der Bußgeldbescheid nach Einspruch von der Verwaltungsbehörde zurückgenommen und gegen einen neuen Bußgeldbescheid kein Einspruch eingelegt wird oder 4. sich das gerichtliche Verfahren durch Rücknahme des Einspruchs gegen den Bußgeldbescheid oder der Rechtsbeschwerde des Betroffenen oder eines anderen Verfahrensbeteiligten erledigt; ist bereits ein Termin zur Hauptverhandlung bestimmt, entsteht die Gebühr nur, wenn der Einspruch oder die Rechtsbeschwerde früher als zwei Wochen vor Beginn des Tages, der für die Hauptverhandlung vorgesehen war, zurückgenommen wird, oder 5. das Gericht nach § 72 Abs. 1 Satz 1 OWiG durch Beschluss entscheidet. (2) Die Gebühr entsteht nicht, wenn eine auf die Förderung des Verfahrens gerichtete Tätigkeit nicht ersichtlich ist. (3) Die Höhe der Gebühr richtet sich nach dem Rechtszug, in dem die Hauptverhandlung vermieden wurde. Für den Wahlanwalt bemisst sich die Gebühr nach der Rahmenmitte.	in Höhe der jeweiligen Verfahrensgebühr	
5116	Verfahrensgebühr bei Einziehung und verwandten Maßnahmen .... (1) Die Gebühr entsteht für eine Tätigkeit für den Betroffenen, die sich auf die Einziehung oder dieser gleichstehende Rechtsfolgen (§ 46 Abs. 1 OWiG, § 442 StPO) oder auf eine diesen Zwecken dienende Beschlagnahme bezieht. (2) Die Gebühr entsteht nicht, wenn der Gegenstandswert niedriger als 25,00 EUR ist. (3) Die Gebühr entsteht nur einmal für das Verfahren vor der Verwaltungsbehörde und dem Amtsgericht. Im Rechtsbeschwerdeverfahren entsteht die Gebühr besonders.	1,0	1,0

Vergütungsverzeichnis (VV)

Nr.	Gebührentatbestand	Gebühr oder Satz der Gebühr nach § 13 oder § 49 RVG	
		Wahlanwalt	gerichtlich bestellter oder beigeordneter Rechtsanwalt

Abschnitt 2
Einzeltätigkeiten

5200	Verfahrensgebühr .... (1) Die Gebühr entsteht für einzelne Tätigkeiten, ohne dass dem Rechtsanwalt sonst die Verteidigung übertragen ist. (2) Die Gebühr entsteht für jede Tätigkeit gesondert, soweit nichts anderes bestimmt ist. § 15 RVG bleibt unberührt. (3) Wird dem Rechtsanwalt die Verteidigung für das Verfahren übertragen, werden die nach dieser Nummer entstandenen Gebühren auf die für die Verteidigung entstehenden Gebühren angerechnet. (4) Der Rechtsanwalt erhält die Gebühr für die Vertretung in der Vollstreckung und in einer Gnadensache auch, wenn ihm die Verteidigung übertragen war.	10,00 bis 100,00 EUR	44,00 EUR

Teil 6
Sonstige Verfahren

Nr.	Gebührentatbestand	Gebühr	
		Wahlverteidiger oder Verfahrensbevollmächtigter	gerichtlich bestellter oder beigeordneter Rechtsanwalt

Vorbemerkung 6:

(1) Für die Tätigkeit als Beistand für einen Zeugen oder Sachverständigen in einem Verfahren, für das sich die Gebühren nach diesem Teil bestimmen, entstehen die gleichen Gebühren wie für einen Verfahrensbevollmächtigten in diesem Verfahren.

(2) Die Verfahrensgebühr entsteht für das Betreiben des Geschäfts einschließlich der Information.

(3) Die Terminsgebühr entsteht für die Teilnahme an gerichtlichen Terminen, soweit nichts anderes bestimmt ist. Der Rechtsanwalt erhält die Terminsgebühr auch, wenn er zu einem anberaumten Termin erscheint, dieser aber aus Gründen, die er nicht zu vertreten hat, nicht stattfindet. Dies gilt nicht, wenn er rechtzeitig von der Aufhebung oder Verlegung des Termins in Kenntnis gesetzt worden ist.

Vergütungsverzeichnis (VV)

Nr.	Gebührentatbestand	Gebühr oder Satz der Gebühr nach § 13 oder § 49 RVG	
		Wahlanwalt	gerichtlich bestellter oder beigeordneter Rechtsanwalt

Abschnitt 1
Verfahren nach dem Gesetz über die internationale Rechtshilfe in Strafsachen und Verfahren nach dem IStGH-Gesetz

6100	Verfahrensgebühr	80,00 bis 580,00 EUR	264,00 EUR
6101	Terminsgebühr je Verhandlungstag	110,00 bis 780,00 EUR	356,00 EUR

Abschnitt 2
Disziplinarverfahren, berufsgerichtliche Verfahren wegen der Verletzung einer Berufspflicht

Vorbemerkung 6.2:
(1) Durch die Gebühren wird die gesamte Tätigkeit im Verfahren abgegolten.
(2) Für die Vertretung gegenüber der Aufsichtsbehörde außerhalb eines Disziplinarverfahrens entstehen Gebühren nach Teil 2.
(3) Für folgende Tätigkeiten entstehen Gebühren nach Teil 3:
1. für das Verfahren über die Erinnerung oder die Beschwerde gegen einen Kostenfestsetzungsbeschluss, für das Verfahren über die Erinnerung gegen den Kostenansatz und für das Verfahren über die Beschwerde gegen die Entscheidung über diese Erinnerung,
2. in der Zwangsvollstreckung aus einer Entscheidung, die über die Erstattung von Kosten ergangen ist, und für das Beschwerdeverfahren gegen diese Entscheidung.

Unterabschnitt 1
Allgemeine Gebühren

6200	Grundgebühr	30,00 bis 300,00 EUR	132,00 EUR
	Die Gebühr entsteht für die erstmalige Einarbeitung in den Rechtsfall nur einmal, unabhängig davon, in welchem Verfahrensabschnitt sie erfolgt.		
6201	Terminsgebühr für jeden Tag, an dem ein Termin stattfindet	30,00 bis 312,50 EUR	137,00 EUR
	Die Gebühr entsteht für die Teilnahme an außergerichtlichen Anhörungsterminen und außergerichtlichen Terminen zur Beweiserhebung.		

Unterabschnitt 2
Außergerichtliches Verfahren

6202	Verfahrensgebühr	30,00 bis 250,00 EUR	112,00 EUR
	(1) Die Gebühr entsteht gesondert für eine Tätigkeit in einem dem gerichtlichen Verfahren vorausgehenden und der Überprüfung der Verwaltungs-		

Vergütungsverzeichnis (VV)

Nr.	Gebührentatbestand	Gebühr	
		Wahlverteidiger oder Verfahrensbevollmächtigter	gerichtlich bestellter oder beigeordneter Rechtsanwalt

entscheidung dienenden weiteren außergerichtlichen Verfahren.

(2) Die Gebühr entsteht für eine Tätigkeit in dem Verfahren bis zum Eingang des Antrags oder der Anschuldigungsschrift bei Gericht.

Unterabschnitt 3
Gerichtliches Verfahren

Erster Rechtszug

Vorbemerkung 6.2.3:
Die nachfolgenden Gebühren entstehen für das Wiederaufnahmeverfahren einschließlich seiner Vorbereitung gesondert.

Nr.	Gebührentatbestand	Wahlverteidiger	gerichtlich bestellter
6203	Verfahrensgebühr	40,00 bis 270,00 EUR	124,00 EUR
6204	Terminsgebühr je Verhandlungstag	70,00 bis 470,00 EUR	216,00 EUR
6205	Der gerichtlich bestellte Rechtsanwalt nimmt mehr als 5 und bis 8 Stunden an der Hauptverhandlung teil:		
	Zusätzliche Gebühr neben der Gebühr 6204		108,00 EUR
6206	Der gerichtlich bestellte Rechtsanwalt nimmt mehr als 8 Stunden an der Hauptverhandlung teil:		
	Zusätzliche Gebühr neben der Gebühr 6204		216,00 EUR

Zweiter Rechtszug

6207	Verfahrensgebühr	70,00 bis 470,00 EUR	216,00 EUR
6208	Terminsgebühr je Verhandlungstag	70,00 bis 470,00 EUR	216,00 EUR
6209	Der gerichtlich bestellte Rechtsanwalt nimmt mehr als 5 und bis 8 Stunden an der Hauptverhandlung teil:		
	Zusätzliche Gebühr neben der Gebühr 6208		108,00 EUR
6210	Der gerichtlich bestellte Rechtsanwalt nimmt mehr als 8 Stunden an der Hauptverhandlung teil:		
	Zusätzliche Gebühr neben der Gebühr 6208		216,00 EUR

Vergütungsverzeichnis (VV)

Nr.	Gebührentatbestand	Gebühr	
		Wahlverteidiger oder Verfahrensbevollmächtigter	gerichtlich bestellter oder beigeordneter Rechtsanwalt

Dritter Rechtszug

Nr.	Gebührentatbestand	Wahlverteidiger	gerichtlich bestellt
6211	Verfahrensgebühr	100,00 bis 930,00 EUR	412,00 EUR
6212	Terminsgebühr je Verhandlungstag	100,00 bis 470,00 EUR	228,00 EUR
6213	Der gerichtlich bestellte Rechtsanwalt nimmt mehr als 5 und bis 8 Stunden an der Hauptverhandlung teil: Zusätzliche Gebühr neben der Gebühr 6212		114,00 EUR
6214	Der gerichtlich bestellte Rechtsanwalt nimmt mehr als 8 Stunden an der Hauptverhandlung teil: Zusätzliche Gebühr neben der Gebühr 6212		228,00 EUR
6215	Verfahrensgebühr für das Verfahren über die Beschwerde gegen die Nichtzulassung der Revision	60,00 bis 930,00 EUR	396,00 EUR

Unterabschnitt 4
Zusatzgebühr

Nr.	Gebührentatbestand		
6216	Durch die anwaltliche Mitwirkung wird die mündliche Verhandlung entbehrlich: Zusätzliche Gebühr	in Höhe der jeweiligen Verfahrensgebühr	
	(1) Die Gebühr entsteht, wenn eine gerichtliche Entscheidung mit Zustimmung der Beteiligten ohne mündliche Verhandlung ergeht oder einer beabsichtigten Entscheidung ohne Hauptverhandlungstermin nicht widersprochen wird.		
	(2) Die Gebühr entsteht nicht, wenn eine auf die Förderung des Verfahrens gerichtete Tätigkeit nicht ersichtlich ist.		
	(3) Die Höhe der Gebühr richtet sich nach dem Rechtszug, in dem die Hauptverhandlung vermieden wurde. Für den Wahlanwalt bemisst sich die Gebühr nach der Rahmenmitte.		

Abschnitt 3
Gerichtliche Verfahren bei Freiheitsentziehung und in Unterbringungssachen

Nr.	Gebührentatbestand		
6300	Verfahrensgebühr bei erstmaliger Freiheitsentziehung nach dem Gesetz über das gerichtliche Verfahren bei Freiheitsentziehungen und bei Unterbringungsmaßnahmen nach § 70 Abs. 1 FGG	30,00 bis 400,00 EUR	172,00 EUR
	Die Gebühr entsteht für jeden Rechtszug.		

Vergütungsverzeichnis (VV)

Nr.	Gebührentatbestand	Gebühr Wahlverteidiger oder Verfahrensbevollmächtigter	gerichtlich bestellter oder beigeordneter Rechtsanwalt
6301	Terminsgebühr in den Fällen der Nummer 6300 .... Die Gebühr entsteht für die Teilnahme an gerichtlichen Terminen.	30,00 bis 400,00 EUR	172,00 EUR
6302	Verfahrensgebühr in sonstigen Fällen ... Die Gebühr entsteht für jeden Rechtszug des Verfahrens über die Fortdauer der Freiheitsentziehung und über Anträge auf Aufhebung der Freiheitsentziehung sowie des Verfahrens über die Aufhebung oder Verlängerung einer Unterbringungsmaßnahme nach § 70i FGG.	20,00 bis 250,00 EUR	108,00 EUR
6303	Terminsgebühr in den Fällen der Nummer 6302 .... Die Gebühr entsteht für die Teilnahme an gerichtlichen Terminen.	20,00 bis 250,00 EUR	108,00 EUR

Abschnitt 4
Besondere Verfahren und Einzeltätigkeiten

Vorbemerkung 6.4:

Die Gebühren nach diesem Abschnitt entstehen in Verfahren
1. auf gerichtliche Entscheidung nach der WBO, auch i. V. m. § 42 WDO,
2. auf Abänderung oder Neubewilligung eines Unterhaltsbeitrags,
3. vor dem Dienstvorgesetzten über die nachträgliche Aufhebung einer Disziplinarmaßnahme und
4. auf gerichtliche Entscheidung über die nachträgliche Aufhebung einer Disziplinarmaßnahme.

Nr.	Gebührentatbestand	Wahlverteidiger	beigeordnet
6400	Verfahrensgebühr für das Verfahren auf gerichtliche Entscheidung nach der WBO vor dem Truppendienstgericht	70,00 bis 570,00 EUR	
6401	Terminsgebühr je Verhandlungstag in den in Nummer 6400 genannten Verfahren ..	70,00 bis 570,00 EUR	
6402	Verfahrensgebühr für das Verfahren auf gerichtliche Entscheidung nach der WBO vor dem Bundesverwaltungsgericht	85,00 bis 665,00 EUR	
6403	Terminsgebühr je Verhandlungstag in den in Nummer 6402 genannten Verfahren ..	85,00 bis 665,00 EUR	
6404	Verfahrensgebühr für die übrigen Verfahren und für Einzeltätigkeiten .... (1) Für eine Einzeltätigkeit entsteht die Gebühr, wenn dem Rechtsanwalt nicht die Verteidigung oder Vertretung übertragen ist.	20,00 bis 250,00 EUR	108,00 EUR

Vergütungsverzeichnis (VV)

Nr.	Gebührentatbestand	Gebühr	
		Wahlverteidiger oder Verfahrensbevollmächtigter	gerichtlich bestellter oder beigeordneter Rechtsanwalt

(2) Die Gebühr entsteht für jede einzelne Tätigkeit gesondert, soweit nichts anderes bestimmt ist. § 15 RVG bleibt unberührt.

(3) Wird dem Rechtsanwalt die Verteidigung oder Vertretung für das Verfahren übertragen, werden die nach dieser Nummer entstandenen Gebühren auf die für die Verteidigung oder Vertretung entstehenden Gebühren angerechnet.

Teil 7
Auslagen

Nr.	Auslagentatbestand	Höhe

Vorbemerkung 7:

(1) Mit den Gebühren werden auch die allgemeinen Geschäftskosten entgolten. Soweit nachfolgend nichts anderes bestimmt ist, kann der Rechtsanwalt Ersatz der entstandenen Aufwendungen (§ 675 i. V. m. § 670 BGB) verlangen.

(2) Eine Geschäftsreise liegt vor, wenn das Reiseziel außerhalb der Gemeinde liegt, in der sich die Kanzlei oder die Wohnung des Rechtsanwalts befindet.

(3) Dient eine Reise mehreren Geschäften, sind die entstandenen Auslagen nach den Nummern 7003 bis 7006 nach dem Verhältnis der Kosten zu verteilen, die bei gesonderter Ausführung der einzelnen Geschäfte entstanden wären. Ein Rechtsanwalt, der seine Kanzlei an einen anderen Ort verlegt, kann bei Fortführung eines ihm vorher erteilten Auftrags Auslagen nach den Nummern 7003 bis 7006 nur insoweit verlangen, als sie auch von seiner bisherigen Kanzlei aus entstanden wären.

7000 Pauschale für die Herstellung und Überlassung von Dokumenten:

1. für Ablichtungen und Ausdrucke
   a) aus Behörden- und Gerichtsakten, soweit deren Herstellung zur sachgemäßen Bearbeitung der Rechtssache geboten war,
   b) zur Zustellung oder Mitteilung an Gegner oder Beteiligte und Verfahrensbevollmächtigte auf Grund einer Rechtsvorschrift oder nach Aufforderung durch das Gericht, die Behörde oder die sonst das Verfahren führende Stelle, soweit hierfür mehr als 100 Seiten zu fertigen waren,
   c) zur notwendigen Unterrichtung des Auftraggebers, soweit hierfür mehr als 100 Seiten zu fertigen waren,
   d) in sonstigen Fällen nur, wenn sie im Einverständnis mit dem Auftraggeber zusätzlich,

Vergütungsverzeichnis (VV)

Nr.	Gebührentatbestand	Gebühr	
		Wahlverteidiger oder Verfahrensbevollmächtigter	gerichtlich bestellter oder beigeordneter Rechtsanwalt

auch zur Unterrichtung Dritter, angefertigt worden sind:

für die ersten 50 abzurechnenden Seiten je Seite — 0,50 EUR

für jede weitere Seite . . . . — 0,15 EUR

2. für die Überlassung von elektronisch gespeicherten Dateien anstelle der in Nummer 1 Buchstabe d genannten Ablichtungen und Ausdrucke:

je Datei . . . . — 2,50 EUR

Die Höhe der Dokumentenpauschale nach Nummer 1 ist in derselben Angelegenheit und in gerichtlichen Verfahren in demselben Rechtszug einheitlich zu berechnen.

7001 Entgelte für Post- und Telekommunikationsdienstleistungen . . . . — in voller Höhe

Für die durch die Geltendmachung der Vergütung entstehenden Entgelte kann kein Ersatz verlangt werden.

7002 Pauschale für Entgelte für Post- und Telekommunikationsdienstleistungen . . . . — 20 % der Gebühren — höchstens 20,00 EUR

Die Pauschale kann in jeder Angelegenheit anstelle der tatsächlichen Auslagen nach Nummer 7001 gefordert werden.

7003 Fahrtkosten für eine Geschäftsreise bei Benutzung eines eigenen Kraftfahrzeugs für jeden gefahrenen Kilometer . . . . — 0,30 EUR

Mit den Fahrtkosten sind die Anschaffungs-, Unterhaltungs- und Betriebskosten sowie die Abnutzung des Kraftfahrzeugs abgegolten.

7004 Fahrtkosten für eine Geschäftsreise bei Benutzung eines anderen Verkehrsmittels, soweit sie angemessen sind . . . . — in voller Höhe

7005 Tage- und Abwesenheitsgeld bei einer Geschäftsreise

1. von nicht mehr als 4 Stunden . . . . — 20,00 EUR

2. von mehr als 4 bis 8 Stunden . . . . — 35,00 EUR

3. von mehr als 8 Stunden . . . . — 60,00 EUR

Bei Auslandsreisen kann zu diesen Beträgen ein Zuschlag von 50 % berechnet werden.

7006 Sonstige Auslagen anlässlich einer Geschäftsreise, soweit sie angemessen sind . . . . — in voller Höhe

Vergütungsverzeichnis (VV)

Nr.	Auslagentatbestand	Höhe
7007	Im Einzelfall gezahlte Prämie für eine Haftpflichtversicherung für Vermögensschäden, soweit die Prämie auf Haftungsbeträge von mehr als 30 Millionen EUR entfällt .... Soweit sich aus der Rechnung des Versicherers nichts anderes ergibt, ist von der Gesamtprämie der Betrag zu erstatten, der sich aus dem Verhältnis der 30 Millionen EUR übersteigenden Versicherungssumme zu der Gesamtversicherungssumme ergibt.	in voller Höhe
7008	Umsatzsteuer auf die Vergütung .... Dies gilt nicht, wenn die Umsatzsteuer nach § 19 Abs. 1 UStG unerhoben bleibt.	in voller Höhe

Der aktuelle Praktikerkommentar

ANWALTKOMMENTAR
DeutscherAnwaltVerlag

Schneider | Wolf (Hrsg.)

RVG

Rechtsanwaltsvergütungsgesetz

3. Auflage

DeutscherAnwaltVerlag

Hrsg. von RA Norbert Schneider
und RiOLG Hans-Joachim Wolf
3. Auflage 2006, 2301 Seiten,
gebunden, Subskriptionspreis (bis 3
Monate nach Erscheinen) 98 €,
danach 118 €
ISBN 3-8240-0777-0

AnwaltKommentar RVG
Rechtsanwaltsvergütungsgesetz

Zum **1.7.2006 ändern sich wesentliche Teile** des RVG. Damit Sie auch weiterhin das bekommen, was Ihnen zusteht, sollten Sie nur mit der aktuellen Neuauflage des AnwaltKommentars RVG von Schneider/Wolf arbeiten. Denn die Neuauflage des bewährten Kommentars enthält die Kommentierung des gesamten Paragraphenteils und des gesamten Vergütungsverzeichnisses. Die straffe, in allen Vorschriften beibehaltene **klare Gliederung** ermöglicht einen **schnellen Zugriff** auf die jeweils aufgeworfene Fallkonstellation. Im Anhang sind hilfreiche Gebührentabellen aufgenommen, so dass Sie mit diesem Werk alle wichtigen Arbeitsmittel bei der Hand haben.

Besonders praktisch: Die Autoren geben **umfangreiche Praxishinweise**, wie in bestimmten Konstellationen, z.B. bei Anrechnungen, zu verfahren ist und wie der Anwalt seine Gebühren optimieren kann. **Zahlreiche Berechnungsbeispiele** machen deutlich, wie die Gebührentatbestände anzuwenden sind. Wichtige gerichtliche Vorschriften u. a. des GKG, der ZPO und der KostO zum Gegenstandswert werden erläutert und unterstreichen so den praktischen Nutzen des Kommentars.

DeutscherAnwaltVerlag

Wachsbleiche 7 · 53111 Bonn · T 02 28 9 19 11-0 · F 02 28 9 19 11-23

Rechtsanwaltsgebühren nach § 13 RVG

Wert bis ... €	0,1 €	0,2 €	0,3 €	0,4 €	0,5 €	0,55 €	0,6 €
300	10,00	10,00	10,00*	10,00	12,50	13,75	15,00
600	10,00	10,00	13,50	18,00	22,50	24,75	27,00
900	10,00	13,00	19,50	26,00	32,50	35,75	39,00
1.200	10,00	17,00	25,50	34,00	42,50	46,75	51,00
1.500	10,50	21,00	31,50	42,00	52,50	57,75	63,00
2.000	13,30	26,60	39,90	53,20	66,50	73,15	79,80
2.500	16,10	32,20	48,30	64,40	80,50	88,55	96,60
3.000	18,90	37,80	56,70	75,60	94,50	103,95	113,40
3.500	21,70	43,40	65,10	86,80	108,50	119,35	130,20
4.000	24,50	49,00	73,50	98,00	122,50	134,75	147,00
4.500	27,30	54,60	81,90	109,20	136,50	150,15	163,80
5.000	30,10	60,20	90,30	120,40	150,50	165,55	180,60
6.000	33,80	67,60	101,40	135,20	169,00	185,90	202,80
7.000	37,50	75,00	112,50	150,00	187,50	206,25	225,00
8.000	41,20	82,40	123,60	164,80	206,00	226,60	247,20
9.000	44,90	89,80	134,70	179,60	224,50	246,95	269,40
10.000	48,60	97,20	145,80	194,40	243,00	267,30	291,60
13.000	52,60	105,20	157,80	210,40	263,00	289,30	315,60
16.000	56,60	113,20	169,80	226,40	283,00	311,30	339,60
19.000	60,60	121,20	181,80	242,40	303,00	333,30	363,60
22.000	64,60	129,20	193,80	258,40	323,00	355,30	387,60
25.000	68,60	137,20	205,80	274,40	343,00	377,30	411,60
30.000	75,80	151,60	227,40	303,20	379,00	416,90	454,80
35.000	83,00	166,00	249,00	332,00	415,00	456,50	498,00
40.000	90,20	180,40	270,60	360,80	451,00	496,10	541,20
45.000	97,40	194,80	292,20	389,60	487,00	535,70	584,40
50.000	104,60	209,20	313,80	418,40	523,00	575,30	627,60
65.000	112,30	224,60	336,90	449,20	561,50	617,65	673,80
80.000	120,00	240,00	360,00	480,00	600,00	660,00	720,00
95.000	127,70	255,40	383,10	510,80	638,50	702,35	766,20
110.000	135,40	270,80	406,20	541,60	677,00	744,70	812,40
125.000	143,10	286,20	429,30	572,40	715,50	787,05	858,60
140.000	150,80	301,60	452,40	603,20	754,00	829,40	904,80
155.000	158,50	317,00	475,50	634,00	792,50	871,75	951,00
170.000	166,20	332,40	498,60	664,80	831,00	914,10	997,20
185.000	173,90	347,80	521,70	695,60	869,50	956,45	1.043,40
200.000	181,60	363,20	544,80	726,40	908,00	998,80	1.089,60
230.000	193,40	386,80	580,20	773,60	967,00	1.063,70	1.160,40
260.000	205,20	410,40	615,60	820,80	1.026,00	1.128,60	1.231,20
290.000	217,00	434,00	651,00	868,00	1.085,00	1.193,50	1.302,00

* Mindestgebühr nach § 13 Abs. 2 RVG. Als Erhöhungswert für mehrere Auftraggeber kann dieser Wert nicht verwandt werden, weil er im Hinblick auf § 13 Abs. 2 RVG aufgerundet ist. Als Erhöhungswert ist stattdessen anzuwenden 7,50 € (25,00 × 0,3).

Rechtsanwaltsgebühren

Wert bis ... €	0,65 €	0,7 €	0,75 €	0,8 €	0,9 €	1,0 €	1,1 €
300	16,25	17,50	18,75	20,00	22,50	25,00	27,50
600	29,25	31,50	33,75	36,00	40,50	45,00	49,50
900	42,25	45,50	48,75	52,00	58,50	65,00	71,50
1.200	55,25	59,50	63,75	68,00	76,50	85,00	93,50
1.500	68,25	73,50	78,75	84,00	94,50	105,00	115,50
2.000	86,45	93,10	99,75	106,40	119,70	133,00	146,30
2.500	104,65	112,70	120,75	128,80	144,90	161,00	177,10
3.000	122,85	132,30	141,75	151,20	170,10	189,00	207,90
3.500	141,05	151,90	162,75	173,60	195,30	217,00	238,70
4.000	159,25	171,50	183,75	196,00	220,50	245,00	269,50
4.500	177,45	191,10	204,75	218,40	245,70	273,00	300,30
5.000	195,65	210,70	225,75	240,80	270,90	301,00	331,10
6.000	219,70	236,60	253,50	270,40	304,20	338,00	371,80
7.000	243,75	262,50	281,25	300,00	337,50	375,00	412,50
8.000	267,80	288,40	309,00	329,60	370,80	412,00	453,20
9.000	291,85	314,30	336,75	359,20	404,10	449,00	493,90
10.000	315,90	340,20	364,50	388,80	437,40	486,00	534,60
13.000	341,90	368,20	394,50	420,80	473,40	526,00	578,60
16.000	367,90	396,20	424,50	452,80	509,40	566,00	622,60
19.000	393,90	424,20	454,50	484,80	545,40	606,00	666,60
22.000	419,90	452,20	484,50	516,80	581,40	646,00	710,60
25.000	445,90	480,20	514,50	548,80	617,40	686,00	754,60
30.000	492,70	530,60	568,50	606,40	682,20	758,00	833,80
35.000	539,50	581,00	622,50	664,00	747,00	830,00	913,00
40.000	586,30	631,40	676,50	721,60	811,80	902,00	992,20
45.000	633,10	681,80	730,50	779,20	876,60	974,00	1.071,40
50.000	679,90	732,20	784,50	836,80	941,40	1.046,00	1.150,60
65.000	729,95	786,10	842,25	898,40	1.010,70	1.123,00	1.235,30
80.000	780,00	840,00	900,00	960,00	1.080,00	1.200,00	1.320,00
95.000	830,05	893,90	957,75	1.021,60	1.149,30	1.277,00	1.404,70
110.000	880,10	947,80	1.015,50	1.083,20	1.218,60	1.354,00	1.489,40
125.000	930,15	1.001,70	1.073,25	1.144,80	1.287,90	1.431,00	1.574,10
140.000	980,20	1.055,60	1.131,00	1.206,40	1.357,20	1.508,00	1.658,80
155.000	1.030,25	1.109,50	1.188,75	1.268,00	1.426,50	1.585,00	1.743,50
170.000	1.080,30	1.163,40	1.246,50	1.329,60	1.495,80	1.662,00	1.828,20
185.000	1.130,35	1.217,30	1.304,25	1.391,20	1.565,10	1.739,00	1.912,90
200.000	1.180,40	1.271,20	1.362,00	1.452,80	1.634,40	1.816,00	1.997,60
230.000	1.257,10	1.353,80	1.450,50	1.547,20	1.740,60	1.934,00	2.127,40
260.000	1.333,80	1.436,40	1.539,00	1.641,60	1.846,80	2.052,00	2.257,20
290.000	1.410,50	1.519,00	1.627,50	1.736,00	1.953,00	2.170,00	2.387,00

Rechtsanwaltsgebühren

Wert bis ... €	0,1 €	0,2 €	0,3 €	0,4 €	0,5 €	0,55 €	0,6 €
320.000	228,80	457,60	686,40	915,20	1.144,00	1.258,40	1.372,80
350.000	240,60	481,20	721,80	962,40	1.203,00	1.323,30	1.443,60
380.000	252,40	504,80	757,20	1.009,60	1.262,00	1.388,20	1.514,40
410.000	264,20	528,40	792,60	1.056,80	1.321,00	1.453,10	1.585,20
440.000	276,00	552,00	828,00	1.104,00	1.380,00	1.518,00	1.656,00
470.000	287,80	575,60	863,40	1.151,20	1.439,00	1.582,90	1.726,80
500.000	299,60	599,20	898,80	1.198,40	1.498,00	1.647,80	1.797,60
550.000	314,60	629,20	943,80	1.258,40	1.573,00	1.730,30	1.887,60
600.000	329,60	659,20	988,80	1.318,40	1.648,00	1.812,80	1.977,60
650.000	344,60	689,20	1.033,80	1.378,40	1.723,00	1.895,30	2.067,60
700.000	359,60	719,20	1.078,80	1.438,40	1.798,00	1.977,80	2.157,60
750.000	374,60	749,20	1.123,80	1.498,40	1.873,00	2.060,30	2.247,60
800.000	389,60	779,20	1.168,80	1.558,40	1.948,00	2.142,80	2.337,60
850.000	404,60	809,20	1.213,80	1.618,40	2.023,00	2.225,30	2.427,60
900.000	419,60	839,20	1.258,80	1.678,40	2.098,00	2.307,80	2.517,60
950.000	434,60	869,20	1.303,80	1.738,40	2.173,00	2.390,30	2.607,60
1.000.000	449,60	899,20	1.348,80	1.798,40	2.248,00	2.472,80	2.697,60
1.050.000	464,60	929,20	1.393,80	1.858,40	2.323,00	2.555,30	2.787,60
1.100.000	479,60	959,20	1.438,80	1.918,40	2.398,00	2.637,80	2.877,60
1.150.000	494,60	989,20	1.483,80	1.978,40	2.473,00	2.720,30	2.967,60
1.200.000	509,60	1.019,20	1.528,80	2.038,40	2.548,00	2.802,80	3.057,60
1.250.000	524,60	1.049,20	1.573,80	2.098,40	2.623,00	2.885,30	3.147,60
1.300.000	539,60	1.079,20	1.618,80	2.158,40	2.698,00	2.967,80	3.237,60
1.350.000	554,60	1.109,20	1.663,80	2.218,40	2.773,00	3.050,30	3.327,60
1.400.000	569,60	1.139,20	1.708,80	2.278,40	2.848,00	3.132,80	3.417,60
1.450.000	584,60	1.169,20	1.753,80	2.338,40	2.923,00	3.215,30	3.507,60
1.500.000	599,60	1.199,20	1.798,80	2.398,40	2.998,00	3.297,80	3.597,60
1.550.000	614,60	1.229,20	1.843,80	2.458,40	3.073,00	3.380,30	3.687,60
1.600.000	629,60	1.259,20	1.888,80	2.518,40	3.148,00	3.462,80	3.777,60
1.650.000	644,60	1.289,20	1.933,80	2.578,40	3.223,00	3.545,30	3.867,60
1.700.000	659,60	1.319,20	1.978,80	2.638,40	3.298,00	3.627,80	3.957,60
1.750.000	674,60	1.349,20	2.023,80	2.698,40	3.373,00	3.710,30	4.047,60
1.800.000	689,60	1.379,20	2.068,80	2.758,40	3.448,00	3.792,80	4.137,60
1.850.000	704,60	1.409,20	2.113,80	2.818,40	3.523,00	3.875,30	4.227,60
1.900.000	719,60	1.439,20	2.158,80	2.878,40	3.598,00	3.957,80	4.317,60
1.950.000	734,60	1.469,20	2.203,80	2.938,40	3.673,00	4.040,30	4.407,60
2.000.000	749,60	1.499,20	2.248,80	2.998,40	3.748,00	4.122,80	4.497,60
2.050.000	764,60	1.529,20	2.293,80	3.058,40	3.823,00	4.205,30	4.587,60
2.100.000	779,60	1.559,20	2.338,80	3.118,40	3.898,00	4.287,80	4.677,60
2.150.000	794,60	1.589,20	2.383,80	3.178,40	3.973,00	4.370,30	4.767,60

Rechtsanwaltsgebühren

Wert bis ... €	0,65 €	0,7 €	0,75 €	0,8 €	0,9 €	1,0 €	1,1 €
320.000	1.487,20	1.601,60	1.716,00	1.830,40	2.059,20	2.288,00	2.516,80
350.000	1.563,90	1.684,20	1.804,50	1.924,80	2.165,40	2.406,00	2.646,60
380.000	1.640,60	1.766,80	1.893,00	2.019,20	2.271,60	2.524,00	2.776,40
410.000	1.717,30	1.849,40	1.981,50	2.113,60	2.377,80	2.642,00	2.906,20
440.000	1.794,00	1.932,00	2.070,00	2.208,00	2.484,00	2.760,00	3.036,00
470.000	1.870,70	2.014,60	2.158,50	2.302,40	2.590,20	2.878,00	3.165,80
500.000	1.947,40	2.097,20	2.247,00	2.396,80	2.696,40	2.996,00	3.295,60
550.000	2.044,90	2.202,20	2.359,50	2.516,80	2.831,40	3.146,00	3.460,60
600.000	2.142,40	2.307,20	2.472,00	2.636,80	2.966,40	3.296,00	3.625,60
650.000	2.239,90	2.412,20	2.584,50	2.756,80	3.101,40	3.446,00	3.790,60
700.000	2.337,40	2.517,20	2.697,00	2.876,80	3.236,40	3.596,00	3.955,60
750.000	2.434,90	2.622,20	2.809,50	2.996,80	3.371,40	3.746,00	4.120,60
800.000	2.532,40	2.727,20	2.922,00	3.116,80	3.506,40	3.896,00	4.285,60
850.000	2.629,90	2.832,20	3.034,50	3.236,80	3.641,40	4.046,00	4.450,60
900.000	2.727,40	2.937,20	3.147,00	3.356,80	3.776,40	4.196,00	4.615,60
950.000	2.824,90	3.042,20	3.259,50	3.476,80	3.911,40	4.346,00	4.780,60
1.000.000	2.922,40	3.147,20	3.372,00	3.596,80	4.046,40	4.496,00	4.945,60
1.050.000	3.019,90	3.252,20	3.484,50	3.716,80	4.181,40	4.646,00	5.110,60
1.100.000	3.117,40	3.357,20	3.597,00	3.836,80	4.316,40	4.796,00	5.275,30
1.150.000	3.214,90	3.462,20	3.709,50	3.956,80	4.451,40	4.946,00	5.440,60
1.200.000	3.312,40	3.567,20	3.822,00	4.076,80	4.586,40	5.096,00	5.605,60
1.250.000	3.409,90	3.672,20	3.934,50	4.196,80	4.721,40	5.246,00	5.770,60
1.300.000	3.507,40	3.777,20	4.047,00	4.316,80	4.856,40	5.396,00	5.935,60
1.350.000	3.604,90	3.882,20	4.159,50	4.436,80	4.991,40	5.546,00	6.100,60
1.400.000	3.702,40	3.987,20	4.272,00	4.556,80	5.126,40	5.696,00	6.265,60
1.450.000	3.799,90	4.092,20	4.384,50	4.676,80	5.261,40	5.846,00	6.430,60
1.500.000	3.897,40	4.197,20	4.497,00	4.796,80	5.396,40	5.996,00	6.595,60
1.550.000	3.994,90	4.302,20	4.609,50	4.916,80	5.531,40	6.146,00	6.760,60
1.600.000	4.092,40	4.407,20	4.722,00	5.036,80	5.666,40	6.296,00	6.925,60
1.650.000	4.189,90	4.512,20	4.834,50	5.156,80	5.801,40	6.446,00	7.090,60
1.700.000	4.287,40	4.617,20	4.947,00	5.276,80	5.936,40	6.596,00	7.255,60
1.750.000	4.384,90	4.722,20	5.059,50	5.396,80	6.071,40	6.746,00	7.420,60
1.800.000	4.482,40	4.827,20	5.172,00	5.516,80	6.206,40	6.896,00	7.585,60
1.850.000	4.579,90	4.932,20	5.284,50	5.636,80	6.341,40	7.046,00	7.750,60
1.900.000	4.677,40	5.037,20	5.397,00	5.756,80	6.476,40	7.196,00	7.915,60
1.950.000	4.774,90	5.142,20	5.509,50	5.876,80	6.611,40	7.346,00	8.080,60
2.000.000	4.872,40	5.247,20	5.622,00	5.996,80	6.746,40	7.496,00	8.245,60
2.050.000	4.969,90	5.352,20	5.734,50	6.116,80	6.881,40	7.646,00	8.410,60
2.100.000	5.067,40	5.457,20	5.847,00	6.236,80	7.016,40	7.796,00	8.575,60
2.150.000	5.164,90	5.562,20	5.959,50	6.356,80	7.151,40	7.946,00	8.740,60

Rechtsanwaltsgebühren

Wert bis ... €	0,1 €	0,2 €	0,3 €	0,4 €	0,5 €	0,55 €	0,6 €
2.200.000	809,60	1.619,20	2.428,80	3.238,40	4.048,00	4.452,80	4.857,60
2.250.000	824,60	1.649,20	2.473,80	3.298,40	4.123,00	4.535,30	4.947,60
2.300.000	839,60	1.679,20	2.518,80	3.358,40	4.198,00	4.617,80	5.037,60
2.350.000	854,60	1.709,20	2.563,80	3.418,40	4.273,00	4.700,30	5.127,60
2.400.000	869,60	1.739,20	2.608,80	3.478,40	4.348,00	4.782,80	5.217,60
2.450.000	884,60	1.769,20	2.653,80	3.538,40	4.423,00	4.865,30	5.307,60
2.500.000	899,60	1.799,20	2.698,80	3.598,40	4.498,00	4.947,80	5.397,60
2.550.000	914,60	1.829,20	2.743,80	3.658,40	4.573,00	5.030,30	5.487,60
2.600.000	929,60	1.859,20	2.788,80	3.718,40	4.648,00	5.112,80	5.577,60
2.650.000	944,60	1.889,20	2.833,80	3.778,40	4.723,00	5.195,30	5.667,60
2.700.000	959,60	1.919,20	2.878,80	3.838,40	4.798,00	5.277,80	5.757,60
2.750.000	974,60	1.949,20	2.923,80	3.898,40	4.873,00	5.360,30	5.847,60
2.800.000	989,60	1.979,20	2.968,80	3.958,40	4.948,00	5.442,80	5.937,60
2.850.000	1.004,60	2.009,20	3.013,80	4.018,40	5.023,00	5.525,30	6.027,60
2.900.000	1.019,60	2.039,20	3.058,80	4.078,40	5.098,00	5.607,80	6.117,60
2.950.000	1.034,60	2.069,20	3.103,80	4.138,40	5.173,00	5.690,30	6.207,60
3.000.000	1.049,60	2.099,20	3.148,80	4.198,40	5.248,00	5.772,80	6.297,60
3.050.000	1.064,60	2.129,20	3.193,80	4.258,40	5.323,00	5.855,30	6.387,60
3.100.000	1.079,60	2.159,20	3.238,80	4.318,40	5.398,00	5.937,80	6.477,60
3.150.000	1.094,60	2.189,20	3.283,80	4.378,40	5.473,00	6.020,30	6.567,60
3.200.000	1.109,60	2.219,20	3.328,80	4.438,40	5.548,00	6.102,80	6.657,60
3.250.000	1.124,60	2.249,20	3.373,80	4.498,40	5.623,00	6.185,30	6.747,60
3.300.000	1.139,60	2.279,20	3.418,80	4.558,40	5.698,00	6.267,80	6.837,60
3.350.000	1.154,60	2.309,20	3.463,80	4.618,40	5.773,00	6.350,30	6.927,60
3.400.000	1.169,60	2.339,20	3.508,80	4.678,40	5.848,00	6.432,80	7.017,60
3.450.000	1.184,60	2.369,20	3.553,80	4.738,40	5.923,00	6.515,30	7.107,60
3.500.000	1.199,60	2.399,20	3.598,80	4.798,40	5.998,00	6.597,80	7.197,60
3.550.000	1.214,60	2.429,20	3.643,80	4.858,40	6.073,00	6.680,30	7.287,60
3.600.000	1.229,60	2.459,20	3.688,80	4.918,40	6.148,00	6.762,80	7.377,60
3.650.000	1.244,60	2.489,20	3.733,80	4.978,40	6.223,00	6.845,30	7.467,60
3.700.000	1.259,60	2.519,20	3.778,80	5.038,40	6.298,00	6.927,80	7.557,60
3.750.000	1.274,60	2.549,20	3.823,80	5.098,40	6.373,00	7.010,30	7.647,60
3.800.000	1.289,60	2.579,20	3.868,80	5.158,40	6.448,00	7.092,80	7.737,60
3.850.000	1.304,60	2.609,20	3.913,80	5.218,40	6.523,00	7.175,30	7.827,60
3.900.000	1.319,60	2.639,20	3.958,80	5.278,40	6.598,00	7.257,80	7.917,60
3.950.000	1.334,60	2.669,20	4.003,80	5.338,40	6.673,00	7.340,30	8.007,60
4.000.000	1.349,60	2.699,20	4.048,80	5.398,40	6.748,00	7.422,80	8.097,60
4.050.000	1.364,60	2.729,20	4.093,80	5.458,40	6.823,00	7.505,30	8.187,60
4.100.000	1.379,60	2.759,20	4.138,80	5.518,40	6.898,00	7.587,80	8.277,60
4.150.000	1.394,60	2.789,20	4.183,80	5.578,40	6.973,00	7.670,30	8.367,60

Rechtsanwaltsgebühren

Wert bis ... €	0,65 €	0,7 €	0,75 €	0,8 €	0,9 €	1,0 €	1,1 €
2.200.000	5.262,40	5.667,20	6.072,00	6.476,80	7.286,40	8.096,00	8.905,60
2.250.000	5.359,90	5.772,20	6.184,50	6.596,80	7.421,40	8.246,00	9.070,60
2.300.000	5.457,40	5.877,20	6.297,00	6.716,80	7.556,40	8.396,00	9.235,60
2.350.000	5.554,90	5.982,20	6.409,50	6.836,80	7.691,40	8.546,00	9.400,60
2.400.000	5.652,40	6.087,20	6.522,00	6.956,80	7.826,40	8.696,00	9.565,60
2.450.000	5.749,90	6.192,20	6.634,50	7.076,80	7.961,40	8.846,00	9.730,60
2.500.000	5.847,40	6.297,20	6.747,00	7.196,80	8.096,40	8.996,00	9.895,60
2.550.000	5.944,90	6.402,20	6.859,50	7.316,80	8.231,40	9.146,00	10.060,60
2.600.000	6.042,40	6.507,20	6.972,00	7.436,80	8.366,40	9.296,00	10.225,60
2.650.000	6.139,90	6.612,20	7.084,50	7.556,80	8.501,40	9.446,00	10.390,60
2.700.000	6.237,40	6.717,20	7.197,00	7.676,80	8.636,40	9.596,00	10.555,60
2.750.000	6.334,90	6.822,20	7.309,50	7.796,80	8.771,40	9.746,00	10.720,60
2.800.000	6.432,40	6.927,20	7.422,00	7.916,80	8.906,40	9.896,00	10.885,60
2.850.000	6.529,90	7.032,20	7.534,50	8.036,80	9.041,40	10.046,00	11.050,60
2.900.000	6.627,40	7.137,20	7.647,00	8.156,80	9.176,40	10.196,00	11.215,60
2.950.000	6.724,90	7.242,20	7.759,50	8.276,80	9.311,40	10.346,00	11.380,60
3.000.000	6.822,40	7.347,20	7.872,00	8.396,80	9.446,40	10.496,00	11.545,60
3.050.000	6.919,90	7.452,20	7.984,50	8.516,80	9.581,40	10.646,00	11.710,60
3.100.000	7.017,40	7.557,20	8.097,00	8.636,80	9.716,40	10.796,00	11.875,60
3.150.000	7.114,90	7.662,20	8.209,50	8.756,80	9.851,40	10.946,00	12.040,60
3.200.000	7.212,40	7.767,20	8.322,00	8.876,80	9.986,40	11.096,00	12.205,60
3.250.000	7.309,90	7.872,20	8.434,50	8.996,80	10.121,40	11.246,00	12.370,60
3.300.000	7.407,40	7.977,20	8.547,00	9.116,80	10.256,40	11.396,00	12.535,60
3.350.000	7.504,90	8.082,20	8.659,50	9.236,80	10.391,40	11.546,00	12.700,60
3.400.000	7.602,40	8.187,20	8.772,00	9.356,80	10.526,40	11.696,00	12.865,60
3.450.000	7.699,90	8.292,20	8.884,50	9.476,80	10.661,40	11.846,00	13.030,60
3.500.000	7.797,40	8.397,20	8.997,00	9.596,80	10.796,40	11.996,00	13.195,60
3.550.000	7.894,90	8.502,20	9.109,50	9.716,80	10.931,40	12.146,00	13.360,60
3.600.000	7.992,40	8.607,20	9.222,00	9.836,80	11.066,40	12.296,00	13.525,60
3.650.000	8.089,90	8.712,20	9.334,50	9.956,80	11.201,40	12.446,00	13.690,60
3.700.000	8.187,40	8.817,20	9.447,00	10.076,80	11.336,40	12.596,00	13.855,60
3.750.000	8.284,90	8.922,20	9.559,50	10.196,80	11.471,40	12.746,00	14.020,60
3.800.000	8.382,40	9.027,20	9.672,00	10.316,80	11.606,40	12.896,00	14.185,60
3.850.000	8.479,90	9.132,20	9.784,50	10.436,80	11.741,40	13.046,00	14.350,60
3.900.000	8.577,40	9.237,20	9.897,00	10.556,80	11.876,40	13.196,00	14.515,60
3.950.000	8.674,90	9.342,20	10.009,50	10.676,80	12.011,40	13.346,00	14.680,60
4.000.000	8.772,40	9.447,20	10.122,00	10.796,80	12.146,40	13.496,00	14.845,60
4.050.000	8.869,90	9.552,20	10.234,50	10.916,80	12.281,40	13.646,00	15.010,60
4.100.000	8.967,40	9.657,20	10.347,00	11.036,80	12.416,40	13.796,00	15.175,60
4.150.000	9.064,90	9.762,20	10.459,50	11.156,80	12.551,40	13.946,00	15.340,60

Rechtsanwaltsgebühren

Wert bis ... €	0,1 €	0,2 €	0,3 €	0,4 €	0,5 €	0,55 €	0,6 €
4.200.000	1.409,60	2.819,20	4.228,80	5.638,40	7.048,00	7.752,80	8.457,60
4.250.000	1.424,60	2.849,20	4.273,80	5.698,40	7.123,00	7.835,30	8.547,60
4.300.000	1.439,60	2.879,20	4.318,80	5.758,40	7.198,00	7.917,80	8.637,60
4.350.000	1.454,60	2.909,20	4.363,80	5.818,40	7.273,00	8.000,30	8.727,60
4.400.000	1.469,60	2.939,20	4.408,80	5.878,40	7.348,00	8.082,80	8.817,60
4.450.000	1.484,60	2.969,20	4.453,80	5.938,40	7.423,00	8.165,30	8.907,60
4.500.000	1.499,60	2.999,20	4.498,80	5.998,40	7.498,00	8.247,80	8.997,60
4.550.000	1.514,60	3.029,20	4.543,80	6.058,40	7.573,00	8.330,30	9.087,60
4.600.000	1.529,60	3.059,20	4.588,80	6.118,40	7.648,00	8.412,80	9.177,60
4.650.000	1.544,60	3.089,20	4.633,80	6.178,40	7.723,00	8.495,30	9.267,60
4.700.000	1.559,60	3.119,20	4.678,80	6.238,40	7.798,00	8.577,80	9.357,60
4.750.000	1.574,60	3.149,20	4.723,80	6.298,40	7.873,00	8.660,30	9.447,60
4.800.000	1.589,60	3.179,20	4.768,80	6.358,40	7.948,00	8.742,80	9.537,60
4.850.000	1.604,60	3.209,20	4.813,80	6.418,40	8.023,00	8.825,30	9.627,60
4.900.000	1.619,60	3.239,20	4.858,80	6.478,40	8.098,00	8.907,80	9.717,60
4.950.000	1.634,60	3.269,20	4.903,80	6.538,40	8.173,00	8.990,30	9.807,60
5.000.000	1.649,60	3.299,20	4.948,80	6.598,40	8.248,00	9.072,80	9.897,60

Von dem Mehrbetrag über 5.000.000 € entstehen für je 50.000 € Gebühren in Höhe von 150 €. Gegenstandswerte über 5.000.000 € sind auf volle 50.000 € aufzurunden.

Die Errechnung der Gebühren von über 5.000.000 bis 10.000.000 € kann auch anhand der nachfolgenden Tabellen vorgenommen werden. Dabei sind jeweils die Zwischenwerte hinzuzurechnen.

5.500.000	1.799,60	3.599,20	5.398,80	7.198,40	8.998,00	9.897,80	10.797,60
6.000.000	1.949,60	3.899,20	5.848,80	7.798,40	9.748,00	10.722,80	11.697,60
6.500.000	2.099,60	4.199,20	6.298,80	8.398,40	10.498,00	11.547,80	12.597,60
7.000.000	2.249,60	4.499,20	6.748,80	8.998,40	11.248,00	12.372,80	13.497,60
7.500.000	2.399,60	4.799,20	7.198,80	9.598,40	11.998,00	13.197,80	14.397,60
8.000.000	2.549,60	5.099,20	7.648,80	10.198,40	12.748,00	14.022,80	15.297,60
8.500.000	2.699,60	5.399,20	8.098,80	10.798,40	13.498,00	14.847,80	16.197,60
9.000.000	2.849,60	5.699,20	8.548,80	11.398,40	14.248,00	15.672,80	17.097,60
9.500.000	2.999,60	5.999,20	8.998,80	11.998,40	14.998,00	16.497,80	17.997,60
10.000.000	3.149,60	6.299,20	9.448,80	12.598,40	15.748,00	17.322,80	18.897,60
10.500.000	3.299,60	6.599,20	9.898,80	13.198,40	16.498,00	18.147,80	19.797,60
11.000.000	3.449,60	6.899,20	10.348,80	13.798,40	17.248,00	18.972,80	20.697,60
11.500.000	3.599,60	7.199,20	10.798,80	14.398,40	17.998,00	19.797,80	21.597,60
12.000.000	3.749,60	7.499,20	11.248,80	14.998,40	18.748,00	20.622,80	22.497,60
12.500.000	3.899,60	7.799,20	11.698,80	15.598,40	19.498,00	21.447,80	23.397,60

Rechtsanwaltsgebühren

Wert bis ... €	0,65 €	0,7 €	0,75 €	0,8 €	0,9 €	1,0 €	1,1 €
4.200.000	9.162,40	9.867,20	10.572,00	11.276,80	12.686,40	14.096,00	15.505,60
4.250.000	9.259,90	9.972,20	10.684,50	11.396,80	12.821,40	14.246,00	15.670,60
4.300.000	9.357,40	10.077,20	10.797,00	11.516,80	12.956,40	14.396,00	15.835,60
4.350.000	9.454,90	10.182,20	10.909,50	11.636,80	13.091,40	14.546,00	16.000,60
4.400.000	9.552,40	10.287,20	11.022,00	11.756,80	13.226,40	14.696,00	16.165,60
4.450.000	9.649,90	10.392,20	11.134,50	11.876,80	13.361,40	14.846,00	16.330,60
4.500.000	9.747,40	10.497,20	11.247,00	11.996,80	13.496,40	14.996,00	16.495,60
4.550.000	9.844,90	10.602,20	11.359,50	12.116,80	13.631,40	15.146,00	16.660,60
4.600.000	9.942,40	10.707,20	11.472,00	12.236,80	13.766,40	15.296,00	16.825,60
4.650.000	10.039,90	10.812,20	11.584,50	12.356,80	13.901,40	15.446,00	16.990,60
4.700.000	10.137,40	10.917,20	11.697,00	12.476,80	14.036,40	15.596,00	17.155,60
4.750.000	10.234,90	11.022,20	11.809,50	12.596,80	14.171,40	15.746,00	17.320,60
4.800.000	10.332,40	11.127,20	11.922,00	12.716,80	14.306,40	15.896,00	17.485,60
4.850.000	10.429,90	11.232,20	12.034,50	12.836,80	14.441,40	16.046,00	17.650,60
4.900.000	10.527,40	11.337,20	12.147,00	12.956,80	14.576,40	16.196,00	17.815,60
4.950.000	10.624,90	11.442,20	12.259,50	13.076,80	14.711,40	16.346,00	17.980,60
5.000.000	10.722,40	11.547,20	12.372,00	13.196,80	14.846,40	16.496,00	18.145,60

Von dem Mehrbetrag über 5.000.000 € entstehen für je 50.000 € Gebühren in Höhe von 150 €. Gegenstandswerte über 5.000.000 € sind auf volle 50.000 € aufzurunden.

Die Errechnung der Gebühren von über 5.000.000 bis 10.000.000 € kann auch anhand der nachfolgenden Tabellen vorgenommen werden. Dabei sind jeweils die Zwischenwerte hinzuzurechnen.

Wert bis ... €	0,65 €	0,7 €	0,75 €	0,8 €	0,9 €	1,0 €	1,1 €
5.500.000	11.697,40	12.597,20	13.497,00	14.396,80	16.196,40	17.996,00	19.795,60
6.000.000	12.672,40	13.647,20	14.622,00	15.596,80	17.546,40	19.496,00	21.445,60
6.500.000	13.647,40	14.697,20	15.747,00	16.796,80	18.896,40	20.996,00	23.095,60
7.000.000	14.622,40	15.747,20	16.872,00	17.996,80	20.246,40	22.496,00	24.745,60
7.500.000	15.597,40	16.797,20	17.997,00	19.196,80	21.596,40	23.996,00	26.395,60
8.000.000	16.572,40	17.847,20	19.122,00	20.396,80	22.946,40	25.496,00	28.045,60
8.500.000	17.547,40	18.897,20	20.247,00	21.596,80	24.296,40	26.996,00	29.695,60
9.000.000	18.522,40	19.947,20	21.372,00	22.796,80	25.646,40	28.496,00	31.345,60
9.500.000	19.497,40	20.997,20	22.497,00	23.996,80	26.996,40	29.996,00	32.995,60
10.000.000	20.472,40	22.047,20	23.622,00	25.196,80	28.346,40	31.496,00	34.645,60
10.500.000	21.447,40	23.097,20	24.747,00	26.396,80	29.696,40	32.996,00	36.295,60
11.000.000	22.422,40	24.147,20	25.872,00	27.596,80	31.046,40	34.496,00	37.945,60
11.500.000	23.397,40	25.197,20	26.997,00	28.796,80	32.396,40	35.996,00	39.595,60
12.000.000	24.372,40	26.247,20	28.122,00	29.996,80	33.746,40	37.496,00	41.245,60
12.500.000	25.347,40	27.297,20	29.247,00	31.196,80	35.096,40	38.996,00	42.895,60

Rechtsanwaltsgebühren (Zwischenwerte)

Wert bis ... €	0,1 €	0,2 €	0,3 €	0,4 €	0,5 €	0,55 €	0,6 €
Zwischenwerte							
50.000	15,00	30,00	45,00	60,00	75,00	82,50	90,00
100.000	30,00	60,00	90,00	120,00	150,00	165,00	180,00
150.000	45,00	90,00	135,00	180,00	225,00	247,50	270,00
200.000	60,00	120,00	180,00	240,00	300,00	330,00	360,00
250.000	75,00	150,00	225,00	300,00	375,00	412,50	450,00
300.000	90,00	180,00	270,00	360,00	450,00	495,00	540,00
350.000	105,00	210,00	315,00	420,00	525,00	577,50	630,00
400.000	120,00	240,00	360,00	480,00	600,00	660,00	720,00
450.000	135,00	270,00	405,00	540,00	675,00	742,50	810,00
500.000	150,00	300,00	450,00	600,00	750,00	825,00	900,00
550.000	165,00	330,00	495,00	660,00	825,00	907,50	990,00
600.000	180,00	360,00	540,00	720,00	900,00	990,00	1.080,00
650.000	195,00	390,00	585,00	780,00	975,00	1.072,50	1.170,00
700.000	210,00	420,00	630,00	840,00	1.050,00	1.155,00	1.260,00
750.000	225,00	450,00	675,00	900,00	1.125,00	1.237,50	1.350,00
800.000	240,00	480,00	720,00	960,00	1.200,00	1.320,00	1.440,00
850.000	255,00	510,00	765,00	1.020,00	1.275,00	1.402,50	1.530,00
900.000	270,00	540,00	810,00	1.080,00	1.350,00	1.485,00	1.620,00
950.000	285,00	570,00	855,00	1.140,00	1.425,00	1.567,50	1.710,00
1.000.000	300,00	600,00	900,00	1.200,00	1.500,00	1.650,00	1.800,00

Die Vorschrift des § 13 Abs. 1 RVG sieht für Gegenstandswerte von über 5.000.000 € Stufen von jeweils 50.000 € vor. So sind z. B. Gebühren nach einem Wert von 5.562.500 € auf 5.600.000 € aufzurunden. Nachfolgende Schritte ermitteln zunächst die Gebühren für 5.000.000 € und anschließend für 600.000 €.

5.000.000	1.649,60	3.299,20	4.948,80	6.598,40	8.248,00	9.072,80	9.897,60
+ 600.000	180,00	360,00	540,00	720,00	900,00	990,00	1.080,00
=	1.829,60	3.659,20	5.488,80	7.318,40	9.148,00	10.062,80	10.977,60

Außerdem können die Gebühren für Werte über 5.000.000 € wie folgt errechnet werden:

‰	0,30	0,60	0,90	1,20	1,50	1,65	1,80
von dem auf 50.000 € aufgerundeten Wert							
+ €	149,60	299,20	448,80	598,40	748,00	822,80	897,60

Bei einem angenommenen Gegenstandswert von 5.562.500 € erfolgt zunächst die Rundung auf den nächsten Wert, der durch 50.000 € teilbar ist. Dies wäre hier 5.600.000 €. Anschließend erfolgt die Multiplikation mit dem Promillewert und die Addition des vorgenannten Festbetrages.

	5.600.000	5.600.000	5.600.000	5.600.000	5.600.000	5.600.000	5.600.000
x	0,00030	0,00060	0,00090	0,00120	0,00150	0,00165	0,00180
=	1.680,00	3.360,00	5.040,00	6.720,00	8.400,00	9.240,00	10.080,00
+	149,60	299,20	448,80	598,40	748,00	822,80	897,60
=	1.829,60	3.659,20	5.488,80	7.318,40	9.148,00	10.062,80	10.977,60

Rechtsanwaltsgebühren (Zwischenwerte)

Wert bis ... €	0,65 €	0,7 €	0,75 €	0,8 €	0,9 €	1,0 €	1,1 €

Zwischenwerte

Wert bis ... €	0,65 €	0,7 €	0,75 €	0,8 €	0,9 €	1,0 €	1,1 €
50.000	97,50	105,00	112,50	120,00	135,00	150,00	165,00
100.000	195,00	210,00	225,00	240,00	270,00	300,00	330,00
150.000	292,50	315,00	337,50	360,00	405,00	450,00	495,00
200.000	390,00	420,00	450,00	480,00	540,00	600,00	660,00
250.000	487,50	525,00	562,50	600,00	675,00	750,00	825,00
300.000	585,00	630,00	675,00	720,00	810,00	900,00	990,00
350.000	682,50	735,00	787,50	840,00	945,00	1.050,00	1.155,00
400.000	780,00	840,00	900,00	960,00	1.080,00	1.200,00	1.320,00
450.000	877,50	945,00	1.012,50	1.080,00	1.215,00	1.350,00	1.485,00
500.000	975,00	1.050,00	1.125,00	1.200,00	1.350,00	1.500,00	1.650,00
550.000	1.072,50	1.155,00	1.237,50	1.320,00	1.485,00	1.650,00	1.815,00
600.000	1.170,00	1.260,00	1.350,00	1.440,00	1.620,00	1.800,00	1.980,00
650.000	1.267,50	1.365,00	1.462,50	1.560,00	1.755,00	1.950,00	2.145,00
700.000	1.365,00	1.470,00	1.575,00	1.680,00	1.890,00	2.100,00	2.310,00
750.000	1.462,50	1.575,00	1.687,50	1.800,00	2.025,00	2.250,00	2.475,00
800.000	1.560,00	1.680,00	1.800,00	1.920,00	2.160,00	2.400,00	2.640,00
850.000	1.657,50	1.785,00	1.912,50	2.040,00	2.295,00	2.550,00	2.805,00
900.000	1.755,00	1.890,00	2.025,00	2.160,00	2.430,00	2.700,00	2.970,00
950.000	1.852,50	1.995,00	2.137,50	2.280,00	2.565,00	2.850,00	3.135,00
1.000.000	1.950,00	2.100,00	2.250,00	2.400,00	2.700,00	3.000,00	3.300,00

Die Vorschrift des § 13 Abs. 1 RVG sieht für Gegenstandswerte von über 5.000.000 € Stufen von jeweils 50.000 € vor. So sind z. B. Gebühren nach einem Wert von 5.562.500 € auf 5.600.000 € aufzurunden. Nachfolgende Schritte ermitteln zunächst die Gebühren für 5.000.000 € und anschließend für 600.000 €.

5.000.000	10.722,40	11.547,20	12.372,00	13.196,80	14.846,40	16.496,00	18.145,30
+ 600.000	1.170,00	1.260,00	1.350,00	1.440,00	1.620,00	1.800,00	1.980,00
=	11.892,40	12.807,20	13.722,00	14.636,80	16.466,40	18.296,00	20.125,60

Außerdem können die Gebühren für Werte über 5.000.000 € wie folgt errechnet werden:

‰	1,95	2,10	2,25	2,40	2,70	3,00	3,30
von dem auf 50.000 € aufgerundeten Wert							
+ €	972,40	1.047,20	1.122,00	1.196,80	1.346,40	1.496,00	1.645,60

Bei einem angenommenen Gegenstandswert von 5.562.500 € erfolgt zunächst die Rundung auf den nächsten Wert, der durch 50.000 € teilbar ist. Dies wäre hier 5.600.000 €. Anschließend erfolgt die Multiplikation mit dem Promillewert und die Addition des vorgenannten Festbetrages.

	5.600.000	5.600.000	5.600.000	5.600.000	5.600.000	5.600.000	5.600.000
x	0,00195	0,00210	0,00225	0,00240	0,00270	0,00300	0,00330
=	10.920,00	11.760,00	12.600,00	13.440,00	15.120,00	16.800,00	18.480,00
+	972,40	1.047,20	1.122,00	1.196,80	1.346,40	1.496,00	1.645,60
=	11.892,40	12.807,20	13.722,00	14.636,80	16.466,40	18.296,00	20.125,60

Rechtsanwaltsgebühren

Wert bis ... €	1,2 €	1,3 €	1,4 €	1,5 €	1,6 €	1,7 €
300	30,00	32,50	35,00	37,50	40,00	42,50
600	54,00	58,50	63,00	67,50	72,00	76,50
900	78,00	84,50	91,00	97,50	104,00	110,50
1.200	102,00	110,50	119,00	127,50	136,00	144,50
1.500	126,00	136,50	147,00	157,50	168,00	178,50
2.000	159,60	172,90	186,20	199,50	212,80	226,10
2.500	193,20	209,30	225,40	241,50	257,60	273,70
3.000	226,80	245,70	264,60	283,50	302,40	321,30
3.500	260,40	282,10	303,80	325,50	347,20	368,90
4.000	294,00	318,50	343,00	367,50	392,00	416,50
4.500	327,60	354,90	382,20	409,50	436,80	464,10
5.000	361,20	391,30	421,40	451,50	481,60	511,70
6.000	405,60	439,40	473,20	507,00	540,80	574,60
7.000	450,00	487,50	525,00	562,50	600,00	637,50
8.000	494,40	535,60	576,80	618,00	659,20	700,40
9.000	538,80	583,70	628,60	673,50	718,40	763,30
10.000	583,20	631,80	680,40	729,00	777,60	826,20
13.000	631,20	683,80	736,40	789,00	841,60	894,20
16.000	679,20	735,80	792,40	849,00	905,60	962,20
19.000	727,20	787,80	848,40	909,00	969,60	1.030,20
22.000	775,20	839,80	904,40	969,00	1.033,60	1.098,20
25.000	823,20	891,80	960,40	1.029,00	1.097,60	1.166,20
30.000	909,60	985,40	1.061,20	1.137,00	1.212,80	1.288,60
35.000	996,00	1.079,00	1.162,00	1.245,00	1.328,00	1.411,00
40.000	1.082,40	1.172,60	1.262,80	1.353,00	1.443,20	1.533,40
45.000	1.168,80	1.266,20	1.363,60	1.461,00	1.558,40	1.655,80
50.000	1.255,20	1.359,80	1.464,40	1.569,00	1.673,60	1.778,20
65.000	1.347,60	1.459,90	1.572,20	1.684,50	1.796,80	1.909,10
80.000	1.440,00	1.560,00	1.680,00	1.800,00	1.920,00	2.040,00
95.000	1.532,40	1.660,10	1.787,80	1.915,50	2.043,20	2.170,90
110.000	1.624,80	1.760,20	1.895,60	2.031,00	2.166,40	2.301,80
125.000	1.717,20	1.860,30	2.003,40	2.146,50	2.289,60	2.432,70
140.000	1.809,60	1.960,40	2.111,20	2.262,00	2.412,80	2.563,60
155.000	1.902,00	2.060,50	2.219,00	2.377,50	2.536,00	2.694,50
170.000	1.994,40	2.160,60	2.326,80	2.493,00	2.659,20	2.825,40
185.000	2.086,80	2.260,70	2.434,60	2.608,50	2.782,40	2.956,30
200.000	2.179,20	2.360,80	2.542,40	2.724,00	2.905,60	3.087,20
230.000	2.320,80	2.514,20	2.707,60	2.901,00	3.094,40	3.287,80
260.000	2.462,40	2.667,60	2.872,80	3.078,00	3.283,20	3.488,40
290.000	2.604,00	2.821,00	3.038,00	3.255,00	3.472,00	3.689,00

Rechtsanwaltsgebühren

Wert bis ... €	1,8 €	1,9 €	2,0 €	2,2 €	2,3 €	2,5 €	2,6 €
300	45,00	47,50	50,00	55,00	57,50	62,50	65,00
600	81,00	85,50	90,00	99,00	103,50	112,50	117,00
900	117,00	123,50	130,00	143,00	149,50	162,50	169,00
1.200	153,00	161,50	170,00	187,00	195,50	212,50	221,00
1.500	189,00	199,50	210,00	231,00	241,50	262,50	273,00
2.000	239,40	252,70	266,00	292,60	305,90	332,50	345,80
2.500	289,80	305,90	322,00	354,20	370,30	402,50	418,60
3.000	340,20	359,10	378,00	415,80	434,70	472,50	491,40
3.500	390,60	412,30	434,00	477,40	499,10	542,50	564,20
4.000	441,00	465,50	490,00	539,00	563,50	612,50	637,00
4.500	491,40	518,70	546,00	600,60	627,90	682,50	709,80
5.000	541,80	571,90	602,00	662,20	692,30	752,50	782,30
6.000	608,40	642,20	676,00	743,60	777,40	845,00	878,30
7.000	675,00	712,50	750,00	825,00	862,50	937,50	975,00
8.000	741,60	782,80	824,00	906,40	947,60	1.030,00	1.071,20
9.000	808,20	853,10	898,00	987,80	1.032,70	1.122,50	1.167,40
10.000	874,80	923,40	972,00	1.069,20	1.117,80	1.215,00	1.263,60
13.000	946,80	999,40	1.052,00	1.157,20	1.209,80	1.315,00	1.367,60
16.000	1.018,80	1.075,40	1.132,00	1.245,20	1.301,80	1.415,00	1.471,60
19.000	1.090,80	1.151,40	1.212,00	1.333,20	1.393,80	1.515,00	1.575,60
22.000	1.162,80	1.227,40	1.292,00	1.421,20	1.485,80	1.615,00	1.679,60
25.000	1.234,80	1.303,40	1.372,00	1.509,20	1.577,80	1.715,00	1.783,60
30.000	1.364,40	1.440,20	1.516,00	1.667,60	1.743,40	1.895,00	1.970,80
35.000	1.494,00	1.577,00	1.660,00	1.826,00	1.909,00	2.075,00	2.153,00
40.000	1.623,60	1.713,80	1.804,00	1.984,40	2.074,60	2.255,00	2.345,20
45.000	1.753,20	1.850,60	1.948,00	2.142,80	2.240,20	2.435,00	2.532,40
50.000	1.882,80	1.987,40	2.092,00	2.301,20	2.405,80	2.615,00	2.719,60
65.000	2.021,40	2.133,70	2.246,00	2.470,60	2.582,90	2.807,50	2.919,80
80.000	2.160,00	2.280,00	2.400,00	2.640,00	2.760,00	3.000,00	3.120,00
95.000	2.298,60	2.426,30	2.554,00	2.809,40	2.937,10	3.192,50	3.320,20
110.000	2.437,20	2.572,60	2.708,00	2.978,80	3.114,20	3.385,00	3.520,40
125.000	2.575,80	2.718,90	2.862,00	3.148,20	3.291,30	3.577,50	3.720,60
140.000	2.714,40	2.865,20	3.016,00	3.317,60	3.468,40	3.770,00	3.920,80
155.000	2.853,00	3.011,50	3.170,00	3.487,00	3.645,50	3.962,50	4.121,00
170.000	2.991,60	3.157,80	3.324,00	3.656,40	3.822,60	4.155,00	4.321,20
185.000	3.130,20	3.304,10	3.478,00	3.825,80	3.999,70	4.347,50	4.521,40
200.000	3.268,80	3.450,40	3.632,00	3.995,20	4.176,80	4.540,00	4.721,60
230.000	3.481,20	3.674,60	3.868,00	4.254,80	4.448,20	4.835,00	5.028,40
260.000	3.693,60	3.898,80	4.104,00	4.514,40	4.719,60	5.130,00	5.335,20
290.000	3.906,00	4.123,00	4.340,00	4.774,00	4.991,00	5.425,00	5.642,00

Rechtsanwaltsgebühren

Wert bis ... €	1,2 €	1,3 €	1,4 €	1,5 €	1,6 €	1,7 €
320.000	2.745,60	2.974,40	3.203,20	3.432,00	3.660,80	3.889,60
350.000	2.887,20	3.127,80	3.368,40	3.609,00	3.849,60	4.090,20
380.000	3.028,80	3.281,20	3.533,60	3.786,00	4.038,40	4.290,80
410.000	3.170,40	3.434,60	3.698,80	3.963,00	4.227,20	4.491,40
440.000	3.312,00	3.588,00	3.864,00	4.140,00	4.416,00	4.692,00
470.000	3.453,60	3.741,40	4.029,20	4.317,00	4.604,80	4.892,60
500.000	3.595,20	3.894,80	4.194,40	4.494,00	4.793,60	5.093,20
550.000	3.775,20	4.089,80	4.404,40	4.719,00	5.033,60	5.348,20
600.000	3.955,20	4.284,80	4.614,40	4.944,00	5.273,60	5.603,20
650.000	4.135,20	4.479,80	4.824,40	5.169,00	5.513,60	5.858,20
700.000	4.315,20	4.674,80	5.034,40	5.394,00	5.753,60	6.113,20
750.000	4.495,20	4.869,80	5.244,40	5.619,00	5.993,60	6.368,20
800.000	4.675,20	5.064,80	5.454,40	5.844,00	6.233,60	6.623,20
850.000	4.855,20	5.259,80	5.664,40	6.069,00	6.473,60	6.878,20
900.000	5.035,20	5.454,80	5.874,40	6.294,00	6.713,60	7.133,20
950.000	5.215,20	5.649,80	6.084,40	6.519,00	6.953,60	7.388,20
1.000.000	5.395,20	5.844,80	6.294,40	6.744,00	7.193,60	7.643,20
1.050.000	5.575,20	6.039,80	6.504,40	6.969,00	7.433,60	7.898,20
1.100.000	5.755,20	6.234,80	6.714,40	7.194,00	7.673,60	8.153,20
1.150.000	5.935,20	6.429,80	6.924,40	7.419,00	7.913,60	8.408,20
1.200.000	6.115,20	6.624,80	7.134,40	7.644,00	8.153,60	8.663,20
1.250.000	6.295,20	6.819,80	7.344,40	7.869,00	8.393,60	8.918,20
1.300.000	6.475,20	7.014,80	7.554,40	8.094,00	8.633,60	9.173,20
1.350.000	6.655,20	7.209,80	7.764,40	8.319,00	8.873,60	9.428,20
1.400.000	6.835,20	7.404,80	7.974,40	8.544,00	9.113,60	9.683,20
1.450.000	7.015,20	7.599,80	8.184,40	8.769,00	9.353,60	9.938,20
1.500.000	7.195,20	7.794,80	8.394,40	8.994,00	9.593,60	10.193,20
1.550.000	7.375,20	7.989,80	8.604,40	9.219,00	9.833,60	10.448,20
1.600.000	7.555,20	8.184,80	8.814,40	9.444,00	10.073,60	10.703,20
1.650.000	7.735,20	8.379,80	9.024,40	9.669,00	10.313,60	10.958,20
1.700.000	7.915,20	8.574,80	9.234,40	9.894,00	10.553,60	11.213,20
1.750.000	8.095,20	8.769,80	9.444,40	10.119,00	10.793,60	11.468,20
1.800.000	8.275,20	8.964,80	9.654,40	10.344,00	11.033,60	11.723,20
1.850.000	8.455,20	9.159,80	9.864,40	10.569,00	11.273,60	11.978,20
1.900.000	8.635,20	9.354,80	10.074,40	10.794,00	11.513,60	12.233,20
1.950.000	8.815,20	9.549,80	10.284,40	11.019,00	11.753,60	12.488,20
2.000.000	8.995,20	9.744,80	10.494,40	11.244,00	11.993,60	12.743,20
2.050.000	9.175,20	9.939,80	10.704,40	11.469,00	12.233,60	12.998,20
2.100.000	9.355,20	10.134,80	10.914,40	11.694,00	12.473,60	13.253,20
2.150.000	9.535,20	10.329,80	11.124,40	11.919,00	12.713,60	13.508,20

Rechtsanwaltsgebühren

Wert bis ... €	1,8 €	1,9 €	2,0 €	2,2 €	2,3 €	2,5 €	2,6 €
320.000	4.118,40	4.347,20	4.576,00	5.033,60	5.262,40	5.720,00	5.948,80
350.000	4.330,80	4.571,40	4.812,00	5.293,20	5.533,80	6.015,00	6.255,60
380.000	4.543,20	4.795,60	5.048,00	5.552,80	5.805,20	6.310,00	6.562,40
410.000	4.755,60	5.019,80	5.284,00	5.812,40	6.076,60	6.605,00	6.869,20
440.000	4.968,00	5.244,00	5.520,00	6.072,00	6.348,00	6.900,00	7.176,00
470.000	5.180,40	5.468,20	5.756,00	6.331,60	6.619,40	7.195,00	7.482,80
500.000	5.392,80	5.692,40	5.992,00	6.591,20	6.890,80	7.490,00	7.789,60
550.000	5.662,80	5.977,40	6.292,00	6.921,20	7.235,80	7.865,00	8.179,60
600.000	5.932,80	6.262,40	6.592,00	7.251,20	7.580,80	8.240,00	8.569,60
650.000	6.202,80	6.547,40	6.892,00	7.581,20	7.925,80	8.615,00	8.959,60
700.000	6.472,80	6.832,40	7.192,00	7.911,20	8.270,80	8.990,00	9.349,60
750.000	6.742,80	7.117,40	7.492,00	8.241,20	8.615,80	9.365,00	9.739,60
800.000	7.012,80	7.402,40	7.792,00	8.571,20	8.960,80	9.740,00	10.129,60
850.000	7.282,80	7.687,40	8.092,00	8.901,20	9.305,80	10.115,00	10.519,60
900.000	7.552,80	7.972,40	8.392,00	9.231,20	9.650,80	10.490,00	10.909,60
950.000	7.822,80	8.257,40	8.692,00	9.561,20	9.995,80	10.865,00	11.299,60
1.000.000	8.092,80	8.542,40	8.992,00	9.891,20	10.340,80	11.240,00	11.689,60
1.050.000	8.362,80	8.827,40	9.292,00	10.221,20	10.685,80	11.615,00	12.079,60
1.100.000	8.632,80	9.112,40	9.592,00	10.551,20	11.030,80	11.990,00	12.469,60
1.150.000	8.902,80	9.397,40	9.892,00	10.881,20	11.375,80	12.365,00	12.859,60
1.200.000	9.172,80	9.682,40	10.192,00	11.211,20	11.720,80	12.740,00	13.249,60
1.250.000	9.442,80	9.967,40	10.492,00	11.541,20	12.065,80	13.115,00	13.639,60
1.300.000	9.712,80	10.252,40	10.792,00	11.871,20	12.410,80	13.490,00	14.029,60
1.350.000	9.982,80	10.537,40	11.092,00	12.201,20	12.755,80	13.865,00	14.419,60
1.400.000	10.252,80	10.822,40	11.392,00	12.531,20	13.100,80	14.240,00	14.809,60
1.450.000	10.522,80	11.107,40	11.692,00	12.861,20	13.445,80	14.615,00	15.199,60
1.500.000	10.792,80	11.392,40	11.992,00	13.191,20	13.790,80	14.990,00	15.589,60
1.550.000	11.062,80	11.677,40	12.292,00	13.521,20	14.135,80	15.365,00	15.979,60
1.600.000	11.332,80	11.962,40	12.592,00	13.851,20	14.480,80	15.740,00	16.369,60
1.650.000	11.602,80	12.247,40	12.892,00	14.181,20	14.825,80	16.115,00	16.759,60
1.700.000	11.872,80	12.532,40	13.192,00	14.511,20	15.170,80	16.490,00	17.149,60
1.750.000	12.142,80	12.817,40	13.492,00	14.841,20	15.515,80	16.865,00	17.539,60
1.800.000	12.412,80	13.102,40	13.792,00	15.171,20	15.860,80	17.240,00	17.929,60
1.850.000	12.682,80	13.387,40	14.092,00	15.501,20	16.205,80	17.615,00	18.319,60
1.900.000	12.952,80	13.672,40	14.392,00	15.831,20	16.550,80	17.990,00	18.709,60
1.950.000	13.222,80	13.957,40	14.692,00	16.161,20	16.895,80	18.365,00	19.099,60
2.000.000	13.492,80	14.242,40	14.992,00	16.491,20	17.240,80	18.740,00	19.489,60
2.050.000	13.762,80	14.527,40	15.292,00	16.821,20	17.585,80	19.115,00	19.879,60
2.100.000	14.032,80	14.812,40	15.592,00	17.151,20	17.930,80	19.490,00	20.269,60
2.150.000	14.302,80	15.097,40	15.892,00	17.481,20	18.275,80	19.865,00	20.659,60

Rechtsanwaltsgebühren

Wert bis ... €	1,2 €	1,3 €	1,4 €	1,5 €	1,6 €	1,7 €
2.200.000	9.715,20	10.524,80	11.334,40	12.144,00	12.953,60	13.763,20
2.250.000	9.895,20	10.719,80	11.544,40	12.369,00	13.193,60	14.018,20
2.300.000	10.075,20	10.914,80	11.754,40	12.594,00	13.433,60	14.273,20
2.350.000	10.255,20	11.109,80	11.964,40	12.819,00	13.673,60	14.528,20
2.400.000	10.435,20	11.304,80	12.174,40	13.044,00	13.913,60	14.783,20
2.450.000	10.615,20	11.499,80	12.384,40	13.269,00	14.153,60	15.038,20
2.500.000	10.795,20	11.694,80	12.594,40	13.494,00	14.393,60	15.293,20
2.550.000	10.975,20	11.889,80	12.804,40	13.719,00	14.633,60	15.548,20
2.600.000	11.155,20	12.084,80	13.014,40	13.944,00	14.873,60	15.803,20
2.650.000	11.335,20	12.279,80	13.224,40	14.169,00	15.113,60	16.058,20
2.700.000	11.515,20	12.474,80	13.434,40	14.394,00	15.353,60	16.313,20
2.750.000	11.695,20	12.669,80	13.644,40	14.619,00	15.593,60	16.568,20
2.800.000	11.875,20	12.864,80	13.854,40	14.844,00	15.833,60	16.823,20
2.850.000	12.055,20	13.059,80	14.064,40	15.069,00	16.073,60	17.078,20
2.900.000	12.235,20	13.254,80	14.274,40	15.294,00	16.313,60	17.333,20
2.950.000	12.415,20	13.449,80	14.484,40	15.519,00	16.553,60	17.588,20
3.000.000	12.595,20	13.644,80	14.694,40	15.744,00	16.793,60	17.843,20
3.050.000	12.775,20	13.839,80	14.904,40	15.969,00	17.033,60	18.098,20
3.100.000	12.955,20	14.034,80	15.114,40	16.194,00	17.273,60	18.353,20
3.150.000	13.135,20	14.229,80	15.324,40	16.419,00	17.513,60	18.608,20
3.200.000	13.315,20	14.424,80	15.534,40	16.644,00	17.753,60	18.863,20
3.250.000	13.495,20	14.619,80	15.744,40	16.869,00	17.993,60	19.118,20
3.300.000	13.675,20	14.814,80	15.954,40	17.094,00	18.233,60	19.373,20
3.350.000	13.855,20	15.009,80	16.164,40	17.319,00	18.473,60	19.628,20
3.400.000	14.035,20	15.204,80	16.374,40	17.544,00	18.713,60	19.883,20
3.450.000	14.215,20	15.399,80	16.584,40	17.769,00	18.953,60	20.138,20
3.500.000	14.395,20	15.594,80	16.794,40	17.994,00	19.193,60	20.393,20
3.550.000	14.575,20	15.789,80	17.004,40	18.219,00	19.433,60	20.648,20
3.600.000	14.755,20	15.984,80	17.214,40	18.444,00	19.673,60	20.903,20
3.650.000	14.935,20	16.179,80	17.424,40	18.669,00	19.913,60	21.158,20
3.700.000	15.115,20	16.374,80	17.634,40	18.894,00	20.153,60	21.413,20
3.750.000	15.295,20	16.569,80	17.844,40	19.119,00	20.393,60	21.668,20
3.800.000	15.475,20	16.764,80	18.054,40	19.344,00	20.633,60	21.923,20
3.850.000	15.655,20	16.959,80	18.264,40	19.569,00	20.873,60	22.178,20
3.900.000	15.835,20	17.154,80	18.474,40	19.794,00	21.113,60	22.433,20
3.950.000	16.015,20	17.349,80	18.684,40	20.019,00	21.353,60	22.688,20
4.000.000	16.195,20	17.544,80	18.894,40	20.244,00	21.593,60	22.943,20
4.050.000	16.375,20	17.739,80	19.104,40	20.469,00	21.833,60	23.198,20
4.100.000	16.555,20	17.934,80	19.314,40	20.694,00	22.073,60	23.453,20
4.150.000	16.735,20	18.129,80	19.524,40	20.919,00	22.313,60	23.708,20

Rechtsanwaltsgebühren

Wert bis ... €	1,8 €	1,9 €	2,0 €	2,2 €	2,3 €	2,5 €	2,6 €
2.200.000	14.572,80	15.382,40	16.192,00	17.811,20	18.620,80	20.240,00	21.049,60
2.250.000	14.842,80	15.667,40	16.492,00	18.141,20	18.965,80	20.615,00	21.439,60
2.300.000	15.112,80	15.952,40	16.792,00	18.471,20	19.310,80	20.990,00	21.829,60
2.350.000	15.382,80	16.237,40	17.092,00	18.801,20	19.655,80	21.365,00	22.219,60
2.400.000	15.652,80	16.522,40	17.392,00	19.131,20	20.000,80	21.740,00	22.609,60
2.450.000	15.922,80	16.807,40	17.692,00	19.461,20	20.345,80	22.115,00	22.999,60
2.500.000	16.192,80	17.092,40	17.992,00	19.791,20	20.690,80	22.490,00	23.389,60
2.550.000	16.462,80	17.377,40	18.292,00	20.121,20	21.035,80	22.865,00	23.779,60
2.600.000	16.732,80	17.662,40	18.592,00	20.451,20	21.380,80	23.240,00	24.169,60
2.650.000	17.002,80	17.947,40	18.892,00	20.781,20	21.725,80	23.615,00	24.559,60
2.700.000	17.272,80	18.232,40	19.192,00	21.111,20	22.070,80	23.990,00	24.949,60
2.750.000	17.542,80	18.517,40	19.492,00	21.441,20	22.415,80	24.365,00	25.339,60
2.800.000	17.812,80	18.802,40	19.792,00	21.771,20	22.760,80	24.740,00	25.729,60
2.850.000	18.082,80	19.087,40	20.092,00	22.101,20	23.105,80	25.115,00	26.119,60
2.900.000	18.352,80	19.372,40	20.392,00	22.431,20	23.450,80	25.490,00	26.509,60
2.950.000	18.622,80	19.657,40	20.692,00	22.761,20	23.795,80	25.865,00	26.899,60
3.000.000	18.892,80	19.942,40	20.992,00	23.091,20	24.140,80	26.240,00	27.289,60
3.050.000	19.162,80	20.227,40	21.292,00	23.421,20	24.485,80	26.615,00	27.679,60
3.100.000	19.432,80	20.512,40	21.592,00	23.751,20	24.830,80	26.990,00	28.069,60
3.150.000	19.702,80	20.797,40	21.892,00	24.081,20	25.175,80	27.365,00	28.459,60
3.200.000	19.972,80	21.082,40	22.192,00	24.411,20	25.520,80	27.740,00	28.849,60
3.250.000	20.242,80	21.367,40	22.492,00	24.741,20	25.865,80	28.115,00	29.239,60
3.300.000	20.512,80	21.652,40	22.792,00	25.071,20	26.210,80	28.490,00	29.629,60
3.350.000	20.782,80	21.937,40	23.092,00	25.401,20	26.555,80	28.865,00	30.019,60
3.400.000	21.052,80	22.222,40	23.392,00	25.731,20	26.900,80	29.240,00	30.409,60
3.450.000	21.322,80	22.507,40	23.692,00	26.061,20	27.245,80	29.615,00	30.799,60
3.500.000	21.592,80	22.792,40	23.992,00	26.391,20	27.590,80	29.990,00	31.189,60
3.550.000	21.862,80	23.077,40	24.292,00	26.721,20	27.935,80	30.365,00	31.579,60
3.600.000	22.132,80	23.362,40	24.592,00	27.051,20	28.280,80	30.740,00	31.969,60
3.650.000	22.402,80	23.647,40	24.892,00	27.381,20	28.625,80	31.115,00	32.359,60
3.700.000	22.672,80	23.932,40	25.192,00	27.711,20	28.970,80	31.490,00	32.749,60
3.750.000	22.942,80	24.217,40	25.492,00	28.041,20	29.315,80	31.865,00	33.139,60
3.800.000	23.212,80	24.502,40	25.792,00	28.371,20	29.660,80	32.240,00	33.529,60
3.850.000	23.482,80	24.787,40	26.092,00	28.701,20	30.005,80	32.615,00	33.919,60
3.900.000	23.752,80	25.072,40	26.392,00	29.031,20	30.350,80	32.990,00	34.309,60
3.950.000	24.022,80	25.357,40	26.692,00	29.361,20	30.695,80	33.365,00	34.699,60
4.000.000	24.292,80	25.642,40	26.992,00	29.691,20	31.040,80	33.740,00	35.089,60
4.050.000	24.562,80	25.927,40	27.292,00	30.021,20	31.385,80	34.115,00	35.479,60
4.100.000	24.832,80	26.212,40	27.592,00	30.351,20	31.730,80	34.490,00	35.869,60
4.150.000	25.102,80	26.497,40	27.892,00	30.681,20	32.075,80	34.865,00	36.259,60

Rechtsanwaltsgebühren

Wert bis ... €	1,2 €	1,3 €	1,4 €	1,5 €	1,6 €	1,7 €
4.200.000	16.915,20	18.324,80	19.734,40	21.144,00	22.553,60	23.963,20
4.250.000	17.095,20	18.519,80	19.944,40	21.369,00	22.793,60	24.218,20
4.300.000	17.275,20	18.714,80	20.154,40	21.594,00	23.033,60	24.473,20
4.350.000	17.455,20	18.909,80	20.364,40	21.819,00	23.273,60	24.728,20
4.400.000	17.635,20	19.104,80	20.574,40	22.044,00	23.513,60	24.983,20
4.450.000	17.815,20	19.299,80	20.784,40	22.269,00	23.753,60	25.238,20
4.500.000	17.995,20	19.494,80	20.994,40	22.494,00	23.993,60	25.493,20
4.550.000	18.175,20	19.689,80	21.204,40	22.719,00	24.233,60	25.748,20
4.600.000	18.355,20	19.884,80	21.414,40	22.944,00	24.473,60	26.003,20
4.650.000	18.535,20	20.079,80	21.624,40	23.169,00	24.713,60	26.258,20
4.700.000	18.715,20	20.274,80	21.834,40	23.394,00	24.953,60	26.513,20
4.750.000	18.895,20	20.469,80	22.044,40	23.619,00	25.193,60	26.768,20
4.800.000	19.075,20	20.664,80	22.254,40	23.844,00	25.433,60	27.023,20
4.850.000	19.255,20	20.859,80	22.464,40	24.069,00	25.673,60	27.278,20
4.900.000	19.435,20	21.054,80	22.674,40	24.294,00	25.913,60	27.533,20
4.950.000	19.615,20	21.249,80	22.884,40	24.519,00	26.153,60	27.788,20
5.000.000	19.795,20	21.444,80	23.094,40	24.744,00	26.393,60	28.043,20

Von dem Mehrbetrag über 5.000.000 € entstehen für je 50.000 € Gebühren in Höhe von 150 €. Gegenstandswerte über 5.000.000 € sind auf volle 50.000 € aufzurunden.

Die Errechnung der Gebühren von über 5.000.000 bis 10.000.000 € kann auch anhand der nachfolgenden Tabellen vorgenommen werden. Dabei sind jeweils die Zwischenwerte hinzuzurechnen.

Wert bis ... €	1,2 €	1,3 €	1,4 €	1,5 €	1,6 €	1,7 €
5.500.000	21.595,20	23.394,80	25.194,40	26.994,00	28.793,60	30.593,20
6.000.000	23.395,20	25.344,80	27.294,40	29.244,00	31.193,60	33.143,20
6.500.000	25.195,20	27.294,80	29.394,40	31.494,00	33.593,60	35.693,20
7.000.000	26.995,20	29.244,80	31.494,40	33.744,00	35.993,60	38.243,20
7.500.000	28.795,20	31.194,80	33.594,40	35.994,00	38.393,60	40.793,20
8.000.000	30.595,20	33.144,80	35.694,40	38.244,00	40.793,60	43.343,20
8.500.000	32.395,20	35.094,80	37.794,40	40.494,00	43.193,60	45.893,20
9.000.000	34.195,20	37.044,80	39.894,40	42.744,00	45.593,60	48.443,20
9.500.000	35.995,20	38.994,80	41.994,40	44.994,00	47.993,60	50.993,20
10.000.000	37.795,20	40.944,80	44.094,40	47.244,00	50.393,60	53.543,20
10.500.000	39.595,20	42.894,80	46.194,40	49.494,00	52.793,60	56.093,20
11.000.000	41.395,20	44.844,80	48.294,40	51.744,00	55.193,60	58.643,20
11.500.000	43.195,20	46.794,80	50.394,40	53.994,00	57.593,60	61.193,20
12.000.000	44.995,20	48.744,80	52.494,40	56.244,00	59.993,60	63.743,20
12.500.000	46.795,20	50.694,80	54.594,40	58.494,00	62.393,60	66.293,20

Rechtsanwaltsgebühren

Wert bis ... €	1,8 €	1,9 €	2,0 €	2,2 €	2,3 €	2,5 €	2,6 €
4.200.000	25.372,80	26.782,40	28.192,00	31.011,20	32.420,80	35.240,00	36.649,60
4.250.000	25.642,80	27.067,40	28.492,00	31.341,20	32.765,80	35.615,00	37.039,60
4.300.000	25.912,80	27.352,40	28.792,00	31.671,20	33.110,80	35.990,00	37.429,60
4.350.000	26.182,80	27.637,40	29.092,00	32.001,20	33.455,80	36.365,00	37.819,60
4.400.000	26.452,80	27.922,40	29.392,00	32.331,20	33.800,80	36.740,00	38.209,60
4.450.000	26.722,80	28.207,40	29.692,00	32.661,20	34.145,80	37.115,00	38.599,60
4.500.000	26.992,80	28.492,40	29.992,00	32.991,20	34.490,80	37.490,00	38.989,60
4.550.000	27.262,80	28.777,40	30.292,00	33.321,20	34.835,80	37.865,00	39.379,60
4.600.000	27.532,80	29.062,40	30.592,00	33.651,20	35.180,80	38.240,00	39.769,60
4.650.000	27.802,80	29.347,40	30.892,00	33.981,20	35.525,80	38.615,00	40.159,60
4.700.000	28.072,80	29.632,40	31.192,00	34.311,20	35.870,80	38.990,00	40.549,60
4.750.000	28.342,80	29.917,40	31.492,00	34.641,20	36.215,80	39.365,00	40.939,60
4.800.000	28.612,80	30.202,40	31.792,00	34.971,20	36.560,80	39.740,00	41.329,60
4.850.000	28.882,80	30.487,40	32.092,00	35.301,20	36.905,80	40.115,00	41.719,60
4.900.000	29.152,80	30.772,40	32.392,00	35.631,20	37.250,80	40.490,00	42.109,60
4.950.000	29.422,80	31.057,40	32.692,00	35.961,20	37.595,80	40.865,00	42.499,60
5.000.000	29.692,80	31.342,40	32.992,00	36.291,20	37.940,80	41.240,00	42.889,60

Von dem Mehrbetrag über 5.000.000 € entstehen für je 50.000 € Gebühren in Höhe von 150 €. Gegenstandswerte über 5.000.000 € sind auf volle 50.000 € aufzurunden.

Die Errechnung der Gebühren von über 5.000.000 bis 10.000.000 € kann auch anhand der nachfolgenden Tabellen vorgenommen werden. Dabei sind jeweils die Zwischenwerte hinzuzurechnen.

	1,8 €	1,9 €	2,0 €	2,2 €	2,3 €	2,5 €	2,6 €
5.500.000	32.392,80	34.192,40	35.992,00	39.591,20	41.390,80	44.990,00	46.789,60
6.000.000	35.092,80	37.042,40	38.992,00	42.891,20	44.840,80	48.740,00	50.689,60
6.500.000	37.792,80	39.892,40	41.992,00	46.191,20	48.290,80	52.490,00	54.589,60
7.000.000	40.492,80	42.742,40	44.992,00	49.491,20	51.740,80	56.240,00	58.489,60
7.500.000	43.192,80	45.592,40	47.992,00	52.791,20	55.190,80	59.990,00	62.389,60
8.000.000	45.892,80	48.442,40	50.992,00	56.091,20	58.640,80	63.740,00	66.289,60
8.500.000	48.592,80	51.292,40	53.992,00	59.391,20	62.090,80	67.490,00	70.189,60
9.000.000	51.292,80	54.142,40	56.992,00	62.691,20	65.540,80	71.240,00	74.089,60
9.500.000	53.992,80	56.992,40	59.992,00	65.991,20	68.990,80	74.990,00	77.989,60
10.000.000	56.692,80	59.842,40	62.992,00	69.291,20	72.440,80	78.740,00	81.889,60
10.500.000	59.392,80	62.692,40	65.992,00	72.591,20	75.890,80	82.490,00	85.789,60
11.000.000	62.092,80	65.542,40	68.992,00	75.891,20	79.340,80	86.240,00	89.689,60
11.500.000	64.792,80	68.392,40	71.992,00	79.191,20	82.790,80	89.990,00	93.589,60
12.000.000	67.492,80	71.242,40	74.992,00	82.491,20	86.240,80	93.740,00	97.489,60
12.500.000	70.192,80	74.092,40	77.992,00	85.791,20	89.690,80	97.490,00	101.389,60

Rechtsanwaltsgebühren (Zwischenwerte)

Wert bis ... €	1,2 €	1,3 €	1,4 €	1,5 €	1,6 €	1,7 €

Zwischenwerte

Wert bis ... €	1,2 €	1,3 €	1,4 €	1,5 €	1,6 €	1,7 €
50.000	180,00	195,00	210,00	225,00	240,00	255,00
100.000	360,00	390,00	420,00	450,00	480,00	510,00
150.000	540,00	585,00	630,00	675,00	720,00	765,00
200.000	720,00	780,00	840,00	900,00	960,00	1.020,00
250.000	900,00	975,00	1.050,00	1.125,00	1.200,00	1.275,00
300.000	1.080,00	1.170,00	1.260,00	1.350,00	1.440,00	1.530,00
350.000	1.260,00	1.365,00	1.470,00	1.575,00	1.680,00	1.785,00
400.000	1.440,00	1.560,00	1.680,00	1.800,00	1.920,00	2.040,00
450.000	1.620,00	1.755,00	1.890,00	2.025,00	2.160,00	2.295,00
500.000	1.800,00	1.950,00	2.100,00	2.250,00	2.400,00	2.550,00
550.000	1.980,00	2.145,00	2.310,00	2.475,00	2.640,00	2.805,00
600.000	2.160,00	2.340,00	2.520,00	2.700,00	2.880,00	3.060,00
650.000	2.340,00	2.535,00	2.730,00	2.925,00	3.120,00	3.315,00
700.000	2.520,00	2.730,00	2.940,00	3.150,00	3.360,00	3.570,00
750.000	2.700,00	2.925,00	3.150,00	3.375,00	3.600,00	3.825,00
800.000	2.880,00	3.120,00	3.360,00	3.600,00	3.840,00	4.080,00
850.000	3.060,00	3.315,00	3.570,00	3.825,00	4.080,00	4.335,00
900.000	3.240,00	3.510,00	3.780,00	4.050,00	4.320,00	4.590,00
950.000	3.420,00	3.705,00	3.990,00	4.275,00	4.560,00	4.845,00
1.000.000	3.600,00	3.900,00	4.200,00	4.500,00	4.800,00	5.100,00

Die Vorschrift des § 13 Abs. 1 RVG sieht für Gegenstandswerte von über 5.000.000 € Stufen von jeweils 50.000 € vor. So sind z. B. Gebühren nach einem Wert von 5.562.500 € auf 5.600.000 € aufzurunden. Nachfolgende Schritte ermitteln zunächst die Gebühren für 5.000.000 € und anschließend für 600.000 €.

5.000.000	**19.795,20**	21.444,80	23.094,40	24.744,00	26.393,60	28.043,20
+ 600.000	2.160,00	2.340,00	2.520,00	2.700,00	2.880,00	3.060,00
=	21.955,20	23.784,80	25.614,40	27.444,00	29.273,60	31.103,20

Außerdem können die Gebühren für Werte über 5.000.000 € wie folgt errechnet werden:

‰	3,60	3,90	4,20	4,50	4,80	5,10
von dem auf 50.000 € aufgerundeten Wert						
+ €	1.795,20	1.944,80	2.094,40	2.244,00	2.393,60	2.543,20

Bei einem angenommenen Gegenstandswert von 5.562.500 € erfolgt zunächst die Rundung auf den nächsten Wert, der durch 50.000 € teilbar ist. Dies wäre hier 5.600.000 €. Anschließend erfolgt die Multiplikation mit dem Promillewert und die Addition des vorgenannten Festbetrages.

	5.600.000	5.600.000	5.600.000	5.600.000	5.600.000	5.600.000
x	0,00360	0,00390	0,00420	0,00450	0,00480	0,00510
=	20.160,00	21.840,00	23.520,00	25.200,00	26.880,00	28.560,00
+	1.795,20	1.944,80	2.094,40	2.244,00	2.393,60	2.543,20
=	21.955,20	23.784,80	25.614,40	27.444,00	29.273,60	31.103,20

Rechtsanwaltsgebühren (Zwischenwerte)

Wert bis ... €	1,8 €	1,9 €	2,0 €	2,2 €	2,3 €	2,5 €	2,6 €
Zwischenwerte							
50.000	270,00	285,00	300,00	330,00	345,00	375,00	390,00
100.000	540,00	570,00	600,00	660,00	690,00	750,00	780,00
150.000	810,00	855,00	900,00	990,00	1.035,00	1.125,00	1.170,00
200.000	1.080,00	1.140,00	1.200,00	1.320,00	1.380,00	1.500,00	1.560,00
250.000	1.350,00	1.425,00	1.500,00	1.650,00	1.725,00	1.875,00	1.950,00
300.000	1.620,00	1.710,00	1.800,00	1.980,00	2.070,00	2.250,00	2.340,00
350.000	1.890,00	1.995,00	2.100,00	2.310,00	2.415,00	2.625,00	2.730,00
400.000	2.160,00	2.280,00	2.400,00	2.640,00	2.760,00	3.000,00	3.120,00
450.000	2.430,00	2.565,00	2.700,00	2.970,00	3.105,00	3.375,00	3.510,00
500.000	2.700,00	2.850,00	3.000,00	3.300,00	3.450,00	3.750,00	3.900,00
550.000	2.970,00	3.135,00	3.300,00	3.630,00	3.795,00	4.125,00	4.290,00
600.000	3.240,00	3.420,00	3.600,00	3.960,00	4.140,00	4.500,00	4.680,00
650.000	3.510,00	3.705,00	3.900,00	4.290,00	4.485,00	4.875,00	5.070,00
700.000	3.780,00	3.990,00	4.200,00	4.620,00	4.830,00	5.250,00	5.460,00
750.000	4.050,00	4.275,00	4.500,00	4.950,00	5.175,00	5.625,00	5.850,00
800.000	4.320,00	4.560,00	4.800,00	5.280,00	5.520,00	6.000,00	6.240,00
850.000	4.590,00	4.845,00	5.100,00	5.610,00	5.865,00	6.375,00	6.630,00
900.000	4.860,00	5.130,00	5.400,00	5.940,00	6.210,00	6.750,00	7.020,00
950.000	5.130,00	5.415,00	5.700,00	6.270,00	6.555,00	7.125,00	7.410,00
1.000.000	5.400,00	5.700,00	6.000,00	6.600,00	6.900,00	7.500,00	7.800,00

Die Vorschrift des § 13 Abs. 1 RVG sieht für Gegenstandswerte von über 5.000.000 € Stufen von jeweils 50.000 € vor. So sind z. B. Gebühren nach einem Wert von 5.562.500 € auf 5.600.000 € aufzurunden. Nachfolgende Schritte ermitteln zunächst die Gebühren für 5.000.000 € und anschließend für 600.000 €.

5.000.000	29.692,80	31.342,40	32.992,00	36.291,20	37.940,80	41.240,00	42.889,60
+ 600.000	3.240,00	3.420,00	3.600,00	3.960,00	4.140,00	4.500,00	4.680,00
=	32.932,80	34.762,40	36.592,00	40.251,20	42.080,80	45.740,00	47.569,60

Außerdem können die Gebühren für Werte über 5.000.000 € wie folgt errechnet werden:

‰	5,40	5,70	6,00	6,60	6,90	7,50	7,80
von dem auf 50.000 € aufgerundeten Wert							
+ €	2.692,80	2.842,40	2.992,00	3.291,20	3.440,80	3.740,00	3.889,60

Bei einem angenommenen Gegenstandswert von 5.562.500 € erfolgt zunächst die Rundung auf den nächsten Wert, der durch 50.000 € teilbar ist. Dies wäre hier 5.600.000 €. Anschließend erfolgt die Multiplikation mit dem Promillewert und die Addition des vorgenannten Festbetrages.

	5.600.000	5.600.000	5.600.000	5.600.000	5.600.000	5.600.000	5.600.000
x	0,00540	0,00570	0,00600	0,00660	0,00690	0,00750	0,00780
=	30.240,00	31.920,00	33.600,00	36.960,00	38.640,00	42.000,00	43.680,00
+	2.692,80	2.842,40	2.992,00	3.291,20	3.440,80	3.740,00	3.889,60
=	32.932,80	34.762,40	36.592,00	40.251,20	42.080,80	45.740,00	47.569,60

Prozesskostenhilfe (§ 49 RVG)*

Wert bis ... €	0,3 €	0,4 €	0,5 €	0,6 €	0,8 €	1,0 €	1,1 €	1,2 €
300	10,00**	10,00**	12,50	15,00	20,00	25,00	27,50	30,00
600	13,50	18,00	22,50	27,00	36,00	45,00	49,50	54,00
900	19,50	26,00	32,50	39,00	52,00	65,00	71,50	78,00
1.200	25,50	34,00	42,50	51,00	68,00	85,00	93,50	102,00
1.500	31,50	42,00	52,50	63,00	84,00	105,00	115,50	126,00
2.000	39,90	53,20	66,50	79,80	106,40	133,00	146,30	159,60
2.500	48,30	64,40	80,50	96,60	128,80	161,00	177,10	193,20
3.000	56,70	75,60	94,50	113,40	151,20	189,00	207,90	226,80
3.500	58,50	78,00	97,50	117,00	156,00	195,00	214,50	234,00
4.000	61,20	81,60	102,00	122,40	163,20	204,00	224,40	244,80
4.500	63,60	84,80	106,00	127,20	169,60	212,00	233,20	254,40
5.000	65,70	87,60	109,50	131,40	175,20	219,00	240,90	262,80
6.000	67,50	90,00	112,50	135,00	180,00	225,00	247,50	270,00
7.000	69,00	92,00	115,00	138,00	184,00	230,00	253,00	276,00
8.000	70,20	93,60	117,00	140,40	187,20	234,00	257,40	280,80
9.000	71,40	95,20	119,00	142,80	190,40	238,00	261,80	285,60
10.000	72,60	96,80	121,00	145,20	193,60	242,00	266,20	290,40
13.000	73,80	98,40	123,00	147,60	196,80	246,00	270,60	295,20
16.000	77,10	102,80	128,50	154,20	205,60	257,00	282,70	308,40
19.000	81,60	108,80	136,00	163,20	217,60	272,00	299,20	326,40
22.000	87,90	117,20	146,50	175,80	234,40	293,00	322,30	351,60
25.000	95,40	127,20	159,00	190,80	254,40	318,00	349,80	381,60
30.000	106,20	141,60	177,00	212,40	283,20	354,00	389,40	424,80
über 30.000	117,30	156,40	195,50	234,60	312,80	391,00	430,10	469,20

* Die Tabelle betrifft Wertgebühren aus der Staatskasse für im Wege der Prozesskostenhilfe beigeordnete sowie gerichtlich bestellte Rechtsanwälte (vgl. § 45 RVG). Bis zu einem Gegenstandswert von 3.000 Euro entsprechen die Anwaltsgebühren den Regelgebühren; bei mehr als 3.000 Euro treten die in der Tabelle aufgeführten Gebühren an die Stelle der Regelgebühren (§ 49 RVG). Die Auslagenpauschale (VV 7002) bemisst sich stets nach den Regelgebühren (vgl. BGH NJW 1971, 1845; AnwK-RVG/N. *Schneider*, VV 7001, 7002 Rn 47). Zu § 115 ZPO und den Raten siehe Seite 122 f.

** Mindestgebühr nach § 13 Abs. 2 RVG. Als Erhöhungswert für mehrere Auftraggeber kann dieser nicht verwandt werden, weil er im Hinblick auf § 13 Abs. 2 RVG aufgerundet ist. Als Erhöhungswert ist stattdessen 7,50 € (25,00 × 0,3) anzuwenden.

Prozesskostenhilfe (§ 49 RVG)*

Wert bis ... €	1,3 €	1,4 €	1,5 €	1,6 €	1,8 €	1,9 €	2,3 €	2,6 €
300	32,50	35,00	37,50	40,00	45,00	47,50	57,50	65,00
600	58,50	63,00	67,50	72,00	81,00	85,50	103,50	117,00
900	84,50	91,00	97,50	104,00	117,00	123,50	149,50	169,00
1.200	110,50	119,00	127,50	136,00	153,00	161,50	195,50	221,00
1.500	136,50	147,00	157,50	168,00	189,00	199,50	241,50	273,00
2.000	172,90	186,20	199,50	212,80	239,40	252,70	305,90	345,80
2.500	209,30	225,40	241,50	257,60	289,80	305,90	370,30	418,60
3.000	245,70	264,60	283,50	302,40	340,20	359,10	434,70	491,40
3.500	253,50	273,00	292,50	312,00	351,00	370,50	448,50	507,00
4.000	265,20	285,60	306,00	326,40	367,20	387,60	469,20	530,40
4.500	275,60	296,80	318,00	339,20	381,60	402,80	487,60	551,20
5.000	284,70	306,60	328,50	350,40	394,20	416,10	503,70	569,40
6.000	292,50	315,00	337,50	360,00	405,00	427,50	517,50	585,00
7.000	299,00	322,00	345,00	368,00	414,00	437,00	529,00	598,00
8.000	304,20	327,60	351,00	374,40	421,20	444,60	538,20	608,40
9.000	309,40	333,20	357,00	380,80	428,40	452,20	547,40	618,80
10.000	314,60	338,80	363,00	387,20	435,60	459,80	556,60	629,20
13.000	319,80	344,40	369,00	393,60	442,80	467,40	565,80	639,60
16.000	334,10	359,80	385,50	411,20	462,60	488,30	591,10	668,20
19.000	353,60	380,80	408,00	435,20	489,60	516,80	625,60	707,20
22.000	380,90	410,20	439,50	468,80	527,40	556,70	673,90	761,80
25.000	413,40	445,20	477,00	508,80	572,40	604,20	731,40	826,80
30.000	460,20	495,80	531,00	566,40	637,20	672,60	814,20	920,40
über 30.000	508,30	547,40	586,50	625,60	703,80	742,90	899,30	1.016,60

PKH-Gebühren
Tabelle § 49 RVG
§ 115 ZPO

* Die Tabelle betrifft Wertgebühren aus der Staatskasse für im Wege der Prozesskostenhilfe beigeordnete sowie gerichtlich bestellte Rechtsanwälte (vgl. § 45 RVG). Bis zu einem Gegenstandswert von 3.000 Euro entsprechen die Anwaltsgebühren den Regelgebühren; bei mehr als 3.000 Euro treten die in der Tabelle aufgeführten Gebühren an die Stelle der Regelgebühren (§ 49 RVG). Die Auslagenpauschale (VV 7002) bemisst sich stets nach den Regelgebühren (vgl. BGH NJW 1971, 1845; AnwK-RVG/N. Schneider, VV 7001, 7002 Rn 47). Zu § 115 ZPO und den Raten siehe Seite 122 f.

Prozesskostenhilfe — Einsatz von Einkommen und Vermögen, § 115 ZPO

§ 115 ZPO neugefasst durch PKH-Änderungsgesetz vom 10.10.1994 (BGBl. I S. 2954), zuletzt geändert durch Gesetz über die Verwendung elektronischer Kommunikationsformen in der Justiz (Justizkommunikationsgesetz — JKomG) vom 22.3.2005 (BGBl. I S. 837); Zweite Prozesskostenhilfebekanntmachung 2005 (2. PKHB 2005) vom 23.3.2005 (BGBl. I S. 924); Bekanntmachung zu § 115 der Zivilprozessordnung (Prozesskostenhilfebekanntmachung 2006 — PKHB 2006) vom 6. Juni 2006 (BGBl. I S. 1292)

§ 115 ZPO Einsatz von Einkommen und Vermögen

(1) [1]Die Partei hat ihr Einkommen einzusetzen. [2]Zum Einkommen gehören alle Einkünfte in Geld oder Geldeswert. [3]Von ihm sind abzusetzen:
1. a) die in § 82 Abs. 2 des Zwölften Buches Sozialgesetzbuch bezeichneten Beträge[1)];
    b) bei Parteien, die ein Einkommen aus Erwerbstätigkeit erzielen, ein Betrag in Höhe von 50 vom Hundert des höchsten durch Rechtsverordnung nach § 28 Abs. 2 S. 1 des Zwölften Buches Sozialgesetzbuch festgesetzten Regelsatzes für den Haushaltungsvorstand[2)];
2. a) für die Partei und ihren Ehegatten oder ihren Lebenspartner jeweils ein Betrag in Höhe des um 10 vom Hundert erhöhten höchsten durch Rechtsverordnung nach § 28 Abs. 1 S. 1 des Zwölften Buches Sozialgesetzbuch festgesetzten Regelsatzes für den Haushaltungsvorstand[2)];
    b) bei weiteren Unterhaltsleistungen auf Grund gesetzlicher Unterhaltspflicht für jede unterhaltsberechtigte Person 70 vom Hundert des unter Buchstabe a genannten Betrages[2)];
3. die Kosten der Unterkunft und Heizung, soweit sie nicht in einem auffälligen Mißverhältnis zu den Lebensverhältnissen der Partei stehen;
4. weitere Beträge, soweit dies mit Rücksicht auf besondere Belastungen angemessen ist; § 1610 a des Bürgerlichen Gesetzbuchs gilt entsprechend.

[4]Maßgeblich sind die Beträge, die zum Zeitpunkt der Bewilligung der Prozesskostenhilfe gelten. [5]Das Bundesjustizministerium gibt jährlich die vom 1. Juli bis zum 30. Juni des Folgejahres maßgebenden Beträge nach Satz 3 Nr. 1 Buchstabe b und Nr. 2 im Bundesgesetzblatt bekannt[2)]. [6]Diese Beträge sind, soweit sie nicht volle Euro ergeben, bis zu 0,49 Euro abzurunden und von 0,50 Euro an aufzurunden. [7]Die Unterhaltsfreibeträge nach Satz 3 Nr. 2 vermindern sich um eigenes Einkommen der unterhaltsberechtigten Person. [8]Wird eine Geldrente gezahlt, so ist sie anstelle des Freibetrages abzusetzen, soweit dies angemessen ist.

---

1) **§ 82 SGB XII Begriff des Einkommens**
   (1) ...
   (2) [1]Von dem Einkommen sind abzusetzen
   1. auf das Einkommen entrichtete Steuern,
   2. Pflichtbeiträge zur Sozialversicherung einschließlich der Beiträge zur Arbeitsförderung,
   3. Beiträge zu öffentlichen oder privaten Versicherungen oder ähnlichen Einrichtungen, soweit diese gesetzlich vorgeschrieben oder nach Grund und Höhe angemessen sind, sowie geförderte Altersvorsorgebeiträge nach § 82 des Einkommensteuergesetzes, soweit sie den Mindesteigenbeitrag nach § 86 des Einkommensteuergesetzes nicht überschreiten,
   4. die mit der Erzielung des Einkommens verbundenen notwendigen Ausgaben,
   5. das Arbeitsförderungsgeld und Erhöhungsbeträge des Arbeitsentgelts im Sinne von § 43 Satz 4 des Neunten Buches.
   (3)—(4) ...

2) Die vom 1. Juli 2006 bis zu einer Neubekanntmachung, längstens bis zum 30. Juni 2007, maßgebenden **Beträge, die nach § 115 Abs. 1 S. 3 Nr. 1 Buchst. b und Nr. 2 ZPO vom Einkommen der Partei abzusetzen sind**, betragen:
   1. für Parteien, die ein Einkommen aus Erwerbstätigkeit erzielen
      (§ 115 Abs. 1 S. 3 Nr. 1 Buchst. b ZPO)   173 Euro,
   2. für die Partei und ihren Ehegatten oder ihren Lebenspartner
      (§ 115 Abs. 1 S. 3 Nr. 2 Buchst. a ZPO)   380 Euro,
   3. für jede weitere Person, der die Partei auf Grund gesetzlicher Unterhaltspflicht Unterhalt leistet
      (§ 115 Abs. 1 S. 3 Nr. 2 Buchst. b ZPO)   266 Euro.

(2) [1]Von dem nach den Abzügen verbleibenden, auf volle Euro abzurundenden Teil des monatlichen Einkommens (einzusetzendes Einkommen) sind unabhängig von der Zahl der Rechtszüge höchstens achtundvierzig Monatsraten aufzubringen, und zwar bei einem

einzusetzenden Einkommen bis zu ... Euro	eine Monatsrate von ... Euro
bis 15	0
50	15
100	30
150	45
200	60
250	75
300	95
350	115
400	135
450	155
500	175
550	200
600	225
650	250
700	275
750	300
über 750	300 zuzüglich des 750 Euro übersteigenden Teils des einzusetzenden Einkommens.

(3) [1]Die Partei hat ihr Vermögen einzusetzen, soweit dies zumutbar ist. [2]§ 90 des Zwölften Buches Sozialgesetzbuch gilt entsprechend.

(4) [1]Prozesskostenhilfe wird nicht bewilligt, wenn die Kosten der Prozessführung der Partei vier Monatsraten und die aus dem Vermögen aufzubringenden Teilbeträge voraussichtlich nicht übersteigen.

Nach § 30 EGZPO, eingeführt durch Art. 15e des Justizkommunikationsgesetzes vom 22.3.2005 (BGBl. I S. 837), gilt für die Prozesskostenhilfe folgende **Übergangsvorschrift**:

§ 30 EGZPO
[1]Ist einer Partei vor dem Inkrafttreten dieses Gesetzes für einen Rechtszug Prozesskostenhilfe bewilligt worden, so ist für diesen Rechtszug insoweit das bisherige Recht anzuwenden. [2]Maßgebend ist das Datum des Bewilligungsbeschlusses. [3]Eine Maßnahme der Zwangsvollstreckung gilt als besonderer Rechtszug.

Anwaltsgebühren in Ehe- und Familiensachen

Von RAin und FAin für Familienrecht Dr. Ingrid Groß
2. Auflage 2006, ca. 200 Seiten, broschiert, ca. 36 €
ISBN 3-8240-0688-X
Erscheint Juli 2006

Durch das neue Kostenrecht haben sich die Gebühren in Ehe- und Familiensachen grundlegend geändert. Damit Sie auch nach neuem Recht das bekommen, was Ihnen zusteht, erläutert Ihnen die **ausgewiesene Familienrechtsexpertin Rechtsanwältin Dr. Ingrid Groß** die wesentlichen Neuerungen bei:

- der Beratungsgebühr
- der Geschäftsgebühr
- den Gebühren im gerichtlichen Verfahren
- der Regelung der Anrechnung
- der Einigungsgebühr
- der Aussöhnungsgebühr den Werten im außergerichtlichen Mandat
- den Rechtsmittelverfahren
- den Eilverfahren
- der Prozesskostenhilfe
- der Beratungshilfe
- den Streit-/Gegenstandswerten

Wegen der **vielen Berechnungsbeispiele** gehört dieses Praktikerwerk zum Rüstzeug eines jeden Familienrechtlers. Das Werk ist auf dem **Rechtsstand 1.7.2006**.

DeutscherAnwaltVerlag

Wachsbleiche 7 · 53111 Bonn · **T** 0228 91911-0 · **F** 0228 91911-23

Rechtsanwaltsgebühren in familiengerichtlichen Verfahren

Angelegenheit	Nr. des VV	Gebühren-satz
I. Verbundverfahren		
1. Erste Instanz		
a) Verfahrensgebühr	Nr. 3100	1,3
b) ermäßigte Verfahrensgebühr	Nrn. 3100, 3101	0,8
c) Terminsgebühr	Nr. 3104	1,2
d) ermäßigte Terminsgebühr[1]	Nrn. 3104, 3105	0,5
e) Einigungsgebühr	Nrn. 1000, 1003	1,0
f) Aussöhnungsgebühr	Nrn. 1001, 1003	1,0
2. Berufung		
a) Verfahrensgebühr	Nr. 3200	1,6
b) ermäßigte Verfahrensgebühr	Nrn. 3200, 3201	1,1
c) Terminsgebühr	Nr. 3202	1,2
d) ermäßigte Terminsgebühr[2]	Nrn. 3202, 3203	0,5
e) Einigungsgebühr	Nrn. 1000, 1004	1,3
f) Aussöhnungsgebühr	Nrn. 1001, 1004	1,3
3. Beschwerden gegen Folgesachen		
a) Verfahrensgebühr	Vorbem. 3.2.1 Abs. 1 Nr. 2a, Nr. 3200	1,6
b) ermäßigte Verfahrensgebühr	Vorbem. 3.2.1 Abs. 1 Nr. 2a, Nrn. 3200, 3201	1,1
c) Terminsgebühr	Vorbem. 3.2.1 Abs. 1 Nr. 2a, Nr. 3202	1,2
d) Einigungsgebühr	analog Vorbem. 3.2.1 Abs. 1 Nr. 2a, Nrn. 1000, 1004[3]	1,3
4. Revision[4]		
a) Verfahrensgebühr	Nrn. 3206, 3208	2,3
b) ermäßigte Verfahrensgebühr	Nrn. 3206, 3207, 3209	1,8
c) Terminsgebühr	Nr. 3210	1,5
d) ermäßigte Terminsgebühr	Nrn. 3210, 3211	0,8
e) Einigungsgebühr	Nrn. 1000, 1004	1,3
f) Aussöhnungsgebühr	Nrn. 1001, 1004	1,3

Familiensachen
RA-Gebühren
Gegenstandswerte

[1] Nur in ZPO-Folgesachen möglich.
[2] Nur in ZPO-Folgesachen möglich.
[3] Hier besteht eine Gesetzeslücke, die durch die analoge Anwendung der Nr. 1004 VV zu schließen ist. Siehe hierzu ausführlich N. Schneider, AnwBl 2005, 315.
[4] Im Verbundverfahren müssen sich die Parteien immer von einem BGH-Anwalt vertreten lassen.

Angelegenheit		Nr. des VV	Gebühren-satz
5. Rechtsbeschwerden gegen Folgesachen			
	a) volle Verfahrensgebühr		
	aa) BGH-Anwalt erforderlich	Vorbem. 3.2.2, Nrn. 3206, 3208	2,3
	bb) BGH-Anwalt nicht erforderlich	Vorbem. 3.2.1 Abs. 1 Nr. 2a, Nr. 3200	1,6
	b) ermäßigte Verfahrensgebühr		
	aa) BGH-Anwalt erforderlich	Vorbem. 3.2.2, Nrn. 3206, 3207, 3209	1,8
	bb) BGH-Anwalt nicht erforderlich	Vorbem. 3.2.1 Abs. 1 Nr. 2a, Nrn. 3200, 3201	1,1
	c) Terminsgebühr		
	aa) BGH-Anwalt erforderlich	Vorbem. 3.2.1 Abs. 2, 3.3.2, Nr. 3210	1,5
	bb) BGH-Anwalt nicht erforderlich	Vorbem. 3.2.1 Abs. 1 Nr. 2a, Nr. 3202	1,2
	d) Einigungsgebühr	analog Vorbem. 3.2.1 Abs. 1 Nr. 2a oder analog Vorbem. 3.2.2, Nrn. 1000, 1004[5]	1,3
II. Isolierte Verfahren			
1. Erste Instanz			
	a) Verfahrensgebühr	Nr. 3100	1,3
	b) ermäßigte Verfahrensgebühr	Nrn. 3100, 3101	0,8
	c) Terminsgebühr	Nr. 3104	1,2
	d) ermäßigte Terminsgebühr	Nrn. 3104, 3105[6]	0,5
	e) Einigungsgebühr	Nrn. 1000, 1003	1,0
	f) Aussöhnungsgebühr	Nrn. 1001, 1003	1,0
2. Berufung			
	a) Verfahrensgebühr	Nr. 3200	1,6
	b) ermäßigte Verfahrensgebühr	Nrn. 3200, 3201	1,1
	c) Terminsgebühr	Nr. 3202	1,2
	d) ermäßigte Terminsgebühr	Nrn. 3202, 3203	0,5
	e) Einigungsgebühr	Nrn. 1000, 1004	1,3
	f) Aussöhnungsgebühr	Nrn. 1001, 1004	1,3

---

[5] Hier besteht eine Gesetzeslücke, die durch die analoge Anwendung der Nr. 1004 VV zu schließen ist. Siehe hierzu ausführlich *N. Schneider*, AnwBl 2005, 315.

[6] Nur in ZPO-Verfahren.

Angelegenheit	Nr. des VV	Gebührensatz
3. Beschwerde gegen eine den Rechtszug beendende Entscheidung in FGG-Verfahren		
a) Verfahrensgebühr	Vorbem. 3.2.1 Abs. 1 Nr. 2a, Nr. 3200	1,6
b) ermäßigte Verfahrensgebühr	Vorbem. 3.2.1 Abs. 1 Nr. 2a, Nrn. 3200, 3201	1,1
c) Terminsgebühr	Vorbem. 3.2.1 Abs. 1 Nr. 2a, Nr. 3202	1,2
d) Einigungsgebühr	analog Vorbem. 3.2.1 Abs. 1 Nr. 2a, Nrn. 1000, 1004[7]	1,3
4. Revision		
a) Verfahrensgebühr	Nrn. 3206, 3208	2,3
b) ermäßigte Verfahrensgebühr	Nrn. 3206, 3207, 3209	1,8
c) Terminsgebühr	Nr. 3210	1,5
d) ermäßigte Terminsgebühr	Nrn. 3210, 3211	0,8
e) Einigungsgebühr	Nrn. 1000, 1004	1,3
f) Aussöhnungsgebühr	Nrn. 1001, 1004	1,3
5. Rechtsbeschwerde gegen eine den Rechtszug beendende Entscheidung in FGG-Verfahren		
a) Verfahrensgebühr		
aa) BGH-Anwalt erforderlich	Vorbem. 3.2.2, Nrn. 3206, 3208	2,3
bb) BGH-Anwalt nicht erforderlich	Vorbem. 3.2.1 Abs. 1 Nr. 2a, Nrn. 3200	1,6
b) ermäßigte Verfahrensgebühr		
aa) BGH-Anwalt erforderlich	Vorbem. 3.2.2, Nrn. 3206, 3207, 3209	1,8
bb) BGH-Anwalt nicht erforderlich	Vorbem. 3.2.1 Abs. 1 Nr. 2a, Nrn. 3200, 3201	1,1
c) Terminsgebühr		
aa) BGH-Anwalt erforderlich	Vorbem. 3.2.1 Abs. 2, 3.3.2, Nr. 3210	1,5
bb) BGH-Anwalt nicht erforderlich	Vorbem. 3.2.1 Abs. 1 Nr. 2a, Nr. 3202	1,2
d) Einigungsgebühr	analog Vorbem. 3.2.1 Abs. 1 Nr. 2a oder analog Vorbem. 3.2.2, Nrn. 1000, 1004[8]	1,3

---

[7] Hier besteht eine Gesetzeslücke, die durch die analoge Anwendung der Nr. 1004 VV zu schließen ist. Siehe hierzu ausführlich *N. Schneider*, AnwBl 2005, 315.

[8] Hier besteht eine Gesetzeslücke, die durch die analoge Anwendung der Nr. 1004 VV zu schließen ist. Siehe hierzu ausführlich *N. Schneider*, AnwBl 2005, 315.

Angelegenheit	Nr. des VV	Gebühren-satz
III. Besondere Verfahren		
1. Mahnverfahren		
a) Verfahrensgebühr	Nr. 3305	$1{,}0^9$
b) ermäßigte Verfahrensgebühr	Nrn. 3305, 3306	0,5
c) Verfahrensgebühr Antragsgegner	Nr. 3307	$0{,}5^{10}$
d) Verfahrensgebühr Vollsteckungs-bescheid	Nr. 3308	0,5
e) Terminsgebühr	Vorbem. 3.3.2, Nr. 3104	1,2
f) Einigungsgebühr	Nrn. 1000, 1003	1,0
2. Vereinfachtes Festsetzungs-verfahren über den Unterhalt Minderjähriger		
a) Verfahrensgebühr	Nr. 3100	$1{,}3^{11}$
b) ermäßigte Verfahrensgebühr	Nrn. 3100, 3101	0,8
c) Terminsgebühr	Nr. 3104	1,2
d) Einigungsgebühr	Nrn. 1000, 1003	1,0
3. Sofortige Beschwerde nach § 652 ZPO[12]		
a) Verfahrensgebühr	Nr. 3500	0,5
b) Terminsgebühr	Nr. 3513	0,5
c) Einigungsgebühr	Nrn. 1000, 1003	1,0
4. Abänderungsverfahren nach § 655 Abs. 1 ZPO		
a) Verfahrensgebühr	Nr. 3331	0,5
b) Terminsgebühr	Vorbem. 3.3.6, Nr. 3104	1,2
c) Einigungsgebühr	Nrn. 1000, 1003	1,0
5. Sofortige Beschwerde nach § 655 Abs. 5 ZPO[13]		
a) Verfahrensgebühr	Nr. 3500	0,5
b) Terminsgebühr	Nr. 3513	0,5
c) Einigungsgebühr	Nrn. 1000, 1003	1,0

[9] Gem. Anm. zu Nr. 3305 VV anzurechnen auf die Verfahrensgebühr des streitigen Verfahrens.
[10] Gem. Anm. zu Nr. 3507 VV anzurechnen auf die Verfahrensgebühr des streitigen Verfahrens.
[11] Gem. Anm. Abs. 1 zu Nr. 3100 VV anzurechnen auf die Verfahrensgebühr des streitigen Verfahrens.
[12] Vorbem. 3.2.1 Abs. 1 Nr. 2a VV ist nicht anwendbar, da keine die Instanz abschließende Entscheidung vorliegt.
[13] Vorbem. 3.2.1 Abs. 1 Nr. 2a VV ist nicht anwendbar, da keine die Instanz abschließende Entscheidung vorliegt.

Angelegenheit	Nr. des VV	Gebühren-satz
6. Vermittlungsverfahren nach § 52a FGG		
a) Verfahrensgebühr	Nr. 3100	1,3[14]
b) ermäßigte Verfahrensgebühr	Nrn. 3100, 3101	0,8
c) Terminsgebühr	Nr. 3104	1,2
d) Einigungsgebühr	Nrn. 1000, 1003	1,0
IV. Einstweilige Anordnungen		
1. Einstweilige Anordnungen in erster Instanz		
a) Verfahrensgebühr	Nr. 3100	1,3
b) ermäßigte Verfahrensgebühr	Nrn. 3100, 3101	0,8
c) Terminsgebühr	Nr. 3104	1,2
d) Einigungsgebühr	Nrn. 1000, 1003	1,0
2. Einstweilige Anordnungen im Berufungsverfahren[15]		
a) Verfahrensgebühr	Nr. 3200	1,6
b) ermäßigte Verfahrensgebühr	Nrn. 3200, 3201	1,1
c) Terminsgebühr	Nr. 3202	1,2
d) Einigungsgebühr	Nrn. 1000, 1004	1,3
3. Einstweilige Anordnungen im Beschwerdeverfahren gegen Endentscheidungen		
a) Verfahrensgebühr	Vorbem. 3.2.1 Abs. 1 Nr. 2a, Nr. 3200	1,6
b) ermäßigte Verfahrensgebühr	Vorbem. 3.2.1 Abs. 1 Nr. 2a, Nrn. 3200, 3201	1,1
c) Terminsgebühr	Vorbem. 3.2.1 Abs. 1 Nr. 2a, Nr. 3202	1,2
d) Einigungsgebühr	analog Vorbem. 3.2.1 Abs. 1 Nr. 2a, Nrn. 1000, 1004[16]	1,3
4. Einstweilige Anordnungen im Revisionsverfahren		
a) bei Zuständigkeit des AG	wie IV. 1.	
b) bei Zuständigkeit des OLG	wie IV. 2.	

[14] Gem. Anm. Abs. 3 zu Nr. 3100 VV anzurechnen auf die Verfahrensgebühr des streitigen Verfahrens.
[15] Auch bei erstmaligen Anordnungen im Berufungsverfahren.
[16] Hier besteht eine Gesetzeslücke, die durch die analoge Anwendung der Nr. 1004 VV zu schließen ist. Siehe hierzu ausführlich *N. Schneider*, AnwBl 2005, 315.

Angelegenheit	Nr. des VV	Gebühren-satz
5. Einstweilige Anordnungen im Rechtsbeschwerdeverfahren		
a) bei Zuständigkeit des AG	wie IV. 1.	
b) bei Zuständigkeit des OLG	wie IV. 3.	
6. Beschwerden gegen einstweilige Anordnungen[17]		
a) Verfahrensgebühr	Vorbem. 3.2.1 Abs. 1 Nr. 2a, Nr. 3200	1,6
b) ermäßigte Verfahrensgebühr	Vorbem. 3.2.1 Abs. 1 Nr. 2a, Nrn. 3200, 3201	1,1
c) Terminsgebühr	Vorbem. 3.2.1 Abs. 1 Nr. 2a, Nr. 3202	1,2
d) Einigungsgebühr	analog Nrn. 1000, 1004[18]	1,3
V. PKH-Prüfungsverfahren		
a) Verfahrensgebühr	Nr. 3335	1,0[19]
b) ermäßigte Verfahrensgebühr	Nr. 3337	0,5[20]
c) Terminsgebühr	Vorbem. 3.3.6, Nr. 3104	1,2[21]
d) Einigungsgebühr	Nr. 1000, Anm. zu Nr. 1003	1,0
VI. Allgemeine Beschwerdeverfahren		
a) Verfahrensgebühr	Nr. 3500	0,5
b) Terminsgebühr	Nr. 3513	0,5
c) Einigungsgebühr	Nrn. 1000, 1003	1,0
VII. Rechtsbeschwerde nach § 574 ZPO		
a) Verfahrensgebühr	Nr. 3502	1,0
b) ermäßigte Verfahrensgebühr	Nrn. 3502, 3503	0,5
c) Terminsgebühr	Nr. 3516	1,2
d) Einigungsgebühr	Nrn. 1000, 1003	1,0

---

[17] Str.; nach Gerold/Schmidt/*Müller-Rabe*, RVG, 16. Aufl. 2004, vor 3.2.1 VV Rn 19 ist abzurechnen wie in allgemeinen Beschwerdeverfahren (siehe VI.).

[18] Hier besteht eine Gesetzeslücke, die durch die analoge Anwendung der Nr. 1004 VV zu schließen ist. Siehe hierzu ausführlich *N. Schneider*, AnwBl 2005, 315.

[19] Kommt es nachfolgend zum Verfahren, geht die Gebühr in der Verfahrensgebühr des betreffenden Verfahrens auf (§ 16 Nr. 2 RVG).

[20] Kommt es nachfolgend zum Verfahren, geht die Gebühr in der Verfahrensgebühr des betreffenden Verfahrens auf (§ 16 Nr. 2 RVG).

[21] Kommt es nachfolgend zum Verfahren, geht die Gebühr in der Terminsgebühr des betreffenden Verfahrens auf (§ 16 Nr. 2 RVG).

Angelegenheit	Nr. des VV	Gebühren-satz
VIII. Einzeltätigkeiten		
1. Terminsvertreter		
a) Erste Instanz		
aa) Verfahrensgebühr	Nrn. 3401, 3100	0,65
bb) ermäßigte Verfahrensgebühr	Nrn. 3401, 3405	0,5
cc) Terminsgebühr	Nrn. 3402, 3104	1,2
dd) ermäßigte Terminsgebühr[22]	Nrn. 3402, 3105	0,5
ee) Einigungsgebühr	Nrn. 1000, 1003	1,0
b) Berufungsverfahren		
aa) Verfahrensgebühr	Nrn. 3401, 3200	0,8
bb) ermäßigte Verfahrensgebühr	Nrn. 3401, 3405	0,5
cc) Terminsgebühr	Nrn. 3402, 3202	1,2
dd) ermäßigte Terminsgebühr[23]	Nrn. 3402, 3203	0,5
ee) Einigungsgebühr	Nrn. 1000, 1004	1,3
2. Verkehrsanwalt		
a) Erste Instanz		
aa) Verfahrensgebühr	Nrn. 3400, 3100	1,0
bb) ermäßigte Verfahrensgebühr	Nrn. 3400, 3405	0,5
cc) Einigungsgebühr	Nrn. 1000, 1003	1,0
b) Berufungsverfahren/Beschwerdeverfahren gegen Endentscheidung		
aa) Verfahrensgebühr	Nrn. 3400, 3200	1,0
bb) ermäßigte Verfahrensgebühr	Nrn. 3400, 3405	0,5
cc) Einigungsgebühr	Nrn. 1000, 1004	1,3
c) Revisionsverfahren/Rechtsbeschwerdeverfahren		
aa) Verfahrensgebühr	Nrn. 3400, 3206	1,0
bb) ermäßigte Verfahrensgebühr	Nrn. 3400, 3405	0,5
cc) Einigungsgebühr	Nrn. 1000, 1004[24]	1,3

---

[22] Nur in ZPO-Verfahren.
[23] Nur in ZPO-Verfahren.
[24] Hier besteht in Rechtsbeschwerdeverfahren eine Gesetzeslücke, die durch die analoge Anwendung der Nr. 1004 VV zu schließen ist. Siehe hierzu ausführlich *N. Schneider*, AnwBl 2005, 315.

Angelegenheit	Nr. des VV	Gebühren-satz
3. Sonstige Einzeltätigkeiten, insbes. Protokollierung einer Einigung oder Erklärung eines Rechtsmittelverzichts (Fluranwalt)		
a) Verfahrensgebühr	Nr. 3403	0,8
b) ermäßigte Verfahrensgebühr	Nrn. 3403, 3405	0,5
c) Schreiben einfacher Art	Nrn. 3403, 3404	0,3
d) Einigungsgebühr	Nrn. 1000, 1003	1,0
IX. Vollstreckung		
1. Zwangsvollstreckung		
a) Verfahrensgebühr	Nr. 3309	0,3
b) Terminsgebühr	Nr. 3310	0,3
c) Einigungsgebühr	Nrn. 1000, 1003	1,0
2. Verfahren nach § 33 FGG		
a) Verfahrensgebühr	Vorbem. 3.3.3, Nr. 3309	0,3
b) Terminsgebühr	Vorbem. 3.3.3, Nr. 3310	0,3
c) Einigungsgebühr	Nrn. 1000, 1003	1,0
X. Einigung auch über nicht anhängige Gegenstände		
Einigungsgebühr	Nr. 1000[25]	1,5[26]

---

[25] Auch dann, wenn für die Einigung über die nicht anhängigen Gegenstände Prozesskostenhilfe bewilligt worden ist oder sich die in der Ehesache bewilligte Prozesskostenhilfe nach § 48 Abs. 3 RVG auf den Abschluss der Einigung erstreckt (Anm. zu Nr. 1003 VV).

[26] Zu beachten ist die Kürzung nach § 15 Abs. 3 RVG auf den Betrag einer Gebühr nach dem höchsten Gebührensatz aus dem Gesamtwert.

Die wichtigsten Gegenstandswerte in familiengerichtlichen Verfahren[1]

Gegenstand	Vorschrift	Bemessung
I. Verbundverfahren		
1. Ehesache	§ 48 Abs. 2, Abs. 3 GKG	**Berücksichtigung aller Umstände des Einzelfalls**, insbesondere Umfang und Bedeutung der Sache, Vermögens- und Einkommensverhältnisse der Parteien (Abs. 2)
		Die **Einkommensverhältnisse** richten sich nach Abs. 3 S. 1: **dreifaches Monatseinkommen**, Mindestwert 2.000 € (Abs. 3 S. 2); Höchstwert 1 Mio. € (Abs. 2 S. 3)
2. Elterliche Sorge	§ 48 Abs. 3 S. 3 GKG	**Festwert: 900 €**; auch bei mehreren Kindern (§ 46 Abs. 1 S. 2 GKG)
3. Umgangsrecht	§ 48 Abs. 3 S. 3 GKG	**Festwert: 900 €**; auch bei mehreren Kindern (§ 46 Abs. 1 S. 2 GKG)
4. Kindesherausgabe	§ 48 Abs. 3 S. 3 GKG	**Festwert: 900 €**; auch bei mehreren Kindern (§ 46 Abs. 1 S. 2 GKG)
5. Kindesunterhalt	§ 42 Abs. 1, Abs. 5 GKG	Betrag der **auf die Klageeinreichung folgenden 12 Monate** (Abs. 1)
		Bei Einreichung **fällige Beträge** werden hinzugerechnet (Abs. 5)
6. Ehegattenunterhalt, nachehelicher	§ 42 Abs. 1 GKG	Betrag der **auf die Rechtskraft der Scheidung folgenden 12 Monate** (Abs. 1)[2]
7. Versorgungsausgleich	§ 49 GKG	**Festwert 1.000 €** bei Anrechten nach Nr. 1;
		Festwert 1.000 € bei Anrechten nach Nr. 2;
		Gesamtwert 2.000 € bei Anrechten nach Nr. 1 und Nr. 2 (Nr. 3)
8. Zuweisung der Ehewohnung	§ 48 Abs. 1 S. 1 GKG, § 3 ZPO i.V.m. § 41 Abs. 1 GKG, § 100 Abs. 3 KostO	**Jahresnettomietwert**[3]
		Sofern das Verfahren nur einen **Teil der Ehewohnung** betrifft, ist der entsprechende **Teilnettomietwert** maßgebend[4]

---

[1] Die Wertvorschriften gelten in Lebenspartnerschaftssachen entsprechend.
[2] Verbundfähig ist nur der nacheheliche Unterhalt, nicht der Trennungsunterhalt. Daher sind hier fällige Beträge nach § 42 Abs. 5 S. 1 GKG nicht denkbar.
[3] Zuletzt OLG München AGS 2005, 166 m. Anm. *N. Schneider*; die frühere Gegenauffassung, die während des Getrenntlebens einen geringeren Wert angenommen hat, ist wohl nicht mehr haltbar; siehe hierzu auch *Kindermann*, Die Abrechnung in Ehe- und Familiensachen, 2004, Rn 277 ff.
[4] *Kindermann*, a.a.O., Rn 276.

Gegenstand	Vorschrift	Bemessung
9. Zuweisung des Hausrats	§ 48 Abs. 1 S. 1 GKG, §§ 3, 6 ZPO	**Verkehrswert** (ggf. nur Anteil bei Miteigentum des Antragstellers)
10. Zugewinnausgleich	§ 48 Abs. 1 S. 1 GKG, § 3 ZPO	Wert des verlangten **Ausgleichsanspruchs**
		Bei **wechselseitigen Klagen** auf Zugewinnausgleich wird addiert. Es liegt nicht derselbe Streitgegenstand i.S.d. § 45 Abs. 1 S. 3 GKG vor[5]
11. Stundung der Ausgleichsforderung	§ 48 Abs. 1 S. 1 GKG, § 3 ZPO	**Kosten der ersparten Finanzierung**[6]
		Die Werte von Stundungsantrag und Zahlungsantrag sind zusammenzurechnen (§ 46 Abs. 2 i.V.m. Abs. 1 S. 1 GKG)[7]
II. Isolierte Verfahren		
1. Elterliche Sorge	§§ 94 Abs. 2, 30 Abs. 2, 3 KostO	**Regelwert: 3.000 €;** Höchstwert: 500.000 €
2. Umgangsrecht	§§ 94 Abs. 2, 30 Abs. 2, 3 KostO	**Regelwert: 3.000 €;** Höchstwert: 500.000 €
3. Vermittlungsverfahren nach § 52a FGG	§§ 94 Abs. 2, 30 Abs. 2, 3 KostO	**Regelwert: 3.000 €;** Höchstwert: 500.000 €
4. Kindesherausgabe	§§ 94 Abs. 2, 30 Abs. 2, 3 KostO	**Regelwert: 3.000 €;** Höchstwert: 500.000 €
5. Kindesunterhalt		
a) Klageverfahren	§ 42 Abs. 1, Abs. 5 S. 1 GKG	Betrag der auf die Klageeinreichung folgenden **12 Monate** (Abs. 1)
		Bei Einreichung **fällige Beträge** werden hinzugerechnet (Abs. 5 S. 1)
b) Vereinfachtes Festsetzungsverfahren nach §§ 645 ff. ZPO		
aa) Festsetzungsverfahren	§ 42 Abs. 1 S. 1, Abs. 5 S. 1, 3 GKG	Regelbetrag der auf die Antragseinreichung folgenden **12 Monate** (Abs. 1)
		Bei Einreichung fällige Regelbeträge werden hinzugerechnet (Abs. 5 S. 1, 3)
bb) Sofortige Beschwerde nach § 652 ZPO	§ 23 Abs. 3, Abs. 1 S. 1 RVG, § 45 Abs. 1, Abs. 5 GKG	**Interesse des Beschwerdeführers** unter Berücksichtigung der Bewertung nach den vorstehenden Bewertungsgrundsätzen zu aa)

---

[5] OLG Köln FamRZ 2001, 1386 = MDR 2001, 941.
[6] OLG Köln AGS 2003, 362 m. Anm. *N. Schneider*.
[7] OLG Köln AGS 2003, 362 m. Anm. *N. Schneider*.

Gegenstand	Vorschrift	Bemessung
c) Abänderungs- verfahren nach § 655 ZPO		
aa) Abänderungs- verfahren nach § 655 Abs. 1 ZPO	Anm. zu Nr. 3331 VV-RVG, § 42 Abs. 1 S. 1, Abs. 5 S. 1, 3 GKG	**Mehr- oder Minderbeträge** des Regel- betrags der auf die Klageeinreichung folgenden **12 Monate** (§ 42 Abs. 1 GKG)
		Bei Einreichung **fällige Mehr- oder Minderbeträge** des Regelbetrags werden hinzugerechnet (§ 42 Abs. 5 S. 1, 3 GKG)
		Bei **wechselseitigen Abänderungs- anträgen** werden die Werte addiert; es liegt nicht derselbe Streitgegenstand i.S.d. § 45 Abs. 1 S. 3 GKG vor[8]
bb) Sofortige Be- schwerde nach § 655 Abs. 5 ZPO	§ 23 Abs. 3, Abs. 1 S. 1 RVG, § 42 Abs. 1, Abs. 5 GKG	**Interesse des Beschwerdeführers** unter Berücksichtigung der Bewertung nach den vorstehenden Bewertungs- grundsätzen zu aa)
5. Ehegattenunterhalt	§ 42 Abs. 1, Abs. 5 S. 1 GKG	Betrag der **auf die Klageeinreichung folgenden 12 Monate** (Abs. 1)
		Bei Einreichung **fällige Beträge** werden hinzugerechnet (Abs. 5)
6. Unterhaltsanspruch der Mutter anläss- lich der Geburt (§ 1615l Abs. 1 BGB)	§ 42 Abs. 1, Abs. 5 S. 1 GKG	**Gesamtbetrag** der geforderten fälligen und zukünftigen Beträge
7. Unterhaltsanspruch der Mutter nach § 1615l Abs. 2 S. 1 BGB	§ 42 Abs. 1, Abs. 5 S. 1 GKG	Betrag der auf die Klageeinreichung folgenden **12 Monate** (Abs. 1)
		Bei Einreichung **fällige Beträge** werden hinzugerechnet (Abs. 5 S. 1)
8. Versorgungs- ausgleich	§ 99 Abs. 3 S. 1 KostO	**Festwert 1.000 €** bei Anrechten nach Nr. 1;
		Festwert 1.000 € bei Anrechten nach Nr. 2;
		Gesamtwert 2.000 € bei Anrechten nach Nr. 1 und Nr. 2 (Nr. 3)
9. Wohnungs- zuweisung	§ 100 Abs. 3 S. 1 KostO	**Jahresnettomietwert**[9]
		Sofern das Verfahren nur einen **Teil der Ehewohnung** betrifft, ist der entsprechende **Teilnettomietwert** maßgebend[10]

---

[8] OLG Hamm AGS 2004, 30 m. Anm. *N. Schneider*.
[9] Zuletzt OLG München AGS 2005, 166 m. Anm. *N. Schneider*; die frühere Gegenauffassung, die während des Getrenntlebens einen geringeren Wert angenommen hat, ist wohl nicht mehr haltbar; siehe hierzu auch *Kindermann*, a.a.O., Rn 277 ff.
[10] *Kindermann*, a.a.O., Rn 276.

Gegenstand	Vorschrift	Bemessung
10. Verteilung des Hausrats	§ 100 Abs. 3 S. 1 KostO	**Verkehrswert** (ggf. nur Anteil bei Miteigentum des Antragstellers)
11. Benutzung des Hausrats	§ 100 Abs. 3 S. 2 KostO	**Interesse an der Regelung**
12. Zugewinn	§ 48 Abs. 1 S. 1 GKG, § 3 ZPO	Wert des **verlangten Ausgleichsanspruchs**
		Bei **wechselseitigen Klagen** auf Zugewinnausgleich wird addiert. Es liegt nicht derselbe Streitgegenstand i.S.d. § 45 Abs. 1 S. 3 GKG vor[11]
13. Zahlungsklage mit Antrag auf Stundung der Ausgleichsforderung	§§ 48 Abs. 1 S. 1, 46 Abs. 2 GKG, §§ 3, 6 ZPO	Die Werte von Klage und Stundungsantrag sind **zusammenzurechnen** (§ 46 Abs. 2 i.V.m. Abs. 1 S. 1 GKG)[12]
		Für den Stundungsantrag ist auf die **Kosten der ersparten Finanzierung** abzustellen[13]
14. Isolierter Antrag auf Stundung des Zugewinnausgleichs	§§ 97 Abs. 1 Nr. 1, 30 Abs. 2 KostO	**Kosten der ersparten Finanzierung**,[14] ggf. Regelwert 3.000 €; Höchstwert 500.000 €
15. Kindschaftssachen	§ 48 Abs. 3 S. 3 GKG	**Regelwert: 2.000 €**
16. Verfahren nach dem Gewaltschutzgesetz	§§ 100a Abs. 2, 30 Abs. 2 KostO	**Regelwert: 3.000 €**; Höchstwert: 5.000 €
17. Zustimmung zu einer bestimmten steuerlichen Veranlagung	§ 48 Abs. 1 S. 1 GKG, § 3 ZPO	Wert des zu erwartenden **Steuervorteils** ohne Abschlag[15]
III. Einstweilige Anordnungsverfahren nach §§ 620, 621f und 127a ZPO		
1. Elterliche Sorge (§ 620 Nr. 1 ZPO)	§ 24 S. 1 RVG	**Ausgangswert: 500 €** (i.d.R. 750 €)[16]
2. Umgangsrecht (§ 620 Nr. 2 ZPO)	§ 24 S. 1 RVG	**Ausgangswert: 500 €** (i.d.R. 750 €)[17]
3. Kindesherausgabe (§ 620 Nr. 3 ZPO)	§ 24 S. 1 RVG	**Ausgangswert: 500 €** (i.d.R. 750 €)[18]

[11] OLG Köln FamRZ 2001, 1386 = MDR 2001, 941.
[12] OLG Köln AGS 2003, 362 m. Anm. *N. Schneider*.
[13] OLG Köln AGS 2003, 362 m. Anm. *N. Schneider*.
[14] OLG Köln AGS 2003, 362 m. Anm. *N. Schneider*.
[15] OLG Düsseldorf JurBüro 1995, 254.
[16] AnwK-RVG/*N. Schneider*, § 24 Rn 11 m. w. Nachw.
[17] AnwK-RVG/*N. Schneider*, § 24 Rn 11 m. w. Nachw.
[18] AnwK-RVG/*N. Schneider*, § 24 Rn 11 m. w. Nachw.

Gegenstand	Vorschrift	Bemessung
4. Kindesunterhalt (§ 620 Nr. 4 ZPO)	§ 23 Abs. 1 S. 1 RVG, §§ 53 Abs. 2 S. 1, 42 Abs. 5 GKG	Betrag der auf die Einreichung folgenden **sechs Monate**, sofern der verlangte Betrag nicht geringer ist Bei Einreichung des Antrags **fällige Beträge** werden hinzugerechnet (§ 42 Abs. 5 GKG gilt entsprechend)[19]
5. Getrenntleben (§ 620 Nr. 5 ZPO)	§ 23 Abs. 3 S. 2 Hs. 2 RVG	**Auffangwert: 4.000 €**; Höchstwert: 500.000 €
6. Ehegattenunterhalt (§ 620 Nr. 6 ZPO)	§ 23 Abs. 1 S. 1 RVG, §§ 53 Abs. 2 S. 1, 42 Abs. 5 GKG	Betrag der auf die Einreichung folgenden **sechs Monate**, sofern der verlangte Betrag nicht geringer ist Bei Einreichung des Antrags **fällige Beträge** werden hinzugerechnet (§ 42 Abs. 5 GKG gilt entsprechend)[20]
7. Benutzung der Ehewohnung (§ 620 Nr. 7 ZPO)	§ 23 Abs. 1 RVG, § 53 Abs. 2 S. 2 GKG	**Festwert: 2.000 €**
8. Benutzung des Hausrats (§ 620 Nr. 7 ZPO)	§ 23 Abs. 1 RVG, § 53 Abs. 2 S. 2 GKG	**Festwert: 1.200 €**
9. Herausgabe oder Nutzung von Sachen (§ 620 Nr. 8 ZPO)	§ 23 Abs. 1 S. 1 RVG, § 48 Abs. 1 S. 1 GKG, §§ 3, 6 ZPO	**Wert der verlangten Gegenstände**
10. Maßnahmen nach § 1 GewSchG (§ 620 Nr. 9 ZPO)	§ 23 Abs. 3 RVG	**Auffangwert: 4.000 €**; Höchstwert: 500.000 €
11. Maßnahmen nach § 2 GewSchG (§ 620 Nr. 9 ZPO)	§ 23 Abs. 1 S. 1 RVG, § 53 Abs. 2 S. 2 GKG	**Festwert: 2.000 €**
12. Kostenvorschuss für Ehe- und Folgesache nach § 620 Nr. 10 ZPO	§ 23 Abs. 1 S. 1 RVG, § 48 Abs. 1 S. 1 GKG, § 3 ZPO	**Wert des verlangten Vorschusses**
13. Prozesskostenvorschuss in Unterhaltssachen nach § 127a ZPO	§ 23 Abs. 1 S. 1 RVG, § 48 Abs. 1 S. 1 GKG, § 3 ZPO	**Wert des verlangten Vorschusses**
14. Kostenvorschuss für Familiensachen nach § 621f ZPO	§ 23 Abs. 1 S. 1 RVG, § 48 Abs. 1 S. 1 GKG, § 3 ZPO	**Wert des verlangten Vorschusses**

---

[19] OLG Köln AGS 2004, 164 m. Anm. *N. Schneider.*
[20] OLG Köln AGS 2004, 164 m. Anm. *N. Schneider.*

Gegenstand	Vorschrift	Bemessung
IV. Einstweilige Anordnungsverfahren nach §§ 621g, 641d, 644 ZPO, § 64b FGG		
1. Elterliche Sorge nach § 621g ZPO	§ 24 S. 1 RVG	Ausgangswert: 500 € (i.d.R. 750 €)[21]
2. Umgangsrecht nach § 621g ZPO	§ 24 S. 1 RVG	Ausgangswert: 500 € (i.d.R. 750 €)[22]
3. Kindesherausgabe nach § 621g ZPO	§ 24 S. 1 RVG	Ausgangswert: 500 € (i.d.R. 750 €)[23]
4. Benutzung der Ehewohnung nach § 621g ZPO	§ 23 Abs. 1 RVG; § 53 Abs. 2 S. 2 GKG	Festwert: 2.000 €
5. Benutzung des Hausrats nach § 621g ZPO	§ 23 Abs. 1 RVG; § 53 Abs. 2 S. 2 GKG	Festwert: 1.200 €
6. Unterhalt bei Vaterschaftsfeststellung nach § 641d ZPO	§ 23 Abs. 1 S. 1 RVG, §§ 53 Abs. 2 S. 1, 42 Abs. 5 GKG	Betrag der auf die Einreichung folgenden **sechs Monate**, sofern der verlangte Betrag nicht geringer ist Bei Einreichung des Antrags **fällige Beträge** werden hinzugerechnet (§ 42 Abs. 5 GKG gilt entsprechend)[24]
7. Unterhalt bei Klagen nach § 621 Abs. 1 Nr. 4, 5 oder 11 ZPO (§ 644 ZPO)	§ 23 Abs. 1 S. 1 RVG, §§ 53 Abs. 2 S. 1, 42 Abs. 5 GKG	Betrag der auf die Einreichung folgenden **sechs Monate**, sofern der verlangte Betrag nicht geringer ist Bei Einreichung des Antrags **fällige Beträge** werden hinzugerechnet (§ 42 Abs. 5 GKG gilt entsprechend)[25]
8. Maßnahmen nach § 1 GewSchG, § 64b FGG	§ 24 S. 3, 1 RVG	Regelwert: 500 €
9. Maßnahmen nach § 2 GewSchG, § 64 b FGG	§ 24 S. 3, 2 RVG, § 53 Abs. 2 S. 2 GKG	Festwert: 2.000 €

---

[21] AnwK-RVG/*N. Schneider*, § 24 Rn 11 m. w. Nachw.
[22] AnwK-RVG/*N. Schneider*, § 24 Rn 11 m. w. Nachw.
[23] AnwK-RVG/*N. Schneider*, § 24 Rn 11 m. w. Nachw.
[24] OLG Köln AGS 2004, 164 m. Anm. *N. Schneider*.
[25] OLG Köln AGS 2004, 164 m. Anm. *N. Schneider*.

Kostenverzeichnis zum Gerichtskostengesetz
(Anlage 1 zu § 3 Abs. 2 GKG)

Gliederung

Teil 1: Zivilrechtliche Verfahren vor den ordentlichen Gerichten

Hauptabschnitt 1. Vereinfachte Verfahren
Abschnitt 1. Mahnverfahren
Abschnitt 2. Vereinfachte Verfahren über den Unterhalt Minderjähriger
    Unterabschnitt 1. Erster Rechtszug
    Unterabschnitt 2. Beschwerde

Hauptabschnitt 2. Prozessverfahren
Abschnitt 1. Erster Rechtszug
Abschnitt 2. Berufung und bestimmte Beschwerden
Abschnitt 3. Revision, Rechtsbeschwerden nach § 74 GWB und § 86 EnWG
Abschnitt 4. Zulassung der Sprungrevision, Beschwerde gegen die Nichtzulassung der Revision sowie der Rechtsbeschwerde nach § 74 GWB und § 86 EnWG
Abschnitt 5. Rechtsmittelverfahren des gewerblichen Rechtsschutzes vor dem Bundesgerichtshof
    Unterabschnitt 1. Berufungsverfahren
    Unterabschnitt 2. Beschwerdeverfahren und Rechtsbeschwerdeverfahren

Hauptabschnitt 3. Ehesachen, bestimmte Lebenspartnerschaftssachen und Folgesachen
Abschnitt 1. Erster Rechtszug
Abschnitt 2. Berufung, Beschwerde in Folgesachen
Abschnitt 3. Revision, Rechtsbeschwerde in Folgesachen

Hauptabschnitt 4. Einstweiliger Rechtsschutz
Abschnitt 1. Arrest und einstweilige Verfügung
    Unterabschnitt 1. Erster Rechtszug
    Unterabschnitt 2. Berufung
    Unterabschnitt 3. Beschwerde
Abschnitt 2. Einstweilige Anordnung
    Unterabschnitt 1. Erster Rechtszug
    Unterabschnitt 2. Beschwerde

Hauptabschnitt 5. Vorbereitung der grenzüberschreitenden Zwangsvollstreckung
Abschnitt 1. Erster Rechtszug
Abschnitt 2. Rechtsmittelverfahren

Hauptabschnitt 6. Sonstige Verfahren
Abschnitt 1. Selbstständiges Beweisverfahren

Gerichtsgebühren
Text GKG-KV
Streitwertberechnung

Abschnitt 2. Schiedsrichterliches Verfahren
Unterabschnitt 1. Erster Rechtszug
Unterabschnitt 2. Rechtsbeschwerde
Abschnitt 3. Aufgebotsverfahren
Abschnitt 4. Besondere Verfahren nach dem Gesetz gegen Wettbewerbsbeschränkungen, dem Aktiengesetz, dem Umwandlungsgesetz, dem Wertpapiererwerbs- und Übernahmegesetz und dem Wertpapierhandelsgesetz

Hauptabschnitt 7. Rüge wegen Verletzung des Anspruchs auf rechtliches Gehör

Hauptabschnitt 8. Sonstige Beschwerden und Rechtsbeschwerden
Abschnitt 1. Sonstige Beschwerden
Abschnitt 2. Sonstige Rechtsbeschwerden

Hauptabschnitt 9. Besondere Gebühren

Teil 2: Zwangsvollstreckung nach der Zivilprozessordnung, Insolvenzverfahren und ähnliche Verfahren

Hauptabschnitt 1. Zwangsvollstreckung nach der Zivilprozessordnung
Abschnitt 1. Erster Rechtszug
Abschnitt 2. Beschwerden
    Unterabschnitt 1. Beschwerde
    Unterabschnitt 2. Rechtsbeschwerde

Hauptabschnitt 2. Verfahren nach dem Gesetz über die Zwangsversteigerung und die Zwangsverwaltung; Zwangsliquidation einer Bahneinheit
Abschnitt 1. Zwangsversteigerung
Abschnitt 2. Zwangsverwaltung
Abschnitt 3. Zwangsliquidation einer Bahneinheit
Abschnitt 4. Beschwerden
    Unterabschnitt 1. Beschwerde
    Unterabschnitt 2. Rechtsbeschwerde

Hauptabschnitt 3. Insolvenzverfahren
Abschnitt 1. Eröffnungsverfahren
Abschnitt 2. Durchführung des Insolvenzverfahrens auf Antrag des Schuldners
Abschnitt 3. Durchführung des Insolvenzverfahrens auf Antrag eines Gläubigers
Abschnitt 4. Besonderer Prüfungstermin und schriftliches Prüfungsverfahren (§ 177 InsO)
Abschnitt 5. Restschuldbefreiung
Abschnitt 6. Beschwerden
    Unterabschnitt 1. Beschwerde
    Unterabschnitt 2. Rechtsbeschwerde

Hauptabschnitt 4. Schifffahrtsrechtliches Verteilungsverfahren
Abschnitt 1. Eröffnungsverfahren
Abschnitt 2. Verteilungsverfahren

Abschnitt 3.   Besonderer Prüfungstermin
Abschnitt 4.   Beschwerde und Rechtsbeschwerde

Hauptabschnitt 5. Rüge wegen Verletzung des Anspruchs auf rechtliches Gehör

Teil 3: Strafsachen und gerichtliche Verfahren nach dem Strafvollzugsgesetz

Hauptabschnitt 1. Offizialverfahren
Abschnitt 1.   Erster Rechtszug
Abschnitt 2.   Berufung
Abschnitt 3.   Revision
Abschnitt 4.   Wiederaufnahmeverfahren

Hauptabschnitt 2. Klageerzwingungsverfahren, unwahre Anzeige und Zurücknahme des Strafantrags

Hauptabschnitt 3. Privatklage
Abschnitt 1.   Erster Rechtszug
Abschnitt 2.   Berufung
Abschnitt 3.   Revision
Abschnitt 4.   Wiederaufnahmeverfahren

Hauptabschnitt 4. Einziehung und verwandte Maßnahmen
Abschnitt 1.   Antrag des Privatklägers nach § 440 StPO
Abschnitt 2.   Beschwerde
Abschnitt 3.   Berufung
Abschnitt 4.   Revision
Abschnitt 5.   Wiederaufnahmeverfahren

Hauptabschnitt 5. Nebenklage
Abschnitt 1.   Berufung
Abschnitt 2.   Revision
Abschnitt 3.   Wiederaufnahmeverfahren

Hauptabschnitt 6. Sonstige Beschwerden

Hauptabschnitt 7. Entschädigungsverfahren

Hauptabschnitt 8. Gerichtliche Verfahren nach dem Strafvollzugsgesetz
Abschnitt 1.   Antrag auf gerichtliche Entscheidung
Abschnitt 2.   Rechtsbeschwerde

Hauptabschnitt 9. Rüge wegen Verletzung des Anspruchs auf rechtliches Gehör

Teil 4: Verfahren nach dem Gesetz über Ordnungswidrigkeiten

Hauptabschnitt 1. Bußgeldverfahren
Abschnitt 1.   Erster Rechtszug
Abschnitt 2.   Rechtsbeschwerde
Abschnitt 3.   Wiederaufnahmeverfahren

Hauptabschnitt 2. Einziehung und verwandte Maßnahmen
Abschnitt 1. Beschwerde
Abschnitt 2. Rechtsbeschwerde
Abschnitt 3. Wiederaufnahmeverfahren

Hauptabschnitt 3. Besondere Gebühren

Hauptabschnitt 4. Sonstige Beschwerden

Hauptabschnitt 5. Rüge wegen Verletzung des Anspruchs auf rechtliches Gehör

Teil 5: Verfahren vor den Gerichten der Verwaltungsgerichtsbarkeit

Hauptabschnitt 1. Prozessverfahren
Abschnitt 1. Erster Rechtszug
    Unterabschnitt 1. Verwaltungsgericht
    Unterabschnitt 2. Oberverwaltungsgericht (Verwaltungsgerichtshof)
    Unterabschnitt 3. Bundesverwaltungsgericht
Abschnitt 2. Zulassung und Durchführung der Berufung
Abschnitt 3. Revision

Hauptabschnitt 2. Vorläufiger Rechtsschutz
Abschnitt 1. Verwaltungsgericht sowie Oberverwaltungsgericht (Verwaltungsgerichtshof) und Bundesverwaltungsgericht als Rechtsmittelgerichte in der Hauptsache
Abschnitt 2. Oberverwaltungsgericht (Verwaltungsgerichtshof)
Abschnitt 3. Bundesverwaltungsgericht
Abschnitt 4. Beschwerde

Hauptabschnitt 3. Besondere Verfahren

Hauptabschnitt 4. Rüge wegen Verletzung des Anspruchs auf rechtliches Gehör

Hauptabschnitt 5. Sonstige Beschwerden

Hauptabschnitt 6. Besondere Gebühren

Teil 6: Verfahren vor den Gerichten der Finanzgerichtsbarkeit

Hauptabschnitt 1. Prozessverfahren
Abschnitt 1. Erster Rechtszug
Abschnitt 2. Revision

Hauptabschnitt 2. Vorläufiger Rechtsschutz
Abschnitt 1. Erster Rechtszug
Abschnitt 2. Beschwerde

Hauptabschnitt 3. Besondere Verfahren

Hauptabschnitt 4. Rüge wegen Verletzung des Anspruchs auf rechtliches Gehör

Hauptabschnitt 5. Sonstige Beschwerde

Hauptabschnitt 6. Besondere Gebühr

Teil 7: Verfahren vor den Gerichten der Sozialgerichtsbarkeit

Hauptabschnitt 1. Prozessverfahren
Abschnitt 1. Erster Rechtszug
Abschnitt 2. Berufung
Abschnitt 3. Revision

Hauptabschnitt 2. Vorläufiger Rechtsschutz
Abschnitt 1. Erster Rechtszug
Abschnitt 2. Beschwerde

Hauptabschnitt 3. Beweissicherungsverfahren

Hauptabschnitt 4. Rüge wegen Verletzung des Anspruchs auf rechtliches Gehör

Hauptabschnitt 5. Sonstige Beschwerde

Hauptabschnitt 6. Besondere Gebühren

Teil 8: Verfahren vor den Gerichten der Arbeitsgerichtsbarkeit

Hauptabschnitt 1. Mahnverfahren

Hauptabschnitt 2. Urteilsverfahren
Abschnitt 1. Erster Rechtszug
Abschnitt 2. Berufung
Abschnitt 3. Revision

Hauptabschnitt 3. Arrest und einstweilige Verfügung
Abschnitt 1. Erster Rechtszug
Abschnitt 2. Berufung
Abschnitt 3. Beschwerde

Hauptabschnitt 4. Besondere Verfahren

Hauptabschnitt 5. Rüge wegen Verletzung des Anspruchs auf rechtliches Gehör

Hauptabschnitt 6. Sonstige Beschwerden und Rechtsbeschwerden
Abschnitt 1. Sonstige Beschwerden
Abschnitt 2. Sonstige Rechtsbeschwerden

Hauptabschnitt 7. Besondere Gebühr

Teil 9: Auslagen

Kostenverzeichnis (GKG-KV)

Nr.	Gebührentatbestand	Gebühr oder Satz der Gebühr nach § 34 GKG

Teil 1
Zivilrechtliche Verfahren vor den ordentlichen Gerichten

Vorbemerkung 1:
Die Vorschriften dieses Teils gelten nicht für die in Teil 2 geregelten Verfahren.

Hauptabschnitt 1
Vereinfachte Verfahren

Abschnitt 1
Mahnverfahren

1110	Verfahren über den Antrag auf Erlass eines Mahnbescheids	0,5 — mindestens 23,00 EUR

Abschnitt 2
Vereinfachte Verfahren über den Unterhalt Minderjähriger

Unterabschnitt 1
Erster Rechtszug

1120	Entscheidung über einen Antrag auf Festsetzung von Unterhalt nach § 645 Abs. 1 ZPO mit Ausnahme einer Festsetzung nach § 650 Satz 2 ZPO	0,5
1121	Entscheidung über einen Antrag auf Abänderung eines Vollstreckungstitels nach § 655 Abs. 1 ZPO ..	15,00 EUR

Unterabschnitt 2
Beschwerde

1122	Verfahren über die Beschwerde nach § 652 ZPO gegen die Festsetzung von Unterhalt im vereinfachten Verfahren	1,0
1123	Verfahren über die Beschwerde nach § 655 Abs. 5 ZPO gegen den Beschluss, durch den ein Vollstreckungstitel im vereinfachten Verfahren abgeändert wird	30,00 EUR

Kostenverzeichnis (GKG-KV)

Nr.	Gebührentatbestand	Gebühr oder Satz der Gebühr nach § 34 GKG

Hauptabschnitt 2
Prozessverfahren

Abschnitt 1
Erster Rechtszug

Vorbemerkung 1.2.1:
Die Gebühren dieses Abschnitts entstehen nicht im Musterverfahren nach dem KapMuG; das erstinstanzliche Musterverfahren gilt als Teil des ersten Rechtszugs des Prozessverfahrens.

1210 Verfahren im Allgemeinen 3,0

Soweit wegen desselben Streitgegenstands ein Mahnverfahren vorausgegangen ist, entsteht die Gebühr mit dem Eingang der Akten bei dem Gericht, an das der Rechtsstreit nach Erhebung des Widerspruchs oder Einlegung des Einspruchs abgegeben wird; in diesem Fall wird eine Gebühr 1110 nach dem Wert des Streitgegenstands angerechnet, der in das Prozessverfahren übergegangen ist. Bei einer Klage nach § 656 ZPO wird die Gebühr 1121 angerechnet.

1211 Beendigung des gesamten Verfahrens durch

1. Zurücknahme der Klage
   a) vor dem Schluss der mündlichen Verhandlung,
   b) in den Fällen des § 128 Abs. 2 ZPO vor dem Zeitpunkt, der dem Schluss der mündlichen Verhandlung entspricht,
   c) im Verfahren nach § 495a ZPO, in dem eine mündliche Verhandlung nicht stattfindet, vor Ablauf des Tages, an dem eine Ladung zum Termin zur Verkündung des Urteils zugestellt oder das schriftliche Urteil der Geschäftsstelle übermittelt wird,
   d) im Fall des § 331 Abs. 3 ZPO vor Ablauf des Tages, an dem das Urteil der Geschäftsstelle übermittelt wird,

   wenn keine Entscheidung nach § 269 Abs. 3 Satz 3 ZPO über die Kosten ergeht oder die Entscheidung einer zuvor mitgeteilten Einigung der Parteien über die Kostentragung oder der Kostenübernahmeerklärung einer Partei folgt,

2. Anerkenntnisurteil, Verzichtsurteil oder Urteil, das nach § 313a Abs. 2 ZPO keinen Tatbestand und keine Entscheidungsgründe enthält,

3. gerichtlichen Vergleich oder

4. Erledigungserklärungen nach § 91 a ZPO, wenn keine Entscheidung über die Kosten ergeht oder die Entscheidung einer zuvor mitgeteilten Eini-

Kostenverzeichnis (GKG-KV)

Nr.	Gebührentatbestand	Gebühr oder Satz der Gebühr nach § 34 GKG
	gung der Parteien über die Kostentragung oder der Kostenübernahmeerklärung einer Partei folgt, es sei denn, dass bereits ein anderes als eines der in Nummer 2 genannten Urteile oder ein Musterentscheid nach dem KapMuG vorausgegangen ist:	
	Die Gebühr 1210 ermäßigt sich auf	1,0
	Die Zurücknahme des Antrags auf Durchführung des streitigen Verfahrens, des Widerspruchs gegen den Mahnbescheid oder des Einspruchs gegen den Vollstreckungsbescheid stehen der Zurücknahme der Klage gleich. Die Vervollständigung eines ohne Tatbestand und Entscheidungsgründe hergestellten Urteils (§ 313a Abs. 5 ZPO) steht der Ermäßigung nicht entgegen. Die Gebühr ermäßigt sich auch, wenn mehrere Ermäßigungstatbestände erfüllt sind.	

Abschnitt 2
Berufung und bestimmte Beschwerden

Vorbemerkung 1.2.2:

Dieser Abschnitt ist auf folgende Beschwerdeverfahren anzuwenden:

1. Beschwerden nach § 621a Abs. 2 Satz 2 ZPO i. V. m. § 629a Abs. 2 Satz 1 ZPO und § 621e Abs. 1 ZPO; dies gilt in Verfahren nach § 661 Abs. 1 Nr. 7 i. V. m. Abs. 2 ZPO entsprechend;
2. Beschwerden nach den §§ 63 und 116 GWB;
3. Beschwerden nach § 48 WpÜG;
4. Beschwerdeverfahren nach § 37u Abs. 1 WpHG;
5. Beschwerden nach § 75 EnWG.

1220	Verfahren im Allgemeinen	4,0
1221	Beendigung des gesamten Verfahrens durch Zurücknahme des Rechtsmittels, der Klage oder des Antrags, bevor die Schrift zur Begründung des Rechtsmittels bei Gericht eingegangen ist:	
	Die Gebühr 1220 ermäßigt sich auf	1,0
	Erledigungserklärungen nach § 91a ZPO stehen der Zurücknahme gleich, wenn keine Entscheidung über die Kosten ergeht oder die Entscheidung einer zuvor mitgeteilten Einigung der Parteien über die Kostentragung oder der Kostenübernahmeerklärung einer Partei folgt.	
1222	Beendigung des gesamten Verfahrens, wenn nicht Nummer 1221 anzuwenden ist, durch	

      1. Zurücknahme des Rechtsmittels, der Klage oder des Antrags

         a) vor dem Schluss der mündlichen Verhandlung,

Kostenverzeichnis (GKG-KV)

Nr.	Gebührentatbestand	Gebühr oder Satz der Gebühr nach § 34 GKG
	b) in den Fällen des § 128 Abs. 2 ZPO vor dem Zeitpunkt, der dem Schluss der mündlichen Verhandlung entspricht,	
	2. Anerkenntnisurteil, Verzichtsurteil oder Urteil, das nach § 313a Abs. 2 ZPO keinen Tatbestand und keine Entscheidungsgründe enthält,	
	3. gerichtlichen Vergleich oder	
	4. Erledigungserklärungen nach § 91a ZPO, wenn keine Entscheidung über die Kosten ergeht oder die Entscheidung einer zuvor mitgeteilten Einigung der Parteien über die Kostentragung oder der Kostenübernahmeerklärung einer Partei folgt,	
	es sei denn, dass bereits ein anderes als eines der in Nummer 2 genannten Urteile oder ein Beschluss in der Hauptsache vorausgegangen ist:	
	Die Gebühr 1220 ermäßigt sich auf	2,0
	Die Gebühr ermäßigt sich auch, wenn mehrere Ermäßigungstatbestände erfüllt sind.	
1223	Beendigung des gesamten Verfahrens durch ein Urteil, das wegen eines Verzichts der Parteien nach § 313a Abs. 1 Satz 2 ZPO keine schriftliche Begründung enthält, wenn nicht bereits ein anderes als eines der in Nummer 1222 Nr. 2 genannten Urteile oder ein Beschluss in der Hauptsache vorausgegangen ist:	
	Die Gebühr 1220 ermäßigt sich auf	3,0
	Die Gebühr ermäßigt sich auch, wenn daneben Ermäßigungstatbestände nach Nummer 1222 erfüllt sind.	
	Abschnitt 3 *Revision, Rechtsbeschwerden nach § 74 GWB und § 86 EnWG*	
1230	Verfahren im Allgemeinen	5,0
1231	Beendigung des gesamten Verfahrens durch Zurücknahme des Rechtsmittels, der Klage oder des Antrags, bevor die Schrift zur Begründung des Rechtsmittels bei Gericht eingegangen ist:	
	Die Gebühr 1230 ermäßigt sich auf	1,0
	Erledigungserklärungen nach § 91a ZPO stehen der Zurücknahme gleich, wenn keine Entscheidung über die Kosten ergeht oder die Entscheidung einer zuvor mitgeteilten Einigung der Parteien über die Kostentragung oder der Kostenübernahmeerklärung einer Partei folgt.	
1232	Beendigung des gesamten Verfahrens, wenn nicht Nummer 1231 anzuwenden ist, durch	

Kostenverzeichnis (GKG-KV)

Nr.	Gebührentatbestand	Gebühr oder Satz der Gebühr nach § 34 GKG
	1. Zurücknahme des Rechtsmittels, der Klage oder des Antrags a) vor dem Schluss der mündlichen Verhandlung, b) in den Fällen des § 128 Abs. 2 ZPO vor dem Zeitpunkt, der dem Schluss der mündlichen Verhandlung entspricht, 2. Anerkenntnis- oder Verzichtsurteil, 3. gerichtlichen Vergleich oder 4. Erledigungserklärungen nach § 91a ZPO, wenn keine Entscheidung über die Kosten ergeht oder die Entscheidung einer zuvor mitgeteilten Einigung der Parteien über die Kostentragung oder der Kostenübernahmeerklärung einer Partei folgt, es sei denn, dass bereits ein anderes als eines der in Nummer 2 genannten Urteile oder ein Beschluss in der Hauptsache vorausgegangen ist: Die Gebühr 1230 ermäßigt sich auf . . . . Die Gebühr ermäßigt sich auch, wenn mehrere Ermäßigungstatbestände erfüllt sind.	3,0

Abschnitt 4
Zulassung der Sprungrevision, Beschwerde gegen die Nichtzulassung der Revision und der Rechtsbeschwerden nach § 74 GWB und § 86 EnWG

1240	Verfahren über die Zulassung der Sprungrevision: Soweit der Antrag abgelehnt wird	1,5
1241	Verfahren über die Zulassung der Sprungrevision: Soweit der Antrag zurückgenommen oder das Verfahren durch anderweitige Erledigung beendet wird . Die Gebühr entsteht nicht, soweit die Sprungrevision zugelassen wird.	1,0
1242	Verfahren über die Beschwerde gegen die Nichtzulassung des Rechtsmittels: Soweit die Beschwerde verworfen oder zurückgewiesen wird	2,0
1243	Verfahren über die Beschwerde gegen die Nichtzulassung des Rechtsmittels: Soweit die Beschwerde zurückgenommen oder das Verfahren durch anderweitige Erledigung beendet wird . . Die Gebühr entsteht nicht, soweit der Beschwerde stattgegeben wird.	1,0

Kostenverzeichnis (GKG-KV)

Nr.	Gebührentatbestand	Gebühr oder Satz der Gebühr nach § 34 GKG

Abschnitt 5
Rechtsmittelverfahren des gewerblichen Rechtsschutzes vor dem Bundesgerichtshof

Unterabschnitt 1
Berufungsverfahren

1250	Verfahren im Allgemeinen	6,0
1251	Beendigung des gesamten Verfahrens durch Zurücknahme der Berufung oder der Klage, bevor die Schrift zur Begründung der Berufung bei Gericht eingegangen ist:	
	Die Gebühr 1250 ermäßigt sich auf	1,0
	Erledigungserklärungen nach § 91aZPO i. V. m. § 121 Abs. 2 Satz 2 PatG, § 20 GebrMG stehen der Zurücknahme gleich, wenn keine Entscheidung über die Kosten ergeht oder die Entscheidung einer zuvor mitgeteilten Einigung der Parteien über die Kostentragung oder der Kostenübernahmeerklärung einer Partei folgt.	
1252	Beendigung des gesamten Verfahrens, wenn nicht Nummer 1251 anzuwenden ist, durch	
	1. Zurücknahme der Berufung oder der Klage vor dem Schluss der mündlichen Verhandlung,	
	2. Anerkenntnis- oder Verzichtsurteil,	
	3. gerichtlichen Vergleich oder	
	4. Erledigungserklärungen nach § 91a ZPO i. V. m. § 121 Abs. 2 Satz 2 PatG, § 20 GebrMG, wenn keine Entscheidung über die Kosten ergeht oder die Entscheidung einer zuvor mitgeteilten Einigung der Parteien über die Kostentragung oder der Kostenübernahmeerklärung einer Partei folgt,	
	es sei denn, dass bereits ein anderes als eines der in Nummer 2 genannten Urteile vorausgegangen ist:	
	Die Gebühr 1250 ermäßigt sich auf	3,0
	Die Gebühr ermäßigt sich auch, wenn mehrere Ermäßigungstatbestände erfüllt sind.	

Unterabschnitt 2
Beschwerdeverfahren und Rechtsbeschwerdeverfahren

1253	Verfahren über die Beschwerde nach § 122 PatG oder § 20 GebrMG i. V. m. § 122 PatG gegen ein Urteil über den Erlass einer einstweiligen Verfügung in Zwangslizenzsachen	2,0

Kostenverzeichnis (GKG-KV)

Nr.	Gebührentatbestand	Gebühr oder Satz der Gebühr nach § 34 GKG
1254	Beendigung des gesamten Verfahrens durch Zurücknahme der Beschwerde, bevor die Schrift zur Begründung der Beschwerde bei Gericht eingegangen ist:	
	Die Gebühr 1253 ermäßigt sich auf	1,0
	Erledigungserklärungen nach § 91a ZPO i. V. m. § 121 Abs. 2 Satz 2 PatG, § 20 GebrMG stehen der Zurücknahme gleich, wenn keine Entscheidung über die Kosten ergeht oder die Entscheidung einer zuvor mitgeteilten Einigung der Parteien über die Kostentragung oder der Kostenübernahmeerklärung einer Partei folgt.	
1255	Verfahren über die Rechtsbeschwerde	2,0
1256	Beendigung des gesamten Verfahrens durch Zurücknahme der Rechtsbeschwerde, bevor die Schrift zur Begründung der Rechtsbeschwerde bei Gericht eingegangen ist:	
	Die Gebühr 1255 ermäßigt sich auf	1,0
	Erledigungserklärungen nach § 91a ZPO i. V. m. § 121 Abs. 2 Satz 2 PatG, § 20 GebrMG stehen der Zurücknahme gleich, wenn keine Entscheidung über die Kosten ergeht oder die Entscheidung einer zuvor mitgeteilten Einigung der Parteien über die Kostentragung oder der Kostenübernahmeerklärung einer Partei folgt.	

Hauptabschnitt 3
Ehesachen, bestimmte Lebenspartnerschaftssachen und Folgesachen

Vorbemerkung 1.3:

Dieser Hauptabschnitt gilt für Ehesachen, Lebenspartnerschaftssachen nach § 661 Abs. 1 Nr. 1 bis 3 ZPO und für Folgesachen einer Scheidungssache oder eines Verfahrens über die Aufhebung der Lebenspartnerschaft.

Abschnitt 1
Erster Rechtszug

1310	Verfahren im Allgemeinen	2,0
1311	Beendigung des gesamten Verfahrens oder einer Folgesache durch	

    1. Zurücknahme des Antrags oder der Klage

       a) vor dem Schluss der mündlichen Verhandlung,

       b) in den Fällen des § 128 Abs. 2 ZPO vor dem Zeitpunkt, der dem Schluss der mündlichen Verhandlung entspricht,

Kostenverzeichnis (GKG-KV)

Nr.	Gebührentatbestand	Gebühr oder Satz der Gebühr nach § 34 GKG
	c) im Fall des § 331 Abs. 3 ZPO vor Ablauf des Tages, an dem das Urteil der Geschäftsstelle übermittelt wird, wenn keine Entscheidung nach § 269 Abs. 3 Satz 3 ZPO über die Kosten ergeht oder die Entscheidung einer zuvor mitgeteilten Einigung der Parteien über die Kostentragung oder der Kostenübernahmeerklärung einer Partei folgt,	
	2. Anerkenntnisurteil, Verzichtsurteil oder Urteil, das nach § 313a Abs. 2 ZPO keinen Tatbestand und keine Entscheidungsgründe enthält,	
	3. gerichtlichen Vergleich oder	
	4. Erledigungserklärungen nach § 91a ZPO, wenn keine Entscheidung über die Kosten ergeht oder die Entscheidung einer zuvor mitgeteilten Einigung der Parteien über die Kostentragung oder der Kostenübernahmeerklärung einer Partei folgt,	
	es sei denn, dass bereits ein anderes als eines der in Nummer 2 genannten Urteile vorausgegangen ist:	
	Die Gebühr 1310 ermäßigt sich auf	0,5
	(1) Wird in einem Verbund von Scheidungs- und Folgesachen nicht das gesamte Verfahren beendet, ist auf mehrere beendete Folgesachen § 46 Abs. 1 GKG anzuwenden und die Gebühr nur insoweit zu ermäßigen. Dies gilt entsprechend für Folgesachen einer Lebenspartnerschaftssache.	
	(2) Die Gebühr ermäßigt sich auch, wenn mehrere Ermäßigungstatbestände erfüllt sind.	
	(3) Soweit über Folgesachen durch Beschluss entschieden wird, sind die für Urteile geltenden Vorschriften entsprechend anzuwenden.	

Abschnitt 2
Berufung, Beschwerde in Folgesachen

Vorbemerkung 1.3.2:
Dieser Abschnitt gilt für Beschwerden in Folgesachen nach § 629a Abs. 2, auch i. V. m. § 661 Abs. 2 ZPO.

Nr.	Gebührentatbestand	Gebühr oder Satz der Gebühr nach § 34 GKG
1320	Verfahren im Allgemeinen	3,0
1321	Beendigung des gesamten Verfahrens durch Zurücknahme des Rechtsmittels, des Antrags oder der Klage, bevor die Schrift zur Begründung des Rechtsmittels bei Gericht eingegangen ist:	
	Die Gebühr 1320 ermäßigt sich auf	0,5
	Erledigungserklärungen nach § 91a ZPO stehen der Zurücknahme gleich, wenn keine Entscheidung über die Kosten er-	

Kostenverzeichnis (GKG-KV)

Nr.	Gebührentatbestand	Gebühr oder Satz der Gebühr nach § 34 GKG
	geht oder die Entscheidung einer zuvor mitgeteilten Einigung der Parteien über die Kostentragung oder der Kostenübernahmeerklärung einer Partei folgt.	
1322	Beendigung des gesamten Verfahrens oder einer Folgesache, wenn nicht Nummer 1321 erfüllt ist, durch	
	1. Zurücknahme des Rechtsmittels, des Antrags oder der Klage,	
	a) vor dem Schluss der mündlichen Verhandlung,	
	b) in den Fällen des § 128 Abs. 2 ZPO vor dem Zeitpunkt, der dem Schluss der mündlichen Verhandlung entspricht,	
	2. Anerkenntnisurteil, Verzichtsurteil oder Urteil, das nach § 313a Abs. 2 ZPO keinen Tatbestand und keine Entscheidungsgründe enthält,	
	3. gerichtlichen Vergleich oder	
	4. Erledigungserklärungen nach § 91a ZPO, wenn keine Entscheidung über die Kosten ergeht oder die Entscheidung einer zuvor mitgeteilten Einigung der Parteien über die Kostentragung oder der Kostenübernahmeerklärung einer Partei folgt,	
	es sei denn, dass bereits ein anderes als eines der in Nummer 2 genannten Urteile vorausgegangen ist:	
	Die Gebühr 1320 ermäßigt sich auf	1,0
	(1) Wird in einem Verbund von Scheidungs- und Folgesachen nicht das gesamte Verfahren beendet, ist auf mehrere beendete Folgesachen § 46 Abs. 1 GKG anzuwenden und die Gebühr nur insoweit zu ermäßigen. Dies gilt entsprechend für Folgesachen einer Lebenspartnerschaftssache.	
	(2) Die Gebühr ermäßigt sich auch, wenn mehrere Ermäßigungstatbestände erfüllt sind.	
	(3) Soweit über Folgesachen durch Beschluss entschieden wird, sind die für Urteile geltenden Vorschriften entsprechend anzuwenden.	
1323	Beendigung des gesamten Verfahrens durch ein Urteil, das wegen eines Verzichts der Parteien nach § 313a Abs. 1 Satz 2 ZPO keine schriftliche Begründung enthält, wenn nicht bereits ein anderes als eines der in Nummer 1322 Nr. 2 genannten Urteile mit schriftlicher Begründung oder ein Versäumnisurteil vorausgegangen ist:	
	Die Gebühr 1320 ermäßigt sich auf	2,0
	(1) Die Gebühr ermäßigt sich auch, wenn daneben Ermäßigungstatbestände nach Nummer 1322 erfüllt sind.	

Kostenverzeichnis (GKG-KV)

Nr.	Gebührentatbestand	Gebühr oder Satz der Gebühr nach § 34 GKG

(2) Soweit über Folgesachen durch Beschluss entschieden wird, sind die für Urteile geltenden Vorschriften entsprechend anzuwenden.

Abschnitt 3
Revision, Rechtsbeschwerde in Folgesachen

Vorbemerkung 1.3.3:
Dieser Abschnitt gilt für Rechtsbeschwerden in Folgesachen nach § 629a Abs. 2, auch i. V. m. § 661 Abs. 2 ZPO.

1330	Verfahren im Allgemeinen	4,0
1331	Beendigung des gesamten Verfahrens durch Zurücknahme des Rechtsmittels, des Antrags oder der Klage, bevor die Schrift zur Begründung des Rechtsmittels bei Gericht eingegangen ist:	
	Die Gebühr 1330 ermäßigt sich auf	1,0
	Erledigungserklärungen nach § 91a ZPO stehen der Zurücknahme gleich, wenn keine Entscheidung über die Kosten ergeht oder die Entscheidung einer zuvor mitgeteilten Einigung der Parteien über die Kostentragung oder der Erklärung einer Partei, die Kosten tragen zu wollen, folgt.	
1332	Beendigung des gesamten Verfahrens oder einer Folgesache, wenn nicht Nummer 1331 erfüllt ist, durch	
	1. Zurücknahme des Rechtsmittels, des Antrags oder der Klage,	
	a) vor dem Schluss der mündlichen Verhandlung,	
	b) in den Fällen des § 128 Abs. 2 ZPO vor dem Zeitpunkt, der dem Schluss der mündlichen Verhandlung entspricht,	
	2. Anerkenntnis- oder Verzichtsurteil,	
	3. gerichtlichen Vergleich oder	
	4. Erledigungserklärungen nach § 91a ZPO, wenn keine Entscheidung über die Kosten ergeht oder die Entscheidung einer zuvor mitgeteilten Einigung der Parteien über die Kostentragung oder der Kostenübernahmeerklärung einer Partei folgt,	
	es sei denn, dass bereits ein anderes als eines der in Nummer 2 genannten Urteile vorausgegangen ist:	
	Die Gebühr 1330 ermäßigt sich auf	2,0
	(1) Wird in einem Verbund von Scheidungs- und Folgesachen nicht das gesamte Verfahren beendet, ist auf mehrere beendete Folgesachen § 46 Abs. 1 GKG anzuwenden und	

Kostenverzeichnis (GKG-KV)

Nr.	Gebührentatbestand	Gebühr oder Satz der Gebühr nach § 34 GKG

die Gebühr nur insoweit zu ermäßigen. Dies gilt entsprechend für Folgesachen einer Lebenspartnerschaftssache.

(2) Die Gebühr ermäßigt sich auch, wenn mehrere Ermäßigungstatbestände erfüllt sind.

(3) Soweit über Folgesachen durch Beschluss entschieden wird, sind die für Urteile geltenden Vorschriften entsprechend anzuwenden.

Hauptabschnitt 4
Einstweiliger Rechtsschutz

Abschnitt 1
Arrest und einstweilige Verfügung

Vorbemerkung 1.4.1:
Im Verfahren über den Antrag auf Anordnung eines Arrests oder einer einstweiligen Verfügung und im Verfahren über den Antrag auf Aufhebung oder Abänderung (§ 926 Abs. 2, §§ 927, 936 ZPO) werden die Gebühren jeweils gesondert erhoben. Im Falle des § 942 ZPO gilt das Verfahren vor dem Amtsgericht und dem Gericht der Hauptsache als ein Rechtsstreit.

Unterabschnitt 1
Erster Rechtszug

1410	Verfahren im Allgemeinen	1,5
1411	Beendigung des gesamten Verfahrens durch	

    1. Zurücknahme des Antrags vor dem Schluss der mündlichen Verhandlung,

    2. Anerkenntnisurteil, Verzichtsurteil oder Urteil, das nach § 313a Abs. 2 ZPO keinen Tatbestand und keine Entscheidungsgründe enthält,

    3. gerichtlichen Vergleich oder

    4. Erledigungserklärungen nach § 91a ZPO, wenn keine Entscheidung über die Kosten ergeht oder die Entscheidung einer zuvor mitgeteilten Einigung der Parteien über die Kostentragung oder der Kostenübernahmeerklärung einer Partei folgt,

es sei denn, dass bereits ein Beschluss nach § 922 Abs. 1, auch i. V. m. § 936 ZPO, oder ein anderes als eines der in Nummer 2 genannten Urteile vorausgegangen ist:

Die Gebühr 1410 ermäßigt sich auf 1,0

Die Vervollständigung eines ohne Tatbestand und Entscheidungsgründe hergestellten Urteils (§ 313a Abs. 5 ZPO) steht der Ermäßigung nicht entgegen. Die Gebühr ermäßigt sich auch, wenn mehrere Ermäßigungstatbestände erfüllt sind.

Kostenverzeichnis (GKG-KV)

Nr.	Gebührentatbestand	Gebühr oder Satz der Gebühr nach § 34 GKG
1412	Es wird durch Urteil entschieden oder es ergeht ein Beschluss nach § 91a oder § 269 Abs. 3 Satz 3 ZPO, wenn nicht Nummer 1411 erfüllt ist:	
	Die Gebühr 1410 erhöht sich nach dem Wert des Streitgegenstands, auf den sich die Entscheidung bezieht, auf	3,0

Unterabschnitt 2
Berufung

1413	Verfahren im Allgemeinen	4,0
1414	Beendigung des gesamten Verfahrens durch Zurücknahme der Berufung, des Antrags oder des Widerspruchs, bevor die Schrift zur Begründung der Berufung bei Gericht eingegangen ist:	
	Die Gebühr 1413 ermäßigt sich auf	1,0
	Erledigungserklärungen nach § 91a ZPO stehen der Zurücknahme gleich, wenn keine Entscheidung über die Kosten ergeht oder die Entscheidung einer zuvor mitgeteilten Einigung der Parteien über die Kostentragung oder der Kostenübernahmeerklärung einer Partei folgt.	
1415	Beendigung des gesamten Verfahrens, wenn nicht Nummer 1414 erfüllt ist, durch	
	1. Zurücknahme der Berufung oder des Antrags,	
	a) vor dem Schluss der mündlichen Verhandlung,	
	b) in den Fällen des § 128 Abs. 2 ZPO vor dem Zeitpunkt, der dem Schluss der mündlichen Verhandlung entspricht;	
	2. Anerkenntnis- oder Verzichtsurteil,	
	3. gerichtlichen Vergleich oder	
	4. Erledigungserklärungen nach § 91a ZPO, wenn keine Entscheidung über die Kosten ergeht oder die Entscheidung einer zuvor mitgeteilten Einigung der Parteien über die Kostentragung oder der Kostenübernahmeerklärung einer Partei folgt,	
	es sei denn, dass bereits ein anderes als eines der in Nummer 2 genannten Urteile vorausgegangen ist:	
	Die Gebühr 1413 ermäßigt sich auf	2,0
	Die Gebühr ermäßigt sich auch, wenn mehrere Ermäßigungstatbestände erfüllt sind.	
1416	Beendigung des gesamten Verfahrens durch ein Urteil, das wegen eines Verzichts der Parteien nach	

Kostenverzeichnis (GKG-KV)

Nr.	Gebührentatbestand	Gebühr oder Satz der Gebühr nach § 34 GKG
	§ 313a Abs. 1 Satz 2 ZPO keine schriftliche Begründung enthält, wenn nicht bereits ein anderes als eines der in Nummer 1415 Nr. 2 genannten Urteile mit schriftlicher Begründung oder ein Versäumnisurteil vorausgegangen ist:	
	Die Gebühr 1413 ermäßigt sich auf	3,0
	Die Gebühr ermäßigt sich auch, wenn daneben Ermäßigungstatbestände nach Nummer 1415 erfüllt sind.	

Unterabschnitt 3
Beschwerde

1417	Verfahren über die Beschwerde gegen die Zurückweisung eines Antrags auf Anordnung eines Arrests oder einer einstweiligen Verfügung	1,5
1418	Beendigung des gesamten Verfahrens durch Zurücknahme der Beschwerde:	
	Die Gebühr 1417 ermäßigt sich auf	1,0

Abschnitt 2
Einstweilige Anordnung

Vorbemerkung 1.4.2:

Die Vorschriften dieses Abschnitts gelten für einstweilige Anordnungen in Lebenspartnerschaftssachen (§ 661 Abs. 2 ZPO) entsprechend.

Unterabschnitt 1
Erster Rechtszug

Vorbemerkung 1.4.2.1:

Mehrere Entscheidungen der unter einer Nummer genannten Art innerhalb eines Rechtszugs gelten als eine Entscheidung.

1420	Entscheidung über einen Antrag nach § 127a ZPO .	0,5
1421	Entscheidung über einen Antrag nach § 620 Nr. 4, 6 bis 10 ZPO	0,5
1422	Entscheidung über einen Antrag nach § 621f ZPO ..	0,5
1423	Entscheidung über einen Antrag nach § 641d ZPO .	0,5
1424	Entscheidung über einen Antrag nach § 644 ZPO ..	0,5

Unterabschnitt 2
Beschwerde

1425	Verfahren über Beschwerden nach § 620c Satz 1 und § 641d Abs. 3 ZPO	1,0

Kostenverzeichnis (GKG-KV)

Nr.	Gebührentatbestand	Gebühr oder Satz der Gebühr nach § 34 GKG

Hauptabschnitt 5
Vorbereitung der grenzüberschreitenden Zwangsvollstreckung

Vorbemerkung 1.5:
Die Vollstreckbarerklärung eines ausländischen Schiedsspruchs oder deren Aufhebung bestimmt sich nach Nummer 1620.

Abschnitt 1
Erster Rechtszug

1510 Verfahren über Anträge auf

    1. Vollstreckbarerklärung ausländischer Titel,

    2. Feststellung, ob die ausländische Entscheidung anzuerkennen ist,

    3. Erteilung der Vollstreckungsklausel zu ausländischen Titeln und

    4. Aufhebung oder Abänderung von Entscheidungen in den in den Nummern 1 bis 3 genannten Verfahren . . . . 200,00 EUR

Die Gebühr wird nicht erhoben, wenn ein Titel kostenfrei für vollstreckbar zu erklären ist.

1511 Verfahren über Anträge auf Ausstellung einer Bescheinigung nach § 56 AVAG . . . . 10,00 EUR

1512 Verfahren über Anträge auf Ausstellung einer Bestätigung nach § 1079 ZPO . . . . 15,00 EUR

1513 Verfahren nach § 3 Abs. 2 des Gesetzes zur Ausführung des Vertrages zwischen der Bundesrepublik Deutschland und der Republik Österreich vom 6. Juni 1959 über die gegenseitige Anerkennung und Vollstreckung von gerichtlichen Entscheidungen, Vergleichen und öffentlichen Urkunden in Zivil- und Handelssachen in der im Bundesgesetzblatt Teil III, Gliederungsnummer 319-12, veröffentlichten bereinigten Fassung, das zuletzt durch Artikel 23 des Gesetzes vom 27. Juli 2001 (BGBl. I S. 1887) geändert worden ist . . . . 50,00 EUR

Abschnitt 2
Rechtsmittelverfahren

1520 Verfahren über Rechtsmittel in den in Nummern 1510 und 1513 genannten Verfahren . . . . 300,00 EUR

1521 Verfahren über Rechtsmittel in

    1. den Nummern 1511 und 1512 genannten Verfahren

    2. Verfahren nach § 790 ZPO und

Kostenverzeichnis (GKG-KV)

Nr.	Gebührentatbestand	Gebühr oder Satz der Gebühr nach § 34 GKG
	3. Verfahren über die Berichtigung oder den Widerruf einer Bestätigung nach § 1079 ZPO: Das Rechtsmittel wird verworfen oder zurückgewiesen	50,00 EUR

Hauptabschnitt 6
Sonstige Verfahren

Abschnitt 1
Selbstständiges Beweisverfahren

1610	Verfahren im Allgemeinen	1,0

Abschnitt 2
Schiedsrichterliches Verfahren

Unterabschnitt 1
Erster Rechtszug

1620	Verfahren über die Aufhebung oder die Vollstreckbarerklärung eines Schiedsspruchs oder über die Aufhebung der Vollstreckbarerklärung	2,0
	Die Gebühr ist auch im Verfahren über die Vollstreckbarerklärung eines ausländischen Schiedsspruchs oder deren Aufhebung zu erheben.	
1621	Verfahren über den Antrag auf Feststellung der Zulässigkeit oder Unzulässigkeit des schiedsrichterlichen Verfahrens	2,0
1622	Verfahren bei Rüge der Unzuständigkeit des Schiedsgerichts	2,0
1623	Verfahren bei der Bestellung eines Schiedsrichters oder Ersatzschiedsrichters	0,5
1624	Verfahren über die Ablehnung eines Schiedsrichters oder über die Beendigung des Schiedsrichteramtes .	0,5
1625	Verfahren zur Unterstützung bei der Beweisaufnahme oder zur Vornahme sonstiger richterlicher Handlungen	0,5
1626	Verfahren über die Zulassung der Vollziehung einer vorläufigen oder sichernden Maßnahme oder über die Aufhebung oder Änderung einer Entscheidung über die Zulassung der Vollziehung	2,0
	Im Verfahren über die Zulassung der Vollziehung und in dem Verfahren über die Aufhebung oder Änderung einer Entscheidung über die Zulassung der Vollziehung werden die Gebühren jeweils gesondert erhoben.	

Kostenverzeichnis (GKG-KV)

Nr.	Gebührentatbestand	Gebühr oder Satz der Gebühr nach § 34 GKG
1627	Beendigung des gesamten Verfahrens durch Zurücknahme des Antrags:	
	Die Gebühren 1620 bis 1622 und 1626 ermäßigen sich auf	1,0

Unterabschnitt 2
Rechtsbeschwerde

1628	Verfahren über die Rechtsbeschwerde in den in den Nummern 1620 bis 1622 und 1626 genannten Verfahren	3,0
1629	Beendigung des gesamten Verfahrens durch Zurücknahme der Rechtsbeschwerde oder des Antrags:	
	Die Gebühr 1628 ermäßigt sich auf	1,0

Abschnitt 3
Aufgebotsverfahren

1630	Verfahren im Allgemeinen	0,5

Abschnitt 4
Besondere Verfahren nach dem Gesetz gegen Wettbewerbsbeschränkungen, dem Aktiengesetz, dem Umwandlungsgesetz, dem Wertpapiererwerbs- und Übernahmegesetz und dem Wertpapierhandelsgesetz

1640	Verfahren über einen Antrag nach § 115 Abs. 2 Satz 2 und 3, § 118 Abs. 1 Satz 3 oder nach § 121 GWB ..	3,0
1641	Beendigung des gesamten Verfahrens durch Zurücknahme des Antrags:	
	Die Gebühr 1640 ermäßigt sich auf	1,0
1642	Verfahren nach § 148 Abs. 1 und 2, §§ 246a, 319 Abs. 6, auch i. V. m. § 327e Abs. 2 AktG, oder § 16 Abs. 3 UmwG	1,0
1643	Verfahren über den Antrag nach § 50 Abs. 3 bis 5 WpÜG, auch i. V. m. § 37u Abs. 2 WpHG	0,5
	Mehrere Verfahren gelten innerhalb eines Rechtszugs als ein Verfahren.	

Hauptabschnitt 7
Rüge wegen Verletzung des Anspruchs auf rechtliches Gehör

1700	Verfahren über die Rüge wegen Verletzung des Anspruchs auf rechtliches Gehör (§ 321a ZPO, § 71a GWB):	
	Die Rüge wird in vollem Umfang verworfen oder zurückgewiesen	50,00 EUR

Kostenverzeichnis (GKG-KV)

Nr.	Gebührentatbestand	Gebühr oder Satz der Gebühr nach § 34 GKG

Hauptabschnitt 8
Sonstige Beschwerden und Rechtsbeschwerden

Abschnitt 1
Sonstige Beschwerden

1810 Verfahren über Beschwerden nach § 71 Abs. 2, § 91a Abs. 2, § 99 Abs. 2 und § 269 Abs. 5 ZPO . . . . 75,00 EUR

1811 Verfahren über nicht besonders aufgeführte Beschwerden, die nicht nach anderen Vorschriften gebührenfrei sind:

Die Beschwerde wird verworfen oder zurückgewiesen . . . . 50,00 EUR

Wird die Beschwerde nur teilweise verworfen oder zurückgewiesen, kann das Gericht die Gebühr nach billigem Ermessen auf die Hälfte ermäßigen oder bestimmen, dass eine Gebühr nicht zu erheben ist.

Abschnitt 2
Sonstige Rechtsbeschwerden

1820 Verfahren über Rechtsbeschwerden gegen den Beschluss, durch den

1. die Berufung als unzulässig verworfen wurde (§ 522 Abs. 1 Satz 2 und 3 ZPO),

2. in Familiensachen eine Beschwerde nach § 621e Abs. 3 Satz 2, § 522 Abs. 1 Satz 2 und 3 ZPO, auch i. V. m. § 629a Abs. 2 Satz 1 und § 661 Abs. 2 ZPO, als unzulässig verworfen wurde 2,0

1821 Verfahren über Rechtsbeschwerden nach § 15 KapMuG 5,0

1822 Beendigung des gesamten Verfahrens durch Zurücknahme der Rechtsbeschwerde, bevor die Schrift zur Begründung der Rechtsbeschwerde bei Gericht eingegangen ist:

Die Gebühren 1820 und 1821 ermäßigen sich auf . . 1,0

Erledigungserklärungen nach § 91a ZPO stehen der Zurücknahme gleich, wenn keine Entscheidung über die Kosten ergeht oder die Entscheidung einer zuvor mitgeteilten Einigung der Parteien über die Kostentragung oder der Kostenübernahmeerklärung einer Partei folgt.

1823 Verfahren über Rechtsbeschwerden in den Fällen des § 71 Abs. 1, § 91a Abs. 1, § 99 Abs. 2, § 269 Abs. 4 oder § 516 Abs. 3 ZPO . . . . 150,00 EUR

Kostenverzeichnis (GKG-KV)

Nr.	Gebührentatbestand	Gebühr oder Satz der Gebühr nach § 34 GKG
1824	Verfahren über nicht besonders aufgeführte Rechtsbeschwerden, die nicht nach anderen Vorschriften gebührenfrei sind:	
	Die Rechtsbeschwerde wird verworfen oder zurückgewiesen	100,00 EUR
	Wird die Rechtsbeschwerde nur teilweise verworfen oder zurückgewiesen, kann das Gericht die Gebühr nach billigem Ermessen auf die Hälfte ermäßigen oder bestimmen, dass eine Gebühr nicht zu erheben ist.	

Hauptabschnitt 9
Besondere Gebühren

1900	Abschluss eines gerichtlichen Vergleichs außer einem Vergleich über Ansprüche, die in Verfahren über einstweilige Anordnungen in Familien- oder Lebenspartnerschaftssachen geltend gemacht werden können:	
	Soweit der Wert des Vergleichsgegenstands den Wert des Verfahrensgegenstands übersteigt	0,25
	Die Gebühr entsteht nicht im Verfahren über die Prozesskostenhilfe.	
1901	Auferlegung einer Gebühr nach § 38 GKG wegen Verzögerung des Rechtsstreits	wie vom Gericht bestimmt

Teil 2
Zwangsvollstreckung nach der Zivilprozessordnung, Insolvenzverfahren und ähnliche Verfahren

Hauptabschnitt 1
Zwangsvollstreckung nach der Zivilprozessordnung

Abschnitt 1
Erster Rechtszug

2110	Verfahren über Anträge auf Erteilung einer weiteren vollstreckbaren Ausfertigung (§ 733 ZPO) und auf gerichtliche Handlungen der Zwangsvollstreckung gemäß § 829 Abs. 1, §§ 835, 839, 846 bis 848, 857, 858, 886 bis 888 oder § 890 ZPO	15,00 EUR
	Mehrere Verfahren innerhalb eines Rechtszugs gelten als ein Verfahren, sofern sie denselben Anspruch und denselben Gegenstand betreffen.	

Kostenverzeichnis (GKG-KV)

Nr.	Gebührentatbestand	Gebühr oder Satz der Gebühr nach § 34 GKG
2111	Verfahren über den Antrag auf Vollstreckungsschutz nach § 765a ZPO	15,00 EUR
2112	Verfahren über den Antrag auf Aussetzung der Verwertung nach § 813b ZPO	15,00 EUR
2113	Verfahren über den Antrag auf Abnahme der eidesstattlichen Versicherung nach § 889 ZPO	30,00 EUR
2114	Verfahren über den Antrag eines Drittgläubigers auf Erteilung einer Ablichtung oder eines Ausdrucks des mit eidesstattlicher Versicherung abgegebenen Vermögensverzeichnisses	15,00 EUR
	Die Gebühr entfällt, wenn für ein Verfahren über den Antrag auf Gewährung der Einsicht in dasselbe Vermögensverzeichnis die Gebühr 2115 bereits entstanden ist.	
2115	Verfahren über den Antrag eines Drittgläubigers auf Gewährung der Einsicht in das mit eidesstattlicher Versicherung abgegebene Vermögensverzeichnis ..	15,00 EUR
	Die Gebühr entfällt, wenn für ein Verfahren über einen früheren Antrag auf Gewährung der Einsicht in dasselbe Vermögensverzeichnis die Gebühr bereits entstanden ist.	
2116	Verteilungsverfahren	0,5
2117	Verfahren über die Vollstreckbarerklärung eines Anwaltsvergleichs nach § 796a ZPO	50,00 EUR
2118	Verfahren über Anträge auf Verweigerung, Aussetzung oder Beschränkung der Zwangsvollstreckung nach § 1084 ZPO	25,00 EUR

Abschnitt 2
Beschwerden

Unterabschnitt 1
Beschwerde

2120	Verfahren über die Beschwerde im Verteilungsverfahren:	
	Soweit die Beschwerde verworfen oder zurückgewiesen wird	1,0
2121	Verfahren über nicht besonders aufgeführte Beschwerden, die nicht nach anderen Vorschriften gebührenfrei sind:	
	Die Beschwerde wird verworfen oder zurückgewiesen	25,00 EUR
	Wird die Beschwerde nur teilweise verworfen oder zurückgewiesen, kann das Gericht die Gebühr nach billigem Ermessen auf die Hälfte ermäßigen oder bestimmen, dass eine Gebühr nicht zu erheben ist.	

Kostenverzeichnis (GKG-KV)

Nr.	Gebührentatbestand	Gebühr oder Satz der Gebühr nach § 34 GKG
	Unterabschnitt 2 *Rechtsbeschwerde*	
2122	Verfahren über die Rechtsbeschwerde im Verteilungsverfahren:	
	Soweit die Beschwerde verworfen oder zurückgewiesen wird	2,0
2123	Verfahren über die Rechtsbeschwerde im Verteilungsverfahren:	
	Soweit die Beschwerde zurückgenommen oder das Verfahren durch anderweitige Erledigung beendet wird	1,0
	Die Gebühr entsteht nicht, soweit der Beschwerde stattgegeben wird.	
2124	Verfahren über nicht besonders aufgeführte Rechtsbeschwerden, die nicht nach anderen Vorschriften gebührenfrei sind:	
	Die Rechtsbeschwerde wird verworfen oder zurückgewiesen	50,00 EUR
	Wird die Rechtsbeschwerde nur teilweise verworfen oder zurückgewiesen, kann das Gericht die Gebühr nach billigem Ermessen auf die Hälfte ermäßigen oder bestimmen, dass eine Gebühr nicht zu erheben ist.	

Hauptabschnitt 2
Verfahren nach dem Gesetz über die Zwangsversteigerung und die Zwangsverwaltung; Zwangsliquidation einer Bahneinheit

Vorbemerkung 2.2:

Die Gebühren 2210, 2220 und 2230 werden für jeden Antragsteller gesondert erhoben. Wird der Antrag von mehreren Gesamtgläubigern, Gesamthandsgläubigern oder im Fall der Zwangsversteigerung zum Zweck der Aufhebung der Gemeinschaft von mehreren Miteigentümern gemeinsam gestellt, gelten diese als ein Antragsteller. Betrifft ein Antrag mehrere Gegenstände, wird die Gebühr nur einmal erhoben, soweit durch einen einheitlichen Beschluss entschieden wird. Für ein Verfahren nach § 765a ZPO wird keine, für das Beschwerdeverfahren die Gebühr 2240 erhoben; richtet sich die Beschwerde auch gegen eine Entscheidung nach § 30a ZVG, gilt Satz 2 entsprechend.

Abschnitt 1
Zwangsversteigerung

2210	Entscheidung über den Antrag auf Anordnung der Zwangsversteigerung oder über den Beitritt zum Verfahren	50,00 EUR
2211	Verfahren im Allgemeinen	0,5

Kostenverzeichnis (GKG-KV)

Nr.	Gebührentatbestand	Gebühr oder Satz der Gebühr nach § 34 GKG
2212	Beendigung des Verfahrens vor Ablauf des Tages, an dem die Verfügung mit der Bestimmung des ersten Versteigerungstermins unterschrieben ist:	
	Die Gebühr 2211 ermäßigt sich auf	0,25
2213	Abhaltung mindestens eines Versteigerungstermins mit Aufforderung zur Abgabe von Geboten	0,5
	Die Gebühr entfällt, wenn der Zuschlag aufgrund der §§ 74a, 85a ZVG, § 13 oder § 13a des Gesetzes über Vollstreckungsschutz für die Binnenschifffahrt versagt bleibt.	
2214	Erteilung des Zuschlags	0,5
	Die Gebühr entfällt, wenn der Zuschlagsbeschluss aufgehoben wird.	
2215	Verteilungsverfahren	0,5
2216	Es findet keine oder nur eine beschränkte Verteilung des Versteigerungserlöses durch das Gericht statt (§§ 143, 144 ZVG):	
	Die Gebühr 2215 ermäßigt sich auf	0,25

Abschnitt 2
Zwangsverwaltung

2220	Entscheidung über den Antrag auf Anordnung der Zwangsverwaltung oder über den Beitritt zum Verfahren	50,00 EUR
2221	Durchführung des Verfahrens:	
	Für jedes angefangene Jahr, beginnend mit dem Tag der Beschlagnahme	0,5

Abschnitt 3
Zwangsliquidation einer Bahneinheit

2230	Entscheidung über den Antrag auf Eröffnung der Zwangsliquidation	50,00 EUR
2231	Verfahren im Allgemeinen	0,5
2232	Verfahren wird eingestellt:	
	Die Gebühr 2231 ermäßigt sich auf	0,25

Kostenverzeichnis (GKG-KV)

Nr.	Gebührentatbestand	Gebühr oder Satz der Gebühr nach § 34 GKG
	Abschnitt 4 *Beschwerden*	
	Unterabschnitt 1 *Beschwerde*	
2240	Verfahren über Beschwerden, wenn für die angefochtene Entscheidung eine Festgebühr bestimmt ist:	
	Die Beschwerde wird verworfen oder zurückgewiesen	100,00 EUR
	Wird die Beschwerde nur teilweise verworfen oder zurückgewiesen, kann das Gericht die Gebühr nach billigem Ermessen auf die Hälfte ermäßigen oder bestimmen, dass eine Gebühr nicht zu erheben ist.	
2241	Verfahren über nicht besonders aufgeführte Beschwerden, die nicht nach anderen Vorschriften gebührenfrei sind:	
	Soweit die Beschwerde verworfen oder zurückgewiesen wird	1,0
	Unterabschnitt 2 *Rechtsbeschwerde*	
2242	Verfahren über Rechtsbeschwerden, wenn für die angefochtene Entscheidung eine Festgebühr bestimmt ist:	
	Die Rechtsbeschwerde wird verworfen oder zurückgewiesen	200,00 EUR
	Wird die Rechtsbeschwerde nur teilweise verworfen oder zurückgewiesen, kann das Gericht die Gebühr nach billigem Ermessen auf die Hälfte ermäßigen oder bestimmen, dass eine Gebühr nicht zu erheben ist.	
2243	Verfahren über nicht besonders aufgeführte Rechtsbeschwerden, die nicht nach anderen Vorschriften gebührenfrei sind:	
	Soweit die Rechtsbeschwerde verworfen oder zurückgewiesen wird	2,0

Kostenverzeichnis (GKG-KV)

Nr.	Gebührentatbestand	Gebühr oder Satz der Gebühr nach § 34 GKG

Hauptabschnitt 3
Insolvenzverfahren

Vorbemerkung 2.3:
Der Antrag des ausländischen Insolvenzverwalters steht dem Antrag des Schuldners gleich.

Abschnitt 1
Eröffnungsverfahren

2310 Verfahren über den Antrag des Schuldners auf Eröffnung des Insolvenzverfahrens 0,5

Die Gebühr entsteht auch, wenn das Verfahren nach § 306 InsO ruht.

2311 Verfahren über den Antrag eines Gläubigers auf Eröffnung des Insolvenzverfahrens 0,5
— mindestens 150,00 EUR

Abschnitt 2
Durchführung des Insolvenzverfahrens auf Antrag des Schuldners

Vorbemerkung 2.3.2:
Die Gebühren dieses Abschnitts entstehen auch, wenn das Verfahren gleichzeitig auf Antrag eines Gläubigers eröffnet wurde.

2320 Durchführung des Insolvenzverfahrens 2,5

Die Gebühr entfällt, wenn der Eröffnungsbeschluss auf Beschwerde aufgehoben wird.

2321 Einstellung des Verfahrens vor dem Ende des Prüfungstermins nach den §§ 207, 211, 212, 213 InsO:

Die Gebühr 2320 ermäßigt sich auf 0,5

2322 Einstellung des Verfahrens nach dem Ende des Prüfungstermins nach den §§ 207, 211, 212, 213 InsO:

Die Gebühr 2320 ermäßigt sich auf 1,5

Abschnitt 3
Durchführung des Insolvenzverfahrens auf Antrag eines Gläubigers

Vorbemerkung 2.3.3:
Dieser Abschnitt ist nicht anzuwenden, wenn das Verfahren gleichzeitig auf Antrag des Schuldners eröffnet wurde.

2330 Durchführung des Insolvenzverfahrens 3,0

Die Gebühr entfällt, wenn der Eröffnungsbeschluss auf Beschwerde aufgehoben wird.

Kostenverzeichnis (GKG-KV)

Nr.	Gebührentatbestand	Gebühr oder Satz der Gebühr nach § 34 GKG
2331	Einstellung des Verfahrens vor dem Ende des Prüfungstermins nach den §§ 207, 211, 212, 213 InsO: Die Gebühr 2330 ermäßigt sich auf	1,0
2332	Einstellung des Verfahrens nach dem Ende des Prüfungstermins nach den §§ 207, 211, 212, 213 InsO: Die Gebühr 2330 ermäßigt sich auf	2,0
	Abschnitt 4 *Besonderer Prüfungstermin und schriftliches Prüfungsverfahren (§ 177 InsO)*	
2340	Prüfung von Forderungen je Gläubiger	15,00 EUR
	Abschnitt 5 **Restschuldbefreiung**	
2350	Entscheidung über den Antrag auf Versagung oder Widerruf der Restschuldbefreiung (§§ 296, 297, 300, 303 InsO)	30,00 EUR
	Abschnitt 6 **Beschwerden**	
	Unterabschnitt 1 *Beschwerde*	
2360	Verfahren über die Beschwerde gegen die Entscheidung über den Antrag auf Eröffnung des Insolvenzverfahrens	1,0
2361	Verfahren über nicht besonders aufgeführte Beschwerden, die nicht nach anderen Vorschriften gebührenfrei sind: Die Beschwerde wird verworfen oder zurückgewiesen .... Wird die Beschwerde nur teilweise verworfen oder zurückgewiesen, kann das Gericht die Gebühr nach billigem Ermessen auf die Hälfte ermäßigen oder bestimmen, dass eine Gebühr nicht zu erheben ist.	50,00 EUR
	Unterabschnitt 2 *Rechtsbeschwerde*	
2362	Verfahren über die Rechtsbeschwerde gegen die Beschwerdeentscheidung im Verfahren über den Antrag auf Eröffnung des Insolvenzverfahrens	2,0

Kostenverzeichnis (GKG-KV)

Nr.	Gebührentatbestand	Gebühr oder Satz der Gebühr nach § 34 GKG
2363	Beendigung des gesamten Verfahrens durch Zurücknahme der Rechtsbeschwerde oder des Antrags: Die Gebühr 2362 ermäßigt sich auf	1,0
2364	Verfahren über nicht besonders aufgeführte Rechtsbeschwerden, die nicht nach anderen Vorschriften gebührenfrei sind:	
	Soweit die Rechtsbeschwerde verworfen oder zurückgewiesen wird	100,00 EUR
	Wird die Rechtsbeschwerde nur teilweise verworfen oder zurückgewiesen, kann das Gericht die Gebühr nach billigem Ermessen auf die Hälfte ermäßigen oder bestimmen, dass eine Gebühr nicht zu erheben ist.	

Hauptabschnitt 4
Schifffahrtsrechtliches Verteilungsverfahren

Abschnitt 1
Eröffnungsverfahren

2410	Verfahren über den Antrag auf Eröffnung des Verteilungsverfahrens	1,0

Abschnitt 2
Verteilungsverfahren

2420	Durchführung des Verteilungsverfahrens	2,0

Abschnitt 3
Besonderer Prüfungstermin

2430	Prüfung von Forderungen in einem besonderen Prüfungstermin (§ 11 SVertO) je Gläubiger	15,00 EUR

Abschnitt 4
Beschwerde und Rechtsbeschwerde

2440	Verfahren über Beschwerden, die nicht nach anderen Vorschriften gebührenfrei sind:	
	Soweit die Beschwerde verworfen oder zurückgewiesen wird	50,00 EUR
	Wird die Beschwerde nur teilweise verworfen oder zurückgewiesen, kann das Gericht die Gebühr nach billigem Ermessen auf die Hälfte ermäßigen oder bestimmen, dass eine Gebühr nicht zu erheben ist.	

Kostenverzeichnis (GKG-KV)

Nr.	Gebührentatbestand	Gebühr oder Satz der Gebühr nach § 34 GKG
2441	Verfahren über Rechtsbeschwerden:	
	Soweit die Rechtsbeschwerde verworfen oder zurückgewiesen wird	100,00 EUR
	Wird die Rechtsbeschwerde nur teilweise verworfen oder zurückgewiesen, kann das Gericht die Gebühr nach billigem Ermessen auf die Hälfte ermäßigen oder bestimmen, dass eine Gebühr nicht zu erheben ist.	
	Hauptabschnitt 5 **Rüge wegen Verletzung des Anspruchs auf rechtliches Gehör**	
2500	Verfahren über die Rüge wegen Verletzung des Anspruchs auf rechtliches Gehör (§ 321a ZPO, § 4 InsO, § 3 Abs. 1 Satz 1 SVertO):	
	Die Rüge wird in vollem Umfang verworfen oder zurückgewiesen	50,00 EUR

Teil 3
Strafsachen und gerichtliche Verfahren nach dem Strafvollzugsgesetz

Vorbemerkung 3:

(1) § 473 Abs. 4 StPO und § 74 JGG bleiben unberührt.

(2) Im Verfahren nach Wiederaufnahme werden die gleichen Gebühren wie für das wiederaufgenommene Verfahren erhoben. Wird jedoch nach Anordnung der Wiederaufnahme des Verfahrens das frühere Urteil aufgehoben, gilt für die Gebührenerhebung jeder Rechtszug des neuen Verfahrens mit dem jeweiligen Rechtszug des früheren Verfahrens zusammen als ein Rechtszug. Gebühren werden auch für Rechtszüge erhoben, die nur im früheren Verfahren stattgefunden haben. Dies gilt auch für das Wiederaufnahmeverfahren, das sich gegen einen Strafbefehl richtet (§ 373a StPO)

Hauptabschnitt 1
Offizialverfahren

Vorbemerkung 3.1:

(1) In Strafsachen bemessen sich die Gerichtsgebühren für alle Rechtszüge nach der rechtskräftig erkannten Strafe.

(2) Ist neben einer Freiheitsstrafe auf Geldstrafe erkannt, ist die Zahl der Tagessätze der Dauer der Freiheitsstrafe hinzuzurechnen; dabei entsprechen 30 Tagessätze einem Monat Freiheitsstrafe.

(3) Ist auf Verwarnung mit Strafvorbehalt erkannt, bestimmt sich die Gebühr nach der vorbehaltenen Geldstrafe.

(4) Eine Gebühr wird für alle Rechtszüge bei rechtskräftiger Anordnung einer Maßregel der Besserung und Sicherung und bei rechtskräftiger Festsetzung einer Geldbuße gesondert erhoben.

(5) Wird aufgrund des § 55 Abs. 1 StGB in einem Verfahren eine Gesamtstrafe gebildet, bemisst sich die Gebühr für dieses Verfahren nach dem Maß der Strafe, um das die Gesamtstrafe die früher er-

Kostenverzeichnis (GKG-KV)

Nr.	Gebührentatbestand	Gebühr oder Satz der jeweiligen Gebühr 3110 bis 3117, soweit nichts anderes vermerkt ist

kannte Strafe übersteigt. Dies gilt entsprechend, wenn ein Urteil, in dem auf Jugendstrafe erkannt ist, nach § 31 Abs. 2 JGG in ein neues Urteil einbezogen wird. In den Fällen des § 460 StPO und des § 66 JGG verbleibt es bei den Gebühren für die früheren Verfahren.

(6) Betrifft eine Strafsache mehrere Angeschuldigte, ist die Gebühr von jedem gesondert nach Maßgabe der gegen ihn erkannten Strafe, angeordneten Maßregel der Besserung und Sicherung oder festgesetzten Geldbuße zu erheben. Wird in einer Strafsache gegen einen oder mehrere Angeschuldigte auch eine Geldbuße gegen eine juristische Person oder eine Personenvereinigung festgesetzt, ist eine Gebühr auch von der juristischen Person oder der Personenvereinigung nach Maßgabe der gegen sie festgesetzten Geldbuße zu erheben.

(7) Wird bei Verurteilung wegen selbstständiger Taten ein Rechtsmittel auf einzelne Taten beschränkt, bemisst sich die Gebühr für das Rechtsmittelverfahren nach der Strafe für diejenige Tat, die Gegenstand des Rechtsmittelverfahrens ist. Bei Gesamtstrafen ist die Summe der angefochtenen Einzelstrafen maßgebend. Ist die Gesamtstrafe, auch unter Einbeziehung der früher erkannten Strafe, geringer, ist diese maßgebend. Wird ein Rechtsmittel auf die Anordnung einer Maßregel der Besserung und Sicherung oder die Festsetzung einer Geldbuße beschränkt, werden die Gebühren für das Rechtsmittelverfahren nur wegen der Anordnung der Maßregel oder der Festsetzung der Geldbuße erhoben. Die Sätze 1 bis 4 gelten im Falle der Wiederaufnahme entsprechend.

(8) Das Verfahren über die vorbehaltene Sicherungsverwahrung und das Verfahren über die nachträgliche Anordnung der Sicherungsverwahrung gelten als besondere Verfahren.

Abschnitt 1
Erster Rechtszug

Verfahren mit Urteil, wenn kein Strafbefehl vorausgegangen ist, bei

3110	— Verurteilung zu Freiheitsstrafe bis zu 6 Monaten oder zu Geldstrafe bis zu 180 Tagessätzen	120,00 EUR
3111	— Verurteilung zu Freiheitsstrafe bis zu 1 Jahr oder zu Geldstrafe von mehr als 180 Tagessätzen ...	240,00 EUR
3112	— Verurteilung zu Freiheitsstrafe bis zu 2 Jahren ..	360,00 EUR
3113	— Verurteilung zu Freiheitsstrafe bis zu 4 Jahren ..	480,00 EUR
3114	— Verurteilung zu Freiheitsstrafe bis zu 10 Jahren ..	600,00 EUR
3115	— Verurteilung zu Freiheitsstrafe von mehr als 10 Jahren oder zu einer lebenslangen Freiheitsstrafe ...	900,00 EUR
3116	— Anordnung einer oder mehrerer Maßregeln der Besserung und Sicherung	60,00 EUR
3117	— Festsetzung einer Geldbuße	10 % des Betrags der Geldbuße, — mindestens 40,00 EUR — höchstens 15 000,00 EUR

Kostenverzeichnis (GKG-KV)

Nr.	Gebührentatbestand	Gebühr oder Satz der jeweiligen Gebühr 3110 bis 3117, soweit nichts anderes vermerkt ist
3118	Strafbefehl	0,5
	Die Gebühr wird auch neben der Gebühr 3119 erhoben. Ist der Einspruch beschränkt (§ 410 Abs. 2 StPO), bemisst sich die Gebühr nach der im Urteil erkannten Strafe.	
3119	Hauptverhandlung mit Urteil, wenn ein Strafbefehl vorausgegangen ist	0,5
	Vorbemerkung 3.1 Abs. 7 gilt entsprechend.	

Abschnitt 2
Berufung

3120	Berufungsverfahren mit Urteil	1,5
3121	Erledigung des Berufungsverfahrens ohne Urteil ...	0,5
	Die Gebühr entfällt bei Zurücknahme der Berufung vor Ablauf der Begründungsfrist.	

Abschnitt 3
Revision

3130	Revisionsverfahren mit Urteil oder Beschluss nach § 349 Abs. 2 oder 4 StPO	2,0
3131	Erledigung des Revisionsverfahrens ohne Urteil und ohne Beschluss nach § 349 Abs. 2 oder 4 StPO ...	1,0
	Die Gebühr entfällt bei Zurücknahme der Revision vor Ablauf der Begründungsfrist.	

Abschnitt 4
Wiederaufnahmeverfahren

3140	Verfahren über den Antrag auf Wiederaufnahme des Verfahrens:	
	Der Antrag wird verworfen oder abgelehnt	0,5
3141	Verfahren über die Beschwerde gegen einen Beschluss, durch den ein Antrag auf Wiederaufnahme des Verfahrens hinsichtlich einer Freiheitsstrafe, einer Geldstrafe, einer Maßregel der Besserung und Sicherung oder einer Geldbuße verworfen oder abgelehnt wurde:	
	Die Beschwerde wird verworfen oder zurückgewiesen	1,0

Kostenverzeichnis (GKG-KV)

Nr.	Gebührentatbestand	Gebühr oder Satz der jeweiligen Gebühr 3110 bis 3117, soweit nichts anderes vermerkt ist

Hauptabschnitt 2
Klageerzwingungsverfahren, unwahre Anzeige und Zurücknahme des Strafantrags

3200 Dem Antragsteller, dem Anzeigenden, dem Angeklagten oder Nebenbeteiligten sind die Kosten auferlegt worden (§§ 177, 469, 470 StPO) . . . . 60,00 EUR

Das Gericht kann die Gebühr bis auf 10,00 EUR herabsetzen oder beschließen, dass von der Erhebung einer Gebühr abgesehen wird.

Hauptabschnitt 3
Privatklage

Vorbemerkung 3.3:
Für das Verfahren auf Widerklage werden die Gebühren gesondert erhoben.

Abschnitt 1
Erster Rechtszug

3310 Hauptverhandlung mit Urteil . . . . 120,00 EUR
3311 Erledigung des Verfahrens ohne Urteil . . . . 60,00 EUR

Abschnitt 2
Berufung

3320 Berufungsverfahren mit Urteil . . . . 240,00 EUR
3321 Erledigung der Berufung ohne Urteil . . . . 120,00 EUR

Die Gebühr entfällt bei Zurücknahme der Berufung vor Ablauf der Begründungsfrist.

Abschnitt 3
Revision

3330 Revisionsverfahren mit Urteil oder Beschluss nach § 349 Abs. 2 oder 4 StPO . . . . 360,00 EUR
3331 Erledigung der Revision ohne Urteil und ohne Beschluss nach § 349 Abs. 2 oder 4 StPO . . . . 240,00 EUR

Die Gebühr entfällt bei Rücknahme der Revision vor Ablauf der Begründungsfrist.

Kostenverzeichnis (GKG-KV)

Nr.	Gebührentatbestand	Gebühr oder Satz der jeweiligen Gebühr 3110 bis 3117, soweit nichts anderes vermerkt ist

Abschnitt 4
Wiederaufnahmeverfahren

3340 Verfahren über den Antrag auf Wiederaufnahme des Verfahrens:

    Der Antrag wird verworfen oder abgelehnt . . . . 60,00 EUR

3341 Verfahren über die Beschwerde gegen einen Beschluss, durch den ein Antrag auf Wiederaufnahme des Verfahrens verworfen oder abgelehnt wurde:

    Die Beschwerde wird verworfen oder zurückgewiesen . . . . 120,00 EUR

Hauptabschnitt 4
Einziehung und verwandte Maßnahmen

Vorbemerkung 3.4:

(1) Die Vorschriften dieses Hauptabschnitts gelten für die Verfahren über die Einziehung, dieser gleichstehende Rechtsfolgen (§ 442 StPO) und die Abführung des Mehrerlöses. Im Strafverfahren werden die Gebühren gesondert erhoben.

(2) Betreffen die in Absatz 1 genannten Maßnahmen mehrere Angeschuldigte wegen derselben Tat, wird nur eine Gebühr erhoben. § 31 GKG bleibt unberührt.

Abschnitt 1
Antrag des Privatklägers nach § 440 StPO

3410 Verfahren über den Antrag des Privatklägers:

    Der Antrag wird verworfen oder zurückgewiesen . . 30,00 EUR

Abschnitt 2
Beschwerde

3420 Verfahren über die Beschwerde nach § 441 Abs. 2 StPO:

    Die Beschwerde wird verworfen oder zurückgewiesen . . . . 30,00 EUR

Abschnitt 3
Berufung

3430 Verwerfung der Berufung durch Urteil . . . . 60,00 EUR

3431 Erledigung der Berufung ohne Urteil . . . . 30,00 EUR

    Die Gebühr entfällt bei Zurücknahme der Berufung vor Ablauf der Begründungsfrist.

Kostenverzeichnis (GKG-KV)

Nr.	Gebührentatbestand	Gebühr oder Satz der jeweiligen Gebühr 3110 bis 3117, soweit nichts anderes vermerkt ist

Abschnitt 4
Revision

3440	Verwerfung der Revision durch Urteil oder Beschluss nach § 349 Abs. 2 oder 4 StPO	60,00 EUR
3441	Erledigung der Revision ohne Urteil und ohne Beschluss nach § 349 Abs. 2 oder 4 StPO	30,00 EUR
	Die Gebühr entfällt bei Zurücknahme der Revision vor Ablauf der Begründungsfrist.	

Abschnitt 5
Wiederaufnahmeverfahren

3450	Verfahren über den Antrag auf Wiederaufnahme des Verfahrens:	
	Der Antrag wird verworfen oder zurückgewiesen ...	30,00 EUR
3451	Verfahren über die Beschwerde gegen einen Beschluss, durch den ein Antrag auf Wiederaufnahme des Verfahrens verworfen oder abgelehnt wurde:	
	Die Beschwerde wird verworfen oder zurückgewiesen	60,00 EUR

Hauptabschnitt 5
Nebenklage

Vorbemerkung 3.5:
Gebühren nach diesem Hauptabschnitt werden nur erhoben, wenn dem Nebenkläger die Kosten auferlegt worden sind.

Abschnitt 1
Berufung

3510	Die Berufung des Nebenklägers wird durch Urteil verworfen; aufgrund der Berufung des Nebenklägers wird der Angeklagte freigesprochen oder für straffrei erklärt	80,00 EUR
3511	Erledigung der Berufung des Nebenklägers ohne Urteil	40,00 EUR
	Die Gebühr entfällt bei Zurücknahme der Berufung vor Ablauf der Begründungsfrist.	

Kostenverzeichnis (GKG-KV)

Nr.	Gebührentatbestand	Gebühr oder Satz der jeweiligen Gebühr 3110 bis 3117, soweit nichts anderes vermerkt ist

Abschnitt 2
Revision

3520	Die Revision des Nebenklägers wird durch Urteil oder Beschluss nach § 349 Abs. 2 StPO verworfen; aufgrund der Revision des Nebenklägers wird der Angeklagte freigesprochen oder für straffrei erklärt	120,00 EUR
3521	Erledigung der Revision des Nebenklägers ohne Urteil und ohne Beschluss nach § 349 Abs. 2 StPO . . .	60,00 EUR
	Die Gebühr entfällt bei Zurücknahme der Revision vor Ablauf der Begründungsfrist.	

Abschnitt 3
Wiederaufnahmeverfahren

3530	Verfahren über den Antrag des Nebenklägers auf Wiederaufnahme des Verfahrens:	
	Der Antrag wird verworfen oder abgelehnt	40,00 EUR
3531	Verfahren über die Beschwerde gegen einen Beschluss, durch den ein Antrag des Nebenklägers auf Wiederaufnahme des Verfahrens verworfen oder abgelehnt wurde:	
	Die Beschwerde wird verworfen oder zurückgewiesen	80,00 EUR

Hauptabschnitt 6
Sonstige Beschwerden

Vorbemerkung 3.6:

Die Gebühren im Kostenfestsetzungsverfahren bestimmen sich nach den für das Kostenfestsetzungsverfahren in Teil 1 Hauptabschnitt 8 geregelten Gebühren.

3600	Verfahren über die Beschwerde gegen einen Beschluss nach § 411 Abs. 1 Satz 3 StPO	
	Die Beschwerde wird verworfen oder zurückgewiesen	0,25
3601	Verfahren über die Beschwerde gegen eine Entscheidung, durch die im Strafverfahren einschließlich des selbstständigen Verfahrens nach den §§ 440, 441, 444 Abs. 3 StPO eine Geldbuße gegen eine juristische Person oder eine Personenvereinigung festgesetzt worden ist:	
	Die Beschwerde wird verworfen oder zurückgewiesen	0,5
	Eine Gebühr wird nur erhoben, wenn eine Geldbuße rechtskräftig festgesetzt ist.	

Kostenverzeichnis (GKG-KV)

Nr.	Gebührentatbestand	Gebühr oder Satz der jeweiligen Gebühr 3110 bis 3117, soweit nichts anderes vermerkt ist
3602	Verfahren über nicht besonders aufgeführte Beschwerden, die nicht nach anderen Vorschriften gebührenfrei sind:	
	Die Beschwerde wird verworfen oder zurückgewiesen	50,00 EUR
	Von dem Beschuldigten wird eine Gebühr nur erhoben, wenn gegen ihn rechtskräftig auf eine Strafe, auf Verwarnung mit Strafvorbehalt erkannt, eine Maßregel der Besserung und Sicherung angeordnet oder eine Geldbuße festgesetzt worden ist. Von einer juristischen Person oder einer Personenvereinigung wird eine Gebühr nur erhoben, wenn gegen sie eine Geldbuße festgesetzt worden ist.	

Hauptabschnitt 7
Entschädigungsverfahren

Nr.	Gebührentatbestand	Gebühr oder Satz der Gebühr nach § 34 GKG
3700	Urteil, durch das dem Antrag des Verletzten oder seines Erben wegen eines aus der Straftat erwachsenen vermögensrechtlichen Anspruchs stattgegeben wird (§ 406 StPO)	1,0
	Die Gebühr wird für jeden Rechtszug nach dem Wert des zuerkannten Anspruchs erhoben.	

Hauptabschnitt 8
Gerichtliche Verfahren nach dem Strafvollzugsgesetz

Abschnitt 1
Antrag auf gerichtliche Entscheidung

	Verfahren über den Antrag auf gerichtliche Entscheidung nach § 109 StVollzG:	
3810	— Der Antrag wird zurückgewiesen	1,0
3811	— Der Antrag wird zurückgenommen	0,5
3812	Verfahren über den Antrag auf Erlass einer Entscheidung nach § 114 Abs. 2 StVollzG:	
	Der Antrag wird zurückgewiesen	0,5

Kostenverzeichnis (GKG-KV)

Nr.	Gebührentatbestand	Gebühr oder Satz der Gebühr nach § 34 GKG
	Abschnitt 2 *Rechtsbeschwerde*	
	Verfahren über die Rechtsbeschwerde:	
3820	— Die Rechtsbeschwerde wird verworfen	2,0
3821	— Die Rechtsbeschwerde wird zurückgenommen ..	1,0
	Hauptabschnitt 9 **Rüge wegen Verletzung des Anspruchs auf rechtliches Gehör**	
3900	Verfahren über die Rüge wegen Verletzung des Anspruchs auf rechtliches Gehör (§§ 33a, 311a Abs. 1 Satz 1, § 356a StPO, auch i. V. m. § 55 Abs. 4 JGG und § 120 StVollzG): Die Rüge wird in vollem Umfang verworfen oder zurückgewiesen	50,00 EUR

Teil 4
Verfahren nach dem Gesetz über Ordnungswidrigkeiten

Vorbemerkung 4:

(1) § 473 Abs. 4 StPO, auch i. V. m. § 46 Abs. 1 OWiG, bleibt unberührt.

(2) Im Verfahren nach Wiederaufnahme werden die gleichen Gebühren wie für das wiederaufgenommene Verfahren erhoben. Wird jedoch nach Anordnung der Wiederaufnahme des Verfahrens die frühere Entscheidung aufgehoben, gilt für die Gebührenerhebung jeder Rechtszug des neuen Verfahrens mit dem jeweiligen Rechtszug des früheren Verfahrens zusammen als ein Rechtszug. Gebühren werden auch für Rechtszüge erhoben, die nur im früheren Verfahren stattgefunden haben.

Hauptabschnitt 1
Bußgeldverfahren

Vorbemerkung 4.1:

(1) In Bußgeldsachen bemessen sich die Gerichtsgebühren für alle Rechtszüge nach der rechtskräftig festgesetzten Geldbuße. Mehrere Geldbußen, die in demselben Verfahren gegen denselben Betroffenen festgesetzt werden, sind bei der Bemessung der Gebühr zusammenzurechnen.

(2) Betrifft eine Bußgeldsache mehrere Betroffene, ist die Gebühr von jedem gesondert nach Maßgabe der gegen ihn festsetzten Geldbuße zu erheben. Wird in einer Bußgeldsache gegen einen oder mehrere Betroffene eine Geldbuße auch gegen eine juristische Person oder eine Personenvereinigung festgesetzt, ist eine Gebühr auch von der juristischen Person oder Personenvereinigung nach Maßgabe der gegen sie festgesetzten Geldbuße zu erheben.

(3) Wird bei Festsetzung mehrerer Geldbußen ein Rechtsmittel auf die Festsetzung einer Geldbuße beschränkt, bemisst sich die Gebühr für das Rechtsmittelverfahren nach dieser Geldbuße. Satz 1 gilt im Falle der Wiederaufnahme entsprechend.

Kostenverzeichnis (GKG-KV)

Nr.	Gebührentatbestand	Gebühr oder Satz der Gebühr 4110, soweit nichts anderes vermerkt ist
	Abschnitt 1 *** Erster Rechtszug***	
4110	Hauptverhandlung mit Urteil oder Beschluss ohne Hauptverhandlung (§ 72 OWiG)	10 % des Betrages der Geldbuße, — mindestens 40,00 EUR, — höchstens 15 000,00 EUR
4111	Verwerfung des Einspruchs als unzulässig nach Beginn der Hauptverhandlung	0,5
4112	Zurücknahme des Einspruchs nach Beginn der Hauptverhandlung	0,5
	Abschnitt 2 *** Rechtsbeschwerde***	
4120	Verfahren mit Urteil oder Beschluss nach § 79 Abs. 5 OWiG	2,0
4121	Verfahren ohne Urteil oder Beschluss nach § 79 Abs. 5 OWiG	1,0
	Die Gebühr entfällt bei Rücknahme der Rechtsbeschwerde vor Ablauf der Begründungsfrist.	
	Abschnitt 3 *** Wiederaufnahmeverfahren***	
4130	Verfahren über den Antrag auf Wiederaufnahme des Verfahrens:	
	Der Antrag wird verworfen oder abgelehnt	0,5
4131	Verfahren über die Beschwerde gegen einen Beschluss, durch den ein Antrag auf Wiederaufnahme des Verfahrens verworfen oder abgelehnt wurde:	
	Die Beschwerde wird verworfen oder zurückgewiesen	1,0

Hauptabschnitt 2
Einziehung und verwandte Maßnahmen

Vorbemerkung 4.2:

(1) Die Vorschriften dieses Hauptabschnitts gelten für die Verfahren über die Einziehung, dieser gleichstehende Rechtsfolgen (§ 442 StPO i. V. m. § 46 Abs. 1 OWiG) und die Abführung des Mehrerlöses. Im gerichtlichen Verfahren werden die Gebühren gesondert erhoben.

(2) Betreffen die in Absatz 1 genannten Maßnahmen mehrere Betroffene wegen derselben Handlung, wird nur eine Gebühr erhoben. § 31 GKG bleibt unberührt.

Kostenverzeichnis (GKG-KV)

Nr.	Gebührentatbestand	Gebühr oder Satz der Gebühr 4110, soweit nichts anderes vermerkt ist

Abschnitt 1
Beschwerde

| 4210 | Verfahren über die Beschwerde nach § 441 Abs. 2 StPO i. V. m. § 46 Abs. 1 OWiG: | |
| | Die Beschwerde wird verworfen oder zurückgewiesen .... | 30,00 EUR |

Abschnitt 2
Rechtsbeschwerde

4220	Verfahren mit Urteil oder Beschluss nach § 79 Abs. 5 OWiG:	
	Die Rechtsbeschwerde wird verworfen	60,00 EUR
4221	Verfahren ohne Urteil oder Beschluss nach § 79 Abs. 5 OWiG	30,00 EUR
	Die Gebühr entfällt bei Rücknahme der Rechtsbeschwerde vor Ablauf der Begründungsfrist.	

Abschnitt 3
Wiederaufnahmeverfahren

4230	Verfahren über den Antrag auf Wiederaufnahme des Verfahrens:	
	Der Antrag wird verworfen oder abgelehnt	30,00 EUR
4231	Verfahren über die Beschwerde gegen einen Beschluss, durch den ein Antrag auf Wiederaufnahme des Verfahrens verworfen oder abgelehnt wurde:	
	Die Beschwerde wird verworfen oder zurückgewiesen	60,00 EUR

Hauptabschnitt 3
Besondere Gebühren

4300	Dem Anzeigenden sind im Falle einer unwahren Anzeige die Kosten auferlegt worden (§ 469 StPO i. V. m. § 46 Abs. 1 OWiG)	30,00 EUR
	Das Gericht kann die Gebühr bis auf 10,00 EUR herabsetzen oder beschließen, dass von der Erhebung einer Gebühr abgesehen wird.	
4301	Abschließende Entscheidung des Gerichts im Falle des § 25a Abs. 1 StVG	30,00 EUR
4302	Entscheidung der Staatsanwaltschaft im Falle des § 25a Abs. 1 StVG	15,00 EUR

Kostenverzeichnis (GKG-KV)

Nr.	Gebührentatbestand	Gebühr oder Satz der Gebühr 4110, soweit nichts anderes vermerkt ist
4303	Verfahren über den Antrag auf gerichtliche Entscheidung gegen eine Anordnung, Verfügung oder sonstige Maßnahme der Verwaltungsbehörde oder der Staatsanwaltschaft oder Verfahren über Einwendungen nach § 103 OWiG:	
	Der Antrag wird verworfen	25,00 EUR
	Wird der Antrag nur teilweise verworfen, kann das Gericht die Gebühr nach billigem Ermessen auf die Hälfte ermäßigen oder bestimmen, dass eine Gebühr nicht zu erheben ist.	
4304	Verfahren über die Erinnerung gegen den Kostenfestsetzungsbeschluss des Urkundsbeamten der Staatsanwaltschaft (§ 108a Abs. 3 Satz 2 OWiG):	
	Die Erinnerung wird zurückgewiesen	25,00 EUR
	Wird die Erinnerung nur teilweise verworfen, kann das Gericht die Gebühr nach billigem Ermessen auf die Hälfte ermäßigen oder bestimmen, dass eine Gebühr nicht zu erheben ist.	

Hauptabschnitt 4
Sonstige Beschwerden

Vorbemerkung 4.4:

Die Gebühren im Kostenfestsetzungsverfahren bestimmen sich nach den für das Kostenfestsetzungsverfahren in Teil 1 Hauptabschnitt 8 geregelten Gebühren.

4400	Verfahren über die Beschwerde gegen eine Entscheidung, durch die im gerichtlichen Verfahren nach dem OWiG einschließlich des selbstständigen Verfahrens nach den §§ 88 und 46 Abs. 1 OWiG i. V. m. den §§ 440, 441 , 444 Abs. 3 StPO eine Geldbuße gegen eine juristische Person oder eine Personenvereinigung festgesetzt worden ist:	
	Die Beschwerde wird verworfen oder zurückgewiesen	0,5
	Eine Gebühr wird nur erhoben, wenn eine Geldbuße rechtskräftig festgesetzt ist.	
4401	Verfahren über nicht besonders aufgeführte Beschwerden, die nicht nach anderen Vorschriften gebührenfrei sind:	
	Die Beschwerde wird verworfen oder zurückgewiesen	30,00 EUR
	Von dem Betroffenen wird eine Gebühr nur erhoben, wenn gegen ihn eine Geldbuße rechtskräftig festgesetzt ist.	

Kostenverzeichnis (GKG-KV)

Nr.	Gebührentatbestand	Gebühr oder Satz der Gebühr 4110, soweit nichts anderes vermerkt ist

Hauptabschnitt 5
Rüge wegen Verletzung des Anspruchs auf rechtliches Gehör

4500 Verfahren über die Rüge wegen Verletzung des Anspruchs auf rechtliches Gehör (§§ 33a, 311a Abs. 1 Satz 1, § 356a StPO i. V. m. § 46 Abs. 1 und § 79 Abs. 3 OWiG):

Die Rüge wird in vollem Umfang verworfen oder zurückgewiesen .... 50,00 EUR

Teil 5
Verfahren vor den Gerichten der Verwaltungsgerichtsbarkeit

Nr.	Gebührentatbestand	Gebühr oder Satz der Gebühr nach § 34 GKG

Hauptabschnitt 1
Prozessverfahren

Vorbemerkung 5. 1:
Wird das Verfahren durch Antrag eingeleitet, gelten die Vorschriften über die Klage entsprechend

Abschnitt 1
Erster Rechtszug

Unterabschnitt 1
Verwaltungsgericht

5110 Verfahren im Allgemeinen 3,0

5111 Beendigung des gesamten Verfahrens durch

1. Zurücknahme der Klage
   a) vor dem Schluss der mündlichen Verhandlung,
   b) wenn eine solche nicht stattfindet, vor Ablauf des Tages, an dem das Urteil oder der Gerichtsbescheid der Geschäftsstelle übermittelt wird, oder
   c) im Fall des § 93a Abs. 2 VwGO vor Ablauf der Erklärungsfrist nach § 93a Abs. 2 Satz 1 VwGO,
2. Anerkenntnis- oder Verzichtsurteil,
3. gerichtlichen Vergleich oder
4. Erledigungserklärungen nach § 161 Abs. 2 VwGO, wenn keine Entscheidung über die Kosten ergeht oder die Entscheidung einer zuvor mitgeteilten Ei-

Kostenverzeichnis (GKG-KV)

Nr.	Gebührentatbestand	Gebühr oder Satz der Gebühr nach § 34 GKG
	nigung der Beteiligten über die Kostentragung oder der Kostenübernahmeerklärung eines Beteiligten folgt,	
	wenn nicht bereits ein anderes als eines der in Nummer 2 genannten Urteile oder ein Gerichtsbescheid vorausgegangen ist:	
	Die Gebühr 5110 ermäßigt sich auf	1,0
	Die Gebühr ermäßigt sich auch, wenn mehrere Ermäßigungstatbestände erfüllt sind.	

Unterabschnitt 2
Oberverwaltungsgericht (Verwaltungsgerichtshof)

5112	Verfahren im Allgemeinen	4,0
5113	Beendigung des gesamten Verfahrens durch	
	1. Zurücknahme der Klage	
	a) vor dem Schluss der mündlichen Verhandlung,	
	b) wenn eine solche nicht stattfindet, vor Ablauf des Tages, an dem das Urteil, der Gerichtsbescheid oder der Beschluss in der Hauptsache der Geschäftsstelle übermittelt wird,	
	c) im Fall des § 93a Abs. 2 VwGO vor Ablauf der Erklärungsfrist nach § 93a Abs. 2 Satz 1 VwGO,	
	2. Anerkenntnis- oder Verzichtsurteil,	
	3. gerichtlichen Vergleich oder	
	4. Erledigungserklärungen nach § 161 Abs. 2 VwGO, wenn keine Entscheidung über die Kosten ergeht oder die Entscheidung einer zuvor mitgeteilten Einigung der Beteiligten über die Kostentragung oder der Kostenübernahmeerklärung eines Beteiligten folgt,	
	es sei denn, dass bereits ein anderes als eines der in Nummer 2 genannten Urteile, ein Gerichtsbescheid oder Beschluss in der Hauptsache vorausgegangen ist:	
	Die Gebühr 5112 ermäßigt sich auf	2,0
	Die Gebühr ermäßigt sich auch, wenn mehrere Ermäßigungstatbestände erfüllt sind.	

Unterabschnitt 3
Bundesverwaltungsgericht

5114	Verfahren im Allgemeinen	5,0

Kostenverzeichnis (GKG-KV)

Nr.	Gebührentatbestand	Gebühr oder Satz der Gebühr nach § 34 GKG
5115	Beendigung des gesamten Verfahrens durch	

    1. Zurücknahme der Klage
       a) vor dem Schluss der mündlichen Verhandlung,
       b) wenn eine solche nicht stattfindet, vor Ablauf des Tages, an dem das Urteil oder der Gerichtsbescheid der Geschäftsstelle übermittelt wird,
       c) im Fall des § 93a Abs. 2 VwGO vor Ablauf der Erklärungsfrist nach § 93a Abs. 2 Satz 1 VwGO,
    2. Anerkenntnis- oder Verzichtsurteil,
    3. gerichtlichen Vergleich oder
    4. Erledigungserklärungen nach § 161 Abs. 2 VwGO, wenn keine Entscheidung über die Kosten ergeht oder die Entscheidung einer zuvor mitgeteilten Einigung der Beteiligten über die Kostentragung oder der Kostenübernahmeerklärung eines Beteiligten folgt,

es sei denn, dass bereits ein anderes als eines der in Nummer 2 genannten Urteile, ein Gerichtsbescheid oder ein Beschluss in der Hauptsache vorausgegangen ist:

	Die Gebühr 5114 ermäßigt sich auf	3,0

Die Gebühr ermäßigt sich auch, wenn mehrere Ermäßigungstatbestände erfüllt sind.

Abschnitt 2
Zulassung und Durchführung der Berufung

5120	Verfahren über die Zulassung der Berufung:	
	Soweit der Antrag abgelehnt wird	1,0
5121	Verfahren über die Zulassung der Berufung:	
	Soweit der Antrag zurückgenommen oder das Verfahren durch anderweitige Erledigung beendet wird	0,5
	Die Gebühr entsteht nicht, soweit die Berufung zugelassen wird.	
5122	Verfahren im Allgemeinen	4,0
5123	Beendigung des gesamten Verfahrens durch Zurücknahme der Berufung oder der Klage, bevor die Schrift zur Begründung der Berufung bei Gericht eingegangen ist:	
	Die Gebühr 5122 ermäßigt sich auf	1,0

Kostenverzeichnis (GKG-KV)

Nr.	Gebührentatbestand	Gebühr oder Satz der Gebühr nach § 34 GKG
	Erledigungserklärungen nach § 161 Abs. 2 VwGO stehen der Zurücknahme gleich, wenn keine Entscheidung über die Kosten ergeht oder die Entscheidung einer zuvor mitgeteilten Einigung der Beteiligten über die Kostentragung oder der Kostenübernahmeerklärung eines Beteiligten folgt.	
5124	Beendigung des gesamten Verfahrens, wenn nicht Nummer 5123 erfüllt ist, durch	
	1. Zurücknahme der Berufung oder der Klage,	
	a) vor dem Schluss der mündlichen Verhandlung,	
	b) wenn eine solche nicht stattfindet, vor Ablauf des Tages, an dem das Urteil oder der Beschluss in der Hauptsache der Geschäftsstelle übermittelt wird, oder	
	c) im Fall des § 93a Abs. 2 VwGO vor Ablauf der Erklärungsfrist nach § 93a Abs. 2 Satz 1 VwGO,	
	2. Anerkenntnis- oder Verzichtsurteil,	
	3. gerichtlichen Vergleich oder	
	4. Erledigungserklärungen nach § 161 Abs. 2 VwGO, wenn keine Entscheidung über die Kosten ergeht oder die Entscheidung einer zuvor mitgeteilten Einigung der Beteiligten über die Kostentragung oder der Kostenübernahmeerklärung eines Beteiligten folgt,	
	es sei denn, dass bereits ein anderes als eines der in Nummer 2 genannten Urteile oder ein Beschluss in der Hauptsache vorausgegangen ist:	
	Die Gebühr 5122 ermäßigt sich auf	2,0
	Die Gebühr ermäßigt sich auch, wenn mehrere Ermäßigungstatbestände erfüllt sind.	

Abschnitt 3
Revision

5130	Verfahren im Allgemeinen	5,0
5131	Beendigung des gesamten Verfahrens durch Zurücknahme der Revision oder der Klage, bevor die Schrift zur Begründung der Revision bei Gericht eingegangen ist:	

Kostenverzeichnis (GKG-KV)

Nr.	Gebührentatbestand	Gebühr oder Satz der Gebühr nach § 34 GKG
	Die Gebühr 5130 ermäßigt sich auf .... Erledigungserklärungen nach § 161 Abs. 2 VwGO stehen der Zurücknahme gleich, wenn keine Entscheidung über die Kosten ergeht oder die Entscheidung einer zuvor mitgeteilten Einigung der Beteiligten über die Kostentragung oder der Kostenübernahmeerklärung eines Beteiligten folgt.	1,0

5132	Beendigung des gesamten Verfahrens, wenn nicht Nummer 5131 erfüllt ist, durch
	 1. Zurücknahme der Revision oder der Klage,
	    a) vor dem Schluss der mündlichen Verhandlung,
	    b) wenn eine solche nicht stattfindet, vor Ablauf des Tages, an dem das Urteil oder der Beschluss in der Hauptsache der Geschäftsstelle übermittelt wird, oder
	    c) im Fall des § 93a Abs. 2 VwGO vor Ablauf der Erklärungsfrist nach § 93a Abs. 2 Satz 1 VwGO,
	 2. Anerkenntnis- oder Verzichtsurteil,
	 3. gerichtlichen Vergleich oder
	 4. Erledigungserklärungen nach § 161 Abs. 2 VwGO, wenn keine Entscheidung über die Kosten ergeht oder die Entscheidung einer zuvor mitgeteilten Einigung der Beteiligten über die Kostentragung oder der Kostenübernahmeerklärung eines Beteiligten folgt,
	 es sei denn, dass bereits ein anderes als eines der in Nummer 2 genannten Urteile oder ein Beschluss in der Hauptsache vorausgegangen ist:
	 Die Gebühr 5130 ermäßigt sich auf ....
	 Die Gebühr ermäßigt sich auch, wenn mehrere Ermäßigungstatbestände erfüllt sind.
		3,0

Hauptabschnitt 2
Vorläufiger Rechtsschutz

Vorbemerkung 5.2:

(1) Die Vorschriften dieses Hauptabschnitts gelten für einstweilige Anordnungen und für Verfahren nach § 80 Abs. 5, § 80a Abs. 3 und § 80b Abs. 2 und 3 VwGO.

(2) Im Verfahren über den Antrag auf Erlass und im Verfahren über den Antrag auf Aufhebung einer einstweiligen Anordnung werden die Gebühren jeweils gesondert erhoben. Mehrere Verfahren nach § 80 Abs. 5 und 7, § 80a Abs. 3 und § 80b Abs. 2 und 3 VwGO gelten innerhalb eines Rechtszugs als ein Verfahren.

Kostenverzeichnis (GKG-KV)

Nr.	Gebührentatbestand	Gebühr oder Satz der Gebühr nach § 34 GKG

Abschnitt 1
Verwaltungsgericht sowie Oberverwaltungsgericht (Verwaltungsgerichtshof) und Bundesverwaltungsgericht als Rechtsmittelgerichte in der Hauptsache

5210	Verfahren im Allgemeinen	1,5
5211	Beendigung des gesamten Verfahrens durch	

    1. Zurücknahme des Antrags
       a) vor dem Schluss der mündlichen Verhandlung oder,
       b) wenn eine solche nicht stattfindet, vor Ablauf des Tages, an dem der Beschluss der Geschäftsstelle übermittelt wird,
    2. gerichtlichen Vergleich oder
    3. Erledigungserklärungen nach § 161 Abs. 2 VwGO, wenn keine Entscheidung über die Kosten ergeht oder die Entscheidung einer zuvor mitgeteilten Einigung der Beteiligten über die Kostentragung oder der Kostenübernahmeerklärung eines Beteiligten folgt,

es sei denn, dass bereits ein Beschluss über den Antrag vorausgegangen ist:

	Die Gebühr 5210 ermäßigt sich auf	0,5

Die Gebühr ermäßigt sich auch, wenn mehrere Ermäßigungstatbestände erfüllt sind.

Abschnitt 2
Oberverwaltungsgericht (Verwaltungsgerichtshof)

Vorbemerkung 5.2.2:

Die Vorschriften dieses Abschnitts gelten, wenn das Oberverwaltungsgericht (Verwaltungsgerichtshof) auch in der Hauptsache erstinstanzlich zuständig ist.

5220	Verfahren im Allgemeinen	2,0
5221	Beendigung des gesamten Verfahrens durch:	

    1. Zurücknahme des Antrags
       a) vor dem Schluss der mündlichen Verhandlung oder,
       b) wenn eine solche nicht stattfindet, vor Ablauf des Tages, an dem der Beschluss der Geschäftsstelle übermittelt wird,
    2. gerichtlichen Vergleich oder
    3. Erledigungserklärungen nach § 161 Abs. 2 VwGO, wenn keine Entscheidung über die Kosten ergeht oder die Entscheidung einer zuvor mitgeteilten Ei-

Kostenverzeichnis (GKG-KV)

Nr.	Gebührentatbestand	Gebühr oder Satz der Gebühr nach § 34 GKG
	nigung der Beteiligten über die Kostentragung oder der Kostenübernahmeerklärung eines Beteiligten folgt,	
	es sei denn, dass bereits ein Beschluss über den Antrag vorausgegangen ist:	
	Die Gebühr 5220 ermäßigt sich auf	0,75
	Die Gebühr ermäßigt sich auch, wenn mehrere Ermäßigungstatbestände erfüllt sind.	

Abschnitt 3
Bundesverwaltungsgericht

Vorbemerkung 5.2.3:

Die Vorschriften dieses Abschnitts gelten, wenn das Bundesverwaltungsgericht auch in der Hauptsache erstinstanzlich zuständig ist.

5230	Verfahren im Allgemeinen	2,5
5231	Beendigung des gesamten Verfahrens durch:	
	1. Zurücknahme des Antrags	
	a) vor dem Schluss der mündlichen Verhandlung oder,	
	b) wenn eine solche nicht stattfindet, vor Ablauf des Tages, an dem der Beschluss der Geschäftsstelle übermittelt wird,	
	2. gerichtlichen Vergleich oder	
	3. Erledigungserklärungen nach § 161 Abs. 2 VwGO, wenn keine Entscheidung über die Kosten ergeht oder die Entscheidung einer zuvor mitgeteilten Einigung der Beteiligten über die Kostentragung oder der Kostenübernahmeerklärung eines Beteiligten folgt,	
	es sei denn, dass bereits ein Beschluss über den Antrag vorausgegangen ist:	
	Die Gebühr 5230 ermäßigt sich auf	1,0
	Die Gebühr ermäßigt sich auch, wenn mehrere Ermäßigungstatbestände erfüllt sind.	

Abschnitt 4
Beschwerde

Vorbemerkung 5.2.4:

Die Vorschriften dieses Abschnitts gelten für Beschwerden gegen Beschlüsse des Verwaltungsgerichts über einstweilige Anordnungen (§ 123 VwGO) und über die Aussetzung der Vollziehung (§§ 80, 80a VwGO).

Kostenverzeichnis (GKG-KV)

Nr.	Gebührentatbestand	Gebühr oder Satz der Gebühr nach § 34 GKG
5240	Verfahren über die Beschwerde	2,0
5241	Beendigung des gesamten Verfahrens durch Zurücknahme der Beschwerde:	
	Die Gebühr 5240 ermäßigt sich auf	1,0

Hauptabschnitt 3
Besondere Verfahren

5300	Selbstständiges Beweisverfahren	1,0
5301	Verfahren über Anträge auf gerichtliche Handlungen der Zwangsvollstreckung nach den §§ 169, 170 oder § 172 VwGO	15,00 EUR

Hauptabschnitt 4
Rüge wegen Verletzung des Anspruchs auf rechtliches Gehör

5400	Verfahren über die Rüge wegen Verletzung des Anspruchs auf rechtliches Gehör (§ 152a VwGO):	
	Die Rüge wird in vollem Umfang verworfen oder zurückgewiesen	50,00 EUR

Hauptabschnitt 5
Sonstige Beschwerden

5500	Verfahren über die Beschwerde gegen die Nichtzulassung der Revision:	
	Soweit die Beschwerde verworfen oder zurückgewiesen wird	2,0
5501	Verfahren über die Beschwerde gegen die Nichtzulassung der Revision:	
	Soweit die Beschwerde zurückgenommen oder das Verfahren durch anderweitige Erledigung beendet wird	1,0
	Die Gebühr entsteht nicht, soweit die Revision zugelassen wird.	
5502	Verfahren über nicht besonders aufgeführte Beschwerden, die nicht nach anderen Vorschriften gebührenfrei sind:	
	Die Beschwerde wird verworfen oder zurückgewiesen	50,00 EUR
	Wird die Beschwerde nur teilweise verworfen oder zurückgewiesen, kann das Gericht die Gebühr nach billigem Ermessen auf die Hälfte ermäßigen oder bestimmen, dass eine Gebühr nicht zu erheben ist.	

Kostenverzeichnis (GKG-KV)

Nr.	Gebührentatbestand	Gebühr oder Satz der Gebühr nach § 34 GKG
	Hauptabschnitt 6 **Besondere Gebühren**	
5600	Abschluss eines gerichtlichen Vergleichs:	
	Soweit der Wert des Vergleichsgegenstands den Wert des Streitgegenstands übersteigt	0,25
	Die Gebühr entsteht nicht im Verfahren über die Prozesskostenhilfe.	
5601	Auferlegung einer Gebühr nach § 38 GKG wegen Verzögerung des Rechtsstreits	wie vom Gericht bestimmt

Teil 6
Verfahren vor den Gerichten der Finanzgerichtsbarkeit

Hauptabschnitt 1
Prozessverfahren

Abschnitt 1
Erster Rechtszug

6110	Verfahren im Allgemeinen, soweit es sich nicht nach § 45 Abs. 3 FGO erledigt	4,0
6111	Beendigung des gesamten Verfahrens durch	
	1. Zurücknahme der Klage	
	a) vor dem Schluss der mündlichen Verhandlung oder,	
	b) wenn eine solche nicht stattfindet, vor Ablauf des Tages, an dem das Urteil oder der Gerichtsbescheid der Geschäftsstelle übermittelt wird, oder	
	2. Beschluss in den Fällen des § 138 FGO,	
	es sei denn, dass bereits ein Urteil oder ein Gerichtsbescheid vorausgegangen ist:	
	Die Gebühr 6110 ermäßigt sich auf	2,0
	Die Gebühr ermäßigt sich auch, wenn mehrere Ermäßigungstatbestände erfüllt sind.	

Abschnitt 2
Revision

6120	Verfahren im Allgemeinen	5,0

Kostenverzeichnis (GKG-KV)

Nr.	Gebührentatbestand	Gebühr oder Satz der Gebühr nach § 34 GKG
6121	Beendigung des gesamten Verfahrens durch Zurücknahme der Revision oder der Klage, bevor die Schrift zur Begründung der Revision bei Gericht eingegangen ist:	
	Die Gebühr 6120 ermäßigt sich auf	1,0
	Erledigungen in den Fällen des § 138 FGO stehen der Zurücknahme gleich.	
6122	Beendigung des gesamten Verfahrens, wenn nicht Nummer 6121 erfüllt ist, durch	
	1. Zurücknahme der Revision oder der Klage	
	a) vor dem Schluss der mündlichen Verhandlung oder,	
	b) wenn eine solche nicht stattfindet, vor Ablauf des Tages, an dem das Urteil, der Gerichtsbescheid oder der Beschluss in der Hauptsache der Geschäftsstelle übermittelt wird, oder	
	2. Beschluss in den Fällen des § 138 FGO,	
	es sei denn, dass bereits ein Urteil, ein Gerichtsbescheid oder ein Beschluss in der Hauptsache vorausgegangen ist:	
	Die Gebühr 6120 ermäßigt sich auf	3,0
	Die Gebühr ermäßigt sich auch, wenn mehrere Ermäßigungstatbestände erfüllt sind.	

Hauptabschnitt 2
Vorläufiger Rechtsschutz

Vorbemerkung 6.2:

(1) Die Vorschriften dieses Hauptabschnitts gelten für einstweilige Anordnungen und für Verfahren nach § 69 Abs. 3 und 5 FGO.

(2) Im Verfahren über den Antrag auf Erlass und im Verfahren über den Antrag auf Aufhebung einer einstweiligen Anordnung werden die Gebühren jeweils gesondert erhoben. Mehrere Verfahren nach § 69 Abs. 3 und 5 FGO gelten innerhalb eines Rechtszugs als ein Verfahren.

Abschnitt 1
Erster Rechtszug

6210	Verfahren im Allgemeinen	2,0
6211	Beendigung des gesamten Verfahrens durch	
	1. Zurücknahme des Antrags	
	a) vor dem Schluss der mündlichen Verhandlung oder,	

Kostenverzeichnis (GKG-KV)

Nr.	Gebührentatbestand	Gebühr oder Satz der Gebühr nach § 34 GKG
	b) wenn eine solche nicht stattfindet, vor Ablauf des Tages, an dem der Beschluss (§ 114 Abs. 4 FGO) der Geschäftsstelle übermittelt wird, oder	
	2. Beschluss in den Fällen des § 138 FGO,	
	es sei denn, dass bereits ein Beschluss nach § 114 Abs. 4 FGO vorausgegangen ist:	
	Die Gebühr 6210 ermäßigt sich auf	0,75
	Die Gebühr ermäßigt sich auch, wenn mehrere Ermäßigungstatbestände erfüllt sind.	

Abschnitt 2
Beschwerde

Vorbemerkung 6.2.2:

Die Vorschriften dieses Abschnitts gelten für Beschwerden gegen Beschlüsse über einstweilige Anordnungen (§ 114 FGO) und über die Aussetzung der Vollziehung (§ 69 Abs. 3 und 5 FGO).

6220	Verfahren über die Beschwerde	2,0
6221	Beendigung des gesamten Verfahrens durch Zurücknahme der Beschwerde:	
	Die Gebühr 6220 ermäßigt sich auf	1,0

Hauptabschnitt 3
Besondere Verfahren

6300	Selbstständiges Beweisverfahren	1,0
6301	Verfahren über Anträge auf gerichtliche Handlungen der Zwangsvollstreckung gemäß § 152 FGO	15,00 EUR

Hauptabschnitt 4
Rüge wegen Verletzung des Anspruchs auf rechtliches Gehör

6400	Verfahren über die Rüge wegen Verletzung des Anspruchs auf rechtliches Gehör (§ 133a FGO):	
	Die Rüge wird in vollem Umfang verworfen oder zurückgewiesen	50,00 EUR

Hauptabschnitt 5
Sonstige Beschwerde

6500	Verfahren über die Beschwerde gegen die Nichtzulassung der Revision:	
	Soweit die Beschwerde verworfen oder zurückgewiesen wird	2,0

Kostenverzeichnis (GKG-KV)

Nr.	Gebührentatbestand	Gebühr oder Satz der Gebühr nach § 34 GKG
6501	Verfahren über die Beschwerde gegen die Nichtzulassung der Revision:	
	Soweit die Beschwerde zurückgenommen oder das Verfahren durch anderweitige Erledigung beendet wird	1,0
	Die Gebühr entsteht nicht, soweit die Revision zugelassen wird.	
6502	Verfahren über nicht besonders aufgeführte Beschwerden, die nicht nach anderen Vorschriften gebührenfrei sind:	
	Die Beschwerde wird verworfen oder zurückgewiesen	50,00 EUR
	Wird die Beschwerde nur teilweise verworfen oder zurückgewiesen, kann das Gericht die Gebühr nach billigem Ermessen auf die Hälfte ermäßigen oder bestimmen, dass eine Gebühr nicht zu erheben ist.	

Hauptabschnitt 6
Besondere Gebühr

6600	Auferlegung einer Gebühr nach § 38 GKG wegen Verzögerung des Rechtsstreits	wie vom Gericht bestimmt

Teil 7
Verfahren vor den Gerichten der Sozialgerichtsbarkeit

Hauptabschnitt 1
Prozessverfahren

Abschnitt 1
Erster Rechtszug

7110	Verfahren im Allgemeinen	3,0
7111	Beendigung des gesamten Verfahrens durch	

1. Zurücknahme der Klage
   a) vor dem Schluss der mündlichen Verhandlung oder,
   b) wenn eine solche nicht stattfindet, vor Ablauf des Tages, an dem das Urteil oder der Gerichtsbescheid der Geschäftsstelle übermittelt wird,

Kostenverzeichnis (GKG-KV)

Nr.	Gebührentatbestand	Gebühr oder Satz der Gebühr nach § 34 GKG
	2. Anerkenntnisurteil,	
	3. gerichtlichen Vergleich oder angenommenes Anerkenntnis oder	
	4. Erledigungserklärungen nach § 197a Abs. 1 Satz 1 SGG i. V. m. § 161 Abs. 2 VwGO, wenn keine Entscheidung über die Kosten ergeht oder die Entscheidung einer zuvor mitgeteilten Einigung der Beteiligten über die Kostentragung oder der Kostenübernahmeerklärung eines Beteiligten folgt,	
	es sei denn, dass bereits ein Urteil oder ein Gerichtsbescheid vorausgegangen ist:	
	Die Gebühr 7110 ermäßigt sich auf	1,0
	Die Gebühr ermäßigt sich auch, wenn mehrere Ermäßigungstatbestände erfüllt sind.	
	Abschnitt 2 *** Berufung***	
7120	Verfahren im Allgemeinen	4,0
7121	Beendigung des gesamten Verfahrens durch Zurücknahme der Berufung oder der Klage, bevor die Schrift zur Begründung der Berufung bei Gericht eingegangen ist und vor Ablauf des Tages, an dem die Verfügung mit der Bestimmung des Termins zur mündlichen Verhandlung der Geschäftsstelle übermittelt wird und vor Ablauf des Tages, an dem die den Beteiligten gesetzte Frist zur Äußerung abgelaufen ist (§ 153 Abs. 4 Satz 2 SGG):	
	Die Gebühr 7120 ermäßigt sich auf	1,0
	Erledigungserklärungen nach § 197a Abs. 1 Satz 1 SGG i. V. m. § 161 Abs. 2 VwGO stehen der Zurücknahme gleich, wenn keine Entscheidung über die Kosten ergeht oder die Entscheidung einer zuvor mitgeteilten Einigung der Beteiligten über die Kostentragung oder der Kostenübernahmeerklärung eines Beteiligten folgt.	
7122	Beendigung des gesamten Verfahrens, wenn nicht Nummer 7121 erfüllt ist, durch	
	1. Zurücknahme der Berufung oder der Klage	
	a) vor dem Schluss der mündlichen Verhandlung oder,	
	b) wenn eine solche nicht stattfindet, vor Ablauf des Tages, an dem das Urteil oder der Beschluss in der Hauptsache der Geschäftsstelle übermittelt wird,	

Kostenverzeichnis (GKG-KV)

Nr.	Gebührentatbestand	Gebühr oder Satz der Gebühr nach § 34 GKG
	2. Anerkenntnisurteil,	
	3. gerichtlichen Vergleich oder angenommenes Anerkenntnis oder	
	4. Erledigungserklärungen nach § 197a Abs. 1 Satz 1 SGG i. V. m. § 161 Abs. 2 VwGO, wenn keine Entscheidung über die Kosten ergeht oder die Entscheidung einer zuvor mitgeteilten Einigung der Beteiligten über die Kostentragung oder der Kostenübernahmeerklärung eines Beteiligten folgt,	
	es sei denn, dass bereits ein Urteil oder ein Beschluss in der Hauptsache vorausgegangen ist:	
	Die Gebühr 7120 ermäßigt sich auf	2,0
	Die Gebühr ermäßigt sich auch, wenn mehrere Ermäßigungstatbestände erfüllt sind.	

Abschnitt 3
Revision

7130	Verfahren im Allgemeinen	5,0
7131	Beendigung des gesamten Verfahrens durch Zurücknahme der Revision oder der Klage, bevor die Schrift zur Begründung der Revision bei Gericht eingegangen ist:	
	Die Gebühr 7130 ermäßigt sich auf	1,0
	Erledigungserklärungen nach § 197a Abs. 1 Satz 1 SGG i. V. m. § 161 Abs. 2 VwGO stehen der Zurücknahme gleich, wenn keine Entscheidung über die Kosten ergeht oder die Entscheidung einer zuvor mitgeteilten Einigung der Beteiligten über die Kostentragung oder der Kostenübernahmeerklärung eines Beteiligten folgt.	
7132	Beendigung des gesamten Verfahrens, wenn nicht Nummer 7131 erfüllt ist, durch	
	1. Zurücknahme der Revision oder der Klage,	
	a) vor dem Schluss der mündlichen Verhandlung oder,	
	b) wenn eine solche nicht stattfindet, vor Ablauf des Tages, an dem das Urteil oder der Beschluss in der Hauptsache der Geschäftsstelle übermittelt wird,	
	2. Anerkenntnisurteil,	
	3. gerichtlichen Vergleich oder angenommenes Anerkenntnis oder	

Kostenverzeichnis (GKG-KV)

Nr.	Gebührentatbestand	Gebühr oder Satz der Gebühr nach § 34 GKG
	4. Erledigungserklärungen nach § 197a Abs. 1 Satz 1 SGG i. V. m. § 161 Abs. 2 VwGO, wenn keine Entscheidung über die Kosten ergeht oder die Entscheidung einer zuvor mitgeteilten Einigung der Beteiligten über die Kostentragung oder der Kostenübernahmeerklärung eines Beteiligten folgt, wenn nicht bereits ein Urteil oder ein Beschluss in der Hauptsache vorausgegangen ist: Die Gebühr 7130 ermäßigt sich auf . . . . Die Gebühr ermäßigt sich auch, wenn mehrere Ermäßigungstatbestände erfüllt sind.	3,0

Hauptabschnitt 2
Vorläufiger Rechtsschutz

Vorbemerkung 7.2:

(1) Die Vorschriften dieses Hauptabschnitts gelten für einstweilige Anordnungen und für Verfahren nach § 86b Abs. 1 SGG.

(2) Im Verfahren über den Antrag auf Erlass und im Verfahren über den Antrag auf Aufhebung einer einstweiligen Anordnung werden die Gebühren jeweils gesondert erhoben. Mehrere Verfahren nach § 86b Abs. 1 SGG gelten innerhalb eines Rechtszugs als ein Verfahren.

Abschnitt 1
Erster Rechtszug

7210	Verfahren im Allgemeinen	1,5
7211	Beendigung des gesamten Verfahrens durch	

    1. Zurücknahme des Antrags

       a) vor dem Schluss der mündlichen Verhandlung oder,

       b) wenn eine solche nicht stattfindet, vor Ablauf des Tages, an dem der Beschluss (§ 86b Abs. 4 SGG) der Geschäftsstelle übermittelt wird,

    2. gerichtlichen Vergleich oder angenommenes Anerkenntnis oder

    3. Erledigungserklärungen nach § 197a Abs. 1 Satz 1 SGG i. V. m. § 161 Abs. 2 VwGO, wenn keine Entscheidung über die Kosten ergeht oder die Entscheidung einer zuvor mitgeteilten Einigung der Beteiligten über die Kostentragung oder der Kostenübernahmeerklärung eines Beteiligten folgt,

es sei denn, dass bereits ein Beschluss (§ 86b Abs. 4 SGG) vorausgegangen ist:

Kostenverzeichnis (GKG-KV)

Nr.	Gebührentatbestand	Gebühr oder Satz der Gebühr nach § 34 GKG
	Die Gebühr 7210 ermäßigt sich auf .... Die Gebühr ermäßigt sich auch, wenn mehrere Ermäßigungstatbestände erfüllt sind.	0,5
	Abschnitt 2 **Beschwerde**	
	Vorbemerkung 7.2.2: Die Vorschriften dieses Abschnitts gelten für Beschwerden gegen Beschlüsse des Sozialgerichts nach § 86b SGG.	
7220	Verfahren über die Beschwerde	2,0
7221	Beendigung des gesamten Verfahrens durch Zurücknahme der Beschwerde: Die Gebühr 7220 ermäßigt sich auf	1,0
	Hauptabschnitt 3 **Beweissicherungsverfahren**	
7300	Verfahren im Allgemeinen	1,0
	Hauptabschnitt 4 **Rüge wegen Verletzung des Anspruchs auf rechtliches Gehör**	
7400	Verfahren über die Rüge wegen Verletzung des Anspruchs auf rechtliches Gehör (§ 178a SGG): Die Rüge wird in vollem Umfang verworfen oder zurückgewiesen	50,00 EUR
	Hauptabschnitt 5 **Sonstige Beschwerde**	
7500	Verfahren über die Beschwerde gegen die Nichtzulassung der Berufung: Soweit die Beschwerde verworfen oder zurückgewiesen wird	1,5
7501	Verfahren über die Beschwerde gegen die Nichtzulassung der Berufung: Soweit die Beschwerde zurückgenommen oder das Verfahren durch anderweitige Erledigung beendet wird .... Die Gebühr entsteht nicht, soweit die Berufung zugelassen wird.	0,75
7502	Verfahren über die Beschwerde gegen die Nichtzulassung der Revision:	

Kostenverzeichnis (GKG-KV)

Nr.	Gebührentatbestand	Gebühr oder Satz der Gebühr nach § 34 GKG
	Soweit die Beschwerde verworfen oder zurückgewiesen wird	2,0
7503	Verfahren über die Beschwerde gegen die Nichtzulassung der Revision:	
	Soweit die Beschwerde zurückgenommen oder das Verfahren durch anderweitige Erledigung beendet wird	1,0
	Die Gebühr entsteht nicht, soweit die Revision zugelassen wird	
7504	Verfahren über nicht besonders aufgeführte Beschwerden, die nicht nach anderen Vorschriften gebührenfrei sind:	
	Die Beschwerde wird verworfen oder zurückgewiesen	50,00 EUR
	Wird die Beschwerde nur teilweise verworfen oder zurückgewiesen, kann das Gericht die Gebühr nach billigem Ermessen auf die Hälfte ermäßigen oder bestimmen, dass eine Gebühr nicht zu erheben ist.	

Hauptabschnitt 6
Besondere Gebühren

7600	Abschluss eines gerichtlichen Vergleichs:	
	Soweit der Wert des Vergleichsgegenstands den Wert des Streitgegenstands übersteigt	0,25
	Die Gebühr entsteht nicht im Verfahren über die Prozesskostenhilfe.	
7601	Auferlegung einer Gebühr nach § 38 GKG wegen Verzögerung des Rechtsstreits	wie vom Gericht bestimmt

Kostenverzeichnis (GKG-KV)

Nr.	Gebührentatbestand	Gebühr oder Satz der Gebühr nach § 34 GKG

Teil 8
Verfahren vor den Gerichten der Arbeitsgerichtsbarkeit

Vorbemerkung 8:
Bei Beendigung des Verfahrens durch einen gerichtlichen Vergleich entfällt die in dem betreffenden Rechtszug angefallene Gebühr; im ersten Rechtszug entfällt auch die Gebühr für das Verfahren über den Antrag auf Erlass eines Vollstreckungsbescheids. Dies gilt nicht, wenn der Vergleich nur einen Teil des Streitgegenstands betrifft (Teilvergleich).

Hauptabschnitt 1
Mahnverfahren

8100	Verfahren über den Antrag auf Erlass eines Vollstreckungsbescheids	0,4 — mindestens 18,00 EUR
	Die Gebühr entfällt bei Zurücknahme des Antrags auf Erlass des Vollstreckungsbescheids. Sie entfällt auch nach Übergang in das streitige Verfahren, wenn dieses ohne streitige Verhandlung endet; dies gilt nicht, wenn ein Versäumnisurteil ergeht. Bei Erledigungserklärungen nach § 91 a ZPO entfällt die Gebühr, wenn keine Entscheidung über die Kosten ergeht oder die Kostenentscheidung einer zuvor mitgeteilten Einigung der Parteien über die Kostentragung oder der Kostenübernahmeerklärung einer Partei folgt.	

Hauptabschnitt 2
Urteilsverfahren

Abschnitt 1
Erster Rechtszug

8210	Verfahren im Allgemeinen	2,0
	(1) Soweit wegen desselben Streitgegenstands ein Mahnverfahren vorausgegangen ist, entsteht die Gebühr mit dem Eingang der Akten bei dem Gericht, an das der Rechtsstreit nach Erhebung des Widerspruchs oder Einlegung des Einspruchs abgegeben wird; in diesem Fall wird eine Gebühr 8100 nach dem Wert des Streitgegenstands angerechnet, der in das Prozessverfahren übergegangen ist, sofern im Mahnverfahren der Antrag auf Erlass des Vollstreckungsbescheids gestellt wurde.	
	(2) Die Gebühr entfällt bei Beendigung des gesamten Verfahrens ohne streitige Verhandlung, wenn kein Versäumnisurteil ergeht. Bei Erledigungserklärungen nach § 91a ZPO entfällt die Gebühr, wenn keine Entscheidung über die Kosten ergeht oder die Kostenentscheidung einer zuvor mitgeteilten	

Kostenverzeichnis (GKG-KV)

Nr.	Gebührentatbestand	Gebühr oder Satz der Gebühr nach § 34 GKG
	Einigung der Parteien über die Kostentragung oder der Kostenübernahmeerklärung einer Partei folgt.	
8211	Beendigung des gesamten Verfahrens nach streitiger Verhandlung durch	
	1. Zurücknahme der Klage vor dem Schluss der mündlichen Verhandlung, wenn keine Entscheidung nach § 269 Abs. 3 Satz 3 ZPO über die Kosten ergeht oder die Entscheidung einer zuvor mitgeteilten Einigung der Parteien über die Kostentragung oder der Kostenübernahmeerklärung einer Partei folgt,	
	2. Anerkenntnisurteil, Verzichtsurteil oder Urteil, das nach § 313a Abs. 2 ZPO keinen Tatbestand und keine Entscheidungsgründe enthält, oder	
	3. Erledigungserklärungen nach § 91a ZPO, wenn keine Entscheidung über die Kosten ergeht oder die Entscheidung einer zuvor mitgeteilten Einigung der Parteien über die Kostentragung oder der Kostenübernahmeerklärung einer Partei folgt,	
	es sei denn, dass bereits ein anderes als eines der in Nummer 2 genannten Urteile vorausgegangen ist:	
	Die Gebühr 8210 ermäßigt sich auf	0,4
	Die Zurücknahme des Antrags auf Durchführung des streitigen Verfahrens, des Widerspruchs gegen den Mahnbescheid oder des Einspruchs gegen den Vollstreckungsbescheid stehen der Zurücknahme der Klage gleich. Die Gebühr ermäßigt sich auch, wenn mehrere Ermäßigungstatbestände erfüllt sind oder Ermäßigungstatbestände mit einem Teilvergleich zusammentreffen.	
	Abschnitt 2 *** Berufung***	
8220	Verfahren im Allgemeinen	3,2
8221	Beendigung des gesamten Verfahrens durch Zurücknahme der Berufung oder der Klage, bevor die Schrift zur Begründung der Berufung bei Gericht eingegangen ist:	
	Die Gebühr 8220 ermäßigt sich auf	0,8
	Erledigungserklärungen nach § 91a ZPO stehen der Zurücknahme gleich, wenn keine Entscheidung über die Kosten ergeht oder die Entscheidung einer zuvor mitgeteilten Einigung der Parteien über die Kostentragung oder der Kostenübernahmeerklärung einer Partei folgt.	

Kostenverzeichnis (GKG-KV)

Nr.	Gebührentatbestand	Gebühr oder Satz der Gebühr nach § 34 GKG
8222	Beendigung des gesamten Verfahrens, wenn nicht Nummer 8221 erfüllt ist, durch	
	1. Zurücknahme der Berufung oder der Klage vor dem Schluss der mündlichen Verhandlung,	
	2. Anerkenntnisurteil, Verzichtsurteil oder Urteil, das nach § 313a Abs. 2 ZPO keinen Tatbestand und keine Entscheidungsgründe enthält, oder	
	3. Erledigungserklärungen nach § 91a ZPO, wenn keine Entscheidung über die Kosten ergeht oder die Entscheidung einer zuvor mitgeteilten Einigung der Parteien über die Kostentragung oder der Kostenübernahmeerklärung einer Partei folgt,	
	es sei denn, dass bereits ein anderes als eines der in Nummer 2 genannten Urteile vorausgegangen ist:	
	Die Gebühr 8220 ermäßigt sich auf	1,6
	Die Gebühr ermäßigt sich auch, wenn mehrere Ermäßigungstatbestände erfüllt sind oder Ermäßigungstatbestände mit einem Teilvergleich zusammentreffen.	
8223	Beendigung des gesamten Verfahrens durch ein Urteil, das wegen eines Verzichts der Parteien nach § 313a Abs. 1 Satz 2 ZPO keine schriftliche Begründung enthält, wenn nicht bereits ein anderes als eines der in Nummer 8222 Nr. 2 genannten Urteile oder ein Beschluss in der Hauptsache vorausgegangen ist:	
	Die Gebühr 8220 ermäßigt sich auf	2,4
	Die Gebühr ermäßigt sich auch, wenn daneben Ermäßigungstatbestände nach Nummer 8222 erfüllt sind oder Ermäßigungstatbestände mit einem Teilvergleich zusammentreffen.	

Abschnitt 3
Revision

8230	Verfahren im Allgemeinen	4,0
8231	Beendigung des gesamten Verfahrens durch Zurücknahme der Revision oder der Klage, bevor die Schrift zur Begründung der Revision bei Gericht eingegangen ist:	
	Die Gebühr 8230 ermäßigt sich auf	0,8
	Erledigungserklärungen nach § 91a ZPO stehen der Zurücknahme gleich, wenn keine Entscheidung über die Kosten ergeht oder die Entscheidung einer zuvor mitgeteilten Einigung der Parteien über die Kostentragung oder der Kostenübernahmeerklärung einer Partei folgt.	

Kostenverzeichnis (GKG-KV)

Nr.	Gebührentatbestand	Gebühr oder Satz der Gebühr nach § 34 GKG
8232	Beendigung des gesamten Verfahrens, wenn nicht Nummer 8231 erfüllt ist, durch 1. Zurücknahme der Revision oder der Klage vor dem Schluss der mündlichen Verhandlung, 2. Anerkenntnis- oder Verzichtsurteil oder 3. Erledigungserklärungen nach § 91a ZPO, wenn keine Entscheidung über die Kosten ergeht oder die Entscheidung einer zuvor mitgeteilten Einigung der Parteien über die Kostentragung oder der Kostenübernahmeerklärung einer Partei folgt, es sei denn, dass bereits ein anderes als eines der in Nummer 2 genannten Urteile vorausgegangen ist:	
	Die Gebühr 8230 ermäßigt sich auf	2,4
	Die Gebühr ermäßigt sich auch, wenn mehrere Ermäßigungstatbestände erfüllt sind oder Ermäßigungstatbestände mit einem Teilvergleich zusammentreffen.	

Hauptabschnitt 3
Arrest und einstweilige Verfügung

Vorbemerkung 8.3:

Im Verfahren über den Antrag auf Anordnung eines Arrests oder einer einstweiligen Verfügung und im Verfahren über den Antrag auf Aufhebung oder Abänderung (§ 926 Abs. 2, §§ 927, 936 ZPO) werden die Gebühren jeweils gesondert erhoben. Im Falle des § 942 ZPO gilt dieses Verfahren und das Verfahren vor dem Gericht der Hauptsache als ein Rechtsstreit.

Abschnitt 1
Erster Rechtszug

8310	Verfahren im Allgemeinen	0,4
8311	Es wird durch Urteil entschieden oder es ergeht ein Beschluss nach § 91a oder § 269 Abs. 3 Satz 3 ZPO, es sei denn, der Beschluss folgt einer zuvor mitgeteilten Einigung der Parteien über die Kostentragung oder der Kostenübernahmeerklärung einer Partei:	
	Die Gebühr 8310 erhöht sich auf	2,0
	Die Gebühr wird nicht erhöht, wenn durch Anerkenntnisurteil, Verzichtsurteil oder Urteil, das nach § 313a Abs. 2 ZPO keinen Tatbestand und keine Entscheidungsgründe enthält, entschieden wird. Dies gilt auch, wenn eine solche Entscheidung mit einem Teilvergleich zusammentrifft.	

Kostenverzeichnis (GKG-KV)

Nr.	Gebührentatbestand	Gebühr oder Satz der Gebühr nach § 34 GKG
	Abschnitt 2 *Berufung*	
8320	Verfahren im Allgemeinen	3,2
8321	Beendigung des gesamten Verfahrens durch Zurücknahme der Berufung, des Antrags oder des Widerspruchs, bevor die Schrift zur Begründung der Berufung bei Gericht eingegangen ist:	
	Die Gebühr 8320 ermäßigt sich auf	0,8
	Erledigungserklärungen nach § 91a ZPO stehen der Zurücknahme gleich, wenn keine Entscheidung über die Kosten ergeht oder die Entscheidung einer zuvor mitgeteilten Einigung der Parteien über die Kostentragung oder der Kostenübernahmeerklärung einer Partei folgt.	
8322	Beendigung des gesamten Verfahrens, wenn nicht Nummer 8321 erfüllt ist, durch	
	1. Zurücknahme der Berufung oder des Antrags vor dem Schluss der mündlichen Verhandlung,	
	2. Anerkenntnisurteil, Verzichtsurteil oder Urteil, das nach § 313a Abs. 2 ZPO keinen Tatbestand und keine Entscheidungsgründe enthält, oder	
	3. Erledigungserklärungen nach § 91a ZPO, wenn keine Entscheidung über die Kosten ergeht oder die Entscheidung einer zuvor mitgeteilten Einigung der Parteien über die Kostentragung oder der Kostenübernahmeerklärung einer Partei folgt,	
	es sei denn, dass bereits ein anderes als eines der in Nummer 2 genannten Urteile vorausgegangen ist:	
	Die Gebühr 8320 ermäßigt sich auf	1,6
	Die Gebühr ermäßigt sich auch, wenn mehrere Ermäßigungstatbestände erfüllt sind oder Ermäßigungstatbestände mit einem Teilvergleich zusammentreffen.	
8323	Beendigung des gesamten Verfahrens durch ein Urteil, das wegen eines Verzichts der Parteien nach § 313a Abs. 1 Satz 2 ZPO keine schriftliche Begründung enthält, wenn nicht bereits ein anderes als eines der in Nummer 8322 Nr. 2 genannten Urteile oder ein Beschluss in der Hauptsache vorausgegangen ist:	
	Die Gebühr 8320 ermäßigt sich auf	2,4
	Die Gebühr ermäßigt sich auch, wenn daneben Ermäßigungstatbestände nach Nummer 8322 erfüllt sind oder solche Ermäßigungstatbestände mit einem Teilvergleich zusammentreffen.	

Kostenverzeichnis (GKG-KV)

Nr.	Gebührentatbestand	Gebühr oder Satz der Gebühr nach § 34 GKG
	Abschnitt 3 *Beschwerde*	
8330	Verfahren über Beschwerden gegen die Zurückweisung eines Antrags auf Anordnung eines Arrests oder einer einstweiligen Verfügung	1,2
8331	Beendigung des gesamten Verfahrens durch Zurücknahme der Beschwerde:	
	Die Gebühr 8330 ermäßigt sich auf	0,8
	Hauptabschnitt 4 **Besondere Verfahren**	
8400	Selbständiges Beweisverfahren	0,6
8401	Verfahren über Anträge auf Ausstellung einer Bestätigung nach § 1079 ZPO	12,00 EUR
	Hauptabschnitt 5 **Rüge wegen Verletzung des Anspruchs auf rechtliches Gehör**	
8500	Verfahren über die Rüge wegen Verletzung des Anspruchs auf rechtliches Gehör (§ 78a des Arbeitsgerichtsgesetzes):	
	Die Rüge wird in vollem Umfang verworfen oder zurückgewiesen	40,00 EUR
	Hauptabschnitt 6 **Sonstige Beschwerden und Rechtsbeschwerden**	
	Abschnitt 1 *Sonstige Beschwerden*	
8610	Verfahren über Beschwerden nach § 71 Abs. 2, § 91a Abs. 2, § 99 Abs. 2, § 269 Abs. 5 ZPO	60,00 EUR
8611	Verfahren über die Beschwerde gegen die Nichtzulassung der Revision:	
	Soweit die Beschwerde verworfen oder zurückgewiesen wird	1,6
8612	Verfahren über die Beschwerde gegen die Nichtzulassung der Revision:	
	Soweit die Beschwerde zurückgenommen oder das Verfahren durch anderweitige Erledigung beendet wird	0,8
	Die Gebühr entsteht nicht, soweit die Revision zugelassen wird.	

Kostenverzeichnis (GKG-KV)

Nr.	Gebührentatbestand	Gebühr oder Satz der Gebühr nach § 34 GKG
8613	Verfahren über nicht besonders aufgeführte Beschwerden, die nicht nach anderen Vorschriften gebührenfrei sind:	
	Die Beschwerde wird verworfen oder zurückgewiesen	40,00 EUR
	Wird die Beschwerde nur teilweise verworfen oder zurückgewiesen, kann das Gericht die Gebühr nach billigem Ermessen auf die Hälfte ermäßigen oder bestimmen, dass eine Gebühr nicht zu erheben ist.	
	Abschnitt 2 *Sonstige Rechtsbeschwerden*	
8620	Verfahren über Rechtsbeschwerden in den Fällen des § 71 Abs. 1, § 91a Abs. 1, § 99 Abs. 2, § 269 Abs. 4 oder § 516 Abs. 3 ZPO	120,00 EUR
8621	Verfahren über nicht besonders aufgeführte Rechtsbeschwerden, die nicht nach anderen Vorschriften gebührenfrei sind:	
	Die Rechtsbeschwerde wird verworfen oder zurückgewiesen	80,00 EUR
	Wird die Rechtsbeschwerde nur teilweise verworfen oder zurückgewiesen, kann das Gericht die Gebühr nach billigem Ermessen auf die Hälfte ermäßigen oder bestimmen, dass eine Gebühr nicht zu erheben ist.	
	Hauptabschnitt 7 **Besondere Gebühr**	
8700	Auferlegung einer Gebühr nach § 38 GKG wegen Verzögerung des Rechtsstreits	wie vom Gericht bestimmt

Teil 9
Auslagen

Nr.	Auslagentatbestand	Höhe

Vorbemerkung 9:

(1) Auslagen, die durch eine für begründet befundene Beschwerde entstanden sind, werden nicht erhoben, soweit das Beschwerdeverfahren gebührenfrei ist; dies gilt jedoch nicht, soweit das Beschwerdegericht die Kosten dem Gegner des Beschwerdeführers auferlegt hat.

(2) Sind Auslagen durch verschiedene Rechtssachen veranlasst, werden sie auf die mehreren Rechtssachen angemessen verteilt.

9000	Pauschale für die Herstellung und Überlassung von Dokumenten:	

Kostenverzeichnis (GKG-KV)

Nr.	Auslagentatbestand	Höhe
	1. Ausfertigungen, Ablichtungen und Ausdrucke, die auf Antrag angefertigt, per Telefax übermittelt oder angefertigt worden sind, weil die Partei oder ein Beteiligter es unterlassen hat, die erforderliche Zahl von Mehrfertigungen beizufügen:	
	für die ersten 50 Seiten je Seite	0,50 EUR
	für jede weitere Seite	0,15 EUR
	2. Überlassung von elektronisch gespeicherten Dateien anstelle der in Nummer 1 genannten Ausfertigungen, Ablichtungen und Ausdrucke:	
	je Datei	2,50 EUR
	(1) Die Höhe der Dokumentenpauschale nach Nummer 1 ist in jedem Rechtszug und für jeden Kostenschuldner nach § 28 Abs. 1 GKG gesondert zu berechnen; Gesamtschuldner gelten als ein Schuldner. Die Dokumentenpauschale ist auch im erstinstanzlichen Musterverfahren nach dem KapMuG gesondert zu berechnen.	
	(2) Frei von der Dokumentenpauschale sind für jede Partei, jeden Beteiligten, jeden Beschuldigten und deren bevollmächtigte Vertreter jeweils	
	1. eine vollständige Ausfertigung oder Ablichtung oder ein vollständiger Ausdruck jeder gerichtlichen Entscheidung und jedes vor Gericht abgeschlossenen Vergleichs,	
	2. eine Ausfertigung ohne Tatbestand und Entscheidungsgründe und	
	3. eine Ablichtung oder ein Ausdruck jeder Niederschrift über eine Sitzung.	
	§ 191a Abs. 1 Satz 2 GVG bleibt unberührt.	
	(3) Für die erste Ablichtung oder den ersten Ausdruck eines mit eidesstattlicher Versicherung abgegebenen Vermögensverzeichnisses und der Niederschrift über die Abgabe der eidesstattlichen Versicherung wird von demjenigen Kostenschuldner eine Dokumentenpauschale nicht erhoben, von dem die Gebühr 2114 oder 2115 zu erheben ist.	
9001	Auslagen für Telegramme	in voller Höhe
9002	1. Auslagen für Zustellungen mit Zustellungsurkunde oder Einschreiben gegen Rückschein	in voller Höhe
	2. Zustellungen durch Justizbedienstete nach § 168 Abs. 1 ZPO:	
	Anstelle der tatsächlichen Aufwendungen	7,50 EUR
	Neben Gebühren, die sich nach dem Streitwert richten, mit Ausnahme der Gebühr 3700, werden die Auslagen nur erhoben, soweit in einem Rechtszug Auslagen für mehr als 10 Zustellungen anfallen. Im erstinstanzlichen Musterverfahren nach dem KapMuG werden Auslagen für sämtliche Zustellungen erhoben.	

Kostenverzeichnis (GKG-KV)

Nr.	Auslagentatbestand	Höhe

9003 Pauschale für

1. die Versendung von Akten auf Antrag je Sendung .... 12,00 EUR

2. die elektronische Übermittlung einer elektronisch geführten Akte auf Antrag .... 5,00 EUR

(1) Die Hin- und Rücksendung der Akten gelten zusammen als eine Sendung.

(2) Die Auslagen werden von demjenigen Kostenschuldner nicht erhoben, von dem die Gebühr 2115 zu erheben ist.

9004 Auslagen für öffentliche Bekanntmachungen

1. bei Veröffentlichung in einem elektronischen Informations- und Kommunikationssystem, wenn ein Entgelt nicht zu zahlen ist oder das Entgelt nicht für den Einzelfall oder ein einzelnes Verfahren berechnet wird:

je Veröffentlichung pauschal .... 1,00 EUR

2. in sonstigen Fällen .... in voller Höhe

Auslagen für die Bekanntmachung eines besonderen Prüfungstermins (§ 177 InsO, § 11 SVertO) werden nicht erhoben.

9005 Nach dem JVEG zu zahlende Beträge .... in voller Höhe

(1) Nicht erhoben werden Beträge, die an ehrenamtliche Richter (§ 1 Abs. 1 Satz 1 Nr. 2 JVEG) gezahlt werden.

(2) Die Beträge werden auch erhoben, wenn aus Gründen der Gegenseitigkeit, der Verwaltungsvereinfachung oder aus vergleichbaren Gründen keine Zahlungen zu leisten sind. Ist aufgrund des § 1 Abs. 2 Satz 2 JVEG keine Vergütung zu zahlen, ist der Betrag zu erheben, der ohne diese Vorschrift zu zahlen wäre.

(3) Auslagen für Übersetzer, die zur Erfüllung der Rechte blinder oder sehbehinderter Personen herangezogen werden (§ 191a Abs. 1 GVG), werden nicht, Auslagen für Gebärdensprachdolmetscher (§ 186 Abs. 1 GVG) werden nur nach Maßgabe des Absatzes 4 erhoben.

(4) Ist für einen Beschuldigten oder Betroffenen, der der deutschen Sprache nicht mächtig, hör- oder sprachbehindert ist, im Strafverfahren oder im gerichtlichen Verfahren nach dem OWiG ein Dolmetscher oder Übersetzer herangezogen worden, um Erklärungen oder Schriftstücke zu übertragen, auf deren Verständnis der Beschuldigte oder Betroffene zu seiner Verteidigung angewiesen oder soweit dies zur Ausübung seiner strafprozessualen Rechte erforderlich war, werden von diesem die dadurch entstandenen Auslagen nur erhoben, wenn das Gericht ihm diese nach § 464c StPO oder die Kosten nach § 467 Abs. 2 Satz 1 StPO, auch i. V. m. § 467a Abs. 1 Satz 2 StPO, auferlegt hat; dies gilt auch jeweils i. V. m. § 46 Abs. 1 OWiG.

Kostenverzeichnis (GKG-KV)

Nr.	Auslagentatbestand	Höhe
	(5) Im Verfahren vor den Gerichten für Arbeitssachen werden Kosten für vom Gericht herangezogene Dolmetscher und Übersetzer nicht erhoben, wenn ein Ausländer Partei und die Gegenseitigkeit verbürgt ist oder ein Staatenloser Partei ist.	
9006	Bei Geschäften außerhalb der Gerichtsstelle	
	1. die den Gerichtspersonen aufgrund gesetzlicher Vorschriften gewährte Vergütung (Reisekosten, Auslagenersatz) und die Auslagen für die Bereitstellung von Räumen	in voller Höhe
	2. für den Einsatz von Dienstkraftfahrzeugen für jeden gefahrenen Kilometer	0,30 EUR
9007	An Rechtsanwälte zu zahlende Beträge mit Ausnahme der nach § 59 RVG auf die Staatskasse übergegangenen Ansprüche	in voller Höhe
9008	Auslagen für	
	1. die Beförderung von Personen	in voller Höhe
	2. Zahlungen an mittellose Personen für die Reise zum Ort einer Verhandlung, Vernehmung oder Untersuchung und für die Rückreise	bis zur Höhe der nach dem JVEG an Zeugen zu zahlenden Beträge
9009	An Dritte zu zahlende Beträge für	
	1. die Beförderung von Tieren und Sachen mit Ausnahme der für Postdienstleistungen zu zahlenden Entgelte, die Verwahrung von Tieren und Sachen sowie die Fütterung von Tieren	in voller Höhe
	2. die Beförderung und die Verwahrung von Leichen	in voller Höhe
	3. die Durchsuchung oder Untersuchung von Räumen und Sachen einschließlich der die Durchsuchung oder Untersuchung vorbereitenden Maßnahmen	in voller Höhe
	4. die Bewachung von Schiffen und Luftfahrzeugen .	in voller Höhe
9010	Kosten einer Zwangshaft, auch aufgrund eines Haftbefehls nach § 901 ZPO	in Höhe des Haftkostenbeitrags nach § 50 Abs. 2 und 3 StVollzG
9011	Kosten einer Haft außer Zwangshaft, Kosten einer einstweiligen Unterbringung (§ 126a StPO), einer Unterbringung zur Beobachtung (§ 81 StPO, § 73 JGG) und einer einstweiligen Unterbringung in einem Heim der Jugendhilfe (§ 71 Abs. 2, § 72 Abs. 4 JGG) .... Diese Kosten werden nur angesetzt, wenn sie nach § 50 Abs. 1 StVollzG zu erheben wären.	in Höhe des Haftkostenbeitrags nach § 50 Abs. 2 und 3 StVollzG
9012	Nach dem Auslandskostengesetz zu zahlende Beträge	in voller Höhe

Kostenverzeichnis (GKG-KV)

Nr.	Auslagentatbestand	Höhe
9013	Beträge, die inländischen Behörden, öffentlichen Einrichtungen oder Bediensteten als Ersatz für Auslagen der in den Nummern 9000 bis 9011 bezeichneten Art zustehen	begrenzt durch die Höchstsätze für die Auslagen 9000 bis 9011
	Die Beträge werden auch erhoben, wenn aus Gründen der Gegenseitigkeit, der Verwaltungsvereinfachung oder aus vergleichbaren Gründen keine Zahlungen zu leisten sind.	
9014	Beträge, die ausländischen Behörden, Einrichtungen oder Personen im Ausland zustehen, sowie Kosten des Rechtshilfeverkehrs mit dem Ausland	in voller Höhe
	Die Beträge werden auch erhoben, wenn aus Gründen der Gegenseitigkeit, der Verwaltungsvereinfachung oder aus vergleichbaren Gründen keine Zahlungen zu leisten sind.	
9015	Auslagen der in den Nummern 9000 bis 9014 bezeichneten Art, soweit sie durch die Vorbereitung der öffentlichen Klage entstanden sind	begrenzt durch die Höchstsätze für die Auslagen 9000 bis 9013
9016	Auslagen der in den Nummern 9000 bis 9014 bezeichneten Art, soweit sie durch das dem gerichtlichen Verfahren vorausgegangene Bußgeldverfahren entstanden sind	begrenzt durch die Höchstsätze für die Auslagen 9000 bis 9013
	Absatz 3 der Anmerkung zu Nummer 9005 ist nicht anzuwenden.	
9017	Nach § 50 Abs. 5 FGG an den Verfahrenspfleger zu zahlende Beträge	in voller Höhe
9018	An den vorläufigen Insolvenzverwalter, den Insolvenzverwalter, die Mitglieder des Gläubigerausschusses oder die Treuhänder auf der Grundlage der Insolvenzrechtlichen Vergütungsverordnung aufgrund einer Stundung nach § 4a InsO zu zahlende Beträge	in voller Höhe
9019	Im ersten Rechtszug des Prozessverfahrens: Auslagen des erstinstanzlichen Musterverfahrens nach dem KapMuG zuzüglich Zinsen	anteilig
	(1) Die im erstinstanzlichen Musterverfahren entstehenden Auslagen nach Nummer 9005 werden vom Tag nach der Auszahlung bis zum rechtskräftigen Abschluss des Musterverfahrens mit 5 Prozentpunkten über dem Basiszinssatz nach § 247 BGB verzinst.	
	(2) Auslagen und Zinsen werden nur erhoben, wenn der Kläger nicht innerhalb von zwei Wochen ab Zustellung des Aussetzungsbeschlusses nach § 7 KapMuG seine Klage in der Hauptsache zurücknimmt.	
	(3) Der Anteil bestimmt sich nach dem Verhältnis der Höhe des von dem Kläger geltend gemachten Anspruchs, soweit dieser Gegenstand des Musterverfahrens ist, zu der Gesamthöhe der vom Musterkläger und den Beigeladenen des Musterverfahrens in den Prozessverfahren geltend gemachten Ansprüche, soweit	

diese Gegenstand des Musterverfahrens sind. Der Anspruch des Musterklägers oder eines Beigeladenen ist hierbei nicht zu berücksichtigen, wenn er innerhalb von zwei Wochen ab Zustellung des Aussetzungsbeschlusses nach § 7 KapMuG seine Klage in der Hauptsache zurücknimmt.

Hinweise für die Streitwertberechnung — GKG

GKG alt	entspricht (weitgehend) GKG neu	GKG neu	entspricht (weitgehend) GKG alt
§ 11	§ 34	§ 34	§ 11
§ 12	§§ 39, 48	§ 35	§ 27
§ 12a	§ 50	§ 39	§ 12
§ 12b	§ 51	§ 40	§ 15
§ 13	§ 52	§ 41	§ 16
§ 14	§ 47	§ 42	§ 17
§ 15	§ 40	§ 43	§ 22
§ 16	§ 41	§ 44	§ 18
§ 17	§ 42	§ 45	§ 19
§ 17a	§ 49	§ 46	§ 19a
§ 18	§ 44	§ 47	§ 14
§ 19	§ 45	§ 48	§ 12
§ 19a	§ 46	§ 49	§ 17a
§ 20	§ 53	§ 50	§ 12a
§ 22	§ 43	§ 51	§ 12b
§ 27	§ 35	§ 52	§ 13
§ 29	§ 54	§ 53	§ 20
§ 30	§ 55	§ 54	§ 29
§ 31	§ 56	§ 55	§ 30
§ 32	§ 57	§ 56	§ 31
§ 37	§ 58	§ 57	§ 32
§ 39	§ 59	§ 58	§ 37
§ 48a	§ 60	§ 59	§ 39
		§ 60	§ 48a

Abschnitt 6: Gebührenvorschriften

§ 34 GKG Wertgebühren

(1) ¹Wenn sich die Gebühren nach dem Streitwert richten, beträgt die Gebühr bei einem Streitwert bis 300 Euro 25 Euro. ²Die Gebühr erhöht sich bei einem

Streitwert bis ... Euro	für jeden angefangenen Betrag von weiteren ... Euro	um ... Euro
1.500	300	10
5.000	500	8
10.000	1.000	15
25.000	3.000	23
50.000	5.000	29
200.000	15.000	100
500.000	30.000	150
über 500.000	50.000	150

³Eine Gebührentabelle für Streitwerte bis 500 000 Euro ist diesem Gesetz als Anlage 2 beigefügt.

(2) ¹Der Mindestbetrag einer Gebühr ist 10 Euro.

§ 35 GKG Einmalige Erhebung der Gebühren

¹Die Gebühr für das Verfahren im Allgemeinen und die Gebühr für eine Entscheidung werden in jedem Rechtszug hinsichtlich eines jeden Teils des Streitgegenstands nur einmal erhoben.

§ 36 GKG Teile des Streitgegenstands

(1) ¹Für Handlungen, die einen Teil des Streitgegenstands betreffen, sind die Gebühren nur nach dem Wert dieses Teils zu berechnen.

(2) ¹Sind von einzelnen Wertteilen in demselben Rechtszug für gleiche Handlungen Gebühren zu berechnen, darf nicht mehr erhoben werden, als wenn die Gebühr von dem Gesamtbetrag der Wertteile zu berechnen wäre.

(3) ¹Sind für Teile des Gegenstands verschiedene Gebührensätze anzuwenden, sind die Gebühren für die Teile gesondert zu berechnen; die aus dem Gesamtbetrag der Wertteile nach dem höchsten Gebührensatz berechnete Gebühr darf jedoch nicht überschritten werden.

§ 37 GKG Zurückverweisung

¹Wird eine Sache zur anderweitigen Verhandlung an das Gericht des unteren Rechtszugs zurückverwiesen, bildet das weitere Verfahren mit dem früheren Verfahren vor diesem Gericht im Sinne des § 35 einen Rechtszug.

§ 38 GKG Verzögerung des Rechtsstreits

¹Wird außer im Fall des § 335 der Zivilprozessordnung durch Verschulden des Klägers, des Beklagten oder eines Vertreters die Vertagung einer mündlichen Verhandlung oder die Anberaumung eines neuen Termins zur mündlichen Verhandlung nötig oder ist die Erledigung des Rechtsstreits durch nachträgliches Vorbringen von Angriffs- oder Verteidigungsmitteln, Beweismitteln oder Beweiseinreden, die früher vorgebracht werden konnten, verzögert worden, kann das Gericht dem Kläger oder dem Beklagten von Amts wegen eine besondere Gebühr in Höhe einer Gebühr auferlegen. ²Die Gebühr kann bis auf ein Viertel ermäßigt werden. ³Dem Kläger, dem Beklagten oder dem Vertreter stehen gleich der Nebenintervenient, der Beigeladene, der Vertreter des Bundesinteresses beim

Bundesverwaltungsgericht und der Vertreter des öffentlichen Interesses sowie ihre Vertreter.

Abschnitt 7: Wertvorschriften
Unterabschnitt 1: Allgemeine Wertvorschriften
§ 39 GKG Grundsatz

(1) ¹In demselben Verfahren und in demselben Rechtszug werden die Werte mehrerer Streitgegenstände zusammengerechnet, soweit nichts anderes bestimmt ist.

(2) ¹Der Streitwert beträgt höchstens 30 Millionen Euro, soweit nichts anderes bestimmt ist.

§ 40 GKG Zeitpunkt der Wertberechnung

¹Für die Wertberechnung ist der Zeitpunkt der den jeweiligen Streitgegenstand betreffenden Antragstellung maßgebend, die den Rechtszug einleitet.

§ 41 GKG Miet-, Pacht- und ähnliche Nutzungsverhältnisse

(1) ¹Ist das Bestehen oder die Dauer eines Miet-, Pacht- oder ähnlichen Nutzungsverhältnisses streitig, ist der Betrag des auf die streitige Zeit entfallenden Entgelts und, wenn das einjährige Entgelt geringer ist, dieser Betrag für die Wertberechnung maßgebend. ²Das Entgelt nach Satz 1 umfasst neben dem Nettogrundentgelt Nebenkosten dann, wenn diese als Pauschale vereinbart sind und nicht gesondert abgerechnet werden.

(2) ¹Wird wegen Beendigung eines Miet-, Pacht- oder ähnlichen Nutzungsverhältnisses die Räumung eines Grundstücks, Gebäudes oder Gebäudeteils verlangt, ist ohne Rücksicht darauf, ob über das Bestehen des Nutzungsverhältnisses Streit besteht, das für die Dauer eines Jahres zu zahlende Entgelt maßgebend, wenn sich nicht nach Absatz 1 ein geringerer Streitwert ergibt. ²Wird die Räumung oder Herausgabe auch aus einem anderen Rechtsgrund verlangt, ist der Wert der Nutzung eines Jahres maßgebend.

(3) ¹Werden der Anspruch auf Räumung von Wohnraum und der Anspruch nach den §§ 574 bis 574b des Bürgerlichen Gesetzbuchs auf Fortsetzung des Mietverhältnisses über diesen Wohnraum in demselben Prozess verhandelt, werden die Werte nicht zusammengerechnet.

(4) ¹Bei Ansprüchen nach den §§ 574 bis 574b des Bürgerlichen Gesetzbuchs ist auch für die Rechtsmittelinstanz der für den ersten Rechtszug maßgebende Wert zugrunde zu legen, sofern nicht die Beschwer geringer ist.

(5) ¹Bei Ansprüchen auf Erhöhung der Miete für Wohnraum ist der Jahresbetrag der zusätzlich geforderten Miete, bei Ansprüchen des Mieters auf Durchführung von Instandsetzungsmaßnahmen der Jahresbetrag einer angemessenen Mietminderung und bei Ansprüchen des Vermieters auf Duldung einer Durchführung von Modernisierungs- oder Erhaltungsmaßnahmen der Jahresbetrag einer möglichen Mieterhöhung, in Ermangelung dessen einer sonst möglichen Mietminderung durch den Mieter maßgebend. ²Endet das Mietverhältnis vor Ablauf eines Jahres, ist ein entsprechend niedrigerer Betrag maßgebend.

§ 42 GKG Wiederkehrende Leistungen

(1) ¹Bei Ansprüchen auf Erfüllung einer gesetzlichen Unterhaltspflicht ist der für die ersten zwölf Monate nach Einreichung der Klage oder des Antrags geforderte Betrag maßgeblich, höchstens jedoch der Gesamtbetrag der geforderten Leistung. ²Bei Unterhaltsansprüchen nach den §§ 1612a bis 1612c des Bürgerlichen Gesetzbuchs ist dem Wert nach Satz 1 der Monatsbetrag des Unterhalts nach dem Regelbetrag und der Altersstufe zugrunde zu legen, die im Zeitpunkt der Einreichung der Klage oder des Antrags maßgebend sind.

(2) ¹Wird wegen der Tötung eines Menschen oder wegen der Verletzung des Körpers oder der Gesundheit eines Menschen Schadensersatz durch Entrichtung einer Geldrente verlangt, ist der fünffache Betrag des einjährigen Bezugs maßgebend, wenn nicht der Gesamtbetrag der geforderten Leistungen geringer ist. ²Dies gilt nicht bei Ansprüchen aus einem Vertrag, der auf Leistung einer solchen Rente gerichtet ist.

(3) ¹Bei Ansprüchen auf wiederkehrende Leistungen aus einem öffentlich-rechtlichen Dienst- oder Amtsverhältnis, einer Dienstpflicht oder einer Tätigkeit, die anstelle einer gesetzlichen Dienstpflicht geleistet werden kann, bei Ansprüchen von Arbeitnehmern auf wiederkehrende Leistungen sowie in Verfahren vor Gerichten der Sozialgerichtsbarkeit, in denen Ansprüche auf wiederkehrende Leistungen dem Grunde oder der Höhe nach geltend gemacht oder abgewehrt werden, ist der dreifache Jahresbetrag der wiederkehrenden Leistungen maßgebend, wenn nicht der Gesamtbetrag der geforderten Leistungen geringer ist. ²Ist im Verfahren vor den Gerichten der Verwaltungs- und Sozialgerichtsbarkeit die Höhe des Jahresbetrags nicht nach dem Antrag des Klägers bestimmt oder nach diesem Antrag mit vertretbarem Aufwand bestimmbar, ist der Streitwert nach § 52 Abs. 1 und 2 zu bestimmen.

(4) ¹Für die Wertberechnung bei Rechtsstreitigkeiten vor den Gerichten für Arbeitssachen über das Bestehen, das Nichtbestehen oder die Kündigung eines Arbeitsverhältnisses ist höchstens der Betrag des für die Dauer eines Vierteljahres zu leistenden Arbeitsentgelts maßgebend; eine Abfindung wird nicht hinzugerechnet. ²Bei Rechtsstreitigkeiten über Eingruppierungen ist der Wert des dreijährigen Unterschiedsbetrags zur begehrten Vergütung maßgebend, sofern nicht der Gesamtbetrag der geforderten Leistungen geringer ist.

(5) ¹Die bei Einreichung der Klage fälligen Beträge werden dem Streitwert hinzugerechnet; dies gilt nicht in Rechtsstreitigkeiten vor den Gerichten für Arbeitssachen. ²Der Einreichung der Klage steht die Einreichung eines Antrags auf Bewilligung der Prozesskostenhilfe gleich, wenn die Klage alsbald nach Mitteilung der Entscheidung über den Antrag oder über eine alsbald eingelegte Beschwerde eingereicht wird. ³Die Sätze 1 und 2 sind im vereinfachten Verfahren zur Festsetzung von Unterhalt Minderjähriger entsprechend anzuwenden.

§ 43 GKG Nebenforderungen

(1) ¹Sind außer dem Hauptanspruch auch Früchte, Nutzungen, Zinsen oder Kosten als Nebenforderungen betroffen, wird der Wert der Nebenforderungen nicht berücksichtigt.

(2) ¹Sind Früchte, Nutzungen, Zinsen oder Kosten als Nebenforderungen ohne den Hauptanspruch betroffen, ist der Wert der Nebenforderungen maßgebend, soweit er den Wert des Hauptanspruchs nicht übersteigt.

(3) ¹Sind die Kosten des Rechtsstreits ohne den Hauptanspruch betroffen, ist der Betrag der Kosten maßgebend, soweit er den Wert des Hauptanspruchs nicht übersteigt.

§ 44 GKG Stufenklage

¹Wird mit der Klage auf Rechnungslegung oder auf Vorlegung eines Vermögensverzeichnisses oder auf Abgabe einer eidesstattlichen Versicherung die Klage auf Herausgabe desjenigen verbunden, was der Beklagte aus dem zugrunde liegenden Rechtsverhältnis schuldet, ist für die Wertberechnung nur einer der verbundenen Ansprüche, und zwar der höhere, maßgebend.

§ 45 GKG Klage und Widerklage, Hilfsanspruch, wechselseitige Rechtsmittel, Aufrechnung

(1) ¹In einer Klage und in einer Widerklage geltend gemachte Ansprüche, die nicht in getrennten Prozessen verhandelt werden, werden zusammengerechnet. ²Ein hilfsweise geltend gemachter Anspruch wird mit dem Hauptanspruch zusammengerechnet, soweit eine Entscheidung über ihn ergeht. ³Betreffen die Ansprüche im Fall des Satzes 1 oder 2 denselben Gegenstand, ist nur der Wert des höheren Anspruchs maßgebend.

(2) ¹Für wechselseitig eingelegte Rechtsmittel, die nicht in getrennten Prozessen verhandelt werden, ist Absatz 1 Satz 1 und 3 entsprechend anzuwenden.

(3) ¹Macht der Beklagte hilfsweise die Aufrechnung mit einer bestrittenen Gegenforderung geltend, erhöht sich der Streitwert um den Wert der Gegenforderung, soweit eine der Rechtskraft fähige Entscheidung über sie ergeht.

(4) ¹Bei einer Erledigung des Rechtsstreits durch Vergleich sind die Absätze 1 bis 3 entsprechend anzuwenden.

§ 46 GKG Familiensachen und Lebenspartnerschaftssachen

(1) ¹Die Scheidungssache und die Folgesachen gelten als ein Verfahren, dessen Gebühren nach dem zusammengerechneten Wert der Gegenstände zu berechnen sind. ²Eine Scheidungsfolgesache nach § 623 Abs. 2, 3, 5, § 621 Abs. 1 Nr. 1, 2 oder 3 der Zivilprozessordnung ist auch dann als ein Gegenstand zu bewerten, wenn sie mehrere Kinder betrifft. ³§ 48 Abs. 4 ist nicht anzuwenden.

(2) ¹Absatz 1 Satz 1 gilt entsprechend, wenn nach § 621 a Abs. 2 der Zivilprozessordnung einheitlich durch Urteil zu entscheiden ist.

(3) ¹Für die Lebenspartnerschaftssache nach § 661 Abs. 1 Nr. 1 der Zivilprozessordnung und deren Folgesachen (§ 661 Abs. 2, § 623 Abs. 1 und 5 der Zivilprozessordnung) gelten Absatz 1 Satz 1 und 3 und Absatz 2 entsprechend.

(4) ¹Die Bestellung eines Verfahrenspflegers und deren Aufhebung nach § 50 des Gesetzes über die Angelegenheiten der freiwilligen Gerichtsbarkeit sind Teil der Folgesache.

§ 47 GKG Rechtsmittelverfahren

(1) ¹Im Rechtsmittelverfahren bestimmt sich der Streitwert nach den Anträgen des Rechtsmittelführers. ²Endet das Verfahren, ohne dass solche Anträge eingereicht werden, oder werden, wenn eine Frist für die Rechtsmittelbegründung vorgeschrieben ist, innerhalb dieser Frist Rechtsmittelanträge nicht eingereicht, ist die Beschwer maßgebend.

(2) ¹Der Streitwert ist durch den Wert des Streitgegenstands des ersten Rechtszugs begrenzt. ²Das gilt nicht, soweit der Streitgegenstand erweitert wird.

(3) ¹Im Verfahren über den Antrag auf Zulassung des Rechtsmittels und im Verfahren über die Beschwerde gegen die Nichtzulassung des Rechtsmittels ist Streitwert der für das Rechtsmittelverfahren maßgebende Wert.

Unterabschnitt 2: Besondere Wertvorschriften

§ 48 GKG Bürgerliche Rechtsstreitigkeiten, Familien- und Lebenspartnerschaftssachen

(1) ¹In bürgerlichen Rechtsstreitigkeiten und in den in § 1 Nr. 1 Buchstabe b und c genannten Familien- und Lebenspartnerschaftssachen richten sich die Gebühren nach den für die Zuständigkeit des Prozessgerichts oder die Zulässigkeit des Rechtsmittels geltenden Vorschriften über den Wert des Streitgegenstands, soweit nichts anderes bestimmt ist. ²In Rechtsstreitigkeiten aufgrund des Unterlassungsklagengesetzes darf der Streitwert 250 000 Euro nicht übersteigen.

(2) ¹In nichtvermögensrechtlichen Streitigkeiten ist der Streitwert unter Berücksichtigung aller Umstände des Einzelfalls, insbesondere des Umfangs und der Bedeutung der Sache und der Vermögens- und Einkommensverhältnisse der Parteien, nach Ermessen zu bestimmen. ²Der Wert darf nicht über eine Million Euro angenommen werden.

(3) ¹Handelt es sich bei der nichtvermögensrechtlichen Streitigkeit um eine Ehesache oder eine Lebenspartnerschaftssache nach § 661 Abs. 1 Nr. 1 bis 3 der Zivilprozessordnung, ist für die Einkommensverhältnisse das in drei Monaten erzielte Nettoeinkommen der Eheleute oder der Lebenspartner einzusetzen. ²Der Streitwert darf in den in Satz 1 genannten Fällen nicht unter 2 000 Euro angenommen werden. ³In Kindschaftssachen beträgt der Wert 2 000 Euro, in einer Scheidungsfolgesache nach § 623 Abs. 2, 3, 5, § 621 Abs. 1 Nr. 1, 2 oder 3 der Zivilprozessordnung 900 Euro.

(4) ¹Ist mit einem nichtvermögensrechtlichen Anspruch ein aus ihm hergeleiteter vermögensrechtlicher Anspruch verbunden, ist nur ein Anspruch, und zwar der höhere, maßgebend.

§ 49 GKG Versorgungsausgleich

¹Im Verfahren über den Versorgungsausgleich beträgt der Wert, wenn dem Versorgungsausgleich

1. ausschließlich Anrechte
   a) aus einem öffentlich-rechtlichen Dienstverhältnis oder aus einem Arbeitsverhältnis mit Anspruch auf Versorgung nach beamtenrechtlichen Grundsätzen,
   b) der gesetzlichen Rentenversicherung und
   c) der Alterssicherung der Landwirte

   unterliegen, 1 000 Euro;
2. ausschließlich sonstige Anrechte unterliegen, 1 000 Euro;
3. Anrechte im Sinne von Nummern 1 und 2 unterliegen, 2 000 Euro.

§ 50 GKG Beschwerdeverfahren nach dem Gesetz gegen Wettbewerbsbeschränkungen, dem Energiewirtschaftsgesetz und dem Wertpapiererwerbs- und -übernahmegesetz

(1) ¹In folgenden Verfahren bestimmt sich der Wert nach § 3 der Zivilprozessordnung:
1. über Beschwerden gegen Verfügungen der Kartellbehörden und über Rechtsbeschwerden (§§ 63 und 74 des Gesetzes gegen Wettbewerbsbeschränkungen),
2. über Beschwerden gegen Entscheidungen der Regulierungsbehörde und über Rechtsbeschwerden (§§ 75 und 86 des Energiewirtschaftsgesetzes) und
3. über Beschwerden gegen Verfügungen der Bundesanstalt für Finanzdienstleistungsaufsicht (§ 48 des Wertpapiererwerbs- und -übernahmegesetzes).

²Im Verfahren über Beschwerden eines Beigeladenen (§ 54 Abs. 2 Nr. 3 des Gesetzes gegen Wettbewerbsbeschränkungen und § 79 Abs. 1 Nr. 3 des Energiewirtschaftsgesetzes) ist der Streitwert nach Berücksichtigung der sich für den Beigeladenen ergebenden Bedeutung der Sache nach Ermessen zu bestimmen.

(2) ¹Im Verfahren über die Beschwerde gegen die Entscheidung der Vergabekammer (§ 116 des Gesetzes gegen Wettbewerbsbeschränkungen) einschließlich des Verfahrens über den Antrag nach § 115 Abs. 2 Satz 2 und 3, § 118 Abs. 1 Satz 3 und nach § 121 des Gesetzes gegen Wettbewerbsbeschränkungen beträgt der Streitwert 5 Prozent der Bruttoauftragssumme.

§ 51 GKG Streitsachen und Rechtsmittelverfahren des gewerblichen Rechtsschutzes

(1) ¹In Verfahren nach dem Patentgesetz, dem Gebrauchsmustergesetz, dem Markengesetz, dem Geschmacksmustergesetz, dem Halbleiterschutzgesetz und dem Sortenschutzgesetz ist der Wert nach billigem Ermessen zu bestimmen.

(2) ¹Die Vorschriften über die Anordnung der Streitwertbegünstigung (§ 144 des Patentgesetzes, § 26 des Gebrauchsmustergesetzes, § 142 des Markengesetzes, § 54 des Geschmacksmustergesetzes) sind anzuwenden.

§ 51a GKG Rechtsbeschwerdeverfahren nach dem Kapitalanleger-Musterverfahrensgesetz (gültig bis 31.10.2010)

(1) ¹Im Rechtsbeschwerdeverfahren nach dem Kapitalanleger-Musterverfahrensgesetz ist bei der Bestimmung des Streitwerts von der Summe der in sämtlichen nach § 7 des Kapitalanleger-Musterverfahrensgesetzes ausgesetzten Prozessverfahren geltend gemachten Ansprüche auszugeben, soweit diese Gegenstand des Musterverfahrens sind.

(2) [1] Der Musterkläger und die auf seiner Seite Beigeladenen schulden Gerichtsgebühren jeweils nur nach dem Wert, der sich aus den von ihnen im Prozessverfahren geltend gemachten Ansprüchen, die Gegenstand des Musterverfahrens sind, ergibt.

(3) [1] Der Musterbeklagte und die auf seiner Seite Beigeladenen schulden Gerichtsgebühren jeweils nur nach dem Wert, der sich aus den gegen sie im Prozessverfahren geltend gemachten Ansprüchen, die Gegenstand des Musterverfahrens sind, ergibt.

§ 52 GKG Verfahren vor Gerichten der Verwaltungs-, Finanz- und Sozialgerichtsbarkeit

(1) [1] In Verfahren vor den Gerichten der Verwaltungs-, Finanz- und Sozialgerichtsbarkeit ist, soweit nichts anderes bestimmt ist, der Streitwert nach der sich aus dem Antrag des Klägers für ihn ergebenden Bedeutung der Sache nach Ermessen zu bestimmen.

(2) [1] Bietet der Sach- und Streitstand für die Bestimmung des Streitwerts keine genügenden Anhaltspunkte, ist ein Streitwert von 5 000 Euro anzunehmen.

(3) [1] Betrifft der Antrag des Klägers eine bezifferte Geldleistung oder einen hierauf gerichteten Verwaltungsakt, ist deren Höhe maßgebend.

(4) [1] In Verfahren vor den Gerichten der Finanzgerichtsbarkeit darf der Streitwert nicht unter 1000 Euro, in Verfahren vor den Gerichten der Sozialgerichtsbarkeit und bei Rechtsstreitigkeiten nach dem Krankenhausfinanzierungsgesetz nicht über 2 500 000 Euro und in Verfahren vor den Gerichten der Verwaltungsgerichtsbarkeit über Ansprüche nach dem Vermögensgesetz nicht über 500 000 Euro angenommen werden.

(5) [1] Im Verfahren, das die Begründung, die Umwandlung, das Bestehen, das Nichtbestehen oder die Beendigung eines besoldeten öffentlich-rechtlichen Dienst- oder Amtsverhältnisses betrifft, ist Streitwert
1. der 13fache Betrag des Endgrundgehalts zuzüglich ruhegehaltfähiger Zulagen, wenn Gegenstand des Verfahrens ein Dienst- oder Amtsverhältnis auf Lebenszeit ist;
2. in sonstigen Fällen die Hälfte des sich nach Nummer 1 ergebenden Betrags, die Hälfte des 13fachen Anwärtergrundbetrags zuzüglich eines Anwärtersonderzuschlags oder die Hälfte des vertraglich für die Dauer eines Jahres vereinbarten Gehalts.

[2] Betrifft das Verfahren die Verleihung eines anderen Amts oder den Zeitpunkt einer Versetzung in den Ruhestand, ist Streitwert die Hälfte des sich nach Satz 1 ergebenden Betrags.

(6) [1] Ist mit einem in Verfahren nach Absatz 5 verfolgten Klagebegehren ein aus ihm hergeleiteter vermögensrechtlicher Anspruch verbunden, ist nur ein Klagebegehren, und zwar das wertmäßig höhere, maßgebend.

(7) [1] Dem Kläger steht gleich, wer sonst das Verfahren des ersten Rechtszugs beantragt hat.

§ 53 GKG Einstweiliger Rechtsschutz, bestimmte Verfahren nach dem Aktiengesetz und dem Umwandlungsgesetz

(1) [1] In folgenden Verfahren bestimmt sich der Wert nach § 3 der Zivilprozessordnung:
1. über einen Antrag auf Anordnung, Abänderung oder Aufhebung eines Arrests oder einer einstweiligen Verfügung,
2. über den Antrag auf Zulassung der Vollziehung einer vorläufigen oder sichernden Maßnahme des Schiedsgerichts,
3. auf Aufhebung oder Abänderung einer Entscheidung auf Zulassung der Vollziehung (§ 1041 der Zivilprozessordnung),
4. nach § 148 Abs. 1 und 2, §§ 246a, 319 Abs. 6 des Aktiengesetzes, auch in Verbindung mit § 327e Abs. 2 des Aktiengesetzes, und
5. nach § 16 Abs. 3 des Umwandlungsgesetzes.

[2] Er darf jedoch im Fall des Satzes 1 Nr. 4 und 5 ein Zehntel des Grundkapitals oder Stammkapitals des übertragenden oder formwechselnden Rechtsträgers oder, falls der übertragende oder formwechselnde Rechtsträger ein Grundkapital oder Stammkapital nicht hat, ein Zehntel des Vermögens dieses Rechtsträgers, höchstens jedoch 500 000

Euro, nur insoweit übersteigen, als die Bedeutung der Sache für die Parteien höher zu bewerten ist.

(2) ¹Ist in einem Verfahren nach § 620 Satz 1 Nr. 4 und 6, § 644, jeweils auch in Verbindung mit § 661 Abs. 2, oder § 641d der Zivilprozessordnung die Unterhaltspflicht zu regeln, wird der Wert nach dem sechsmonatigen Bezug berechnet. ²Im Verfahren nach § 620 Nr. 7 und 9 der Zivilprozessordnung, auch in Verbindung mit § 661 Abs. 2 der Zivilprozessordnung, beträgt der Wert, soweit die Benutzung der Wohnung zu regeln ist, 2 000 Euro; soweit die Benutzung des Hausrats zu regeln ist, beträgt der Wert 1 200 Euro.

(3) ¹In folgenden Verfahren bestimmt sich der Wert nach § 52 Abs. 1 und 2:

1. über einen Antrag auf Erlass, Abänderung oder Aufhebung einer einstweiligen Anordnung nach § 123 der Verwaltungsgerichtsordnung oder § 114 der Finanzgerichtsordnung,
2. nach § 47 Abs. 6, § 80 Abs. 5 bis 8, § 80a Abs. 3 oder § 80b Abs. 2 und 3 der Verwaltungsgerichtsordnung,
3. nach § 69 Abs. 3, 5 der Finanzgerichtsordnung,
4. nach § 86b des Sozialgerichtsgesetzes und
5. nach § 50 Abs. 3 bis 5 des Wertpapiererwerbs- und Übernahmegesetzes.

§ 54 GKG Zwangsversteigerung

(1) ¹Bei der Zwangsversteigerung von Grundstücken sind die Gebühren für das Verfahren im Allgemeinen und für die Abhaltung des Versteigerungstermins nach dem gemäß § 74 a Abs. 5 des Gesetzes über die Zwangsversteigerung und die Zwangsverwaltung festgesetzten Wert zu berechnen. ²Ist ein solcher Wert nicht festgesetzt, ist der Einheitswert maßgebend. ³Weicht der Gegenstand des Verfahrens vom Gegenstand der Einheitsbewertung wesentlich ab oder hat sich der Wert infolge bestimmter Umstände, die nach dem Feststellungszeitpunkt des Einheitswerts eingetreten sind, wesentlich verändert oder ist ein Einheitswert noch nicht festgestellt, ist der nach den Grundsätzen der Einheitsbewertung geschätzte Wert maßgebend. ⁴Wird der Einheitswert nicht nachgewiesen, ist das Finanzamt um Auskunft über die Höhe des Einheitswerts zu ersuchen; § 30 der Abgabenordnung steht der Auskunft nicht entgegen.

(2) ¹Die Gebühr für die Erteilung des Zuschlags bestimmt sich nach dem Gebot ohne Zinsen, für das der Zuschlag erteilt ist, einschließlich des Werts der nach den Versteigerungsbedingungen bestehen bleibenden Rechte zuzüglich des Betrags, in dessen Höhe der Ersteher nach § 114a des Gesetzes über die Zwangsversteigerung und die Zwangsverwaltung als aus dem Grundstück befriedigt gilt. ²Im Fall der Zwangsversteigerung zur Aufhebung einer Gemeinschaft vermindert sich der Wert nach Satz 1 um den Anteil des Erstehers an dem Gegenstand des Verfahrens; bei Gesamthandeigentum ist jeder Mitberechtigte wie ein Eigentümer nach dem Verhältnis seines Anteils anzusehen.

(3) ¹Die Gebühr für das Verteilungsverfahren bestimmt sich nach dem Gebot ohne Zinsen, für das der Zuschlag erteilt ist, einschließlich des Werts der nach den Versteigerungsbedingungen bestehen bleibenden Rechte. ²Der Erlös aus einer gesonderten Versteigerung oder sonstigen Verwertung (§ 65 des Gesetzes über die Zwangsversteigerung und die Zwangsverwaltung) wird hinzugerechnet.

(4) ¹Sind mehrere Gegenstände betroffen, ist der Gesamtwert maßgebend.

(5) ¹Bei Zuschlägen an verschiedene Ersteher wird die Gebühr für die Erteilung des Zuschlags von jedem Ersteher nach dem Wert der auf ihn entfallenden Gegenstände erhoben. ²Eine Bietergemeinschaft gilt als ein Ersteher.

§ 55 GKG Zwangsverwaltung

¹Die Gebühr für die Durchführung des Zwangsverwaltungsverfahrens bestimmt sich nach dem Gesamtwert der Einkünfte.

§ 56 GKG Zwangsversteigerung von Schiffen, Schiffsbauwerken, Luftfahrzeugen und grundstücksgleichen Rechten

[1] Die §§ 54 und 55 gelten entsprechend für die Zwangsversteigerung von Schiffen, Schiffsbauwerken und Luftfahrzeugen sowie für die Zwangsversteigerung und die Zwangsverwaltung von Rechten, die den Vorschriften der Zwangsvollstreckung in das unbewegliche Vermögen unterliegen, einschließlich der unbeweglichen Kuxe.

§ 57 GKG Zwangsliquidation einer Bahneinheit

[1] Bei der Zwangsliquidation einer Bahneinheit bestimmt sich die Gebühr für das Verfahren nach dem Gesamtwert der Bestandteile der Bahneinheit.

§ 58 GKG Insolvenzverfahren

(1) [1] Die Gebühren für den Antrag auf Eröffnung des Insolvenzverfahrens und für die Durchführung des Insolvenzverfahrens werden nach dem Wert der Insolvenzmasse zur Zeit der Beendigung des Verfahrens erhoben. [2] Gegenstände, die zur abgesonderten Befriedigung dienen, werden nur in Höhe des für diese nicht erforderlichen Betrags angesetzt.

(2) [1] Ist der Antrag auf Eröffnung des Insolvenzverfahrens von einem Gläubiger gestellt, wird die Gebühr für das Verfahren über den Antrag nach dem Betrag seiner Forderung, wenn jedoch der Wert der Insolvenzmasse geringer ist, nach diesem Wert erhoben.

(3) [1] Bei der Beschwerde des Schuldners oder des ausländischen Insolvenzverwalters gegen die Eröffnung des Insolvenzverfahrens oder gegen die Abweisung des Eröffnungsantrags mangels Masse gilt Absatz 1. [2] Bei der Beschwerde eines sonstigen Antragstellers gegen die Abweisung des Eröffnungsantrags gilt Absatz 2.

§ 59 GKG Verteilungsverfahren nach der Schifffahrtsrechtlichen Verteilungsordnung

[1] Die Gebühren für den Antrag auf Eröffnung des Verteilungsverfahrens nach der Schifffahrtsrechtlichen Verteilungsordnung und für die Durchführung des Verteilungsverfahrens richten sich nach dem Betrag der festgesetzten Haftungssumme. [2] Ist diese höher als der Gesamtbetrag der Ansprüche, für deren Gläubiger das Recht auf Teilnahme an dem Verteilungsverfahren festgestellt wird, richten sich die Gebühren nach dem Gesamtbetrag der Ansprüche.

§ 60 GKG Gerichtliche Verfahren nach dem Strafvollzugsgesetz

[1] Für die Bestimmung des Werts in gerichtlichen Verfahren nach dem Strafvollzugsgesetz ist § 52 Abs. 1 bis 3 und im Verfahren über den Antrag auf Erlass einer Entscheidung nach § 114 Abs. 2 des Strafvollzugsgesetzes ist § 52 Abs. 1 und 2 entsprechend anzuwenden.

Gerichtsgebühren nach § 34 GKG

Hinweis: Ermäßigte Gerichtsgebühren Arbeitsgerichtsbarkeit (§ 1 Nr. 5 GKG; § 34 GKG, Nr. 8100 ff. GKG-KV) siehe Seite 228 ff.

Wert bis ... €	0,25 €	0,5 €	0,75 €	1,0 €	1,5 €
300	10,00	12,50*	18,75	25,00	37,50
600	10,00	17,50*	26,25	35,00	52,50
900	11,25	22,50*	33,75	45,00	67,50
1.200	13,75	27,50	41,25	55,00	82,50
1.500	16,25	32,50	48,75	65,00	97,50
2.000	18,25	36,50	54,75	73,00	109,50
2.500	20,25	40,50	60,75	81,00	121,50
3.000	22,25	44,50	66,75	89,00	133,50
3.500	24,25	48,50	72,75	97,00	145,50
4.000	26,25	52,50	78,75	105,00	157,50
4.500	28,25	56,50	84,75	113,00	169,50
5.000	30,25	60,50	90,75	121,00	181,50
6.000	34,00	68,00	102,00	136,00	204,00
7.000	37,75	75,50	113,25	151,00	226,50
8.000	41,50	83,00	124,50	166,00	249,00
9.000	45,25	90,50	135,75	181,00	271,50
10.000	49,00	98,00	147,00	196,00	294,00
13.000	54,75	109,50	164,25	219,00	328,50
16.000	60,50	121,00	181,50	242,00	363,00
19.000	66,25	132,50	198,75	265,00	397,50
22.000	72,00	144,00	216,00	288,00	432,00
25.000	77,75	155,50	233,25	311,00	466,50
30.000	85,00	170,00	255,00	340,00	510,00
35.000	92,25	184,50	276,75	369,00	553,50
40.000	99,50	199,00	298,50	398,00	597,00
45.000	106,75	213,50	320,25	427,00	640,50
50.000	114,00	228,00	342,00	456,00	684,00
65.000	139,00	278,00	417,00	556,00	834,00
80.000	164,00	328,00	492,00	656,00	984,00
95.000	189,00	378,00	567,00	756,00	1.134,00
110.000	214,00	428,00	642,00	856,00	1.284,00
125.000	239,00	478,00	717,00	956,00	1.434,00
140.000	264,00	528,00	792,00	1.056,00	1.584,00
155.000	289,00	578,00	867,00	1.156,00	1.734,00
170.000	314,00	628,00	942,00	1.256,00	1.884,00
185.000	339,00	678,00	1.017,00	1.356,00	2.034,00
200.000	364,00	728,00	1.092,00	1.456,00	2.184,00
230.000	401,50	803,00	1.204,50	1.606,00	2.409,00
260.000	439,00	878,00	1.317,00	1.756,00	2.634,00
290.000	476,50	953,00	1.429,50	1.906,00	2.859,00

* Mindestgebühr für das Mahnverfahren: 23,00 Euro (Nr. 1110 GKG-KV).

Gerichtsgebühren nach § 34 GKG

Wert bis ... €	2,0 €	2,5 €	3,0 €	4,0 €	5,0 €
300	50,00	62,50	75,00	100,00	125,00
600	70,00	87,50	105,00	140,00	175,00
900	90,00	112,50	135,00	180,00	225,00
1.200	110,00	137,50	165,00	220,00	275,00
1.500	130,00	162,50	195,00	260,00	325,00
2.000	146,00	182,50	219,00	292,00	365,00
2.500	162,00	202,50	243,00	324,00	405,00
3.000	178,00	222,50	267,00	356,00	445,00
3.500	194,00	242,50	291,00	388,00	485,00
4.000	210,00	262,50	315,00	420,00	525,00
4.500	226,00	282,50	339,00	452,00	565,00
5.000	242,00	302,50	363,00	484,00	605,00
6.000	272,00	340,00	408,00	544,00	680,00
7.000	302,00	377,50	453,00	604,00	755,00
8.000	332,00	415,00	498,00	664,00	830,00
9.000	362,00	452,50	543,00	724,00	905,00
10.000	392,00	490,00	588,00	784,00	980,00
13.000	438,00	547,50	657,00	876,00	1.095,00
16.000	484,00	605,00	726,00	968,00	1.210,00
19.000	530,00	662,50	795,00	1.060,00	1.325,00
22.000	576,00	720,00	864,00	1.152,00	1.440,00
25.000	622,00	777,50	933,00	1.244,00	1.555,00
30.000	680,00	850,00	1.020,00	1.360,00	1.700,00
35.000	738,00	922,50	1.107,00	1.476,00	1.845,00
40.000	796,00	995,00	1.194,00	1.592,00	1.990,00
45.000	854,00	1.067,50	1.281,00	1.708,00	2.135,00
50.000	912,00	1.140,00	1.368,00	1.824,00	2.280,00
65.000	1.112,00	1.390,00	1.668,00	2.224,00	2.780,00
80.000	1.312,00	1.640,00	1.968,00	2.624,00	3.280,00
95.000	1.512,00	1.890,00	2.268,00	3.024,00	3.780,00
110.000	1.712,00	2.140,00	2.568,00	3.424,00	4.280,00
125.000	1.912,00	2.390,00	2.868,00	3.824,00	4.780,00
140.000	2.112,00	2.640,00	3.168,00	4.224,00	5.280,00
155.000	2.312,00	2.890,00	3.468,00	4.624,00	5.780,00
170.000	2.512,00	3.140,00	3.768,00	5.024,00	6.280,00
185.000	2.712,00	3.390,00	4.068,00	5.424,00	6.780,00
200.000	2.912,00	3.640,00	4.368,00	5.824,00	7.280,00
230.000	3.212,00	4.015,00	4.818,00	6.424,00	8.030,00
260.000	3.512,00	4.390,00	5.268,00	7.024,00	8.780,00
290.000	3.812,00	4.765,00	5.718,00	7.624,00	9.530,00

Gerichtsgebühren nach § 34 GKG

Wert bis ... €	0,25 €	0,5 €	0,75 €	1,0 €	1,5 €
320.000	514,00	1.028,00	1.542,00	2.056,00	3.084,00
350.000	551,50	1.103,00	1.654,50	2.206,00	3.309,00
380.000	589,00	1.178,00	1.767,00	2.356,00	3.534,00
410.000	626,50	1.253,00	1.879,50	2.506,00	3.759,00
440.000	664,00	1.328,00	1.992,00	2.656,00	3.984,00
470.000	701,50	1.403,00	2.104,50	2.806,00	4.209,00
500.000	739,00	1.478,00	2.217,00	2.956,00	4.434,00
550.000	776,50	1.553,00	2.329,50	3.106,00	4.659,00
600.000	814,00	1.628,00	2.442,00	3.256,00	4.884,00
650.000	851,50	1.703,00	2.554,50	3.406,00	5.109,00
700.000	889,00	1.778,00	2.667,00	3.556,00	5.334,00
750.000	926,50	1.853,00	2.779,50	3.706,00	5.559,00
800.000	964,00	1.928,00	2.892,00	3.856,00	5.784,00
850.000	1.001,50	2.003,00	3.004,50	4.006,00	6.009,00
900.000	1.039,00	2.078,00	3.117,00	4.156,00	6.234,00
950.000	1.076,50	2.153,00	3.229,50	4.306,00	6.459,00
1.000.000	1.114,00	2.228,00	3.342,00	4.456,00	6.684,00
1.050.000	1.151,50	2.303,00	3.454,50	4.606,00	6.909,00
1.100.000	1.189,00	2.378,00	3.567,00	4.756,00	7.134,00
1.150.000	1.226,50	2.453,00	3.679,50	4.906,00	7.359,00
1.200.000	1.264,00	2.528,00	3.792,00	5.056,00	7.584,00
1.250.000	1.301,50	2.603,00	3.904,50	5.206,00	7.809,00
1.300.000	1.339,00	2.678,00	4.017,00	5.356,00	8.034,00
1.350.000	1.376,50	2.753,00	4.129,50	5.506,00	8.259,00
1.400.000	1.414,00	2.828,00	4.242,00	5.656,00	8.484,00
1.450.000	1.451,50	2.903,00	4.354,50	5.806,00	8.709,00
1.500.000	1.489,00	2.978,00	4.467,00	5.956,00	8.934,00
1.550.000	1.526,50	3.053,00	4.579,50	6.106,00	9.159,00
1.600.000	1.564,00	3.128,00	4.692,00	6.256,00	9.384,00
1.650.000	1.601,50	3.203,00	4.804,50	6.406,00	9.609,00
1.700.000	1.639,00	3.278,00	4.917,00	6.556,00	9.834,00
1.750.000	1.676,50	3.353,00	5.029,50	6.706,00	10.059,00
1.800.000	1.714,00	3.428,00	5.142,00	6.856,00	10.284,00
1.850.000	1.751,50	3.503,00	5.254,50	7.006,00	10.509,00
1.900.000	1.789,00	3.578,00	5.367,00	7.156,00	10.734,00
1.950.000	1.826,50	3.653,00	5.479,50	7.306,00	10.959,00
2.000.000	1.864,00	3.728,00	5.592,00	7.456,00	11.184,00
2.050.000	1.901,50	3.803,00	5.704,50	7.606,00	11.409,00
2.100.000	1.939,00	3.878,00	5.817,00	7.756,00	11.634,00
2.150.000	1.976,50	3.953,00	5.929,50	7.906,00	11.859,00

Gerichtsgebühren nach § 34 GKG

Wert bis ... €	2,0 €	2,5 €	3,0 €	4,0 €	5,0 €
320.000	4.112,00	5.140,00	6.168,00	8.224,00	10.280,00
350.000	4.412,00	5.515,00	6.618,00	8.824,00	11.030,00
380.000	4.712,00	5.890,00	7.068,00	9.424,00	11.780,00
410.000	5.012,00	6.265,00	7.518,00	10.024,00	12.530,00
440.000	5.312,00	6.640,00	7.968,00	10.624,00	13.280,00
470.000	5.612,00	7.015,00	8.418,00	11.224,00	14.030,00
500.000	5.912,00	7.390,00	8.868,00	11.824,00	14.780,00
550.000	6.212,00	7.765,00	9.318,00	12.424,00	15.530,00
600.000	6.512,00	8.140,00	9.768,00	13.024,00	16.280,00
650.000	6.812,00	8.515,00	10.218,00	13.624,00	17.030,00
700.000	7.112,00	8.890,00	10.668,00	14.224,00	17.780,00
750.000	7.412,00	9.265,00	11.118,00	14.824,00	18.530,00
800.000	7.712,00	9.640,00	11.568,00	15.424,00	19.280,00
850.000	8.012,00	10.015,00	12.018,00	16.024,00	20.030,00
900.000	8.312,00	10.390,00	12.468,00	16.624,00	20.780,00
950.000	8.612,00	10.765,00	12.918,00	17.224,00	21.530,00
1.000.000	8.912,00	11.140,00	13.368,00	17.824,00	22.280,00
1.050.000	9.212,00	11.515,00	13.818,00	18.424,00	23.030,00
1.100.000	9.512,00	11.890,00	14.268,00	19.024,00	23.780,00
1.150.000	9.812,00	12.265,00	14.718,00	19.624,00	24.530,00
1.200.000	10.112,00	12.640,00	15.168,00	20.224,00	25.280,00
1.250.000	10.412,00	13.015,00	15.618,00	20.824,00	26.030,00
1.300.000	10.712,00	13.390,00	16.068,00	21.424,00	26.780,00
1.350.000	11.012,00	13.765,00	16.518,00	22.024,00	27.530,00
1.400.000	11.312,00	14.140,00	16.968,00	22.624,00	28.280,00
1.450.000	11.612,00	14.515,00	17.418,00	23.224,00	29.030,00
1.500.000	11.912,00	14.890,00	17.868,00	23.824,00	29.780,00
1.550.000	12.212,00	15.265,00	18.318,00	24.424,00	30.530,00
1.600.000	12.512,00	15.640,00	18.768,00	25.024,00	31.280,00
1.650.000	12.812,00	16.015,00	19.218,00	25.624,00	32.030,00
1.700.000	13.112,00	16.390,00	19.668,00	26.224,00	32.780,00
1.750.000	13.412,00	16.765,00	20.118,00	26.824,00	33.530,00
1.800.000	13.712,00	17.140,00	20.568,00	27.424,00	34.280,00
1.850.000	14.012,00	17.515,00	21.018,00	28.024,00	35.030,00
1.900.000	14.312,00	17.890,00	21.468,00	28.624,00	35.780,00
1.950.000	14.612,00	18.265,00	21.918,00	29.224,00	36.530,00
2.000.000	14.912,00	18.640,00	22.368,00	29.824,00	37.280,00
2.050.000	15.212,00	19.015,00	22.818,00	30.424,00	38.030,00
2.100.000	15.512,00	19.390,00	23.268,00	31.024,00	38.780,00
2.150.000	15.812,00	19.765,00	23.718,00	31.624,00	39.530,00

Gerichtsgebühren nach § 34 GKG

Wert bis ... €	0,25 €	0,5 €	0,75 €	1,0 €	1,5 €
2.200.000	2.014,00	4.028,00	6.042,00	8.056,00	12.084,00
2.250.000	2.051,50	4.103,00	6.154,50	8.206,00	12.309,00
2.300.000	2.089,00	4.178,00	6.267,00	8.356,00	12.534,00
2.350.000	2.126,50	4.253,00	6.379,50	8.506,00	12.759,00
2.400.000	2.164,00	4.328,00	6.492,00	8.656,00	12.984,00
2.450.000	2.201,50	4.403,00	6.604,50	8.806,00	13.209,00
2.500.000	2.239,00	4.478,00	6.717,00	8.956,00	13.434,00
2.550.000	2.276,50	4.553,00	6.829,50	9.106,00	13.659,00
2.600.000	2.314,00	4.628,00	6.942,00	9.256,00	13.884,00
2.650.000	2.351,50	4.703,00	7.054,50	9.406,00	14.109,00
2.700.000	2.389,00	4.778,00	7.167,00	9.556,00	14.334,00
2.750.000	2.426,50	4.853,00	7.279,50	9.706,00	14.559,00
2.800.000	2.464,00	4.928,00	7.392,00	9.856,00	14.784,00
2.850.000	2.501,50	5.003,00	7.504,50	10.006,00	15.009,00
2.900.000	2.539,00	5.078,00	7.617,00	10.156,00	15.234,00
2.950.000	2.576,50	5.153,00	7.729,50	10.306,00	15.459,00
3.000.000	2.614,00	5.228,00	7.842,00	10.456,00	15.684,00
3.050.000	2.651,50	5.303,00	7.954,50	10.606,00	15.909,00
3.100.000	2.689,00	5.378,00	8.067,00	10.756,00	16.134,00
3.150.000	2.726,50	5.453,00	8.179,50	10.906,00	16.359,00
3.200.000	2.764,00	5.528,00	8.292,00	11.056,00	16.584,00
3.250.000	2.801,50	5.603,00	8.404,50	11.206,00	16.809,00
3.300.000	2.839,00	5.678,00	8.517,00	11.356,00	17.034,00
3.350.000	2.876,50	5.753,00	8.629,50	11.506,00	17.259,00
3.400.000	2.914,00	5.828,00	8.742,00	11.656,00	17.484,00
3.450.000	2.951,50	5.903,00	8.854,50	11.806,00	17.709,00
3.500.000	2.989,00	5.978,00	8.967,00	11.956,00	17.934,00
3.550.000	3.026,50	6.053,00	9.079,50	12.106,00	18.159,00
3.600.000	3.064,00	6.128,00	9.192,00	12.256,00	18.384,00
3.650.000	3.101,50	6.203,00	9.304,50	12.406,00	18.609,00
3.700.000	3.139,00	6.278,00	9.417,00	12.556,00	18.834,00
3.750.000	3.176,50	6.353,00	9.529,50	12.706,00	19.059,00
3.800.000	3.214,00	6.428,00	9.642,00	12.856,00	19.284,00
3.850.000	3.251,50	6.503,00	9.754,50	13.006,00	19.509,00
3.900.000	3.289,00	6.578,00	9.867,00	13.156,00	19.734,00
3.950.000	3.326,50	6.653,00	9.979,50	13.306,00	19.959,00
4.000.000	3.364,00	6.728,00	10.092,00	13.456,00	20.184,00
4.050.000	3.401,50	6.803,00	10.204,50	13.606,00	20.409,00
4.100.000	3.439,00	6.878,00	10.317,00	13.756,00	20.634,00
4.150.000	3.476,50	6.953,00	10.429,50	13.906,00	20.859,00

Gerichtsgebühren nach § 34 GKG

Wert bis ... €	2,0 €	2,5 €	3,0 €	4,0 €	5,0 €
2.200.000	16.112,00	20.140,00	24.168,00	32.224,00	40.280,00
2.250.000	16.412,00	20.515,00	24.618,00	32.824,00	41.030,00
2.300.000	16.712,00	20.890,00	25.068,00	33.424,00	41.780,00
2.350.000	17.012,00	21.265,00	25.518,00	34.024,00	42.530,00
2.400.000	17.312,00	21.640,00	25.968,00	34.624,00	43.280,00
2.450.000	17.612,00	22.015,00	26.418,00	35.224,00	44.030,00
2.500.000	17.912,00	22.390,00	26.868,00	35.824,00	44.780,00
2.550.000	18.212,00	22.765,00	27.318,00	36.424,00	45.530,00
2.600.000	18.512,00	23.140,00	27.768,00	37.024,00	46.280,00
2.650.000	18.812,00	23.515,00	28.218,00	37.624,00	47.030,00
2.700.000	19.112,00	23.890,00	28.668,00	38.224,00	47.780,00
2.750.000	19.412,00	24.265,00	29.118,00	38.824,00	48.530,00
2.800.000	19.712,00	24.640,00	29.568,00	39.424,00	49.280,00
2.850.000	20.012,00	25.015,00	30.018,00	40.024,00	50.030,00
2.900.000	20.312,00	25.390,00	30.468,00	40.624,00	50.780,00
2.950.000	20.612,00	25.765,00	30.918,00	41.224,00	51.530,00
3.000.000	20.912,00	26.140,00	31.368,00	41.824,00	52.280,00
3.050.000	21.212,00	26.515,00	31.818,00	42.424,00	53.030,00
3.100.000	21.512,00	26.890,00	32.268,00	43.024,00	53.780,00
3.150.000	21.812,00	27.265,00	32.718,00	43.624,00	54.530,00
3.200.000	22.112,00	27.640,00	33.168,00	44.224,00	55.280,00
3.250.000	22.412,00	28.015,00	33.618,00	44.824,00	56.030,00
3.300.000	22.712,00	28.390,00	34.068,00	45.424,00	56.780,00
3.350.000	23.012,00	28.765,00	34.518,00	46.024,00	57.530,00
3.400.000	23.312,00	29.140,00	34.968,00	46.624,00	58.280,00
3.450.000	23.612,00	29.515,00	35.418,00	47.224,00	59.030,00
3.500.000	23.912,00	29.890,00	35.868,00	47.824,00	59.780,00
3.550.000	24.212,00	30.265,00	36.318,00	48.424,00	60.530,00
3.600.000	24.512,00	30.640,00	36.768,00	49.024,00	61.280,00
3.650.000	24.812,00	31.015,00	37.218,00	49.624,00	62.030,00
3.700.000	25.112,00	31.390,00	37.668,00	50.224,00	62.780,00
3.750.000	25.412,00	31.765,00	38.118,00	50.824,00	63.530,00
3.800.000	25.712,00	32.140,00	38.568,00	51.424,00	64.280,00
3.850.000	26.012,00	32.515,00	39.018,00	52.024,00	65.030,00
3.900.000	26.312,00	32.890,00	39.468,00	52.624,00	65.780,00
3.950.000	26.612,00	33.265,00	39.918,00	53.224,00	66.530,00
4.000.000	26.912,00	33.640,00	40.368,00	53.824,00	67.280,00
4.050.000	27.212,00	34.015,00	40.818,00	54.424,00	68.030,00
4.100.000	27.512,00	34.390,00	41.268,00	55.024,00	68.780,00
4.150.000	27.812,00	34.765,00	41.718,00	55.624,00	69.530,00

Gerichtsgebühren nach § 34 GKG

Wert bis ... €	0,25 €	0,5 €	0,75 €	1,0 €	1,5 €
4.200.000	3.514,00	7.028,00	10.542,00	14.056,00	21.084,00
4.250.000	3.551,50	7.103,00	10.654,50	14.206,00	21.309,00
4.300.000	3.589,00	7.178,00	10.767,00	14.356,00	21.534,00
4.350.000	3.626,50	7.253,00	10.879,50	14.506,00	21.759,00
4.400.000	3.664,00	7.328,00	10.992,00	14.656,00	21.984,00
4.450.000	3.701,50	7.403,00	11.104,50	14.806,00	22.209,00
4.500.000	3.739,00	7.478,00	11.217,00	14.956,00	22.434,00
4.550.000	3.776,50	7.553,00	11.329,50	15.106,00	22.659,00
4.600.000	3.814,00	7.628,00	11.442,00	15.256,00	22.884,00
4.650.000	3.851,50	7.703,00	11.554,50	15.406,00	23.109,00
4.700.000	3.889,00	7.778,00	11.667,00	15.556,00	23.334,00
4.750.000	3.926,50	7.853,00	11.779,50	15.706,00	23.559,00
4.800.000	3.964,00	7.928,00	11.892,00	15.856,00	23.784,00
4.850.000	4.001,50	8.003,00	12.004,50	16.006,00	24.009,00
4.900.000	4.039,00	8.078,00	12.117,00	16.156,00	24.234,00
4.950.000	4.076,50	8.153,00	12.229,50	16.306,00	24.459,00
5.000.000	4.114,00	8.228,00	12.342,00	16.456,00	24.684,00

Von dem Mehrbetrag über 5.000.000 € entstehen für je 50.000 € Gebühren in Höhe von 150 € für 1 volle Gebühr. Die Errechnung der Gebühren aus Werten über 5.000.000 € kann aus der nachfolgenden Tabelle vorgenommen werden. Zwischenwerte sind hinzuzurechnen.

5.500.000	4.489,00	8.978,00	13.467,00	17.956,00	26.934,00
6.000.000	4.864,00	9.728,00	14.592,00	19.456,00	29.184,00
6.500.000	5.239,00	10.478,00	15.717,00	20.956,00	31.434,00
7.000.000	5.614,00	11.228,00	16.842,00	22.456,00	33.684,00
7.500.000	5.989,00	11.978,00	17.967,00	23.956,00	35.934,00
8.000.000	6.364,00	12.728,00	19.092,00	25.456,00	38.184,00
8.500.000	6.739,00	13.478,00	20.217,00	26.956,00	40.434,00
9.000.000	7.114,00	14.228,00	21.342,00	28.456,00	42.684,00
9.500.000	7.489,00	14.978,00	22.467,00	29.956,00	44.934,00
10.000.000	7.864,00	15.728,00	23.592,00	31.456,00	47.184,00
10.500.000	8.239,00	16.478,00	24.717,00	32.956,00	49.434,00
11.000.000	8.614,00	17.228,00	25.842,00	34.456,00	51.684,00
11.500.000	8.989,00	17.978,00	26.967,00	35.956,00	53.934,00
12.000.000	9.364,00	18.728,00	28.092,00	37.456,00	56.184,00
12.500.000	9.739,00	19.478,00	29.217,00	38.956,00	58.434,00

Gerichtsgebühren nach § 34 GKG

Wert bis ... €	2,0 €	2,5 €	3,0 €	4,0 €	5,0 €
4.200.000	28.112,00	35.140,00	42.168,00	56.224,00	70.280,00
4.250.000	28.412,00	35.515,00	42.618,00	56.824,00	71.030,00
4.300.000	28.712,00	35.890,00	43.068,00	57.424,00	71.780,00
4.350.000	29.012,00	36.265,00	43.518,00	58.024,00	72.530,00
4.400.000	29.312,00	36.640,00	43.968,00	58.624,00	73.280,00
4.450.000	29.612,00	37.015,00	44.418,00	59.224,00	74.030,00
4.500.000	29.912,00	37.390,00	44.868,00	59.824,00	74.780,00
4.550.000	30.212,00	37.765,00	45.318,00	60.424,00	75.530,00
4.600.000	30.512,00	38.140,00	45.768,00	61.024,00	76.280,00
4.650.000	30.812,00	38.515,00	46.218,00	61.624,00	77.030,00
4.700.000	31.112,00	38.890,00	46.668,00	62.224,00	77.780,00
4.750.000	31.412,00	39.265,00	47.118,00	62.824,00	78.530,00
4.800.000	31.712,00	39.640,00	47.568,00	63.424,00	79.280,00
4.850.000	32.012,00	40.015,00	48.018,00	64.024,00	80.030,00
4.900.000	32.312,00	40.390,00	48.468,00	64.624,00	80.780,00
4.950.000	32.612,00	40.765,00	48.918,00	65.224,00	81.530,00
5.000.000	32.912,00	41.140,00	49.368,00	65.824,00	82.280,00

Von dem Mehrbetrag über 5.000.000 € entstehen für je 50.000 € Gebühren in Höhe von 150 € für 1 volle Gebühr. Die Errechnung der Gebühren aus Werten über 5.000.000 € kann aus der nachfolgenden Tabelle vorgenommen werden. Zwischenwerte sind hinzuzurechnen.

5.500.000	35.912,00	44.890,00	53.868,00	71.824,00	89.780,00
6.000.000	38.912,00	48.640,00	58.368,00	77.824,00	97.280,00
6.500.000	41.912,00	52.390,00	62.868,00	83.824,00	104.780,00
7.000.000	44.912,00	56.140,00	67.368,00	89.824,00	112.280,00
7.500.000	47.912,00	59.890,00	71.868,00	95.824,00	119.780,00
8.000.000	50.912,00	63.640,00	76.368,00	101.824,00	127.280,00
8.500.000	53.912,00	67.390,00	80.868,00	107.824,00	134.780,00
9.000.000	56.912,00	71.140,00	85.368,00	113.824,00	142.280,00
9.500.000	59.912,00	74.890,00	89.868,00	119.824,00	149.780,00
10.000.000	62.912,00	78.640,00	94.368,00	125.824,00	157.280,00
10.500.000	65.912,00	82.390,00	98.868,00	131.824,00	164.780,00
11.000.000	68.912,00	86.140,00	103.368,00	137.824,00	172.280,00
11.500.000	71.912,00	89.890,00	107.868,00	143.824,00	179.780,00
12.000.000	74.912,00	93.640,00	112.368,00	149.824,00	187.280,00
12.500.000	77.912,00	97.390,00	116.868,00	155.824,00	194.780,00

Gerichtsgebühren nach § 34 GKG (Zwischenwerte)

Wert bis ... €	0,25 €	0,5 €	0,75 €	1,0 €	1,5 €
Zwischenwerte					
50.000	37,50	75,00	112,50	150,00	225,00
100.000	75,00	150,00	225,00	300,00	450,00
150.000	112,50	225,00	337,50	450,00	675,00
200.000	150,00	300,00	450,00	600,00	900,00
250.000	187,50	375,00	562,50	750,00	1.125,00
300.000	225,00	450,00	675,00	900,00	1.350,00
350.000	262,50	525,00	787,50	1.050,00	1.575,00
400.000	300,00	600,00	900,00	1.200,00	1.800,00
450.000	337,50	675,00	1.012,50	1.350,00	2.025,00
500.000	375,00	750,00	1.125,00	1.500,00	2.250,00
550.000	412,50	825,00	1.237,50	1.650,00	2.475,00
600.000	450,00	900,00	1.350,00	1.800,00	2.700,00
650.000	487,50	975,00	1.462,50	1.950,00	2.925,00
700.000	525,00	1.050,00	1.575,00	2.100,00	3.150,00
750.000	562,50	1.125,00	1.687,50	2.250,00	3.375,00
800.000	600,00	1.200,00	1.800,00	2.400,00	3.600,00
850.000	637,50	1.275,00	1.912,50	2.550,00	3.825,00
900.000	675,00	1.350,00	2.025,00	2.700,00	4.050,00
950.000	712,50	1.425,00	2.137,50	2.850,00	4.275,00
1.000.000	750,00	1.500,00	2.250,00	3.000,00	4.500,00

Die Vorschrift des § 34 Abs. 1 GKG sieht für Gegenstandswerte von über 5.000.000 € Stufen von jeweils 50.000 € vor. So sind Gebühren bei einem Wert von 5.676.500 € zunächst auf 5.700.000 € aufzurunden. Nachfolgende Schritte ermitteln zunächst die Gebühren für 5.000.000 € und anschließend für 700.000 €.

5.000.000	4.114,00	8.228,00	12.342,00	16.456,00	24.684,00
+ 700.000	525,00	1.050,00	1.575,00	2.100,00	3.150,00
=	4.639,00	9.278,00	13.917,00	18.556,00	27.834,00

Außerdem können die Gebühren für Werte über 5.000.000 € wie folgt berechnet werden:

‰ von dem auf 50.000 € aufgerundeten Wert + €	0,75	1,50	2,25	3,00	4,50
	364,00	728,00	1.092,00	1.456,00	2.184,00

Nachfolgend die Lösung mit obigem Zahlenbeispiel:

	5.700.000	5.700.000	5.700.000	5.700.000	5.700.000
x	0,00075	0,00150	0,00225	0,00300	0,00450
=	4.275,00	8.550,00	12.825,00	17.100,00	25.650,00
+	364,00	728,00	1.092,00	1.456,00	2.184,00
=	4.639,00	9.278,00	13.917,00	18.556,00	27.834,00

Gerichtsgebühren nach § 34 GKG (Zwischenwerte)

Wert bis ... €	2,0 €	2,5 €	3,0 €	4,0 €	5,0 €
Zwischenwerte					
50.000	300,00	375,00	450,00	600,00	750,00
100.000	600,00	750,00	900,00	1.200,00	1.500,00
150.000	900,00	1.125,00	1.350,00	1.800,00	2.250,00
200.000	1.200,00	1.500,00	1.800,00	2.400,00	3.000,00
250.000	1.500,00	1.875,00	2.250,00	3.000,00	3.750,00
300.000	1.800,00	2.250,00	2.700,00	3.600,00	4.500,00
350.000	2.100,00	2.625,00	3.150,00	4.200,00	5.250,00
400.000	2.400,00	3.000,00	3.600,00	4.800,00	6.000,00
450.000	2.700,00	3.375,00	4.050,00	5.400,00	6.750,00
500.000	3.000,00	3.750,00	4.500,00	6.000,00	7.500,00
550.000	3.300,00	4.125,00	4.950,00	6.600,00	8.250,00
600.000	3.600,00	4.500,00	5.400,00	7.200,00	9.000,00
650.000	3.900,00	4.875,00	5.850,00	7.800,00	9.750,00
700.000	4.200,00	5.250,00	6.300,00	8.400,00	10.500,00
750.000	4.500,00	5.625,00	6.750,00	9.000,00	11.250,00
800.000	4.800,00	6.000,00	7.200,00	9.600,00	12.000,00
850.000	5.100,00	6.375,00	7.650,00	10.200,00	12.750,00
900.000	5.400,00	6.750,00	8.100,00	10.800,00	13.500,00
950.000	5.700,00	7.125,00	8.550,00	11.400,00	14.250,00
1.000.000	6.000,00	7.500,00	9.000,00	12.000,00	15.000,00

Die Vorschrift des § 34 Abs. 1 GKG sieht für Gegenstandswerte von über 5.000.000 € Stufen von jeweils 50.000 € vor. So sind Gebühren bei einem Wert von 5.676.500 € zunächst auf 5.700.000 € aufzurunden. Nachfolgende Schritte ermitteln zunächst die Gebühren für 5.000.000 € und anschließend für 700.000 €.

5.000.000	32.912,00	**41.140,00**	49.368,00	65.824,00	82.280,00
+ 700.000	4.200,00	5.250,00	6.300,00	8.400,00	10.500,00
=	37.112,00	46.390,00	55.668,00	74.224,00	92.780,00

Außerdem können die Gebühren für Werte über 5.000.000 € wie folgt berechnet werden:

‰	6,00	7,50	9,00	12,00	15,00
von dem auf 50.000 € aufgerundeten Wert					
+ €	2.912,00	3.640,00	4.368,00	5.824,00	7.280,00

Nachfolgend die Lösung mit obigem Zahlenbeispiel:

	5.700.000	5.700.000	5.700.000	5.700.000	5.700.000
x	0,00600	0,00750	0,00900	0,01200	0,01500
=	34.200,00	42.750,00	51.300,00	68.400,00	85.500,00
+	2.912,00	3.640,00	4.368,00	5.824,00	7.280,00
=	37.112,00	46.390,00	55.668,00	74.224,00	92.780,00

Gerichtsgebühren Arbeitsgerichtsbarkeit

Die Tabelle erfasst die auf das arbeitsgerichtliche Verfahren abgestimmten Gebührensätze gemäß § 34 GKG, Nr. 8100 ff. GKG-KV.

Wert bis ... €	0,4 €	0,6 €	0,8 €	1,2 €	1,6 €
300	10,00*	15,00	20,00	30,00	40,00
600	14,00*	21,00	28,00	42,00	56,00
900	18,00	27,00	36,00	54,00	72,00
1.200	22,00	33,00	44,00	66,00	88,00
1.500	26,00	39,00	52,00	78,00	104,00
2.000	29,20	43,80	58,40	87,60	116,80
2.500	32,40	48,60	64,80	97,20	129,60
3.000	35,60	53,40	71,20	106,80	142,40
3.500	38,80	58,20	77,60	116,40	155,20
4.000	42,00	63,00	84,00	126,00	168,00
4.500	45,20	67,80	90,40	135,60	180,80
5.000	48,40	72,60	96,80	145,20	193,60
6.000	54,40	81,60	108,80	163,20	217,60
7.000	60,40	90,60	120,80	181,20	241,60
8.000	66,40	99,60	132,80	199,20	265,60
9.000	72,40	108,60	144,80	217,20	289,60
10.000	78,40	117,60	156,80	235,20	313,60
13.000	87,60	131,40	175,20	262,80	350,40
16.000	96,80	145,20	193,60	290,40	387,20
19.000	106,00	159,00	212,00	318,00	424,00
22.000	115,20	172,80	230,40	345,60	460,80
25.000	124,40	186,60	248,80	373,20	497,60
30.000	136,00	204,00	272,00	408,00	544,00
35.000	147,60	221,40	295,20	442,80	590,40
40.000	159,20	238,80	318,40	477,60	636,80
45.000	170,80	256,20	341,60	512,40	683,20
50.000	182,40	273,60	364,80	547,20	729,60
65.000	222,40	333,60	444,80	667,20	889,60
80.000	262,40	393,60	524,80	787,20	1.049,60
95.000	302,40	453,60	604,80	907,20	1.209,60
110.000	342,40	513,60	684,80	1.027,20	1.369,60
125.000	382,40	573,60	764,80	1.147,20	1.529,60
140.000	422,40	633,60	844,80	1.267,20	1.689,60
155.000	462,40	693,60	924,80	1.387,20	1.849,60
170.000	502,40	753,60	1.004,80	1.507,20	2.009,60
185.000	542,40	813,60	1.084,80	1.627,20	2.169,60
200.000	582,40	873,60	1.164,80	1.747,20	2.329,60
230.000	642,40	963,60	1.284,80	1.927,20	2.569,60

* Mindestgebühr für das Mahnverfahren: 18,00 Euro (Nr. 8100 GKG-KV).

Gerichtsgebühren Arbeitsgerichtsbarkeit nach § 34 GKG, Nr. 8100 ff. GKG-KV

Wert bis ... €	2,0 €	2,4 €	3,2 €	4,0 €
300	50,00	60,00	80,00	100,00
600	70,00	84,00	112,00	140,00
900	90,00	108,00	144,00	180,00
1.200	110,00	132,00	176,00	220,00
1.500	130,00	156,00	208,00	260,00
2.000	146,00	175,20	233,60	292,00
2.500	162,00	194,40	259,20	324,00
3.000	178,00	213,60	284,80	356,00
3.500	194,00	232,80	310,40	388,00
4.000	210,00	252,00	336,00	420,00
4.500	226,00	271,20	361,60	452,00
5.000	242,00	290,40	387,20	484,00
6.000	272,00	326,40	435,20	544,00
7.000	302,00	362,40	483,20	604,00
8.000	332,00	398,40	531,20	664,00
9.000	362,00	434,40	579,20	724,00
10.000	392,00	470,40	627,20	784,00
13.000	438,00	525,60	700,80	876,00
16.000	484,00	580,80	774,40	968,00
19.000	530,00	636,00	848,00	1.060,00
22.000	576,00	691,20	921,60	1.152,00
25.000	622,00	746,40	995,20	1.244,00
30.000	680,00	816,00	1.088,00	1.360,00
35.000	738,00	885,60	1.180,80	1.476,00
40.000	796,00	955,20	1.273,60	1.592,00
45.000	854,00	1.024,80	1.366,40	1.708,00
50.000	912,00	1.094,40	1.459,20	1.824,00
65.000	1.112,00	1.334,40	1.779,20	2.224,00
80.000	1.312,00	1.574,40	2.099,20	2.624,00
95.000	1.512,00	1.814,40	2.419,20	3.024,00
110.000	1.712,00	2.054,40	2.739,20	3.424,00
125.000	1.912,00	2.294,40	3.059,20	3.824,00
140.000	2.112,00	2.534,40	3.379,20	4.224,00
155.000	2.312,00	2.774,40	3.699,20	4.624,00
170.000	2.512,00	3.014,40	4.019,20	5.024,00
185.000	2.712,00	3.254,40	4.339,20	5.424,00
200.000	2.912,00	3.494,40	4.659,20	5.824,00
230.000	3.212,00	3.854,40	5.139,20	6.424,00

Arbeitsgerichtssachen
Gerichtsgebühren
Tabelle § 34 GKG

Gerichtsgebühren Arbeitsgerichtsbarkeit nach § 34 GKG, Nr. 8100 ff. GKG-KV

Wert bis ... €	0,4 €	0,6 €	0,8 €	1,2 €	1,6 €
260.000	702,40	1.053,60	1.404,80	2.107,20	2.809,60
290.000	762,40	1.143,60	1.524,80	2.287,20	3.049,60
320.000	822,40	1.233,60	1.644,80	2.467,20	3.289,60
350.000	882,40	1.323,60	1.764,80	2.647,20	3.529,60
380.000	942,40	1.413,60	1.884,80	2.827,20	3.769,60
410.000	1.002,40	1.503,60	2.004,80	3.007,20	4.009,60
440.000	1.062,40	1.593,60	2.124,80	3.187,20	4.249,60
470.000	1.122,40	1.683,60	2.244,80	3.367,20	4.489,60
500.000	1.182,40	1.773,60	2.364,80	3.547,20	4.729,60
550.000	1.242,40	1.863,60	2.484,80	3.727,20	4.969,60
600.000	1.302,40	1.953,60	2.604,80	3.907,20	5.209,60
650.000	1.362,40	2.043,60	2.724,80	4.087,20	5.449,60
700.000	1.422,40	2.133,60	2.844,80	4.267,20	5.689,60
750.000	1.482,40	2.223,60	2.964,80	4.447,20	5.929,60
800.000	1.542,40	2.313,60	3.084,80	4.627,20	6.169,60
850.000	1.602,40	2.403,60	3.204,80	4.807,20	6.409,60
900.000	1.662,40	2.493,60	3.324,80	4.987,20	6.649,60
950.000	1.722,40	2.583,60	3.444,80	5.167,20	6.889,60
1.000.000	1.782,40	2.673,60	3.564,80	5.347,20	7.129,60
1.050.000	1.842,40	2.763,60	3.684,80	5.527,20	7.369,60
1.100.000	1.902,40	2.853,60	3.804,80	5.707,20	7.609,60
1.150.000	1.962,40	2.943,60	3.924,80	5.887,20	7.849,60
1.200.000	2.022,40	3.033,60	4.044,80	6.067,20	8.089,60
1.250.000	2.082,40	3.123,60	4.164,80	6.247,20	8.329,60
1.300.000	2.142,40	3.213,60	4.284,80	6.427,20	8.569,60
1.350.000	2.202,40	3.303,60	4.404,80	6.607,20	8.809,60
1.400.000	2.262,40	3.393,60	4.524,80	6.787,20	9.049,60
1.450.000	2.322,40	3.483,60	4.644,80	6.967,20	9.289,60
1.500.000	2.382,40	3.573,60	4.764,80	7.147,20	9.529,60
1.550.000	2.442,40	3.663,60	4.884,80	7.327,20	9.769,60
1.600.000	2.502,40	3.753,60	5.004,80	7.507,20	10.009,60
1.650.000	2.562,40	3.843,60	5.124,80	7.687,20	10.249,60
1.700.000	2.622,40	3.933,60	5.244,80	7.867,20	10.489,60
1.750.000	2.682,40	4.023,60	5.364,80	8.047,20	10.729,60
1.800.000	2.742,40	4.113,60	5.484,80	8.227,20	10.969,60
1.850.000	2.802,40	4.203,60	5.604,80	8.407,20	11.209,60
1.900.000	2.862,40	4.293,60	5.724,80	8.587,20	11.449,60
1.950.000	2.922,40	4.383,60	5.844,80	8.767,20	11.689,60

Gerichtsgebühren Arbeitsgerichtsbarkeit nach § 34 GKG, Nr. 8100 ff. GKG-KV

Wert bis ... €	2,0 €	2,4 €	3,2 €	4,0 €
260.000	3.512,00	4.214,40	5.619,20	7.024,00
290.000	3.812,00	4.574,40	6.099,20	7.624,00
320.000	4.112,00	4.934,40	6.579,20	8.224,00
350.000	4.412,00	5.294,40	7.059,20	8.824,00
380.000	4.712,00	5.654,40	7.539,20	9.424,00
410.000	5.012,00	6.014,40	8.019,20	10.024,00
440.000	5.312,00	6.374,40	8.499,20	10.624,00
470.000	5.612,00	6.734,40	8.979,20	11.224,00
500.000	5.912,00	7.094,40	9.459,20	11.824,00
550.000	6.212,00	7.454,40	9.939,20	12.424,00
600.000	6.512,00	7.814,40	10.419,20	13.024,00
650.000	6.812,00	8.174,40	10.899,20	13.624,00
700.000	7.112,00	8.534,40	11.379,20	14.224,00
750.000	7.412,00	8.894,40	11.859,20	14.824,00
800.000	7.712,00	9.254,40	12.339,20	15.424,00
850.000	8.012,00	9.614,40	12.819,20	16.024,00
900.000	8.312,00	9.974,40	13.299,20	16.624,00
950.000	8.612,00	10.334,40	13.779,20	17.224,00
1.000.000	8.912,00	10.694,40	14.259,20	17.824,00
1.050.000	9.212,00	11.054,40	14.739,20	18.424,00
1.100.000	9.512,00	11.414,40	15.219,20	19.024,00
1.150.000	9.812,00	11.774,40	15.699,20	19.624,00
1.200.000	10.112,00	12.134,40	16.179,20	20.224,00
1.250.000	10.412,00	12.494,40	16.659,20	20.824,00
1.300.000	10.712,00	12.854,40	17.139,20	21.424,00
1.350.000	11.012,00	13.214,40	17.619,20	22.024,00
1.400.000	11.312,00	13.574,40	18.099,20	22.624,00
1.450.000	11.612,00	13.934,40	18.579,20	23.224,00
1.500.000	11.912,00	14.294,40	19.059,20	23.824,00
1.550.000	12.212,00	14.654,40	19.539,20	24.424,00
1.600.000	12.512,00	15.014,40	20.019,20	25.024,00
1.650.000	12.812,00	15.374,40	20.499,20	25.624,00
1.700.000	13.112,00	15.734,40	20.979,20	26.224,00
1.750.000	13.412,00	16.094,40	21.459,20	26.824,00
1.800.000	13.712,00	16.454,40	21.939,20	27.424,00
1.850.000	14.012,00	16.814,40	22.419,20	28.024,00
1.900.000	14.312,00	17.174,40	22.899,20	28.624,00
1.950.000	14.612,00	17.534,40	23.379,20	29.224,00

Gerichtsgebühren Arbeitsgerichtsbarkeit nach § 34 GKG, Nr. 8100 ff. GKG-KV

Wert bis ... €	0,4 €	0,6 €	0,8 €	1,2 €	1,6 €
2.000.000	2.982,40	4.473,60	5.964,80	8.947,20	11.929,60
2.050.000	3.042,40	4.563,60	6.084,80	9.127,20	12.169,60
2.100.000	3.102,40	4.653,60	6.204,80	9.307,20	12.409,60
2.150.000	3.162,40	4.743,60	6.324,80	9.487,20	12.649,60
2.200.000	3.222,40	4.833,60	6.444,80	9.667,20	12.889,60
2.250.000	3.282,40	4.923,60	6.564,80	9.847,20	13.129,60
2.300.000	3.342,40	5.013,60	6.684,80	10.027,20	13.369,60
2.350.000	3.402,40	5.103,60	6.804,80	10.207,20	13.609,60
2.400.000	3.462,40	5.193,60	6.924,80	10.387,20	13.849,60
2.450.000	3.522,40	5.283,60	7.044,80	10.567,20	14.089,60
2.500.000	3.582,40	5.373,60	7.164,80	10.747,20	14.329,60
2.550.000	3.642,40	5.463,60	7.284,80	10.927,20	14.569,60
2.600.000	3.702,40	5.553,60	7.404,80	11.107,20	14.809,60
2.650.000	3.762,40	5.643,60	7.524,80	11.287,20	15.049,60
2.700.000	3.822,40	5.733,60	7.644,80	11.467,20	15.289,60
2.750.000	3.882,40	5.823,60	7.764,80	11.647,20	15.529,60
2.800.000	3.942,40	5.913,60	7.884,80	11.827,20	15.769,60
2.850.000	4.002,40	6.003,60	8.004,80	12.007,20	16.009,60
2.900.000	4.062,40	6.093,60	8.124,80	12.187,20	16.249,60
2.950.000	4.122,40	6.183,60	8.244,80	12.367,20	16.489,60
3.000.000	4.182,40	6.273,60	8.364,80	12.547,20	16.729,60
3.050.000	4.242,40	6.363,60	8.484,80	12.727,20	16.969,60
3.100.000	4.302,40	6.453,60	8.604,80	12.907,20	17.209,60
3.150.000	4.362,40	6.543,60	8.724,80	13.087,20	17.449,60
3.200.000	4.422,40	6.633,60	8.844,80	13.267,20	17.689,60
3.250.000	4.482,40	6.723,60	8.964,80	13.447,20	17.929,60
3.300.000	4.542,40	6.813,60	9.084,80	13.627,20	18.169,60
3.350.000	4.602,40	6.903,60	9.204,80	13.807,20	18.409,60
3.400.000	4.662,40	6.993,60	9.324,80	13.987,20	18.649,60
3.450.000	4.722,40	7.083,60	9.444,80	14.167,20	18.889,60
3.500.000	4.782,40	7.173,60	9.564,80	14.347,20	19.129,60
3.550.000	4.842,40	7.263,60	9.684,80	14.527,20	19.369,60
3.600.000	4.902,40	7.353,60	9.804,80	14.707,20	19.609,60
3.650.000	4.962,40	7.443,60	9.924,80	14.887,20	19.849,60
3.700.000	5.022,40	7.533,60	10.044,80	15.067,20	20.089,60
3.750.000	5.082,40	7.623,60	10.164,80	15.247,20	20.329,60
3.800.000	5.142,40	7.713,60	10.284,80	15.427,20	20.569,60
3.850.000	5.202,40	7.803,60	10.404,80	15.607,20	20.809,60

Gerichtsgebühren Arbeitsgerichtsbarkeit nach § 34 GKG, Nr. 8100 ff. GKG-KV

Wert bis ... €	2,0 €	2,4 €	3,2 €	4,0 €
2.000.000	14.912,00	17.894,40	23.859,20	29.824,00
2.050.000	15.212,00	18.254,40	24.339,20	30.424,00
2.100.000	15.512,00	18.614,40	24.819,20	31.024,00
2.150.000	15.812,00	18.974,40	25.299,20	31.624,00
2.200.000	16.112,00	19.334,40	25.779,20	32.224,00
2.250.000	16.412,00	19.694,40	26.259,20	32.824,00
2.300.000	16.712,00	20.054,40	26.739,20	33.424,00
2.350.000	17.012,00	20.414,40	27.219,20	34.024,00
2.400.000	17.312,00	20.774,40	27.699,20	34.624,00
2.450.000	17.612,00	21.134,40	28.179,20	35.224,00
2.500.000	17.912,00	21.494,40	28.659,20	35.824,00
2.550.000	18.212,00	21.854,40	29.139,20	36.424,00
2.600.000	18.512,00	22.214,40	29.619,20	37.024,00
2.650.000	18.812,00	22.574,40	30.099,20	37.624,00
2.700.000	19.112,00	22.934,40	30.579,20	38.224,00
2.750.000	19.412,00	23.294,40	31.059,20	38.824,00
2.800.000	19.712,00	23.654,40	31.539,20	39.424,00
2.850.000	20.012,00	24.014,40	32.019,20	40.024,00
2.900.000	20.312,00	24.374,40	32.499,20	40.624,00
2.950.000	20.612,00	24.734,40	32.979,20	41.224,00
3.000.000	20.912,00	25.094,40	33.459,20	41.824,00
3.050.000	21.212,00	25.454,40	33.939,20	42.424,00
3.100.000	21.512,00	25.814,40	34.419,20	43.024,00
3.150.000	21.812,00	26.174,40	34.899,20	43.624,00
3.200.000	22.112,00	26.534,40	35.379,20	44.224,00
3.250.000	22.412,00	26.894,40	35.859,20	44.824,00
3.300.000	22.712,00	27.254,40	36.339,20	45.424,00
3.350.000	23.012,00	27.614,40	36.819,20	46.024,00
3.400.000	23.312,00	27.974,40	37.299,20	46.624,00
3.450.000	23.612,00	28.334,40	37.779,20	47.224,00
3.500.000	23.912,00	28.694,40	38.259,20	47.824,00
3.550.000	24.212,00	29.054,40	38.739,20	48.424,00
3.600.000	24.512,00	29.414,40	39.219,20	49.024,00
3.650.000	24.812,00	29.774,40	39.699,20	49.624,00
3.700.000	25.112,00	30.134,40	40.179,20	50.224,00
3.750.000	25.412,00	30.494,40	40.659,20	50.824,00
3.800.000	25.712,00	30.854,40	41.139,20	51.424,00
3.850.000	26.012,00	31.214,40	41.619,20	52.024,00

Gerichtsgebühren Arbeitsgerichtsbarkeit nach § 34 GKG, Nr. 8100 ff. GKG-KV

Wert bis ... €	0,4 €	0,6 €	0,8 €	1,2 €	1,6 €
3.900.000	5.262,40	7.893,60	10.524,80	15.787,20	21.049,60
3.950.000	5.322,40	7.983,60	10.644,80	15.967,20	21.289,60
4.000.000	5.382,40	8.073,60	10.764,80	16.147,20	21.529,60
4.050.000	5.442,40	8.163,60	10.884,80	16.327,20	21.769,60
4.100.000	5.502,40	8.253,60	11.004,80	16.507,20	22.009,60
4.150.000	5.562,40	8.343,60	11.124,80	16.687,20	22.249,60
4.200.000	5.622,40	8.433,60	11.244,80	16.867,20	22.489,60
4.250.000	5.682,40	8.523,60	11.364,80	17.047,20	22.729,60
4.300.000	5.742,40	8.613,60	11.484,80	17.227,20	22.969,60
4.350.000	5.802,40	8.703,60	11.604,80	17.407,20	23.209,60
4.400.000	5.862,40	8.793,60	11.724,80	17.587,20	23.449,60
4.450.000	5.922,40	8.883,60	11.844,80	17.767,20	23.689,60
4.500.000	5.982,40	8.973,60	11.964,80	17.947,20	23.929,60
4.550.000	6.042,40	9.063,60	12.084,80	18.127,20	24.169,60
4.600.000	6.102,40	9.153,60	12.204,80	18.307,20	24.409,60
4.650.000	6.162,40	9.243,60	12.324,80	18.487,20	24.649,60
4.700.000	6.222,40	9.333,60	12.444,80	18.667,20	24.889,60
4.750.000	6.282,40	9.423,60	12.564,80	18.847,20	25.129,60
4.800.000	6.342,40	9.513,60	12.684,80	19.027,20	25.369,60
4.850.000	6.402,40	9.603,60	12.804,80	19.207,20	25.609,60
4.900.000	6.462,40	9.693,60	12.924,80	19.387,20	25.849,60
4.950.000	6.522,40	9.783,60	13.044,80	19.567,20	26.089,60
5.000.000	6.582,40	9.873,60	13.164,80	19.747,20	26.329,60

Bei Werten über 5.000.000 € steigen die Gebühren um 150 € je angefangene 50.000 €. Nach Aufrundung des Wertes auf volle 50.000 € können die Gebühren wie nachstehend berechnet werden:

‰ von dem auf 50.000 € aufgerundeten Wert + €	1,20	1,80	2,40	3,60	4,80
	582,40	873,60	1.164,80	1.747,20	2.329,60

Gerichtsgebühren Arbeitsgerichtsbarkeit nach § 34 GKG, Nr. 8100 ff. GKG-KV

Wert bis ... €	2,0 €	2,4 €	3,2 €	4,0 €
3.900.000	26.312,00	31.574,40	42.099,20	52.624,00
3.950.000	26.612,00	31.934,40	42.579,20	53.224,00
4.000.000	26.912,00	32.294,40	43.059,20	53.824,00
4.050.000	27.212,00	32.654,40	43.539,20	54.424,00
4.100.000	27.512,00	33.014,40	44.019,20	55.024,00
4.150.000	27.812,00	33.374,40	44.499,20	55.624,00
4.200.000	28.112,00	33.734,40	44.979,20	56.224,00
4.250.000	28.412,00	34.094,40	45.459,20	56.824,00
4.300.000	28.712,00	34.454,40	45.939,20	57.424,00
4.350.000	29.012,00	34.814,40	46.419,20	58.024,00
4.400.000	29.312,00	35.174,40	46.899,20	58.624,00
4.450.000	29.612,00	35.534,40	47.379,20	59.224,00
4.500.000	29.912,00	35.894,40	47.859,20	59.824,00
4.550.000	30.212,00	36.254,40	48.339,20	60.424,00
4.600.000	30.512,00	36.614,40	48.819,20	61.024,00
4.650.000	30.812,00	36.974,40	49.299,20	61.624,00
4.700.000	31.112,00	37.334,40	49.779,20	62.224,00
4.750.000	31.412,00	37.694,40	50.259,20	62.824,00
4.800.000	31.712,00	38.054,40	50.739,20	63.424,00
4.850.000	32.012,00	38.414,40	51.219,20	64.024,00
4.900.000	32.312,00	38.774,40	51.699,20	64.624,00
4.950.000	32.612,00	39.134,40	52.179,20	65.224,00
5.000.000	32.912,00	39.494,40	52.659,20	65.824,00

Bei Werten über 5.000.000 € steigen die Gebühren um 150 € je angefangene 50.000 €. Nach Aufrundung des Wertes auf volle 50.000 € können die Gebühren wie nachstehend berechnet werden:

‰ von dem auf 50.000 € aufgerundeten Wert	6,00	7,20	9,60	12,00
+ €	2.912,00	3.494,40	4.659,20	5.824,00

Gesamtkostentabelle
Prozessrisiko – Anwaltsgebühren – Gerichtskosten

Die Gesamtkostentabelle mit Stand 1.7.2006 bietet Ihnen die **schnelle Orientierung** beim Mandantengespräch und vor Gericht. Sie finden darin einzelne Gebühren, aber auch die Kostenrechungen für die erste und zweite Instanz. Kernstück und unverzichtbar für das Mandantengespräch ist die **Prozesskostenrisikotabelle**, mit der Sie eine zuverlässige Einschätzung des mit einem Prozess verbundenen Kostenrisikos an die Hand bekommen.

In diesem **praktischen Begleiter** finden Sie Gebührentabellen u.a. zu
- Anwaltsgebühren nach § 13 RVG
- Reduzierter Terminsgebühr
- Außergerichtlicher Vertretung
- Mahnverfahren
- Vollstreckungsbescheid
- RA-Kostenrechnung erster und zweiter Instanz
- Prozesskostenhilfe (§ 49 RVG)
- Zwangsvollstreckung
- Gebühren in Straf- und Bußgeldsachen
- Fotokopierkosten
- Hebegebühren
- Gerichtskosten

Auflage 2006, ca. 32 Seiten auf festem Karton mit Ringheftung, ca. 16 €
ISBN 3-8240-0783-5

DeutscherAnwaltVerlag
Wachsbleiche 7 · 53111 Bonn · T 0228 91911-0 · F 0228 91911-23

KostO
Beurkundungs- und Betreuungsgebühren des Notars
Schnellübersicht

Die Kosten der Notare bestimmen sich, soweit bundesrechtlich nichts anderes vorgeschrieben ist, ausschließlich nach der KostO (vgl. § 140 S. 1 KostO). Vereinbarungen über die Höhe der Kosten sind unwirksam (§ 140 S. 2 KostO). Für die Kosten der Notare gelten die Vorschriften des Ersten Teils der KostO (§§ 1 bis 139 KostO) entsprechend, soweit in den §§ 142 ff. KostO nichts anderes bestimmt ist (vgl. § 141 KostO). Auf die Anführung des § 141 KostO als Verweisungsnorm bei der Paragrafenangabe wird aus Gründen der Übersichtlichkeit verzichtet.

Gebührensätze

Ablehnung der fortgesetzten Gütergemeinschaft (§ 1484 BGB)
    Wert § 30 Abs. 1
    Gebühr § 38 Abs. 3
    Beurkundung oder Beglaubigung der Erklärung ....   ¼

Ablichtungen und Ausdrucke
    Gebühr § 55, je angefangene Seite ....   0,50 EUR
                                                            mindestens 10,00 EUR

Ablieferung von Geld und Wertpapieren
    Gebühr § 149, siehe Berechnungsbeispiel zur Hebegebühr
    Seite 349

Abtretung   von Forderungen, Wert §§ 18, 23, 39, Gebühr § 36 Abs. 1 ..   1
               von Geschäftsanteilen, Wert §§ 30, 39 Abs. 2, ...   2
               wenn das zugrunde liegende Rechtsgeschäft bereits beurkundet ist,
               Gebühr § 38 Abs. 2 Nr. 6d ....   ½

Adoption   Vertrag
               Wert § 30 Abs. 2 und 3
               Gebühr § 36 Abs. 1   1
               Zustimmungserklärung Gebühr § 38 Abs. 4 ....   ¼

Akteneinsicht in Registerakten, siehe Grundbucheinsicht

Änderung beurkundeter Erklärungen
    Wert §§ 30 Abs. 1, 39 Abs. 1 S. 2
    Gebühr § 42, derselbe Gebührensatz wie für die ursprüngliche Beurkundung,
    jedoch höchstens   1

KostO Notar
KostO Gericht
Schnellübersichten

Gebührensätze

Angebot eines Vertrags
Wert §§ 18 ff.
Gebühr § 37 . . . . 1 ¹/₂

Anmeldung zu Registern
Wert §§ 26, 26a, 28, 29, 30 Abs. 2, 39 Abs. 4 Hs. 2
Gebühr § 38 Abs. 2 S. 7 . . . . ¹/₂

Annahme eines Vertragsangebots
Wert §§ 18 ff.
Gebühr § 38 Abs. 2 Nr. 2 . . . . ¹/₂

Antrag, Bewilligung, Zustimmung zur Grundbucheintragung
Wert §§ 20 bis 24, 40
Gebühr § 38 Abs. 2 Nr. 5a oder b . . . . ¹/₂

Anträge und Beschwerden zum Vollzug des Geschäfts
Wert § 146 Abs. 4
Gebühr § 146 Abs. 1 und 3 . . . . ¹/₂
nur Einholung des Zeugnisses § 28 Abs. 1 BauGB . . . . . . ¹/₁₀
bei Eintragung, Veränderung oder Löschung einer Belastung, wenn der Notar die Unterschrift nur beglaubigt hat,
Gebühr § 146 Abs. 2 . . . . ¹/₄

Aufhebung eines von keiner Seite erfüllten Vertrags
Wert § 39 Abs. 1
Gebühr § 38 Abs. 2 Nr. 3 . . . . ¹/₂

Auflassung Wert §§ 19 Abs. 2, 20 Abs. 1, wenn das zugrunde liegende Rechtsgeschäft bereits beurkundet ist
Gebühr § 38 Abs. 2 Nr. 6a . . . . ¹/₂

Auseinandersetzung
Wert §§ 18, 39 Abs. 2
Gebühr § 36 Abs. 2 2
für Vermittlung §§ 148, 116, weitere Gebühr 2
bei Übertragung der Vermittlung durch das Gericht . . . . . . 3 ¹/₂
wenn die Bestätigung der Auseinandersetzung dem Gericht zusteht 3
Ermäßigung, wenn das Verfahren ohne Bestätigung abgeschlossen wird, auf 2
und wenn sich das Verfahren vor Eintritt in die Verhandlung durch Zurücknahme oder auf andere Weise erledigt, auf . . ¹/₂

Beglaubigung von Ablichtungen und Ausdrucken
Gebühr § 55, je angefangene Seite . . . . 0,50 EUR
mindestens 10,00 EUR

Beglaubigung von Unterschriften und Zeichnungen
    Wert § 45 Abs. 1 S. 2
    Gebühr § 45 Abs. 1 . . . . $^1/_4$
                                                                                                                       höchstens
                                                                                                                       130,00 EUR

Beratung   nur, wenn diese Tätigkeit nicht schon als Nebengeschäft durch eine dem Notar für das Hauptgeschäft oder für erfolglose Verhandlungen zustehende Gebühr abgegolten wird
    Wert §§ 18 ff.
    Gebühr § 147 Abs. 2 und 3 . . . . $^1/_2$

Bescheinigung über Eintragungen im Handelsregister oder ähnlichen Registern
    Gebühr § 150
    über eine Vertretungsberechtigung, § 21 Abs. 1 Nr. 1 BNotO   13,00 EUR
    über das Bestehen oder den Sitz einer juristischen Person oder Handelsgesellschaft, die Firmenänderung, eine Umwandlung oder sonstige rechtserhebliche Umstände,
    § 21 Abs. 1 Nr. 2 BNotO . . . . 25,00 EUR

Bescheinigung von Tatsachen
    Wert § 30 Abs. 1 und 2
    Gebühr § 50 Abs. 1   1

Beschwerden siehe Anträge

Bewilligung siehe Antrag zur Grundbucheintragung

Dokumentenpauschale § 136
    für die ersten 50 Seiten je Seite . . . . 0,50 EUR
    für jede weitere Seite . . . . 0,15 EUR
    für die Überlassung von elektronisch gespeicherten Dateien anstelle der Ausfertigungen, Ablichtungen und Ausdrucke
    je Datei . . . . 2,50 EUR

    Dokumentenpauschalefrei siehe § 136 Abs. 4

Ehelichkeitserklärung
    Wert § 30 Abs. 2 und 3
    Gebühr § 36 Abs. 1   1

Ehevertrag   Wert § 39 Abs. 3
    Gebühr § 36 Abs. 2   2

Gebührensätze

Eidesstattliche Versicherung / Eide
Wert §§ 30 Abs. 1 und 2, 49 Abs. 2, 107 ff.
Gebühr § 49 Abs. 1 1

Einigung über die Einräumung oder Aufhebung von Sondereigentum
Wert § 21 Abs. 2
Gebühr § 38 Abs. 2 Nr. 6b .... ¹/₂

Einseitige Erklärungen
Gebühr § 36 Abs. 1 1

Entwurf einer Urkunde
Wert §§ 18 ff., 39 ff.
Gebühr § 145 Abs. 1: die für die Beurkundung bestimmte Gebühr.
Die Entwurfsgebühr wird auf nachträgliche Beurkundungsgebühren in der Reihenfolge ihrer Entstehung angerechnet.
Prüfung eines Entwurfs einer Urkunde .... ¹/₂
mindestens .... ¹/₄
der für die Beurkundung der gesamten Erklärung bestimmten Gebühr;

Gebühr § 145 Abs. 2 zur Vorlage bei Behörden: die Hälfte der Beurkundungsgebühr, wenn sie geringer ist als eine volle Gebühr.

Gebühr § 145 Abs. 3: Aushändigung des Entwurfs, wenn die Beurkundung unterbleibt, wie Gebühr § 145 Abs. 2.

Erbbaurechtseinigung
Wert § 21 Abs. 1
Gebühr § 38 Abs. 2 Nr. 6c .... ¹/₂

Erbbaurechtsvertrag
Wert §§ 21 Abs. 1, 24 Abs. 1, 39 Abs. 2
Gebühr § 36 Abs. 2 2

Erbschaftsausschlagung
Wert §§ 38 Abs. 3, 112 Abs. 2
Gebühr § 38 Abs. 3 .... ¹/₄

Erbscheinsantrag
Wert § 107 Abs. 2
Gebühr § 49 Abs. 2 und 3 1

Erbvertrag Wert § 46 Abs. 3 bis 5
Gebühr § 46 Abs. 1 2

Gebührensätze

Erfolglose Verhandlung
Wert §§ 18, 39
Gebühr § 57 . . . . max. ¹/₂
höchstens
50,00 EUR

Ergänzung einer beurkundeten Erklärung siehe Änderung

Firmenzeichnung
Wert §§ 41a, 28, 29, 30 Abs. 2, 39 Abs. 4 Hs. 2
Gebühr § 38 Abs. 2 Nr. 7 . . . . ¹/₂

Freiwillige Versteigerung von Grundstücken
Wert §§ 20 Abs. 1, 19 Abs. 2, 53 Abs. 4
Gebühr § 53 Abs. 1 Nr. 1 für das Verfahren im Allgemeinen ¹/₂
Gebühr § 53 Abs. 1 Nr. 2 für die Aufnahme der gerichtlichen
Schätzung . . . . ¹/₂
Gebühr § 53 Abs. 1 Nr. 3 für die Abhaltung des Versteige-
rungstermins 1
Gebühr § 53 Abs. 1 Nr. 4 für die Beurkundung des Zu-
schlags 1

Gesellschaftsorganbeschlüsse
Wert §§ 41a, 41c, 44
Gebühr § 47 2
höchstens
5.000,00
EUR

Gesellschaftsverträge
Wert §§ 18 ff., 39 Abs. 2 und 4 (höchstens 5 Mio. EUR, in den Fällen des § 38 Abs. 2 Nr. 7 höchstens 500.000,00 EUR)
Gebühr § 36 Abs. 2 2

Grundbucheinsicht, § 147
(wenn nicht Nebengeschäft, § 35) Mindestgebühr § 33 . . . . 10,00 EUR

Hebegebühr, § 149, siehe Berechnungsbeispiel Seite 347

Kaufvertrag Wert §§ 20 Abs. 1, 19 Abs. 1 oder 2
Gebühr § 36 Abs. 2 2

Lebenspartnerschaftsvertrag
Wert § 39 Abs. 3
Gebühr § 36 Abs. 2 2

Gebührensätze

Löschungsbewilligung
    Wert §§ 20 bis 24
    Gebühr § 38 Abs. 2 Nr. 5a . . . . $^1/_2$

Löschungsfähige Quittung
    Wert § 23
    Gebühr § 36 Abs. 1   1

Miet-(Pacht-)Vertrag
    Wert § 25 Abs. 1
    Gebühr § 36 Abs. 2   2

Mindestgebühr, § 33 . . . .   10,00 EUR
    Gebühren werden auf den nächstliegenden Cent auf- oder abgerundet; 0,5 Cent werden aufgerundet.

Registereinsicht, § 147 siehe Grundbucheinsicht

Reisekosten, § 153
    I. Wenn die Gebühren dem Notar selbst zufließen:

        1. Tage und Abwesenheitsgeld bei Geschäftsreisen
            von nicht mehr als 4 Stunden . . . . 20,00 EUR
            4 bis 8 Stunden . . . . 35,00 EUR
            mehr als 8 Stunden . . . . 60,00 EUR

            Die Hälfte dieses Satzes ist auf die in § 58 Abs. 1
            bestimmte Zusatzgebühr anzurechnen.

        2. Übernachtungskosten in der tatsächlich entstandenen Höhe;

        3. Fahrtkosten in Höhe der tatsächlich entstandenen
            Aufwendungen
            bei Benutzung eines eigenen Kraftwagens
            je Fahrtkilometer . . . . 0,30 EUR

    II. Wenn die Gebühren der Staatskasse zufließen:

        1. Tagegeld für Bundesbeamte gem. § 9 BRKG i.V.m.
            § 4 Abs. 5 S. 1 Nr. 5 S. 2 EStG und Übernachtungsgeld für Bundesbeamte gem. § 10 BRKG

        2. Fahrtkosten in Höhe der tatsächlich entstandenen Kosten für die Benutzung eines öffentlichen, regelmäßig verkehrenden Beförderungsmittels oder eines anderen Beförderungsmittels, wenn dessen Benutzung erforderlich war.

		Gebührensätze

Bei Benutzung des eigenen Kraftwagens je Fahrtkilometer. . . . . 0,30 EUR
Dies ist stets zu gewähren bis 200 km für Hin- und Rückfahrt zusammen.

Schenkung Wert §§ 18 ff.
  Gebühr § 36 Abs. 1, Schenkungserklärung 1
  Gebühr § 36 Abs. 2, Schenkungsvertrag 2

Schulderklärung
  Wert §§ 18 ff.
  Gebühr § 36 Abs. 1 1

Sicherstellung der Zeit
  Gebühr § 56 . . . . 13,00 EUR

Sicherungsübereignung
  Gebühr § 36 Abs. 2 2

Testament Wert § 46 Abs. 4 und 5
  Gebühr § 46 Abs. 1 1
  Gemeinschaftliches 2

Testamentsvollstreckerzeugnis
  Wert §§ 30 Abs. 1 und 2, 49 Abs. 2, 107 ff.
  Gebühr §§ 49 Abs. 1, 109 Abs. 1 Nr. 2 1

Unterschriftsbeglaubigung siehe Beglaubigung

Unterhaltsverpflichtung (Vertrag)
  Wert § 24
  Gebühr § 36 Abs. 1 (§ 36 Abs. 2) 1 (2)

Unterwerfungserklärung
  Wert §§ 18 ff.
  Gebühr § 36 Abs. 1 1

Vermögensverzeichnisse und (Ent-)Siegelungen
  Gebühr § 52 . . . . $1/2$
  bei einem Zeitaufwand von mehr als 2 Stunden:
  zusätzlich für jede angefangene weitere Stunde (Mindestgebühr, § 33). . . . . 10,00 EUR

Verpfändungserklärung (Vertrag)
  Wert § 23
  Gebühr § 36 Abs. 1 (§ 36 Abs. 2) 1 (2)

Versammlungsbeschlüsse siehe Gesellschaftsorganbeschlüsse

Gebührensätze

Versteigerung von beweglichen Sachen und Rechten
Wert § 54 Abs. 1
Gebühr § 54 Abs. 1   3
bei Erledigung vor Aufforderung zur Abgabe von Geboten
Gebühr § 54 Abs. 2 . . . .   ¹/₄

Versteigerung von Grundstücken siehe Freiwillige Versteigerung

Verträge   Gebühr § 36 Abs. 2   2

Vertragsannahme siehe Annahme eines Vertragsangebots

Vertretungsbescheinigung
gem. § 21 Abs. 1 Nr. 1 BNotO
Gebühr § 150 . . . .   13,00 EUR

Vollmacht   Wert § 41
Gebühr § 38 Abs. 2 Nr. 4 . . . .   ¹/₂

Vollstreckbare Ausfertigung in den Fällen der §§ 726 bis 729 ZPO sowie bei bestätigten Auseinandersetzungen
Wert §§ 18 ff.
Gebühr § 133 . . . .   ¹/₂

Vollstreckbarerklärung und Bescheinigung in besonderen Fällen (§ 148a)
— bei Anwaltsvergleichen (§§ 796a bis 796c ZPO) und Schiedsspruch mit vereinbartem Wortlaut (§ 1053 ZPO)
Wert § 148 Abs. 2
Gebühr § 148a . . . .   ¹/₂
— notarielle Urkunde nach § 55 Abs. 3 AVAG . . . .   200,00 EUR
— Bescheinigung nach § 56 AVAG . . . .   10,00 EUR
— Bestätigung nach § 1079 ZPO . . . .   15,00 EUR

Vollzugstätigkeit siehe Anträge und Beschwerden zum Vollzug des Geschäfts

Vormerkungsantrag siehe Antrag zur Grundbucheintragung

Vorrangseinräumung
Wert § 23 Abs. 3
siehe Antrag zur Grundbucheintragung

Wechsel- und Scheckproteste
Gebühr § 51 . . . .   ¹/₂
zuzüglich Wegegebühr je Weg . . . .   1,50 EUR

Wegegebühr siehe Zusatzgebühren

Widerruf einer Vollmacht, Wert § 41
Gebühr § 38 Abs. 2 Nr. 4 . . . . $^1/_2$
eines Testaments, Wert § 46 Abs. 5
Gebühr § 46 Abs. 2 . . . . $^1/_2$

Wohnungseigentumseinigung siehe Einigung über die Einräumung oder Aufhebung von Sondereigentum

Wohnungseigentumsvertrag
Wert §§ 21 Abs. 2, 39 Abs. 2
Gebühr § 36 Abs. 2 2

Zurücknahmeerklärung vor Entscheidung
Wert §§ 18 ff., 39 ff.
Gebühr § 130 Abs. 2 . . . . $^1/_4$
höchstens
20,00 EUR

Zusatzgebühren für Beurkundungen außerhalb der Geschäftsstelle, der Geschäftszeit (sonntags, nachts), nicht in deutscher Sprache.
Wert ist der des Geschäfts, Gebühr §§ 58, 59 je . . . . $^1/_2$
höchstens
je 30,00
EUR

Zustimmungserklärung einzelner Teilnehmer zu einer bereits beurkundeten Erklärung
Wert § 40
Gebühr § 38 Abs. 2 Nr. 1 . . . . $^1/_2$

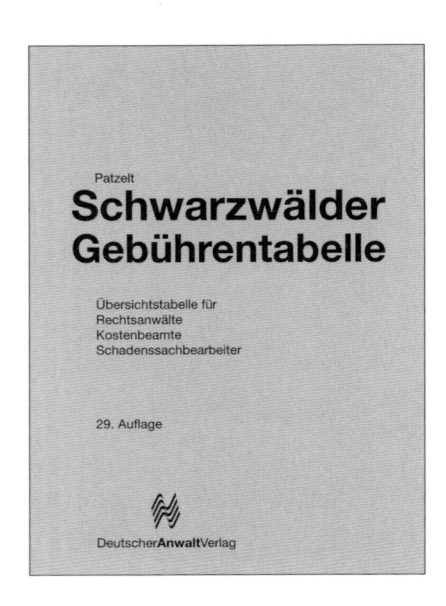

Schwarzwälder Gebührentabelle

Von RA Dr. Georg Patzelt
29. Auflage 2006, ca. 53 Seiten,
broschiert, ca. 16 €,
ISBN 3-8240-0836-X

Mit der Schwarzwälder Gebührentabelle erstellen Ihre Mitarbeiter und Sie **schnell und unkompliziert** Ihre Abrechnung. Denn die Schwarzwälder Gebührentabelle bietet Ihnen mit **Zwischensumme, Auslagenpauschale und 16 % Mehrwertsteuer** alle in der Praxis vorkommenden Gebührenkombinationen einschließlich der Kosten des Mahn- und Vollstreckungsbescheids.

Selbstverständlich finden Sie in der 29. Auflage des Standardwerks die neuen, ab dem **1.7.2006 geltenden Werte** zu den Mahnbescheidskosten und zum Umgang für die Vergütung in Beratungs- und Gutachtenangelegenheiten sowie Hinweise zur Übergangsregelung.

Außerdem enthält die Schwarzwälder Gebührentabelle u.a. **Übersichtstabellen** zu

- Gebühren in Straf- und Sozialrechtssachen
- Hebegebühren
- Beratungshilfe
- Reisekosten.

DeutscherAnwaltVerlag

Wachsbleiche 7 · 53111 Bonn · **T** 02 28 9 19 11-0 · **F** 02 28 9 19 11-23

KostO
Gerichtskosten (ohne Beurkundung)

Schnellübersicht

Gebührensätze

Annahme als Kind
Entscheidung über die Annahme eines Volljährigen
Wert §§ 98 Abs. 2, 30 Abs. 2
Gebühr § 98 Abs. 1   1

Ausschluss der Brieferteilung und Aufhebung des Ausschlusses
Wert §§ 67 Abs. 3, 30
Gebühr für die Eintragung § 67 Abs. 1 S. 2 Nr. 2 . . . .   ¹/₄

Befreiung vom Ehe-Erfordernis der Volljährigkeit und vom Eheverbot der durch die Annahme als Kind begründeten Verwandtschaft
Wert §§ 97a Abs. 2, 30 Abs. 2
Gebühr § 97a   1

Beschwerde Wert §§ 131 Abs. 2, 30
Gebühr § 131 Abs. 1, Verwerfung oder Zurückweisung . . . .   ¹/₂
Zurücknahme . . . .   ¹/₄

Dokumentenpauschale § 136
für die ersten 50 Seiten je Seite . . . .   0,50 EUR
für jede weitere Seite . . . .   0,15 EUR

für die Überlassung von elektronisch gespeicherten Dateien anstelle der Ausfertigungen, Ablichtungen und Ausdrucke
je Datei . . . .   2,50 EUR

Dokumentenpauschalefrei siehe § 136 Abs. 4

Eidesstattliche Versicherung
Gebühr § 124
Termin zur Abnahme nach §§ 259, 260, 1580 S. 2, § 1587e Abs. 1, § 1587k Abs. 1, § 1605 Abs. 1 S. 3, §§ 2006, 2028 Abs. 2, § 2057 BGB und nach § 83 Abs. 2 FGG   1

Eigentümer Eintragung
Wert §§ 19, 20, 60 Abs. 3, 61
Gebühr § 60 Abs. 1   1
Gebühr § 60 Abs. 2 bei Eintragung von Ehegatten und Abkömmlingen sowie des eingetragenen Lebenspartners . . . .   ¹/₂

Gebührensätze

Einzelpflegschaften
    Betreuung und Pflegschaft für einzelne Rechtshandlungen
    Gebühr § 93 1

§ 92 Abs. 1 S. 1 gilt entsprechend, bei Pflegschaften jedoch nur, sofern sie minderjährige Personen betreffen. Keine Gebühr, wenn für den Fürsorgebedürftigen eine Vormundschaft, Dauerbetreuung, oder -pflegschaft besteht oder gleichzeitig anzuordnen ist.

§ 93a KostO:
(1) Die Bestellung eines Pflegers für das Verfahren und deren Aufhebung sind Teil des Verfahrens, für das der Pfleger bestellt worden ist. Bestellung und Aufhebung sind gebührenfrei. (2) Die Auslagen nach § 137 Nr. 16 können von dem Betroffenen nach Maßgabe des § 1836c des Bürgerlichen Gesetzbuches erhoben werden.

Erbbaurecht Eintragung
    Wert § 21 Abs. 1
    Gebühr §§ 62 Abs. 1, 77 Abs. 1 1

Erbschaftsausschlagung
    Wert §§ 112 Abs. 2, 30 Abs. 2
    Gebühr § 112 Abs. 1 Nr. 2, Entgegennahme .... ¹/₄

Erbschein Erteilung
    Wert § 107 Abs. 2
    Gebühr § 107 Abs. 1 1

Erklärungen gegenüber dem Nachlassgericht
    Wert § 112 Abs. 2
    Gebühr § 112 Abs. 1, Entgegennahme .... ¹/₄

Ernennung und **Entlassung** von **Testamentsvollstreckern**
    Wert §§ 113 S. 2, 30 Abs. 2
    Gebühr § 113 S. 1 .... ¹/₂

Eröffnung einer **Verfügung von Todes wegen**
    Wert §§ 103, 46 Abs. 4
    Gebühr § 102 .... ¹/₂

Genossenschaftsregister Eintragung
    Wert §§ 41a, 41c
    Gebühr §§ 79, 79a; siehe dazu Seite 273 ff.

Gebührensätze

Gewaltschutzgesetz
    Wert §§ 100a, 30 Abs. 2
    Gebühr § 100a Abs. 1 und 3:
    Für Entscheidungen in Familiensachen nach § 621 Abs. 1
    Nr. 13 ZPO 1

    Zahlungspflichtig ist nur der Beteiligte, den das Gericht nach billigem Ermessen bestimmt; es kann auch anordnen, dass von der Erhebung der Kosten abzusehen ist.

Grundbuchablichtung, -ausdruck (maschinell geführtes Grundbuch)
    unbeglaubigte Ablichtung, § 73 Abs. 1 Nr. 1 .... 10,00 EUR
    beglaubigte Ablichtung, § 73 Abs. 1 Nr. 2 .... 18,00 EUR
    Ausdruck, § 73 Abs. 2 Nr. 1 .... 10,00 EUR
    amtlicher Ausdruck, § 73 Abs. 2 Nr. 2 .... 18,00 EUR

Grundschuld Eintragung
    Wert § 23 Abs. 2
    Gebühr § 62 Abs. 1 1
    Gebühr § 62 Abs. 2 .... $1/2$

Güterrechtsregister Eintragung
    Wert §§ 28, 30 Abs. 2, 39 Abs. 3
    Gebühr § 81 1

Handelsregister Eintragung
    Wert §§ 30 Abs. 2, 41a, 41b, 41c
    Gebühr §§ 79, 79a; siehe dazu Seite 271 ff. 1

Hausrat   Wert § 100 Abs. 3
    Gebühr § 100 Abs. 1:
    Gerichtliches Verfahren nach der HausratsVO 1
    Bei gerichtlicher Entscheidung Erhöhung auf 3
    Rücknahme vor Entscheidung oder gerichtlich vermittelter
    Einigung, Ermäßigung auf .... $1/2$

Hypothek   Eintragung
    Wert § 23 Abs. 2
    Gebühr § 62 Abs. 1 1
    Gebühr § 62 Abs. 2 .... $1/2$

Hypotheken (Grundschuld) Brief, Erteilung
    Wert §§ 23 Abs. 2, 71 Abs. 3
    Gebühr § 71 Abs. 1 und 2 .... $1/4$

Löschungen Wert §§ 22 bis 24
Gebühr § 68 = ½ der Gebühr für die Eintragung,
mindestens .... ¼

Löschungsvormerkung Eintragung
Wert §§ 64 Abs. 3 bis 5, 63 Abs. 2, 23 Abs. 3
Gebühr § 64 Abs. 1 und 2 .... ½

Mithaft (Pfand) **Entlassung** Eintragung
Wert §§ 22 bis 24
Gebühr § 68 = ½ der Gebühr für die Eintragung,
mindestens .... ¼

Nachlasspflegschaft
Wert § 106 Abs. 1 S. 3
Gebühr § 106 Abs. 1 1

Nachlasssicherung
Wert §§ 18 Abs. 1, 30 Abs. 2
Gebühr § 104 1

Nebengeschäfte § 35 keine besondere Gebühr

Partnerschaftsregister Eintragung
Wert §§ 41b, 41c
Gebühr §§ 79, 79a; siehe dazu Seite 273 ff.

Reallast Eintragung
Wert § 24
Gebühr § 62 Abs. 1 1
Gebühr § 62 Abs. 2 .... ½

Registerauszüge Handels-, Vereins-, Güterrechts-, Genossenschafts-, Partnerschaftsregister (auch maschinell geführte Register) Ablichtungen oder Ausdrucke: Gem. § 89 Abs. 1 und 4 gilt § 73 Abs. 1 bis 5 entsprechend, siehe dazu bei „Grundbuchablichtung"

Bescheinigungen aus den Registern, § 89 Abs. 2 (Mindestgebühr, § 33)................................ 10,00 EUR

Sonstige Grundbucheintragungen, die nicht als Nebengeschäft gebührenfrei sind
Gebühr § 67 .... ¼

Gebührensätze

Todeserklärung
    Wert §§ 128 Abs. 3, 30 Abs. 2
    Gebühr § 128 2
    Feststellung der Todeszeit 2
    Aufhebung oder Änderung 2
    kostenfrei bei Verschollenheitsfällen aus Anlass des Krieges

Unterbringungssachen nach §§ 70 bis 70n FGG:
    Gebühren werden gem. § 91 nicht erhoben. Auslagen werden von dem Betroffenen nur nach § 137 Nr. 17 erhoben, wenn die Voraussetzungen des § 93a Abs. 2 gegeben sind.

Unterwerfung unter die sofortige Zwangsvollstreckung nachträgliche
    Eintragung
    Wert §§ 67 Abs. 3, 30
    Gebühr § 67 Abs. 1 Nr. 6 .... ¼

Veränderungen dinglicher Rechte Eintragung
    Wert §§ 64 Abs. 3 bis 5, 63 Abs. 2, 23 Abs. 3
    Gebühr § 64 Abs. 1 und 2, je Recht .... ½

Vereinsregister Eintragungen
    Wert §§ 29, 30 Abs. 2
    Gebühr § 80:
      für die erste Eintragung des Vereins 2
      für alle späteren Eintragungen 1
      für Löschung der Gesamteintragung .... ½

Verfahrenspflegschaft siehe Einzelpflegschaften

Verfügungsbeschränkungen (Nacherbfolge, Testamentsvollstreckung u. Ä.)
    Wert § 65 Abs. 3 und 4
    Gebühr § 65 Abs. 1 und 2, soweit nicht nach § 69
    gebührenfrei .... ½

Vermerke auf dem Hypotheken- bzw. Grundschuldbrief
    Gebühr § 72 .... 13,00 EUR

Vermerke von Rechten des Grundstückseigentümers
    Wert §§ 67 Abs. 3, 30
    Gebühr § 67 Abs. 1 Nr. 3 .... ¼

Versorgungsausgleich
    Wert § 99 Abs. 3
    Gebühr § 99:
    1. Verfahren über den Versorgungsausgleich nach
        § 1587b oder nach § 1587g Abs. 1 BGB 1

Gebührensätze

       Kommt es in diesen Fällen zu einer richterlichen Entscheidung, Erhöhung auf 3
2. Zurücknahme des Antrags nach § 1587g Abs. 1 BGB vor Entscheidung oder einer vom Gericht vermittelten Einigung .... $^{1}/_{2}$
3. Entscheidungen nach § 1587d Abs. 1, § 1587i Abs. 1, § 1587l Abs. 1 und 3 S. 3 BGB, sofern der Antrag nicht in einem der in Abs. 1 aufgeführten Verfahren gestellt worden ist 1
4. Aufhebung oder Änderung von Entscheidungen nach § 1587d Abs. 2, § 1587g Abs. 3, § 1587i Abs. 3 BGB 1
5. Entscheidung über den Antrag auf Neufestsetzung des zu leistenden Betrages nach § 53e Abs. 3 FGG 1

Verwahrung von Verfügungen von Todes wegen
Wert §§ 103, 46 Abs. 4
Gebühr § 101 .... $^{1}/_{4}$

Verzicht auf Eigentum am Grundstück, Eintragung
Wert § 19
Gebühr § 67 Abs. 1 S. 2 Nr. 1 .... $^{1}/_{4}$

Vorkaufsrecht Eintragung
Wert §§ 20 Abs. 2, 19 Abs. 2
Gebühr § 62 Abs. 1 1
Gebühr § 62 Abs. 2 .... $^{1}/_{2}$

Vormerkung Eintragung
Wert §§ 19 ff.
Gebühr § 66 Abs. 1
$^{1}/_{2}$ der Gebühr, die für die endgültige Eintragung entsteht, mindestens .... $^{1}/_{4}$

Vormundschaft, Dauerbetreuung und Dauerpflegschaft
§§ 92, 93, 96
Nur wenn das Vermögen des Fürsorgebedürftigen nach Abzug der Verbindlichkeiten mehr als 25.000,00 EUR beträgt; der in § 90 Abs. 2 Nr. 8 SGB XII genannte Vermögenswert wird nicht mitgerechnet
je 5 000 Euro und Jahr .... 5,00 EUR

Gebührensätze

Vormundschaftsgerichtliche Genehmigungen
Gebühr § 95 Abs. 1 S. 1 Nr. 1.................... 1

§ 92 Abs. 1 S. 1 gilt entsprechend. Eine Gebühr wird nicht erhoben, wenn für den Fürsorgebedürftigen eine Vormundschaft, Dauerbetreuung oder -pflegschaft besteht oder wenn die Tätigkeit des Vormundschaftsgerichts in den Rahmen einer Betreuung oder Pflegschaft für einzelne Rechtshandlungen fällt.

Widerspruch Eintragung, siehe Vormerkung

Wohnungszuweisung
Wert § 100 Abs. 3
Gebühr § 100 Abs. 1:
Gerichtliches Verfahren nach der HausratsVO 1
Bei gerichtlicher Entscheidung Erhöhung auf 3
Rücknahme vor Entscheidung oder gerichtlich vermittelter Einigung, Ermäßigung auf .... $^1/_2$

Wohnungs- und Teileigentum
Wert § 21 Abs. 2
Gebühr § 76:
1. Eintragung der vertraglichen Einräumung von Sondereigentum .... $^1/_2$
2. Eintragung von Änderungen .... $^1/_2$
3. Eintragung der Aufhebung und Anlegung des Grundbuchblatts .... $^1/_2$

Zurücknahme von Anträgen vor Entscheidung
Gebühr § 130 Abs. 2 .... $^1/_4$
höchstens
20,00 EUR

Zurückweisung bei Antragsgeschäften
Gebühr § 130 Abs. 1 .... $^1/_2$
höchstens
35,00 EUR

Zuschreibung von Grundstücken
Wert §§ 67 Abs. 3, 30
Gebühr § 67 Abs. 1 S. 2 Nr. 4 .... $^1/_4$

**AnwaltFormulare
Zivilprozessrecht**
Hrsg. von RiOLG
Frank-Michael Goebel
2. Auflage 2006,
1.784 Seiten, gebunden,
mit CD-ROM, 98 €
ISBN 3-8240-0766-5

Die Neuauflage der AnwaltFormulare Zivilprozessrecht ist mit **rund 600 Mustern** Ihr ideales Hilfsmittel: Detailliert erläutert finden Sie hier das zivilprozessuale Erkenntnisverfahren einschließlich des familiengerichtlichen Verfahrens und aller Nebenverfahren – wie etwa das Beweissicherungsverfahren oder den einstweiligen Rechtsschutz.

Die AnwaltFormulare Zivilprozessrecht bieten Ihnen die relevanten Informationen zu den **kostenrechtlichen Aspekten** inklusive **Prozesskostenhilfe**: So erfahren Sie alles Wesentliche zur Kostenabwicklung und zum optimalen taktischen Vorgehen unter dem Blickwinkel von RVG und BRAGO. Die Neuauflage liefert Ihnen nun in den Sachdarstellungen **noch mehr Praxishinweise zu** den Gerichtskosten und den Anwaltsgebühren für die konkrete Prozesssituation.

DeutscherAnwaltVerlag
Wachsbleiche 7 · 53111 Bonn · **T** 02 28 9 19 11-0 · **F** 02 28 9 19 11-23

Gebührentabelle nach § 32 KostO

Wert bis ... €	1/10 €	1/4 €	1/2 €	1 €	1 1/2 €	2 €
1.000	10,00	10,00	10,00	10,00	15,00	20,00
2.000	10,00	10,00	10,00	18,00	27,00	36,00
3.000	10,00	10,00	13,00	26,00	39,00	52,00
4.000	10,00	10,00	17,00	34,00	51,00	68,00
5.000	10,00	10,50	21,00	42,00	63,00	84,00
8.000	10,00	12,00	24,00	48,00	72,00	96,00
11.000	10,00	13,50	27,00	54,00	81,00	108,00
14.000	10,00	15,00	30,00	60,00	90,00	120,00
17.000	10,00	16,50	33,00	66,00	99,00	132,00
20.000	10,00	18,00	36,00	72,00	108,00	144,00
23.000	10,00	19,50	39,00	78,00	117,00	156,00
26.000	10,00	21,00	42,00	84,00	126,00	168,00
29.000	10,00	22,50	45,00	90,00	135,00	180,00
32.000	10,00	24,00	48,00	96,00	144,00	192,00
35.000	10,20	25,50	51,00	102,00	153,00	204,00
38.000	10,80	27,00	54,00	108,00	162,00	216,00
41.000	11,40	28,50	57,00	114,00	171,00	228,00
44.000	12,00	30,00	60,00	120,00	180,00	240,00
47.000	12,60	31,50	63,00	126,00	189,00	252,00
50.000	13,20	33,00	66,00	132,00	198,00	264,00
60.000	14,70	36,75	73,50	147,00	220,50	294,00
70.000	16,20	40,50	81,00	162,00	243,00	324,00
80.000	17,70	44,25	88,50	177,00	265,50	354,00
90.000	19,20	48,00	96,00	192,00	288,00	384,00
100.000	20,70	51,75	103,50	207,00	310,50	414,00
110.000	22,20	55,50	111,00	222,00	333,00	444,00
120.000	23,70	59,25	118,50	237,00	355,50	474,00
130.000	25,20	63,00	126,00	252,00	378,00	504,00
140.000	26,70	66,75	133,50	267,00	400,50	534,00
150.000	28,20	70,50	141,00	282,00	423,00	564,00
160.000	29,70	74,25	148,50	297,00	445,50	594,00
170.000	31,20	78,00	156,00	312,00	468,00	624,00
180.000	32,70	81,75	163,50	327,00	490,50	654,00
190.000	34,20	85,50	171,00	342,00	513,00	684,00
200.000	35,70	89,25	178,50	357,00	535,50	714,00
210.000	37,20	93,00	186,00	372,00	558,00	744,00
220.000	38,70	96,75	193,50	387,00	580,50	774,00
230.000	40,20	100,50	201,00	402,00	603,00	804,00
240.000	41,70	104,25	208,50	417,00	625,50	834,00
250.000	43,20	108,00	216,00	432,00	648,00	864,00
260.000	44,70	111,75	223,50	447,00	670,50	894,00
270.000	46,20	115,50	231,00	462,00	693,00	924,00

Gebührentabelle nach § 32 KostO

Wert bis ... €	1/10 €	1/4 €	1/2 €	1 €	1 1/2 €	2 €
280.000	47,70	119,25	238,50	477,00	715,50	954,00
290.000	49,20	123,00	246,00	492,00	738,00	984,00
300.000	50,70	126,75	253,50	507,00	760,50	1.014,00
310.000	52,20	130,50	261,00	522,00	783,00	1.044,00
320.000	53,70	134,25	268,50	537,00	805,50	1.074,00
330.000	55,20	138,00	276,00	552,00	828,00	1.104,00
340.000	56,70	141,75	283,50	567,00	850,50	1.134,00
350.000	58,20	145,50	291,00	582,00	873,00	1.164,00
360.000	59,70	149,25	298,50	597,00	895,50	1.194,00
370.000	61,20	153,00	306,00	612,00	918,00	1.224,00
380.000	62,70	156,75	313,50	627,00	940,50	1.254,00
390.000	64,20	160,50	321,00	642,00	963,00	1.284,00
400.000	65,70	164,25	328,50	657,00	985,50	1.314,00
410.000	67,20	168,00	336,00	672,00	1.008,00	1.344,00
420.000	68,70	171,75	343,50	687,00	1.030,50	1.374,00
430.000	70,20	175,50	351,00	702,00	1.053,00	1.404,00
440.000	71,70	179,25	358,50	717,00	1.075,50	1.434,00
450.000	73,20	183,00	366,00	732,00	1.098,00	1.464,00
460.000	74,70	186,75	373,50	747,00	1.120,50	1.494,00
470.000	76,20	190,50	381,00	762,00	1.143,00	1.524,00
480.000	77,70	194,25	388,50	777,00	1.165,50	1.554,00
490.000	79,20	198,00	396,00	792,00	1.188,00	1.584,00
500.000	80,70	201,75	403,50	807,00	1.210,50	1.614,00
510.000	82,20	205,50	411,00	822,00	1.233,00	1.644,00
520.000	83,70	209,25	418,50	837,00	1.255,50	1.674,00
530.000	85,20	213,00	426,00	852,00	1.278,00	1.704,00
540.000	86,70	216,75	433,50	867,00	1.300,50	1.734,00
550.000	88,20	220,50	441,00	882,00	1.323,00	1.764,00
560.000	89,70	224,25	448,50	897,00	1.345,50	1.794,00
570.000	91,20	228,00	456,00	912,00	1.368,00	1.824,00
580.000	92,70	231,75	463,50	927,00	1.390,50	1.854,00
590.000	94,20	235,50	471,00	942,00	1.413,00	1.884,00
600.000	95,70	239,25	478,50	957,00	1.435,50	1.914,00
610.000	97,20	243,00	486,00	972,00	1.458,00	1.944,00
620.000	98,70	246,75	493,50	987,00	1.480,50	1.974,00
630.000	100,20	250,50	501,00	1.002,00	1.503,00	2.004,00
640.000	101,70	254,25	508,50	1.017,00	1.525,50	2.034,00
650.000	103,20	258,00	516,00	1.032,00	1.548,00	2.064,00
660.000	104,70	261,75	523,50	1.047,00	1.570,50	2.094,00
670.000	106,20	265,50	531,00	1.062,00	1.593,00	2.124,00
680.000	107,70	269,25	538,50	1.077,00	1.615,50	2.154,00
690.000	109,20	273,00	546,00	1.092,00	1.638,00	2.184,00
700.000	110,70	276,75	553,50	1.107,00	1.660,50	2.214,00
710.000	112,20	280,50	561,00	1.122,00	1.683,00	2.244,00
720.000	113,70	284,25	568,50	1.137,00	1.705,50	2.274,00

Gebührentabelle nach § 32 KostO

Wert bis ... €	1/10 €	1/4 €	1/2 €	1 €	1 1/2 €	2 €
730.000	115,20	288,00	576,00	1.152,00	1.728,00	2.304,00
740.000	116,70	291,75	583,50	1.167,00	1.750,50	2.334,00
750.000	118,20	295,50	591,00	1.182,00	1.773,00	2.364,00
760.000	119,70	299,25	598,50	1.197,00	1.795,50	2.394,00
770.000	121,20	303,00	606,00	1.212,00	1.818,00	2.424,00
780.000	122,70	306,75	613,50	1.227,00	1.840,50	2.454,00
790.000	124,20	310,50	621,00	1.242,00	1.863,00	2.484,00
800.000	125,70	314,25	628,50	1.257,00	1.885,50	2.514,00
810.000	127,20	318,00	636,00	1.272,00	1.908,00	2.544,00
820.000	128,70	321,75	643,50	1.287,00	1.930,50	2.574,00
830.000	130,20	325,50	651,00	1.302,00	1.953,00	2.604,00
840.000	131,70	329,25	658,50	1.317,00	1.975,50	2.634,00
850.000	133,20	333,00	666,00	1.332,00	1.998,00	2.664,00
860.000	134,70	336,75	673,50	1.347,00	2.020,50	2.694,00
870.000	136,20	340,50	681,00	1.362,00	2.043,00	2.724,00
880.000	137,70	344,25	688,50	1.377,00	2.065,50	2.754,00
890.000	139,20	348,00	696,00	1.392,00	2.088,00	2.784,00
900.000	140,70	351,75	703,50	1.407,00	2.110,50	2.814,00
910.000	142,20	355,50	711,00	1.422,00	2.133,00	2.844,00
920.000	143,70	359,25	718,50	1.437,00	2.155,50	2.874,00
930.000	145,20	363,00	726,00	1.452,00	2.178,00	2.904,00
940.000	146,70	366,75	733,50	1.467,00	2.200,50	2.934,00
950.000	148,20	370,50	741,00	1.482,00	2.223,00	2.964,00
960.000	149,70	374,25	748,50	1.497,00	2.245,50	2.994,00
970.000	151,20	378,00	756,00	1.512,00	2.268,00	3.024,00
980.000	152,70	381,75	763,50	1.527,00	2.290,50	3.054,00
990.000	154,20	385,50	771,00	1.542,00	2.313,00	3.084,00
1.000.000	155,70	389,25	778,50	1.557,00	2.335,50	3.114,00
1.010.000	157,20	393,00	786,00	1.572,00	2.358,00	3.144,00
1.020.000	158,70	396,75	793,50	1.587,00	2.380,50	3.174,00
1.030.000	160,20	400,50	801,00	1.602,00	2.403,00	3.204,00
1.040.000	161,70	404,25	808,50	1.617,00	2.425,50	3.234,00
1.050.000	163,20	408,00	816,00	1.632,00	2.448,00	3.264,00
1.060.000	164,70	411,75	823,50	1.647,00	2.470,50	3.294,00
1.070.000	166,20	415,50	831,00	1.662,00	2.493,00	3.324,00
1.080.000	167,70	419,25	838,50	1.677,00	2.515,50	3.354,00
1.090.000	169,20	423,00	846,00	1.692,00	2.538,00	3.384,00
1.100.000	170,70	426,75	853,50	1.707,00	2.560,50	3.414,00
1.110.000	172,20	430,50	861,00	1.722,00	2.583,00	3.444,00
1.120.000	173,70	434,25	868,50	1.737,00	2.605,50	3.474,00
1.130.000	175,20	438,00	876,00	1.752,00	2.628,00	3.504,00
1.140.000	176,70	441,75	883,50	1.767,00	2.650,50	3.534,00
1.150.000	178,20	445,50	891,00	1.782,00	2.673,00	3.564,00
1.160.000	179,70	449,25	898,50	1.797,00	2.695,50	3.594,00
1.170.000	181,20	453,00	906,00	1.812,00	2.718,00	3.624,00

Gebührentabelle nach § 32 KostO

Wert bis ... €	1/10 €	1/4 €	1/2 €	1 €	1 1/2 €	2 €
1.180.000	182,70	456,75	913,50	1.827,00	2.740,50	3.654,00
1.190.000	184,20	460,50	921,00	1.842,00	2.763,00	3.684,00
1.200.000	185,70	464,25	928,50	1.857,00	2.785,50	3.714,00
1.210.000	187,20	468,00	936,00	1.872,00	2.808,00	3.744,00
1.220.000	188,70	471,75	943,50	1.887,00	2.830,50	3.774,00
1.230.000	190,20	475,50	951,00	1.902,00	2.853,00	3.804,00
1.240.000	191,70	479,25	958,50	1.917,00	2.875,50	3.834,00
1.250.000	193,20	483,00	966,00	1.932,00	2.898,00	3.864,00
1.260.000	194,70	486,75	973,50	1.947,00	2.920,50	3.894,00
1.270.000	196,20	490,50	981,00	1.962,00	2.943,00	3.924,00
1.280.000	197,70	494,25	988,50	1.977,00	2.965,50	3.954,00
1.290.000	199,20	498,00	996,00	1.992,00	2.988,00	3.984,00
1.300.000	200,70	501,75	1.003,50	2.007,00	3.010,50	4.014,00
1.310.000	202,20	505,50	1.011,00	2.022,00	3.033,00	4.044,00
1.320.000	203,70	509,25	1.018,50	2.037,00	3.055,50	4.074,00
1.330.000	205,20	513,00	1.026,00	2.052,00	3.078,00	4.104,00
1.340.000	206,70	516,75	1.033,50	2.067,00	3.100,50	4.134,00
1.350.000	208,20	520,50	1.041,00	2.082,00	3.123,00	4.164,00
1.360.000	209,70	524,25	1.048,50	2.097,00	3.145,50	4.194,00
1.370.000	211,20	528,00	1.056,00	2.112,00	3.168,00	4.224,00
1.380.000	212,70	531,75	1.063,50	2.127,00	3.190,50	4.254,00
1.390.000	214,20	535,50	1.071,00	2.142,00	3.213,00	4.284,00
1.400.000	215,70	539,25	1.078,50	2.157,00	3.235,50	4.314,00
1.410.000	217,20	543,00	1.086,00	2.172,00	3.258,00	4.344,00
1.420.000	218,70	546,75	1.093,50	2.187,00	3.280,50	4.374,00
1.430.000	220,20	550,50	1.101,00	2.202,00	3.303,00	4.404,00
1.440.000	221,70	554,25	1.108,50	2.217,00	3.325,50	4.434,00
1.450.000	223,20	558,00	1.116,00	2.232,00	3.348,00	4.464,00
1.460.000	224,70	561,75	1.123,50	2.247,00	3.370,50	4.494,00
1.470.000	226,20	565,50	1.131,00	2.262,00	3.393,00	4.524,00
1.480.000	227,70	569,25	1.138,50	2.277,00	3.415,50	4.554,00
1.490.000	229,20	573,00	1.146,00	2.292,00	3.438,00	4.584,00
1.500.000	230,70	576,75	1.153,50	2.307,00	3.460,50	4.614,00
1.510.000	232,20	580,50	1.161,00	2.322,00	3.483,00	4.644,00
1.520.000	233,70	584,25	1.168,50	2.337,00	3.505,50	4.674,00
1.530.000	235,20	588,00	1.176,00	2.352,00	3.528,00	4.704,00
1.540.000	236,70	591,75	1.183,50	2.367,00	3.550,50	4.734,00
1.550.000	238,20	595,50	1.191,00	2.382,00	3.573,00	4.764,00
1.560.000	239,70	599,25	1.198,50	2.397,00	3.595,50	4.794,00
1.570.000	241,20	603,00	1.206,00	2.412,00	3.618,00	4.824,00
1.580.000	242,70	606,75	1.213,50	2.427,00	3.640,50	4.854,00
1.590.000	244,20	610,50	1.221,00	2.442,00	3.663,00	4.884,00
1.600.000	245,70	614,25	1.228,50	2.457,00	3.685,50	4.914,00
1.610.000	247,20	618,00	1.236,00	2.472,00	3.708,00	4.944,00
1.620.000	248,70	621,75	1.243,50	2.487,00	3.730,50	4.974,00

Gebührentabelle nach § 32 KostO

Wert bis ... €	1/10 €	1/4 €	1/2 €	1 €	1 1/2 €	2 €
1.630.000	250,20	625,50	1.251,00	2.502,00	3.753,00	5.004,00
1.640.000	251,70	629,25	1.258,50	2.517,00	3.775,50	5.034,00
1.650.000	253,20	633,00	1.266,00	2.532,00	3.798,00	5.064,00
1.660.000	254,70	636,75	1.273,50	2.547,00	3.820,50	5.094,00
1.670.000	256,20	640,50	1.281,00	2.562,00	3.843,00	5.124,00
1.680.000	257,70	644,25	1.288,50	2.577,00	3.865,50	5.154,00
1.690.000	259,20	648,00	1.296,00	2.592,00	3.888,00	5.184,00
1.700.000	260,70	651,75	1.303,50	2.607,00	3.910,50	5.214,00
1.710.000	262,20	655,50	1.311,00	2.622,00	3.933,00	5.244,00
1.720.000	263,70	659,25	1.318,50	2.637,00	3.955,50	5.274,00
1.730.000	265,20	663,00	1.326,00	2.652,00	3.978,00	5.304,00
1.740.000	266,70	666,75	1.333,50	2.667,00	4.000,50	5.334,00
1.750.000	268,20	670,50	1.341,00	2.682,00	4.023,00	5.364,00
1.760.000	269,70	674,25	1.348,50	2.697,00	4.045,50	5.394,00
1.770.000	271,20	678,00	1.356,00	2.712,00	4.068,00	5.424,00
1.780.000	272,70	681,75	1.363,50	2.727,00	4.090,50	5.454,00
1.790.000	274,20	685,50	1.371,00	2.742,00	4.113,00	5.484,00
1.800.000	275,70	689,25	1.378,50	2.757,00	4.135,50	5.514,00
1.810.000	277,20	693,00	1.386,00	2.772,00	4.158,00	5.544,00
1.820.000	278,70	696,75	1.393,50	2.787,00	4.180,50	5.574,00
1.830.000	280,20	700,50	1.401,00	2.802,00	4.203,00	5.604,00
1.840.000	281,70	704,25	1.408,50	2.817,00	4.225,50	5.634,00
1.850.000	283,20	708,00	1.416,00	2.832,00	4.248,00	5.664,00
1.860.000	284,70	711,75	1.423,50	2.847,00	4.270,50	5.694,00
1.870.000	286,20	715,50	1.431,00	2.862,00	4.293,00	5.724,00
1.880.000	287,70	719,25	1.438,50	2.877,00	4.315,50	5.754,00
1.890.000	289,20	723,00	1.446,00	2.892,00	4.338,00	5.784,00
1.900.000	290,70	726,75	1.453,50	2.907,00	4.360,50	5.814,00
1.910.000	292,20	730,50	1.461,00	2.922,00	4.383,00	5.844,00
1.920.000	293,70	734,25	1.468,50	2.937,00	4.405,50	5.874,00
1.930.000	295,20	738,00	1.476,00	2.952,00	4.428,00	5.904,00
1.940.000	296,70	741,75	1.483,50	2.967,00	4.450,50	5.934,00
1.950.000	298,20	745,50	1.491,00	2.982,00	4.473,00	5.964,00
1.960.000	299,70	749,25	1.498,50	2.997,00	4.495,50	5.994,00
1.970.000	301,20	753,00	1.506,00	3.012,00	4.518,00	6.024,00
1.980.000	302,70	756,75	1.513,50	3.027,00	4.540,50	6.054,00
1.990.000	304,20	760,50	1.521,00	3.042,00	4.563,00	6.084,00
2.000.000	305,70	764,25	1.528,50	3.057,00	4.585,50	6.114,00
2.010.000	307,20	768,00	1.536,00	3.072,00	4.608,00	6.144,00
2.020.000	308,70	771,75	1.543,50	3.087,00	4.630,50	6.174,00
2.030.000	310,20	775,50	1.551,00	3.102,00	4.653,00	6.204,00
2.040.000	311,70	779,25	1.558,50	3.117,00	4.675,50	6.234,00
2.050.000	313,20	783,00	1.566,00	3.132,00	4.698,00	6.264,00
2.060.000	314,70	786,75	1.573,50	3.147,00	4.720,50	6.294,00
2.070.000	316,20	790,50	1.581,00	3.162,00	4.743,00	6.324,00

Gebührentabelle nach § 32 KostO

Wert bis ... €	1/10 €	1/4 €	1/2 €	1 €	1 1/2 €	2 €
2.080.000	317,70	794,25	1.588,50	3.177,00	4.765,50	6.354,00
2.090.000	319,20	798,00	1.596,00	3.192,00	4.788,00	6.384,00
2.100.000	320,70	801,75	1.603,50	3.207,00	4.810,50	6.414,00
2.110.000	322,20	805,50	1.611,00	3.222,00	4.833,00	6.444,00
2.120.000	323,70	809,25	1.618,50	3.237,00	4.855,50	6.474,00
2.130.000	325,20	813,00	1.626,00	3.252,00	4.878,00	6.504,00
2.140.000	326,70	816,75	1.633,50	3.267,00	4.900,50	6.534,00
2.150.000	328,20	820,50	1.641,00	3.282,00	4.923,00	6.564,00
2.160.000	329,70	824,25	1.648,50	3.297,00	4.945,50	6.594,00
2.170.000	331,20	828,00	1.656,00	3.312,00	4.968,00	6.624,00
2.180.000	332,70	831,75	1.663,50	3.327,00	4.990,50	6.654,00
2.190.000	334,20	835,50	1.671,00	3.342,00	5.013,00	6.684,00
2.200.000	335,70	839,25	1.678,50	3.357,00	5.035,50	6.714,00
2.210.000	337,20	843,00	1.686,00	3.372,00	5.058,00	6.744,00
2.220.000	338,70	846,75	1.693,50	3.387,00	5.080,50	6.774,00
2.230.000	340,20	850,50	1.701,00	3.402,00	5.103,00	6.804,00
2.240.000	341,70	854,25	1.708,50	3.417,00	5.125,50	6.834,00
2.250.000	343,20	858,00	1.716,00	3.432,00	5.148,00	6.864,00
2.260.000	344,70	861,75	1.723,50	3.447,00	5.170,50	6.894,00
2.270.000	346,20	865,50	1.731,00	3.462,00	5.193,00	6.924,00
2.280.000	347,70	869,25	1.738,50	3.477,00	5.215,50	6.954,00
2.290.000	349,20	873,00	1.746,00	3.492,00	5.238,00	6.984,00
2.300.000	350,70	876,75	1.753,50	3.507,00	5.260,50	7.014,00
2.310.000	352,20	880,50	1.761,00	3.522,00	5.283,00	7.044,00
2.320.000	353,70	884,25	1.768,50	3.537,00	5.305,50	7.074,00
2.330.000	355,20	888,00	1.776,00	3.552,00	5.328,00	7.104,00
2.340.000	356,70	891,75	1.783,50	3.567,00	5.350,50	7.134,00
2.350.000	358,20	895,50	1.791,00	3.582,00	5.373,00	7.164,00
2.360.000	359,70	899,25	1.798,50	3.597,00	5.395,50	7.194,00
2.370.000	361,20	903,00	1.806,00	3.612,00	5.418,00	7.224,00
2.380.000	362,70	906,75	1.813,50	3.627,00	5.440,50	7.254,00
2.390.000	364,20	910,50	1.821,00	3.642,00	5.463,00	7.284,00
2.400.000	365,70	914,25	1.828,50	3.657,00	5.485,50	7.314,00
2.410.000	367,20	918,00	1.836,00	3.672,00	5.508,00	7.344,00
2.420.000	368,70	921,75	1.843,50	3.687,00	5.530,50	7.374,00
2.430.000	370,20	925,50	1.851,00	3.702,00	5.553,00	7.404,00
2.440.000	371,70	929,25	1.858,50	3.717,00	5.575,50	7.434,00
2.450.000	373,20	933,00	1.866,00	3.732,00	5.598,00	7.464,00
2.460.000	374,70	936,75	1.873,50	3.747,00	5.620,50	7.494,00
2.470.000	376,20	940,50	1.881,00	3.762,00	5.643,00	7.524,00
2.480.000	377,70	944,25	1.888,50	3.777,00	5.665,50	7.554,00
2.490.000	379,20	948,00	1.896,00	3.792,00	5.688,00	7.584,00
2.500.000	380,70	951,75	1.903,50	3.807,00	5.710,50	7.614,00
2.510.000	382,20	955,50	1.911,00	3.822,00	5.733,00	7.644,00
2.520.000	383,70	959,25	1.918,50	3.837,00	5.755,50	7.674,00

Gebührentabelle nach § 32 KostO

Wert bis ... €	1/10 €	1/4 €	1/2 €	1 €	1 1/2 €	2 €
2.530.000	385,20	963,00	1.926,00	3.852,00	5.778,00	7.704,00
2.540.000	386,70	966,75	1.933,50	3.867,00	5.800,50	7.734,00
2.550.000	388,20	970,50	1.941,00	3.882,00	5.823,00	7.764,00
2.560.000	389,70	974,25	1.948,50	3.897,00	5.845,50	7.794,00
2.570.000	391,20	978,00	1.956,00	3.912,00	5.868,00	7.824,00
2.580.000	392,70	981,75	1.963,50	3.927,00	5.890,50	7.854,00
2.590.000	394,20	985,50	1.971,00	3.942,00	5.913,00	7.884,00
2.600.000	395,70	989,25	1.978,50	3.957,00	5.935,50	7.914,00
2.610.000	397,20	993,00	1.986,00	3.972,00	5.958,00	7.944,00
2.620.000	398,70	996,75	1.993,50	3.987,00	5.980,50	7.974,00
2.630.000	400,20	1.000,50	2.001,00	4.002,00	6.003,00	8.004,00
2.640.000	401,70	1.004,25	2.008,50	4.017,00	6.025,50	8.034,00
2.650.000	403,20	1.008,00	2.016,00	4.032,00	6.048,00	8.064,00
2.660.000	404,70	1.011,75	2.023,50	4.047,00	6.070,50	8.094,00
2.670.000	406,20	1.015,50	2.031,00	4.062,00	6.093,00	8.124,00
2.680.000	407,70	1.019,25	2.038,50	4.077,00	6.115,50	8.154,00
2.690.000	409,20	1.023,00	2.046,00	4.092,00	6.138,00	8.184,00
2.700.000	410,70	1.026,75	2.053,50	4.107,00	6.160,50	8.214,00
2.710.000	412,20	1.030,50	2.061,00	4.122,00	6.183,00	8.244,00
2.720.000	413,70	1.034,25	2.068,50	4.137,00	6.205,50	8.274,00
2.730.000	415,20	1.038,00	2.076,00	4.152,00	6.228,00	8.304,00
2.740.000	416,70	1.041,75	2.083,50	4.167,00	6.250,50	8.334,00
2.750.000	418,20	1.045,50	2.091,00	4.182,00	6.273,00	8.364,00
2.760.000	419,70	1.049,25	2.098,50	4.197,00	6.295,50	8.394,00
2.770.000	421,20	1.053,00	2.106,00	4.212,00	6.318,00	8.424,00
2.780.000	422,70	1.056,75	2.113,50	4.227,00	6.340,50	8.454,00
2.790.000	424,20	1.060,50	2.121,00	4.242,00	6.363,00	8.484,00
2.800.000	425,70	1.064,25	2.128,50	4.257,00	6.385,50	8.514,00
2.810.000	427,20	1.068,00	2.136,00	4.272,00	6.408,00	8.544,00
2.820.000	428,70	1.071,75	2.143,50	4.287,00	6.430,50	8.574,00
2.830.000	430,20	1.075,50	2.151,00	4.302,00	6.453,00	8.604,00
2.840.000	431,70	1.079,25	2.158,50	4.317,00	6.475,50	8.634,00
2.850.000	433,20	1.083,00	2.166,00	4.332,00	6.498,00	8.664,00
2.860.000	434,70	1.086,75	2.173,50	4.347,00	6.520,50	8.694,00
2.870.000	436,20	1.090,50	2.181,00	4.362,00	6.543,00	8.724,00
2.880.000	437,70	1.094,25	2.188,50	4.377,00	6.565,50	8.754,00
2.890.000	439,20	1.098,00	2.196,00	4.392,00	6.588,00	8.784,00
2.900.000	440,70	1.101,75	2.203,50	4.407,00	6.610,50	8.814,00
2.910.000	442,20	1.105,50	2.211,00	4.422,00	6.633,00	8.844,00
2.920.000	443,70	1.109,25	2.218,50	4.437,00	6.655,50	8.874,00
2.930.000	445,20	1.113,00	2.226,00	4.452,00	6.678,00	8.904,00
2.940.000	446,70	1.116,75	2.233,50	4.467,00	6.700,50	8.934,00
2.950.000	448,20	1.120,50	2.241,00	4.482,00	6.723,00	8.964,00
2.960.000	449,70	1.124,25	2.248,50	4.497,00	6.745,50	8.994,00
2.970.000	451,20	1.128,00	2.256,00	4.512,00	6.768,00	9.024,00

Gebührentabelle nach § 32 KostO

Wert bis ... €	1/10 €	1/4 €	1/2 €	1 €	1 1/2 €	2 €
2.980.000	452,70	1.131,75	2.263,50	4.527,00	6.790,50	9.054,00
2.990.000	454,20	1.135,50	2.271,00	4.542,00	6.813,00	9.084,00
3.000.000	455,70	1.139,25	2.278,50	4.557,00	6.835,50	9.114,00
3.010.000	457,20	1.143,00	2.286,00	4.572,00	6.858,00	9.144,00
3.020.000	458,70	1.146,75	2.293,50	4.587,00	6.880,50	9.174,00
3.030.000	460,20	1.150,50	2.301,00	4.602,00	6.903,00	9.204,00
3.040.000	461,70	1.154,25	2.308,50	4.617,00	6.925,50	9.234,00
3.050.000	463,20	1.158,00	2.316,00	4.632,00	6.948,00	9.264,00
3.060.000	464,70	1.161,75	2.323,50	4.647,00	6.970,50	9.294,00
3.070.000	466,20	1.165,50	2.331,00	4.662,00	6.993,00	9.324,00
3.080.000	467,70	1.169,25	2.338,50	4.677,00	7.015,50	9.354,00
3.090.000	469,20	1.173,00	2.346,00	4.692,00	7.038,00	9.384,00
3.100.000	470,70	1.176,75	2.353,50	4.707,00	7.060,50	9.414,00
3.110.000	472,20	1.180,50	2.361,00	4.722,00	7.083,00	9.444,00
3.120.000	473,70	1.184,25	2.368,50	4.737,00	7.105,50	9.474,00
3.130.000	475,20	1.188,00	2.376,00	4.752,00	7.128,00	9.504,00
3.140.000	476,70	1.191,75	2.383,50	4.767,00	7.150,50	9.534,00
3.150.000	478,20	1.195,50	2.391,00	4.782,00	7.173,00	9.564,00
3.160.000	479,70	1.199,25	2.398,50	4.797,00	7.195,50	9.594,00
3.170.000	481,20	1.203,00	2.406,00	4.812,00	7.218,00	9.624,00
3.180.000	482,70	1.206,75	2.413,50	4.827,00	7.240,50	9.654,00
3.190.000	484,20	1.210,50	2.421,00	4.842,00	7.263,00	9.684,00
3.200.000	485,70	1.214,25	2.428,50	4.857,00	7.285,50	9.714,00
3.210.000	487,20	1.218,00	2.436,00	4.872,00	7.308,00	9.744,00
3.220.000	488,70	1.221,75	2.443,50	4.887,00	7.330,50	9.774,00
3.230.000	490,20	1.225,50	2.451,00	4.902,00	7.353,00	9.804,00
3.240.000	491,70	1.229,25	2.458,50	4.917,00	7.375,50	9.834,00
3.250.000	493,20	1.233,00	2.466,00	4.932,00	7.398,00	9.864,00
3.260.000	494,70	1.236,75	2.473,50	4.947,00	7.420,50	9.894,00
3.270.000	496,20	1.240,50	2.481,00	4.962,00	7.443,00	9.924,00
3.280.000	497,70	1.244,25	2.488,50	4.977,00	7.465,50	9.954,00
3.290.000	499,20	1.248,00	2.496,00	4.992,00	7.488,00	9.984,00
3.300.000	500,70	1.251,75	2.503,50	5.007,00	7.510,50	10.014,00
3.310.000	502,20	1.255,50	2.511,00	5.022,00	7.533,00	10.044,00
3.320.000	503,70	1.259,25	2.518,50	5.037,00	7.555,50	10.074,00
3.330.000	505,20	1.263,00	2.526,00	5.052,00	7.578,00	10.104,00
3.340.000	506,70	1.266,75	2.533,50	5.067,00	7.600,50	10.134,00
3.350.000	508,20	1.270,50	2.541,00	5.082,00	7.623,00	10.164,00
3.360.000	509,70	1.274,25	2.548,50	5.097,00	7.645,50	10.194,00
3.370.000	511,20	1.278,00	2.556,00	5.112,00	7.668,00	10.224,00
3.380.000	512,70	1.281,75	2.563,50	5.127,00	7.690,50	10.254,00
3.390.000	514,20	1.285,50	2.571,00	5.142,00	7.713,00	10.284,00
3.400.000	515,70	1.289,25	2.578,50	5.157,00	7.735,50	10.314,00
3.410.000	517,20	1.293,00	2.586,00	5.172,00	7.758,00	10.344,00
3.420.000	518,70	1.296,75	2.593,50	5.187,00	7.780,50	10.374,00

Gebührentabelle nach § 32 KostO

Wert bis ... €	1/10 €	1/4 €	1/2 €	1 €	1 1/2 €	2 €
3.430.000	520,20	1.300,50	2.601,00	5.202,00	7.803,00	10.404,00
3.440.000	521,70	1.304,25	2.608,50	5.217,00	7.825,50	10.434,00
3.450.000	523,20	1.308,00	2.616,00	5.232,00	7.848,00	10.464,00
3.460.000	524,70	1.311,75	2.623,50	5.247,00	7.870,50	10.494,00
3.470.000	526,20	1.315,50	2.631,00	5.262,00	7.893,00	10.524,00
3.480.000	527,70	1.319,25	2.638,50	5.277,00	7.915,50	10.554,00
3.490.000	529,20	1.323,00	2.646,00	5.292,00	7.938,00	10.584,00
3.500.000	530,70	1.326,75	2.653,50	5.307,00	7.960,50	10.614,00
3.510.000	532,20	1.330,50	2.661,00	5.322,00	7.983,00	10.644,00
3.520.000	533,70	1.334,25	2.668,50	5.337,00	8.005,50	10.674,00
3.530.000	535,20	1.338,00	2.676,00	5.352,00	8.028,00	10.704,00
3.540.000	536,70	1.341,75	2.683,50	5.367,00	8.050,50	10.734,00
3.550.000	538,20	1.345,50	2.691,00	5.382,00	8.073,00	10.764,00
3.560.000	539,70	1.349,25	2.698,50	5.397,00	8.095,50	10.794,00
3.570.000	541,20	1.353,00	2.706,00	5.412,00	8.118,00	10.824,00
3.580.000	542,70	1.356,75	2.713,50	5.427,00	8.140,50	10.854,00
3.590.000	544,20	1.360,50	2.721,00	5.442,00	8.163,00	10.884,00
3.600.000	545,70	1.364,25	2.728,50	5.457,00	8.185,50	10.914,00
3.610.000	547,20	1.368,00	2.736,00	5.472,00	8.208,00	10.944,00
3.620.000	548,70	1.371,75	2.743,50	5.487,00	8.230,50	10.974,00
3.630.000	550,20	1.375,50	2.751,00	5.502,00	8.253,00	11.004,00
3.640.000	551,70	1.379,25	2.758,50	5.517,00	8.275,50	11.034,00
3.650.000	553,20	1.383,00	2.766,00	5.532,00	8.298,00	11.064,00
3.660.000	554,70	1.386,75	2.773,50	5.547,00	8.320,50	11.094,00
3.670.000	556,20	1.390,50	2.781,00	5.562,00	8.343,00	11.124,00
3.680.000	557,70	1.394,25	2.788,50	5.577,00	8.365,50	11.154,00
3.690.000	559,20	1.398,00	2.796,00	5.592,00	8.388,00	11.184,00
3.700.000	560,70	1.401,75	2.803,50	5.607,00	8.410,50	11.214,00
3.710.000	562,20	1.405,50	2.811,00	5.622,00	8.433,00	11.244,00
3.720.000	563,70	1.409,25	2.818,50	5.637,00	8.455,50	11.274,00
3.730.000	565,20	1.413,00	2.826,00	5.652,00	8.478,00	11.304,00
3.740.000	566,70	1.416,75	2.833,50	5.667,00	8.500,50	11.334,00
3.750.000	568,20	1.420,50	2.841,00	5.682,00	8.523,00	11.364,00
3.760.000	569,70	1.424,25	2.848,50	5.697,00	8.545,50	11.394,00
3.770.000	571,20	1.428,00	2.856,00	5.712,00	8.568,00	11.424,00
3.780.000	572,70	1.431,75	2.863,50	5.727,00	8.590,50	11.454,00
3.790.000	574,20	1.435,50	2.871,00	5.742,00	8.613,00	11.484,00
3.800.000	575,70	1.439,25	2.878,50	5.757,00	8.635,50	11.514,00
3.810.000	577,20	1.443,00	2.886,00	5.772,00	8.658,00	11.544,00
3.820.000	578,70	1.446,75	2.893,50	5.787,00	8.680,50	11.574,00
3.830.000	580,20	1.450,50	2.901,00	5.802,00	8.703,00	11.604,00
3.840.000	581,70	1.454,25	2.908,50	5.817,00	8.725,50	11.634,00
3.850.000	583,20	1.458,00	2.916,00	5.832,00	8.748,00	11.664,00
3.860.000	584,70	1.461,75	2.923,50	5.847,00	8.770,50	11.694,00
3.870.000	586,20	1.465,50	2.931,00	5.862,00	8.793,00	11.724,00

Gebührentabelle nach § 32 KostO

Wert bis ... €	$1/10$ €	$1/4$ €	$1/2$ €	1 €	$1\,1/2$ €	2 €
3.880.000	587,70	1.469,25	2.938,50	5.877,00	8.815,50	11.754,00
3.890.000	589,20	1.473,00	2.946,00	5.892,00	8.838,00	11.784,00
3.900.000	590,70	1.476,75	2.953,50	5.907,00	8.860,50	11.814,00
3.910.000	592,20	1.480,50	2.961,00	5.922,00	8.883,00	11.844,00
3.920.000	593,70	1.484,25	2.968,50	5.937,00	8.905,50	11.874,00
3.930.000	595,20	1.488,00	2.976,00	5.952,00	8.928,00	11.904,00
3.940.000	596,70	1.491,75	2.983,50	5.967,00	8.950,50	11.934,00
3.950.000	598,20	1.495,50	2.991,00	5.982,00	8.973,00	11.964,00
3.960.000	599,70	1.499,25	2.998,50	5.997,00	8.995,50	11.994,00
3.970.000	601,20	1.503,00	3.006,00	6.012,00	9.018,00	12.024,00
3.980.000	602,70	1.506,75	3.013,50	6.027,00	9.040,50	12.054,00
3.990.000	604,20	1.510,50	3.021,00	6.042,00	9.063,00	12.084,00
4.000.000	605,70	1.514,25	3.028,50	6.057,00	9.085,50	12.114,00
4.010.000	607,20	1.518,00	3.036,00	6.072,00	9.108,00	12.144,00
4.020.000	608,70	1.521,75	3.043,50	6.087,00	9.130,50	12.174,00
4.030.000	610,20	1.525,50	3.051,00	6.102,00	9.153,00	12.204,00
4.040.000	611,70	1.529,25	3.058,50	6.117,00	9.175,50	12.234,00
4.050.000	613,20	1.533,00	3.066,00	6.132,00	9.198,00	12.264,00
4.060.000	614,70	1.536,75	3.073,50	6.147,00	9.220,50	12.294,00
4.070.000	616,20	1.540,50	3.081,00	6.162,00	9.243,00	12.324,00
4.080.000	617,70	1.544,25	3.088,50	6.177,00	9.265,50	12.354,00
4.090.000	619,20	1.548,00	3.096,00	6.192,00	9.288,00	12.384,00
4.100.000	620,70	1.551,75	3.103,50	6.207,00	9.310,50	12.414,00
4.110.000	622,20	1.555,50	3.111,00	6.222,00	9.333,00	12.444,00
4.120.000	623,70	1.559,25	3.118,50	6.237,00	9.355,50	12.474,00
4.130.000	625,20	1.563,00	3.126,00	6.252,00	9.378,00	12.504,00
4.140.000	626,70	1.566,75	3.133,50	6.267,00	9.400,50	12.534,00
4.150.000	628,20	1.570,50	3.141,00	6.282,00	9.423,00	12.564,00
4.160.000	629,70	1.574,25	3.148,50	6.297,00	9.445,50	12.594,00
4.170.000	631,20	1.578,00	3.156,00	6.312,00	9.468,00	12.624,00
4.180.000	632,70	1.581,75	3.163,50	6.327,00	9.490,50	12.654,00
4.190.000	634,20	1.585,50	3.171,00	6.342,00	9.513,00	12.684,00
4.200.000	635,70	1.589,25	3.178,50	6.357,00	9.535,50	12.714,00
4.210.000	637,20	1.593,00	3.186,00	6.372,00	9.558,00	12.744,00
4.220.000	638,70	1.596,75	3.193,50	6.387,00	9.580,50	12.774,00
4.230.000	640,20	1.600,50	3.201,00	6.402,00	9.603,00	12.804,00
4.240.000	641,70	1.604,25	3.208,50	6.417,00	9.625,50	12.834,00
4.250.000	643,20	1.608,00	3.216,00	6.432,00	9.648,00	12.864,00
4.260.000	644,70	1.611,75	3.223,50	6.447,00	9.670,50	12.894,00
4.270.000	646,20	1.615,50	3.231,00	6.462,00	9.693,00	12.924,00
4.280.000	647,70	1.619,25	3.238,50	6.477,00	9.715,50	12.954,00
4.290.000	649,20	1.623,00	3.246,00	6.492,00	9.738,00	12.984,00
4.300.000	650,70	1.626,75	3.253,50	6.507,00	9.760,50	13.014,00
4.310.000	652,20	1.630,50	3.261,00	6.522,00	9.783,00	13.044,00
4.320.000	653,70	1.634,25	3.268,50	6.537,00	9.805,50	13.074,00

Gebührentabelle nach § 32 KostO

Wert bis ... €	1/10 €	1/4 €	1/2 €	1 €	1 1/2 €	2 €
4.330.000	655,20	1.638,00	3.276,00	6.552,00	9.828,00	13.104,00
4.340.000	656,70	1.641,75	3.283,50	6.567,00	9.850,50	13.134,00
4.350.000	658,20	1.645,50	3.291,00	6.582,00	9.873,00	13.164,00
4.360.000	659,70	1.649,25	3.298,50	6.597,00	9.895,50	13.194,00
4.370.000	661,20	1.653,00	3.306,00	6.612,00	9.918,00	13.224,00
4.380.000	662,70	1.656,75	3.313,50	6.627,00	9.940,50	13.254,00
4.390.000	664,20	1.660,50	3.321,00	6.642,00	9.963,00	13.284,00
4.400.000	665,70	1.664,25	3.328,50	6.657,00	9.985,50	13.314,00
4.410.000	667,20	1.668,00	3.336,00	6.672,00	10.008,00	13.344,00
4.420.000	668,70	1.671,75	3.343,50	6.687,00	10.030,50	13.374,00
4.430.000	670,20	1.675,50	3.351,00	6.702,00	10.053,00	13.404,00
4.440.000	671,70	1.679,25	3.358,50	6.717,00	10.075,50	13.434,00
4.450.000	673,20	1.683,00	3.366,00	6.732,00	10.098,00	13.464,00
4.460.000	674,70	1.686,75	3.373,50	6.747,00	10.120,50	13.494,00
4.470.000	676,20	1.690,50	3.381,00	6.762,00	10.143,00	13.524,00
4.480.000	677,70	1.694,25	3.388,50	6.777,00	10.165,50	13.554,00
4.490.000	679,20	1.698,00	3.396,00	6.792,00	10.188,00	13.584,00
4.500.000	680,70	1.701,75	3.403,50	6.807,00	10.210,50	13.614,00
4.510.000	682,20	1.705,50	3.411,00	6.822,00	10.233,00	13.644,00
4.520.000	683,70	1.709,25	3.418,50	6.837,00	10.255,50	13.674,00
4.530.000	685,20	1.713,00	3.426,00	6.852,00	10.278,00	13.704,00
4.540.000	686,70	1.716,75	3.433,50	6.867,00	10.300,50	13.734,00
4.550.000	688,20	1.720,50	3.441,00	6.882,00	10.323,00	13.764,00
4.560.000	689,70	1.724,25	3.448,50	6.897,00	10.345,50	13.794,00
4.570.000	691,20	1.728,00	3.456,00	6.912,00	10.368,00	13.824,00
4.580.000	692,70	1.731,75	3.463,50	6.927,00	10.390,50	13.854,00
4.590.000	694,20	1.735,50	3.471,00	6.942,00	10.413,00	13.884,00
4.600.000	695,70	1.739,25	3.478,50	6.957,00	10.435,50	13.914,00
4.610.000	697,20	1.743,00	3.486,00	6.972,00	10.458,00	13.944,00
4.620.000	698,70	1.746,75	3.493,50	6.987,00	10.480,50	13.974,00
4.630.000	700,20	1.750,50	3.501,00	7.002,00	10.503,00	14.004,00
4.640.000	701,70	1.754,25	3.508,50	7.017,00	10.525,50	14.034,00
4.650.000	703,20	1.758,00	3.516,00	7.032,00	10.548,00	14.064,00
4.660.000	704,70	1.761,75	3.523,50	7.047,00	10.570,50	14.094,00
4.670.000	706,20	1.765,50	3.531,00	7.062,00	10.593,00	14.124,00
4.680.000	707,70	1.769,25	3.538,50	7.077,00	10.615,50	14.154,00
4.690.000	709,20	1.773,00	3.546,00	7.092,00	10.638,00	14.184,00
4.700.000	710,70	1.776,75	3.553,50	7.107,00	10.660,50	14.214,00
4.710.000	712,20	1.780,50	3.561,00	7.122,00	10.683,00	14.244,00
4.720.000	713,70	1.784,25	3.568,50	7.137,00	10.705,50	14.274,00
4.730.000	715,20	1.788,00	3.576,00	7.152,00	10.728,00	14.304,00
4.740.000	716,70	1.791,75	3.583,50	7.167,00	10.750,50	14.334,00
4.750.000	718,20	1.795,50	3.591,00	7.182,00	10.773,00	14.364,00
4.760.000	719,70	1.799,25	3.598,50	7.197,00	10.795,50	14.394,00
4.770.000	721,20	1.803,00	3.606,00	7.212,00	10.818,00	14.424,00

Gebührentabelle nach § 32 KostO

Wert bis ... €	1/10 €	1/4 €	1/2 €	1 €	1 1/2 €	2 €
4.780.000	722,70	1.806,75	3.613,50	7.227,00	10.840,50	14.454,00
4.790.000	724,20	1.810,50	3.621,00	7.242,00	10.863,00	14.484,00
4.800.000	725,70	1.814,25	3.628,50	7.257,00	10.885,50	14.514,00
4.810.000	727,20	1.818,00	3.636,00	7.272,00	10.908,00	14.544,00
4.820.000	728,70	1.821,75	3.643,50	7.287,00	10.930,50	14.574,00
4.830.000	730,20	1.825,50	3.651,00	7.302,00	10.953,00	14.604,00
4.840.000	731,70	1.829,25	3.658,50	7.317,00	10.975,50	14.634,00
4.850.000	733,20	1.833,00	3.666,00	7.332,00	10.998,00	14.664,00
4.860.000	734,70	1.836,75	3.673,50	7.347,00	11.020,50	14.694,00
4.870.000	736,20	1.840,50	3.681,00	7.362,00	11.043,00	14.724,00
4.880.000	737,70	1.844,25	3.688,50	7.377,00	11.065,50	14.754,00
4.890.000	739,20	1.848,00	3.696,00	7.392,00	11.088,00	14.784,00
4.900.000	740,70	1.851,75	3.703,50	7.407,00	11.110,50	14.814,00
4.910.000	742,20	1.855,50	3.711,00	7.422,00	11.133,00	14.844,00
4.920.000	743,70	1.859,25	3.718,50	7.437,00	11.155,50	14.874,00
4.930.000	745,20	1.863,00	3.726,00	7.452,00	11.178,00	14.904,00
4.940.000	746,70	1.866,75	3.733,50	7.467,00	11.200,50	14.934,00
4.950.000	748,20	1.870,50	3.741,00	7.482,00	11.223,00	14.964,00
4.960.000	749,70	1.874,25	3.748,50	7.497,00	11.245,50	14.994,00
4.970.000	751,20	1.878,00	3.756,00	7.512,00	11.268,00	15.024,00
4.980.000	752,70	1.881,75	3.763,50	7.527,00	11.290,50	15.054,00
4.990.000	754,20	1.885,50	3.771,00	7.542,00	11.313,00	15.084,00
5.000.000	755,70	1.889,25	3.778,50	7.557,00	11.335,50	15.114,00

Für höhere Beträge errechnen sich die Gebühren wie folgt:

über 5.000.000 € bis 25.000.000 € aufgerundet auf volle 25.000 € für je 25.000 €

	1,60	4,00	8,00	16,00	24,00	32,00
in ‰	0,064	0,160	0,320	0,640	0,960	1,280
+ €	435,70	1.089,25	2.178,50	4.357,00	6.535,50	8.714,00

über 25.000.000 € bis 50.000.000 € aufgerundet auf volle 50.000 € für je 50.000 €

	1,10	2,75	5,50	11,00	16,50	22,00
in ‰	0,022	0,055	0,110	0,220	0,330	0,440
+ €	1.485,70	3.714,25	7.428,50	14.857,00	22.285,50	29.714,00

über 50.000.000 € aufgerundet auf volle 250.000 € für je 250.000 €

	0,70	1,75	3,50	7,00	10,50	14,00
in ‰	0,0028	0,0070	0,0140	0,0280	0,0420	0,0560
+ €	2.445,70	6.114,25	12.228,50	24.457,00	36.685,50	48.914,00

Gebührentabelle nach § 32 KostO

Wert bis ... €	1/10 €	1/4 €	1/2 €	1 €	1 1/2 €	2 €

Berechnungsbeispiel:

Geschäftswert von 7.415.000 €, aufzurunden auf 7.425.000 €

multipliziert mit ‰	0,064	0,160	0,320	0,640	0,960	1,280
ergibt €	475,20	1.188,00	2.376,00	4.752,00	7.128,00	9.504,00
zuzüglich €	435,70	1.089,25	2.178,50	4.357,00	6.535,50	8.714,00
Gebühr	910,90	2.277,25	4.554,50	9.109,00	13.663,50	18.218,00

AnwaltFormulare

Schriftsätze – Verträge – Erläuterungen

Hrsg. von RA und FA für Steuerrecht Dr. Thomas Heidel, RA und FA für Arbeitsrecht Dr. Stephan Pauly, RAin und FAin für Insolvenzrecht Angelika Amend
5. Auflage 2006, 2.728 Seiten, gebunden, mit CD-ROM,
168 €
ISBN 3-8240-0788-6

Auf über 2.700 Seiten bieten die grundlegend überarbeiteten und aktualisierten AnwaltFormulare **rund 1.000 Muster für 59 anwaltliche Tätigkeitsgebiete**. Rechtssicher und rationell Schriftsätze fertigen und Verträge gestalten – das wird für Sie auch mit der Neuauflage kein Problem sein.

Ihre Vorteile auf einen Blick:
- 59 typische anwaltliche Arbeitsgebiete in einem Band, übersichtlich alphabetisch nach Fachgebieten gegliedert von Aktienrecht bis Zwangsvollstreckung
- Beratung und Prozess kombiniert in einem Formularbuch: Die Muster folgen dem Ablauf des Mandats
- Jeder einzelne Beitrag bietet, immer nach dem gleichen Aufbau (typischer Sachverhalt – Rechtsgrundlagen – Formulierungsbeispiel), rechtssichere und schnelle Lösungswege für die rationelle Bearbeitung Ihres Mandats
- Über 60 Spezialisten stellen ihr in langjähriger Praxis erprobtes Know-how zur Verfügung
- Die Schriftsätze können Sie bequem von CD-ROM in Ihre Textverarbeitung übernehmen.

DeutscherAnwaltVerlag
Wachsbleiche 7 · 53111 Bonn · **T** 0228 91911-0 · **F** 0228 91911-23

Gebühren des Notars für Anmeldungen zum Handelsregister, bei denen nicht ein bestimmter Geldbetrag in das Handelsregister eingetragen wird

Hinweis: Die Gerichtsgebühren für die Eintragungen in das Handelsregister ergeben sich aus der Handelsregistergebührenverordnung (HRegGebV) vom 30.9.2004 (BGBl. I S. 2562), abgedruckt auf Seite 273 ff.

Gemäß § 41a Abs. 1 KostO ist bei Anmeldungen zum Handelsregister der Geschäftswert der in das Handelsregister einzutragende Geldbetrag, bei Änderungen bereits eingetragener Geldbeträge der Unterschiedsbetrag.

Der Geschäftswert von Anmeldungen zum Handelsregister, bei denen nicht ein bestimmter Geldbetrag in das Handelsregister eingetragen wird, ergibt sich wie folgt:

Erste Anmeldung

Firma/ Unternehmen	Geschäftswert in EURO			Gebühren in EURO					
				§ 38 II 7 [1] ½ Gebühr			§ 47 Beurkundung von Versammlungsbeschlüssen [2] 2 volle Gebühren		
	normal (§ 41a III)	nur Zweigniederlassung(en) betreffend (§ 41a V)	ohne wirtschaftliche Bedeutung (§ 41a VI)	normal	nur Zweigniederlassung(en) betreffend	ohne wirtschaftliche Bedeutung	normal	nur Zweigniederlassung(en) betreffend	ohne wirtschaftliche Bedeutung
Einzelkaufmann	25 000,00	12 500,00 [3]	3 000,00	42,00	30,00	13,00	168,00	120,00	52,00
– OHG mit zwei Gesellschaftern; – Partnerschaft, § 41b mit zwei Partnern; – für jeden weiteren Gesellschafter/ Partner erhöht sich der Wert um jeweils 12 500,00 EURO	37 500,00	18 750,00 [3]	3 000,00	54,00	36,00	13,00	216,00	144,00	52,00
Juristische Person (§ 33 HGB)	50 000,00	25 000,00 [3]	3 000,00	66,00	42,00	13,00	264,00	168,00	52,00

1 Höchstwert für Anmeldungen gem. § 39 Abs. 4 KostO: In den Fällen des § 38 Abs. 2 Nr. 7 KostO, auch wenn mehrere Anmeldungen in derselben Verhandlung beurkundet werden, höchstens 500 000,00 Euro.

2 Die Gebühr beträgt höchstens 5 000,00 Euro, § 47 S. 2 KostO.

3 Hat das Unternehmen mehrere Zweigniederlassungen, so ist der Wert für jede Zweigniederlassung durch Teilung des Betrages durch die Anzahl der eingetragenen Zweigniederlassungen zu ermitteln; bei der Anmeldung der ersten Eintragung von Zweigniederlassungen sind diese mitzurechnen. Der Wert nach den vorstehenden Sätzen beträgt mindestens 12 500,00 Euro und höchstens 2 500 000,00 Euro.
Durch die Bezugnahme in § 41a Abs. 5 S. 1 KostO auf Absatz 1 des § 41a KostO ist nunmehr klargestellt, dass die erste Eintragung einer Zweigniederlassung kostenmäßig wie die erste Eintragung des Unternehmens zu behandeln ist.
Durch die veränderte Fassung des als § 41a Abs. 5 S. 2 Hs. 2 KostO übernommenen § 26 Abs. 6 S. 2 Hs. 2 KostO ist nun klargestellt, dass bei der Anmeldung der ersten Eintragung von Zweigniederlassungen diese bei der Wertermittlung mitzurechnen sind.

Spätere Anmeldung

Firma / Unternehmen	Geschäftswert in EURO			Gebühren in EURO					
				§ 38 II 7[1] $^1/_2$ Gebühr			§ 47 Beurkundung von Versammlungsbeschlüssen[2] 2 volle Gebühren		
	normal (§ 41a IV)	nur Zweigniederlassung(en) betreffend (§ 41a V)	ohne wirtschaftliche Bedeutung (§ 41a VI)	normal	nur Zweigniederlassung(en) betreffend	ohne wirtschaftliche Bedeutung	normal	nur Zweigniederlassung(en) betreffend	ohne wirtschaftliche Bedeutung
Kapitalgesellschaft	1 % des eingetragenen Grund- oder Stammkapitals, mindestens 25 000,00	die Hälfte des Betrages, mindestens 12 500,00[3]	3 000,00	42,00 bis 403,50	30,00 bis 216,00	13,00	168,00 bis 1 614,00	120,00 bis 864,00	52,00
Versicherungsverein auf Gegenseitigkeit	50 000,00	25 000,00	3 000,00	61,00	42,00	13,00	264,00	168,00	52,00

1 Höchstwert für Anmeldungen gem. § 39 Abs. 4 KostO: In den Fällen des § 38 Abs. 2 Nr. 7 KostO, auch wenn mehrere Anmeldungen in derselben Verhandlung beurkundet werden, höchstens 500 000,00 Euro.

2 Die Gebühr beträgt höchstens 5 000,00 Euro, § 47 S. 2 KostO.

3 Hat das Unternehmen mehrere Zweigniederlassungen, so ist der Wert für jede Zweigniederlassung durch Teilung des Betrages durch die Anzahl der eingetragenen Zweigniederlassungen zu ermitteln; bei der Anmeldung der ersten Eintragung von Zweigniederlassungen sind diese mitzurechnen. Der Wert nach den vorstehenden Sätzen beträgt mindestens 12 500,00 Euro und höchstens 2 500 000,00 Euro.
Durch die Bezugnahme in § 41a Abs. 5 S. 1 KostO auf Absatz 1 des § 41a KostO ist nunmehr klargestellt, dass die erste Eintragung einer Zweigniederlassung kostenmäßig wie die erste Eintragung des Unternehmens zu behandeln ist.
Durch die veränderte Fassung des als § 41a Abs. 5 S. 2 Hs. 2 KostO übernommenen § 26 Abs. 6 S. 2 Hs. 2 KostO ist nun klargestellt, dass bei der Anmeldung der ersten Eintragung von Zweigniederlassungen diese bei der Wertermittlung mitzurechnen sind.

Spätere Anmeldung

Firma / Unternehmen	Geschäftswert in EURO			Gebühren in EURO					
				§ 38 II 7[1] $1/2$ Gebühr			§§ 47 Beurkundung von Versammlungsbeschlüssen[2] 2 volle Gebühren		
	normal (§ 41a IV)	nur Zweigniederlassung(en) betreffend (§ 41a V)	ohne wirtschaftliche Bedeutung (§ 41a VI)	normal	nur Zweigniederlassung(en) betreffend	ohne wirtschaftliche Bedeutung	normal	nur Zweigniederlassung(en) betreffend	ohne wirschaftliche Bedeutung
Personenhandelsgesellschaft	25 000,00 bei Eintritt oder Ausscheiden von mehr als zwei persönlich haftenden Gesellschaftern für jeden von diesen 12 500,00 mehr	12 500,00[3]	3 000,00	42,00	30,00	13,00	168,00	120,00	52,00
Einzelkaufmann oder juristische Person (§ 33 HGB)	25 000,00	12 500,00[3]	3 000,00	42,00	30,00	13,00	168,00	120,00	52,00

1 Höchstwert für Anmeldungen gem. § 39 Abs. 4 KostO: In den Fällen des § 38 Abs. 2 Nr. 7 KostO, auch wenn mehrere Anmeldungen in derselben Verhandlung beurkundet werden, höchstens 500 000,00 Euro.
2 Die Gebühr beträgt höchstens 5 000,00 Euro, § 47 S. 2 KostO.
3 Hat das Unternehmen mehrere Zweigniederlassungen, so ist der Wert für jede Zweigniederlassung durch Teilung des Betrages durch die Anzahl der eingetragenen Zweigniederlassungen zu ermitteln; bei der Anmeldung der ersten Eintragung von Zweigniederlassungen sind diese mitzurechnen. Der Wert nach den vorstehenden Sätzen beträgt mindestens 12 500,00 Euro und höchstens 2 500 000,00 Euro.
Durch die Bezugnahme in § 41a Abs. 5 S. 1 KostO auf Absatz 1 des § 41a KostO ist nunmehr klargestellt, dass die erste Eintragung einer Zweigniederlassung kostenmäßig wie die erste Eintragung des Unternehmens zu behandeln ist.
Durch die veränderte Fassung des als § 41a Abs. 5 S. 2 Hs. 2 KostO übernommenen § 26 Abs. 6 S. 2 Hs. 2 KostO ist nun klargestellt, dass bei der Anmeldung der ersten Eintragung von Zweigniederlassungen diese bei der Wertermittlung mitzurechnen sind.

§ 41c KostO Beschlüsse von Organen bestimmter Gesellschaften

(1) § 41a Abs. 4 gilt entsprechend für Beschlüsse von Organen von Kapital- oder Personenhandelsgesellschaften, Versicherungsvereinen auf Gegenseitigkeit oder juristischen Personen (§ 33 des Handelsgesetzbuchs), deren Gegenstand keinen bestimmten Geldwert hat.
(2) Beschlüsse nach dem Umwandlungsgesetz sind mit dem Wert des Aktivvermögens des übertragenden oder formwechselnden Rechtsträgers anzusetzen. Bei Abspaltungen oder Ausgliederungen ist der Wert des übergehenden Aktivvermögens maßgebend.
(3) Werden in einer Verhandlung mehrere Beschlüsse beurkundet, so gilt § 44 entsprechend. Dies gilt auch, wenn Beschlüsse, deren Gegenstand keinen bestimmten Geldwert hat, und andere Beschlüsse zusammentreffen. Mehrere Wahlen oder Wahlen zusammen mit Beschlüssen über die Entlastung der Verwaltungsträger gelten als ein Beschluss.
(4) Der Wert von Beschlüssen der in Absatz 1 bezeichneten Art beträgt, auch wenn in einer Verhandlung mehrere Beschlüsse beurkundet werden, in keinem Fall mehr als 500 000 Euro.

AnwaltKommentar BGB, Band 5: Erbrecht in aktueller Neuauflage

Hrsg. von Direktor des AG Traunstein Dr. Ludwig Kroiß, Notar Dr. Jörg Mayer und Prof. Dr. Christoph Ann
Gesamtherausgeber:
Prof. Dr. Barbara Dauner-Lieb, RA und FA für Steuerrecht Dr. Thomas Heidel und Prof. Dr. Gerhard Ring
2. Auflage 2006, ca. 1.700 Seiten, gebunden, ca. 198 €
ISBN 3-8240-0807-6
Erscheint Oktober 2006

AnwaltKommentar BGB
Band 5: Erbrecht

Erbrecht lohnt sich: In den nächsten 20 Jahren werden rund 1,5 Billionen Euro an die nächste Generation weitergegeben. Entsprechend hoch ist bereits heute der Beratungsbedarf. Mit Band 5 des AnwaltKommentars BGB sind Sie dafür bestens gerüstet, denn hier erhalten Sie **das gesamte Erbrecht kompakt in einem Band**. In der rund 1.700 Seiten starken Neuauflage werden u. a. die Länderberichte um Serbien-Montenegro inkl. Kosovo und Kroatien erweitert. Die Anhänge zur gesetzlichen Erbfolge (§§ 1922 ff) zum Thema „Estate planning" werden weiter ausgebaut.

Selbstverständlich haben die Bandherausgeber auch die **aktuelle Rechtsprechung und Literatur** eingearbeitet.

DeutscherAnwaltVerlag
Wachsbleiche 7 · 53111 Bonn · **T** 02 28 9 19 11-0 · **F** 02 28 9 19 11-23

Gebühren des Gerichts für Eintragungen in das Handelsregister

Hinweis: Zu den Gebühren des Notars für Anmeldungen zum Handelsregister siehe Seite 269 ff.

Verordnung über Gebühren in Handels-, Partnerschafts- und Genossenschaftsregistersachen (Handelsregistergebührenverordnung — HRegGebV)

Vom 30.9.2004, BGBl. I S. 2562

Geändert durch Gesetz zur Einführung internationaler Rechnungslegungsstandards und zur Sicherung der Qualität der Abschlussprüfung (Bilanzrechtsreformgesetz — BilReG) vom 4.12.2004, BGBl. I S. 3166, 3179

§ 1 Gebührenverzeichnis

Für Eintragungen in das Handels-, Partnerschafts- oder Genossenschaftsregister sowie für die Entgegennahme, Prüfung und Aufbewahrung der zum Handels- oder Genossenschaftsregister einzureichenden Unterlagen und für Bekanntmachungen von Verträgen und Vertragsentwürfen nach dem Umwandlungsgesetz werden Gebühren nach dem Gebührenverzeichnis der Anlage zu dieser Verordnung erhoben.

§ 2 Allgemeine Vorschriften

(1) Neben der Gebühr für die Ersteintragung werden nur Gebühren für die gleichzeitig angemeldete Eintragung der Errichtung einer Zweigniederlassung und für die Eintragung einer Prokura gesondert erhoben.

(2) Betrifft dieselbe spätere Anmeldung mehrere Tatsachen, ist für jede Tatsache die Gebühr gesondert zu erheben. Das Eintreten oder das Ausscheiden einzutragender Personen ist hinsichtlich einer jeden Person eine besondere Tatsache.

(3) Die Anmeldung einer zur Vertretung berechtigten Person und die gleichzeitige Anmeldung ihrer Vertretungsmacht oder deren Ausschlusses betreffen eine Tatsache. Mehrere Änderungen eines Gesellschaftsvertrags, einer Satzung oder eines Statuts, die gleichzeitig angemeldet werden und nicht die Änderung eingetragener Angaben betreffen, bilden eine Tatsache. Die Änderung eingetragener Angaben und die dem zugrunde liegende Änderung des Gesellschaftsvertrags, der Satzung oder des Statuts betreffen eine Tatsache.

(4) Anmeldungen, die am selben Tag beim Registergericht eingegangen sind und dasselbe Unternehmen betreffen, werden als eine Anmeldung behandelt.

§ 3 Zurücknahme

Wird eine Anmeldung zurückgenommen, bevor die Eintragung erfolgt oder die Anmeldung zurückgewiesen worden ist, sind 75 Prozent der für die Eintragung bestimmten Gebühr zu erheben; § 33 der Kostenordnung bleibt unberührt. Betrifft eine Anmeldung mehrere Tatsachen, betragen die auf die zurückgenommenen Teile der Anmeldung entfallenden Gebühren insgesamt höchstens 250 Euro.

§ 4 Zurückweisung

Wird eine Anmeldung zurückgewiesen, sind 120 Prozent der für die Eintragung bestimmten Gebühr zu erheben. Betrifft eine Anmeldung mehrere Tatsachen, betragen die auf die zurückgewiesenen Teile der Anmeldung entfallenden Gebühren insgesamt höchstens 400 Euro.

(Handelsregistergebührenverordnung — HRegGebV)

§ 5 Zurücknahme oder Zurückweisung in besonderen Fällen
Wird die Anmeldung einer sonstigen späteren Eintragung, die mehrere Tatsachen zum Gegenstand hat, teilweise zurückgenommen oder zurückgewiesen, ist für jeden zurückgenommenen oder zurückgewiesenen Teil von den Gebühren 1506, 2502 und 3502 des Gebührenverzeichnisses auszugehen. § 3 Satz 2 und § 4 Satz 2 bleiben unberührt.

§ 6 Inkrafttreten
Diese Verordnung tritt am 1. Dezember 2004 in Kraft.

Gebührenverzeichnis

Nr.	Gebührentatbestand	Gebührenbetrag

Teil 1
Eintragungen in das Handelsregister Abteilung A und das Partnerschaftsregister

Vorbemerkung 1:

(1) Für Eintragungen, die juristische Personen (§ 33 HGB) und Europäische wirtschaftliche Interessenvereinigungen betreffen, bestimmen sich die Gebühren nach den für Eintragungen bei Gesellschaften mit bis zu 3 eingetragenen Gesellschaftern geltenden Vorschriften.

(2) Für den Vermerk über die Errichtung, Verlegung oder Aufhebung einer Zweigniederlassung im Register der Hauptniederlassung oder des Sitzes, im Fall der Verlegung einer Zweigniederlassung auch für den Vermerk im Register der bisherigen Zweigniederlassung, werden keine Gebühren erhoben. Das Gleiche gilt für die Eintragung der Verlegung der Hauptniederlassung oder des Sitzes im Register der bisherigen Hauptniederlassung oder des bisherigen Sitzes.

(3) Für Eintragungen, die Prokuren betreffen, sind ausschließlich Gebühren nach Teil 4 zu erheben; Eintragungen in das Register der Zweigniederlassung aufgrund von Mitteilungen des Gerichts der Hauptniederlassung oder des Sitzes werden jedoch nur durch die Gebühr 1507 abgegolten.

(4) Für die Eintragung des Erlöschens der Firma oder des Namens sowie des Schlusses der Abwicklung einer Europäischen wirtschaftlichen Interessenvereinigung werden keine Gebühren erhoben; die Gebühren 1400 und 1401 bleiben unberührt.

Abschnitt 1
Ersteintragung

Vorbemerkung 1.1:

Die Gebühren 1100 bis 1102 werden auch für die Errichtung einer Zweigniederlassung eines Unternehmens mit Sitz im Ausland erhoben.

	Eintragung – außer aufgrund einer Umwandlung nach dem UmwG –	
1100	– eines Einzelkaufmanns	50,00 EUR
1101	– einer Gesellschaft mit bis zu 3 einzutragenden Gesellschaftern oder einer Partnerschaft mit bis zu 3 einzutragenden Partnern	70,00 EUR
1102	– einer Gesellschaft mit mehr als 3 einzutragenden Gesellschaftern oder einer Partnerschaft mit mehr als 3 einzutragenden Partnern:	
	Die Gebühr 1101 erhöht sich für jeden weiteren einzutragenden Gesellschafter oder jeden weiteren einzutragenden Partner um	20,00 EUR
	Eintragung aufgrund einer Umwandlung nach dem UmwG	
1103	– eines Einzelkaufmanns	50,00 EUR
1104	– einer Gesellschaft mit bis zu 3 einzutragenden Gesellschaftern oder einer Partnerschaft mit bis zu 3 einzutragenden Partnern	80,00 EUR

Gebührenverzeichnis

Nr.	Gebührentatbestand	Gebührenbetrag
1105	– einer Gesellschaft mit mehr als 3 einzutragenden Gesellschaftern oder einer Partnerschaft mit mehr als 3 einzutragenden Partnern:	
	Die Gebühr 1104 erhöht sich für jeden weiteren einzutragenden Gesellschafter oder für jeden weiteren einzutragenden Partner um	20,00 EUR

Abschnitt 2
Errichtung oder Verlegung einer Zweigniederlassung

Vorbemerkung 1.2:

Gebühren nach diesem Abschnitt sind im Fall der Verlegung einer Zweigniederlassung nicht zu erheben, wenn das bisherige Gericht zuständig bleibt; Abschnitt 5 bleibt unberührt.

	Eintragung bei dem Gericht, in dessen Bezirk eine Zweigniederlassung errichtet oder in dessen Bezirk eine Zweigniederlassung verlegt worden ist, bei	
1200	– einem Einzelkaufmann	50,00 EUR
1201	– einer Gesellschaft mit bis zu 3 eingetragenen Gesellschaftern oder einer Partnerschaft mit bis zu 3 eingetragenen Partnern	80,00 EUR
	– einer Gesellschaft mit mehr als 3 eingetragenen Gesellschaftern oder einer Partnerschaft mit mehr als 3 eingetragenen Partnern:	
1202	– – Die Gebühr 1201 erhöht sich für jeden weiteren eingetragenen Gesellschafter oder für jeden weiteren eingetragenen Partner bis einschließlich zur 100. eingetragenen Person um	20,00 EUR
1203	– – Die Gebühr 1201 erhöht sich für jeden weiteren eingetragenen Gesellschafter oder für jeden weiteren eingetragenen Partner ab der 101. eingetragenen Person um	10,00 EUR

Abschnitt 3
Verlegung der Hauptniederlassung oder des Sitzes

Vorbemerkung 1.3:

Gebühren nach diesem Abschnitt sind nicht zu erheben, wenn das bisherige Gericht zuständig bleibt; Abschnitt 5 bleibt unberührt.

	Eintragung bei dem Gericht, in dessen Bezirk die Hauptniederlassung oder der Sitz verlegt worden ist, bei	
1300	– einem Einzelkaufmann	60,00 EUR
1301	– einer Gesellschaft mit bis zu 3 eingetragenen Gesellschaftern oder einer Partnerschaft mit bis zu 3 eingetragenen Partnern	60,00 EUR

Gebührenverzeichnis

Nr.	Gebührentatbestand	Gebührenbetrag
	– einer Gesellschaft mit mehr als 3 eingetragenen Gesellschaftern oder einer Partnerschaft mit mehr als 3 eingetragenen Partnern:	
1302	–– Die Gebühr 1301 erhöht sich für jeden weiteren eingetragenen Gesellschafter oder für jeden weiteren eingetragenen Partner bis einschließlich zur 100. eingetragenen Person um	20,00 EUR
1303	–– Die Gebühr 1301 erhöht sich für jeden weiteren eingetragenen Gesellschafter oder für jeden weiteren eingetragenen Partner ab der 101. eingetragenen Person um	10,00 EUR

Abschnitt 4
Umwandlung nach dem Umwandlungsgesetz

	Eintragung einer Umwandlung nach dem UmwG	
1400	– in das Register des übertragenden oder formwechselnden Rechtsträgers	130,00 EUR
1401	– in das Register des übernehmenden Rechtsträgers	130,00 EUR
	Für Eintragungen über den Eintritt der Wirksamkeit werden keine besonderen Gebühren erhoben.	

Abschnitt 5
Sonstige spätere Eintragung

Vorbemerkung 1.5:

Gebühren nach diesem Abschnitt werden nur für Eintragungen erhoben, für die Gebühren nach den Abschnitten 1 bis 4 nicht zu erheben sind.

	Eintragung einer Tatsache bei	
1500	– einem Einzelkaufmann	40,00 EUR
1501	– einer Gesellschaft mit bis zu 50 eingetragenen Gesellschaftern oder einer Partnerschaft mit bis zu 50 eingetragenen Partnern	40,00 EUR
1502	– einer Gesellschaft mit mehr als 50 und bis zu 100 eingetragenen Gesellschaftern oder einer Partnerschaft mit mehr als 50 und bis zu 100 eingetragenen Partnern	50,00 EUR
1503	– einer Gesellschaft mit mehr als 100 eingetragenen Gesellschaftern oder einer Partnerschaft mit mehr als 100 eingetragenen Partnern	60,00 EUR
1505	Die Eintragung betrifft eine Tatsache ohne wirtschaftliche Bedeutung:	
	Die Gebühren 1500 bis 1503 betragen	30,00 EUR

Gebührenverzeichnis

Nr.	Gebührentatbestand	Gebührenbetrag
1506	Eintragung jeder weiteren Tatsache aufgrund derselben Anmeldung	30,00 EUR
1507	Eintragung in das Register der Zweigniederlassung aufgrund einer Mitteilung des Gerichts, in dessen Bezirk sich die Hauptniederlassung oder der Sitz befindet	30,00 EUR
	Werden mehrere Tatsachen unter derselben laufenden Nummer eingetragen, wird die Gebühr nur einmal erhoben.	

Teil 2
Eintragungen in das Handelsregister Abteilung B

Vorbemerkung 2:

(1) Für den Vermerk über die Errichtung, Verlegung oder Aufhebung einer Zweigniederlassung im Register des Sitzes, im Fall der Verlegung einer Zweigniederlassung auch für den Vermerk im Register der bisherigen Zweigniederlassung, werden keine Gebühren erhoben. Das Gleiche gilt für die Eintragung der Verlegung des Sitzes im Register des bisherigen Sitzes.

(2) Für Eintragungen, die Prokuren betreffen, sind ausschließlich Gebühren nach Teil 4 zu erheben; Eintragungen in das Register der Zweigniederlassung aufgrund von Mitteilungen des Gerichts des Sitzes werden jedoch nur durch die Gebühr 2503 abgegolten.

(3) Für die Eintragung der Löschung der Gesellschaft und des Schlusses der Abwicklung oder der Liquidation werden keine Gebühren erhoben; die Gebühren 2402 und 2403 bleiben unberührt.

Abschnitt 1
Ersteintragung

Vorbemerkung 2.1:

Die Gebühren 2100 und 2102 werden auch für die Errichtung einer Zweigniederlassung eines Unternehmens mit Sitz im Ausland erhoben.

2100	Eintragung einer Gesellschaft mit beschränkter Haftung – außer aufgrund einer Umwandlung nach dem UmwG –	100,00 EUR
2101	Es wird mindestens eine Sacheinlage geleistet:	
	Die Gebühr 2100 beträgt	150,00 EUR
2102	Eintragung einer Aktiengesellschaft, einer Kommanditgesellschaft auf Aktien oder eines Versicherungsvereins auf Gegenseitigkeit – außer aufgrund einer Umwandlung nach dem UmwG –	240,00 EUR
2103	Es wird mindestens eine Sacheinlage geleistet:	
	Die Gebühr 2102 beträgt	290,00 EUR
	Eintragung aufgrund einer Umwandlung nach dem UmwG	
2104	– einer Gesellschaft mit beschränkter Haftung	190,00 EUR

Gebührenverzeichnis

Nr.	Gebührentatbestand	Gebührenbetrag
2105	– einer Aktiengesellschaft oder einer Kommanditgesellschaft auf Aktien	210,00 EUR
2106	– eines Versicherungsvereins auf Gegenseitigkeit ..	190,00 EUR

Abschnitt 2
Errichtung oder Verlegung einer Zweigniederlassung

2200	Eintragung bei dem Gericht, in dessen Bezirk die Zweigniederlassung errichtet oder in dessen Bezirk die Zweigniederlassung verlegt worden ist	90,00 EUR
	Die Gebühr wird im Fall der Verlegung einer Zweigniederlassung nicht erhoben, wenn das bisherige Gericht zuständig bleibt; Abschnitt 5 bleibt unberührt.	

Abschnitt 3
Verlegung des Sitzes

2300	Eintragung bei dem Gericht, in dessen Bezirk der Sitz verlegt worden ist	110,00 EUR
	Die Gebühr wird nicht erhoben, wenn das bisherige Gericht zuständig bleibt; Abschnitt 5 bleibt unberührt.	

Abschnitt 4
Besondere spätere Eintragung

	Eintragung	
2400	– der Nachgründung einer Aktiengesellschaft oder des Beschlusses der Hauptversammlung einer Aktiengesellschaft oder einer Kommanditgesellschaft auf Aktien über Maßnahmen der Kapitalbeschaffung oder der Kapitalherabsetzung oder der Durchführung der Kapitalerhöhung	170,00 EUR
2401	– der Erhöhung des Stammkapitals durch Sacheinlage oder der Erhöhung des Stammkapitals zum Zwecke der Umwandlung nach dem UmwG	140,00 EUR
	Eintragung einer Umwandlung nach dem UmwG	
2402	– in das Register des übertragenden oder formwechselnden Rechtsträgers	160,00 EUR
2403	– in das Register des übernehmenden Rechtsträgers	160,00 EUR
	Für Eintragungen über den Eintritt der Wirksamkeit werden keine besonderen Gebühren erhoben.	
2404	Eintragung der Eingliederung oder des Endes der Eingliederung einer Aktiengesellschaft	60,00 EUR

Gebührenverzeichnis

Nr.	Gebührentatbestand	Gebührenbetrag

Abschnitt 5
Sonstige spätere Eintragung

Vorbemerkung 2.5:
Gebühren nach diesem Abschnitt werden nur für Eintragungen erhoben, für die Gebühren nach den Abschnitten 1 bis 4 nicht zu erheben sind.

2500	Eintragung einer Tatsache	40,00 EUR
2501	Die Eintragung betrifft eine Tatsache ohne wirtschaftliche Bedeutung:	
	Die Gebühr 2500 beträgt	30,00 EUR
2502	Eintragung jeder weiteren Tatsache aufgrund derselben Anmeldung	30,00 EUR
2503	Eintragung in das Register der Zweigniederlassung aufgrund einer Mitteilung des Gerichts, in dessen Bezirk sich der Sitz befindet	30,00 EUR
	Werden mehrere Tatsachen unter derselben laufenden Nummer eingetragen, wird die Gebühr nur einmal erhoben.	

Teil 3
Eintragungen in das Genossenschaftsregister

Vorbemerkung 3:
(1) Für den Vermerk über die Errichtung, Verlegung oder Aufhebung einer Zweigniederlassung im Register des Sitzes, im Fall der Verlegung einer Zweigniederlassung auch für den Vermerk im Register der bisherigen Zweigniederlassung, werden keine Gebühren erhoben. Das Gleiche gilt für die Eintragung der Verlegung des Sitzes im Register des bisherigen Sitzes.

(2) Für Eintragungen, die Prokuren betreffen, sind ausschließlich Gebühren nach Teil 4 zu erheben; Eintragungen in das Register der Zweigniederlassung aufgrund von Mitteilungen des Gerichts des Sitzes werden jedoch nur durch die Gebühr 3503 abgegolten.

(3) Für die Eintragung des Erlöschens der Genossenschaft werden keine Gebühren erhoben; die Gebühren 3400 und 3401 bleiben unberührt.

Abschnitt 1
Ersteintragung

Eintragung

3100	– außer aufgrund einer Umwandlung nach dem UmwG	150,00 EUR
3101	– aufgrund einer Umwandlung nach dem UmwG ...	180,00 EUR

Gebührenverzeichnis

Nr.	Gebührentatbestand	Gebührenbetrag

Abschnitt 2
Errichtung oder Verlegung einer Zweigniederlassung

3200	Eintragung bei dem Gericht, in dessen Bezirk die Zweigniederlassung errichtet oder in dessen Bezirk die Zweigniederlassung verlegt worden ist	50,00 EUR
	Die Gebühr wird im Fall der Verlegung einer Zweigniederlassung nicht erhoben, wenn das bisherige Gericht zuständig bleibt; Abschnitt 5 bleibt unberührt.	

Abschnitt 3
Verlegung des Sitzes

3300	Eintragung bei dem Gericht, in dessen Bezirk der Sitz verlegt worden ist......................	50,00 EUR
	Die Gebühr wird nicht erhoben, wenn das bisherige Gericht zuständig bleibt; Abschnitt 5 bleibt unberührt.	

Abschnitt 4
Umwandlung nach dem Umwandlungsgesetz

Eintragung einer Umwandlung nach dem UmwG

3400	– in das Register des übertragenden oder formwechselnden Rechtsträgers	110,00 EUR
3401	– in das Register des übernehmenden Rechtsträgers	110,00 EUR
	Für Eintragungen über den Eintritt der Wirksamkeit werden keine besonderen Gebühren erhoben.	

Abschnitt 5
Sonstige spätere Eintragung

Vorbemerkung 3.5:

Gebühren nach diesem Abschnitt werden nur für Eintragungen erhoben, für die Gebühren nach den Abschnitten 1 bis 4 nicht zu erheben sind.

3500	Eintragung einer Tatsache	60,00 EUR
3501	Die Eintragung betrifft eine Tatsache ohne wirtschaftliche Bedeutung:	
	Die Gebühr 3500 beträgt	30,00 EUR
3502	Eintragung jeder weiteren Tatsache aufgrund derselben Anmeldung	30,00 EUR

Gebührenverzeichnis

Nr.	Gebührentatbestand	Gebührenbetrag
3503	Eintragung in das Register der Zweigniederlassung aufgrund einer Mitteilung des Gerichts, in dessen Bezirk sich der Sitz befindet	30,00 EUR
	Werden mehrere Tatsachen unter derselben laufenden Nummer eingetragen, wird die Gebühr nur einmal erhoben.	

Teil 4
Prokuren

Vorbemerkung 4:
Dieser Teil gilt auch für Eintragungen ohne wirtschaftliche Bedeutung, die Prokuren betreffen.

4000	Eintragung, Änderung oder Löschung einer Prokura .	20,00 EUR
	Betrifft dieselbe Anmeldung mehrere Prokuren, wird die Gebühr für jede Prokura gesondert erhoben.	

Teil 5
Weitere Geschäfte

Vorbemerkung 5:
Mit den Gebühren 5000 bis 5008 wird auch der Aufwand für die Prüfung und Aufbewahrung der genannten Unterlagen abgegolten.

Entgegennahme

5000	– des Jahres- oder Einzelabschlusses und der dazugehörenden Unterlagen	20,00 EUR
5001	– des Konzernabschlusses und der dazugehörenden Unterlagen.......................	30,00 EUR
5002	– der Bescheinigung des Prüfungsverbandes (§ 59 Abs. 1 GenG)	10,00 EUR
5003	– der Bekanntmachung der ersten Bilanz durch die Liquidatoren (§ 89 Satz 3 GenG)............	20,00 EUR
5004	– der Liste der Gesellschafter (§ 40 Abs. 1 GmbHG) .	20,00 EUR
5005	– der Unterlagen der Rechnungslegung der Hauptniederlassung (§ 325a Abs. 1 HGB)...........	20,00 EUR
5006	– der Bekanntmachung von Änderungen im Aufsichtsrat (§ 52 Abs. 2 Satz 2 GmbHG, § 106 AktG)	20,00 EUR
5007	– der Mitteilung über den alleinigen Aktionär (§ 42 AktG)	10,00 EUR
5008	– des Protokolls der Jahreshauptversammlung (§ 130 Abs. 5 AktG)....................	20,00 EUR
5009	Bekanntmachung von Verträgen oder Vertragsentwürfen nach dem UmwG	20,00 EUR

Gesetz über Kosten der Gerichtsvollzieher (Gerichtsvollzieherkostengesetz — GvKostG)

Vom 19.4.2001, BGBl. I S. 623
BGBl. III 362-2

Zuletzt geändert durch Gesetz über die Verwendung elektronischer Kommunikationsformen in der Justiz (Justizkommunikationsgesetz — JKomG) vom 22.3.2005, BGBl. I S. 837, 855

Abschnitt 1: Allgemeine Vorschriften

§ 1 Geltungsbereich

(1) [1]Für die Tätigkeit des Gerichtsvollziehers, für die er nach Bundes- oder Landesrecht sachlich zuständig ist, werden Kosten (Gebühren und Auslagen) nur nach diesem Gesetz erhoben.

(2) [1]Landesrechtliche Vorschriften über die Kosten der Vollstreckung im Verwaltungszwangsverfahren bleiben unberührt.

§ 2 Kostenfreiheit

(1) [1]Von der Zahlung der Kosten sind befreit der Bund, die Länder und die nach dem Haushaltsplan des Bundes oder eines Landes für Rechnung des Bundes oder eines Landes verwalteten öffentlichen Körperschaften oder Anstalten, bei einer Zwangsvollstreckung nach § 885 der Zivilprozessordnung wegen der Auslagen jedoch nur, soweit diese einen Betrag von 5 000 Euro nicht übersteigen. [2]Bei der Vollstreckung wegen öffentlich-rechtlicher Geldforderungen ist maßgebend, wer ohne Berücksichtigung des § 252 der Abgabenordnung oder entsprechender Vorschriften Gläubiger der Forderung ist.

(2) [1]Bei der Durchführung des Zwölften Buches Sozialgesetzbuch sind die Träger der Sozialhilfe, bei der Durchführung des Zweiten Buches Sozialgesetzbuch die nach diesem Buch zuständigen Träger der Leistungen, bei der Durchführung des Achten Buches Sozialgesetzbuch die Träger der öffentlichen Jugendhilfe und bei der Durchführung der ihnen obliegenden Aufgaben nach dem Bundesversorgungsgesetz die Träger der Kriegsopferfürsorge von den Gebühren befreit. [2]Sonstige Vorschriften, die eine sachliche oder persönliche Befreiung von Kosten gewähren, gelten für Gerichtsvollzieherkosten nur insoweit, als sie ausdrücklich auch diese Kosten umfassen.

(3) [1]Landesrechtliche Vorschriften, die in weiteren Fällen eine sachliche oder persönliche Befreiung von Gerichtsvollzieherkosten gewähren, bleiben unberührt.

(4) [1]Die Befreiung von der Zahlung der Kosten oder der Gebühren steht der Entnahme der Kosten aus dem Erlös (§ 15) nicht entgegen.

§ 3 Auftrag

(1) [1]Ein Auftrag umfasst alle Amtshandlungen, die zu seiner Durchführung erforderlich sind; einem Vollstreckungsauftrag können mehrere Vollstreckungstitel zugrunde liegen. [2]Werden bei der Durchführung eines Auftrags mehrere Amtshandlungen durch verschiedene Gerichtsvollzieher erledigt, die ihren Amtssitz in verschiedenen Amtsgerichtsbezirken haben, gilt die Tätigkeit jedes Gerichtsvollziehers als Durchführung eines besonderen Auftrags. [3]Jeweils verschiedene Aufträge sind die Zustellung auf Betreiben der Parteien, die Vollstreckung einschließlich der Vertretung und besondere Geschäfte nach dem 4. Abschnitt des Kostenverzeichnisses, soweit sie nicht Nebengeschäft sind. [4]Die Vollziehung eines Haftbefehls ist ein besonderer Auftrag.

(2) [1]Es handelt sich jedoch um denselben Auftrag, wenn der Gerichtsvollzieher gleichzeitig beauftragt wird,

1. einen oder mehrere Vollstreckungstitel zuzustellen und hieraus gegen den Zustellungsempfänger zu vollstrecken,

Gerichtsvollzieherkostengesetz (GvKostG)

2. mehrere Zustellungen an denselben Zustellungsempfänger oder an Gesamtschuldner zu bewirken oder
3. mehrere Vollstreckungshandlungen gegen denselben Vollstreckungsschuldner oder Vollstreckungshandlungen gegen Gesamtschuldner auszuführen; der Gerichtsvollzieher gilt als gleichzeitig beauftragt, wenn der Auftrag zur Abnahme der eidesstattlichen Versicherung mit einem Vollstreckungsauftrag verbunden ist (§ 900 Abs. 2 Satz 1 der Zivilprozessordnung), es sei denn, der Gerichtsvollzieher nimmt die eidesstattliche Versicherung nur deshalb nicht ab, weil der Schuldner nicht anwesend ist.

[2]Bei allen Amtshandlungen nach § 845 Abs. 1 der Zivilprozessordnung handelt es sich um denselben Auftrag. [3]Absatz 1 Satz 2 bleibt unberührt.

(3) [1]Ein Auftrag ist erteilt, wenn er dem Gerichtsvollzieher oder der Geschäftsstelle des Gerichts, deren Vermittlung oder Mitwirkung in Anspruch genommen wird, zugegangen ist. [2]Wird der Auftrag zur Abnahme der eidesstattlichen Versicherung mit einem Vollstreckungsauftrag verbunden (§ 900 Abs. 2 Satz 1 der Zivilprozessordnung), gilt der Auftrag zur Abnahme der eidesstattlichen Versicherung als erteilt, sobald die Voraussetzungen nach § 807 Abs. 1 der Zivilprozessordnung vorliegen.

(4) [1]Ein Auftrag gilt als durchgeführt, wenn er zurückgenommen worden ist oder seiner Durchführung oder weiterer Durchführung Hinderungsgründe entgegenstehen. [2]Dies gilt nicht, wenn der Auftraggeber zur Fortführung des Auftrags eine richterliche Anordnung nach § 758a der Zivilprozessordnung beibringen muss und diese Anordnung dem Gerichtsvollzieher innerhalb eines Zeitraumes von drei Monaten zugeht, der mit dem ersten Tag des auf die Absendung einer entsprechenden Anforderung an den Auftraggeber folgenden Kalendermonats beginnt. [3]Satz 2 ist entsprechend anzuwenden, wenn der Schuldner zu dem Termin zur Abnahme der eidesstattlichen Versicherung nicht erscheint oder die Abgabe der eidesstattlichen Versicherung ohne Grund verweigert und der Gläubiger innerhalb des in Satz 2 genannten Zeitraums einen Auftrag zur Vollziehung eines Haftbefehls erteilt. [4]Der Zurücknahme steht es gleich, wenn der Gerichtsvollzieher dem Auftraggeber mitteilt, dass er den Auftrag als zurückgenommen betrachtet, weil damit zu rechnen ist, die Zwangsvollstreckung werde fruchtlos verlaufen, und wenn der Auftraggeber nicht bis zum Ablauf des auf die Absendung der Mitteilung folgenden Kalendermonats widerspricht. [5]Der Zurücknahme steht es auch gleich, wenn im Falle des § 4 Abs. 1 Satz 1 und 2 der geforderte Vorschuss nicht bis zum Ablauf des auf die Absendung der Vorschussanforderung folgenden Kalendermonats beim Gerichtsvollzieher eingegangen ist.

§ 4 Vorschuss

(1) [1]Der Auftraggeber ist zur Zahlung eines Vorschusses verpflichtet, der die voraussichtlich entstehenden Kosten deckt. [2]Die Durchführung des Auftrags kann von der Zahlung des Vorschusses abhängig gemacht werden. [3]Die Sätze 1 und 2 gelten nicht, wenn der Auftrag vom Gericht erteilt wird oder dem Auftraggeber Prozesskostenhilfe bewilligt ist. [4]Sie gelten ferner nicht für die Erhebung von Gebührenvorschüssen, wenn aus einer Entscheidung eines Gerichts für Arbeitssachen oder aus einem vor diesem Gericht abgeschlossenen Vergleich zu vollstrecken ist.

(2) [1]Reicht ein Vorschuss nicht aus, um die zur Aufrechterhaltung einer Vollstreckungsmaßnahme voraussichtlich erforderlichen Auslagen zu decken, gilt Absatz 1 entsprechend. [2]In diesem Fall ist der Auftraggeber zur Leistung eines weiteren Vorschusses innerhalb einer Frist von mindestens zwei Wochen aufzufordern. [3]Nach Ablauf der Frist kann der Gerichtsvollzieher die Vollstreckungsmaßnahme aufheben, wenn die Aufforderung verbunden mit einem Hinweis auf die Folgen der Nichtzahlung nach den Vorschriften der Zivilprozessordnung zugestellt worden ist und die geforderte Zahlung nicht bei dem Gerichtsvollzieher eingegangen ist.

Gerichtsvollzieherkostengesetz (GvKostG)

(3) ¹In den Fällen des § 3 Abs. 4 Satz 2 bis 5 bleibt die Verpflichtung zur Zahlung der vorzuschießenden Beträge bestehen.

§ 5 Zuständigkeit für den Kostenansatz, Erinnerung, Beschwerde

(1) ¹Die Kosten werden von dem Gerichtsvollzieher angesetzt, der den Auftrag durchgeführt hat. ²Der Kostenansatz kann im Verwaltungswege berichtigt werden, solange nicht eine gerichtliche Entscheidung getroffen ist.

(2) ¹Über die Erinnerung des Kostenschuldners und der Staatskasse gegen den Kostenansatz entscheidet, soweit nicht nach § 766 Abs. 2 der Zivilprozessordnung das Vollstreckungsgericht zuständig ist, das Amtsgericht, in dessen Bezirk der Gerichtsvollzieher seinen Amtssitz hat. ²Auf die Erinnerung und die Beschwerde sind die §§ 5a und 66 Abs. 2 bis 8 des Gerichtskostengesetzes, auf die Rüge wegen Verletzung des Anspruchs auf rechtliches Gehör ist § 69a des Gerichtskostengesetzes entsprechend anzuwenden.

(3) ¹Auf die Erinnerung des Kostenschuldners gegen die Anordnung des Gerichtsvollziehers, die Durchführung des Auftrags oder die Aufrechterhaltung einer Vollstreckungsmaßnahme von der Zahlung eines Vorschusses abhängig zu machen, und auf die Beschwerde ist Absatz 2 entsprechend anzuwenden.

§ 6 Nachforderung

¹Wegen unrichtigen Ansatzes dürfen Kosten nur nachgefordert werden, wenn der berichtigte Ansatz vor Ablauf des nächsten Kalenderjahres nach Durchführung des Auftrags dem Zahlungspflichtigen mitgeteilt worden ist.

§ 7 Nichterhebung von Kosten wegen unrichtiger Sachbehandlung

(1) ¹Kosten, die bei richtiger Behandlung der Sache nicht entstanden wären, werden nicht erhoben.

(2) ¹Die Entscheidung trifft der Gerichtsvollzieher. ²§ 5 Abs. 2 ist entsprechend anzuwenden. ³Solange nicht das Gericht entschieden hat, kann eine Anordnung nach Absatz 1 im Verwaltungsweg erlassen werden. ⁴Eine im Verwaltungsweg getroffene Anordnung kann nur im Verwaltungsweg geändert werden.

§ 8 Verjährung, Verzinsung

(1) ¹Ansprüche auf Zahlung von Kosten verjähren in vier Jahren nach Ablauf des Kalenderjahres, in dem die Kosten fällig geworden sind.

(2) ¹Ansprüche auf Rückerstattung von Kosten verjähren in vier Jahren nach Ablauf des Kalenderjahres, in dem die Zahlung erfolgt ist. ²Die Verjährung beginnt jedoch nicht vor dem in Absatz 1 bezeichneten Zeitpunkt. ³Durch die Einlegung eines Rechtsbehelfs mit dem Ziel der Rückerstattung wird die Verjährung wie durch Klageerhebung gehemmt.

(3) ¹Auf die Verjährung sind die Vorschriften des Bürgerlichen Gesetzbuchs anzuwenden; die Verjährung wird nicht von Amts wegen berücksichtigt. ²Die Verjährung der Ansprüche auf Zahlung von Kosten beginnt auch durch die Aufforderung zur Zahlung oder durch eine dem Kostenschuldner mitgeteilte Stundung erneut. ³Ist der Aufenthalt des Kostenschuldners unbekannt, so genügt die Zustellung durch Aufgabe zur Post unter seiner letzten bekannten Anschrift. ⁴Bei Kostenbeträgen unter 25 Euro beginnt die Verjährung weder erneut noch wird sie oder ihr Ablauf gehemmt.

(4) ¹Ansprüche auf Zahlung und Rückerstattung von Kosten werden nicht verzinst.

Gerichtsvollzieherkostengesetz (GvKostG)

§ 9 Höhe der Kosten
[1]Kosten werden nach dem Kostenverzeichnis der Anlage zu diesem Gesetz erhoben, soweit nichts anderes bestimmt ist.

Abschnitt 2: Gebührenvorschriften
§ 10 Abgeltungsbereich der Gebühren
(1) [1]Bei Durchführung desselben Auftrags wird eine Gebühr nach derselben Nummer des Kostenverzeichnisses nur einmal erhoben. [2]Dies gilt nicht für die nach dem 6. Abschnitt des Kostenverzeichnisses zu erhebenden Gebühren, wenn für die Erledigung mehrerer Amtshandlungen Gebühren nach verschiedenen Nummern des Kostenverzeichnisses zu erheben wären. [3]Eine Gebühr nach dem genannten Abschnitt wird nicht neben der entsprechenden Gebühr für die Erledigung der Amtshandlung erhoben.

(2) [1]Ist der Gerichtsvollzieher beauftragt, die gleiche Vollstreckungshandlung wiederholt vorzunehmen, sind die Gebühren für jede Vollstreckungshandlung gesondert zu erheben. [2]Dasselbe gilt, wenn der Gerichtsvollzieher auch ohne ausdrückliche Weisung des Auftraggebers die weitere Vollstreckung betreibt, weil nach dem Ergebnis der Verwertung der Pfandstücke die Vollstreckung nicht zur vollen Befriedigung des Auftraggebers führt oder Pfandstücke bei dem Schuldner abhanden gekommen oder beschädigt worden sind. [3]Gebühren nach dem 1. Abschnitt des Kostenverzeichnisses sind für jede Zustellung, die Gebühr für die Entgegennahme einer Zahlung (Nummer 430 des Kostenverzeichnisses) ist für jede Zahlung gesondert zu erheben. [4]Das Gleiche gilt für die Gebühr nach Nummer 600 des Kostenverzeichnisses, wenn eine Zustellung nicht erledigt wird.

(3) [1]Ist der Gerichtsvollzieher gleichzeitig beauftragt, Vollstreckungshandlungen gegen Gesamtschuldner auszuführen, sind die Gebühren nach den Nummern 205, 260 und 270 des Kostenverzeichnisses für jeden Gesamtschuldner gesondert zu erheben. [2]Das Gleiche gilt für die im 6. Abschnitt des Kostenverzeichnisses bestimmten Gebühren, wenn Amtshandlungen der in den Nummern 205, 260 und 270 des Kostenverzeichnisses genannten Art nicht erledigt worden sind.

§ 11 Tätigkeit zur Nachtzeit, an Sonnabenden, Sonn- und Feiertagen
[1]Wird der Gerichtsvollzieher auf Verlangen zur Nachtzeit (§ 758a Abs. 4 Satz 2 der Zivilprozessordnung) oder an einem Sonnabend, Sonntag oder Feiertag tätig, so werden die doppelten Gebühren erhoben.

§ 12 Siegelungen, Vermögensverzeichnisse, Proteste und ähnliche Geschäfte
(1) [1]Die Gebühren für Wechsel- und Scheckproteste, für Siegelungen und Entsiegelungen, für die Aufnahme von Vermögensverzeichnissen sowie für die Mitwirkung als Urkundsperson bei der Aufnahme von Vermögensverzeichnissen bestimmen sich nach den §§ 18 bis 35, 51, 52, 130 Abs. 2 bis 4 der Kostenordnung. [2]Das Wegegeld (Nummer 711 des Kostenverzeichnisses) wird auf die nach § 51 Abs. 2 Satz 1 der Kostenordnung zu erhebende Wegegebühr angerechnet.

(2) [1]Für die Empfangnahme der Wechsel- oder Schecksumme (Artikel 84 des Wechselgesetzes, Artikel 55 Abs. 3 des Scheckgesetzes) wird die in § 149 der Kostenordnung bestimmte Gebühr erhoben.

Gerichtsvollzieherkostengesetz (GvKostG)

Abschnitt 3: Kostenzahlung

§ 13 Kostenschuldner
(1) ¹Kostenschuldner sind
1. der Auftraggeber und
2. der Vollstreckungsschuldner für die notwendigen Kosten der Zwangsvollstreckung.

(2) ¹Mehrere Kostenschuldner haften als Gesamtschuldner.

(3) ¹Wird der Auftrag vom Gericht erteilt, so gelten die Kosten als Auslagen des gerichtlichen Verfahrens.

§ 14 Fälligkeit
¹Gebühren werden fällig, wenn der Auftrag durchgeführt ist oder länger als zwölf Kalendermonate ruht. ²Auslagen werden sofort nach ihrer Entstehung fällig.

§ 15 Entnahmerecht
(1) ¹Kosten, die im Zusammenhang mit der Versteigerung oder dem Verkauf von beweglichen Sachen, von Früchten, die vom Boden noch nicht getrennt sind, sowie von Forderungen oder anderen Vermögensrechten, ferner bei der öffentlichen Verpachtung an den Meistbietenden und bei der Mitwirkung bei einer Versteigerung durch einen Dritten (§ 825 Abs. 2 der Zivilprozessordnung) entstehen, können dem Erlös vorweg entnommen werden. ²Dies gilt auch für die Kosten der Entfernung von Pfandstücken aus dem Gewahrsam des Schuldners, des Gläubigers oder eines Dritten, ferner für die Kosten des Transports und der Lagerung.

(2) ¹Andere als die in Absatz 1 genannten Kosten oder ein hierauf zu zahlender Vorschuss können bei der Ablieferung von Geld an den Auftraggeber entnommen werden.

(3) ¹Die Absätze 1 und 2 gelten nicht, soweit § 459b der Strafprozessordnung oder § 94 des Gesetzes über Ordnungswidrigkeiten entgegensteht. ²Sie gelten ferner nicht, wenn dem Auftraggeber Prozesskostenhilfe bewilligt ist. ³Bei mehreren Auftraggebern stehen die Sätze 1 und 2 einer Vorwegentnahme aus dem Erlös (Absatz 1) nicht entgegen, wenn deren Voraussetzungen nicht für alle Auftraggeber vorliegen. ⁴Die Sätze 1 und 2 stehen einer Entnahme aus dem Erlös auch nicht entgegen, wenn der Erlös höher ist als die Summe der Forderungen aller Auftraggeber.

§ 16 Verteilung der Verwertungskosten
¹Reicht der Erlös einer Verwertung nicht aus, um die in § 15 Abs. 1 bezeichneten Kosten zu decken, oder wird ein Erlös nicht erzielt, sind diese Kosten im Verhältnis der Forderungen zu verteilen.

§ 17 Verteilung der Auslagen bei der Durchführung mehrerer Aufträge
¹Auslagen, die in anderen als den in § 15 Abs. 1 genannten Fällen bei der gleichzeitigen Durchführung mehrerer Aufträge entstehen, sind nach der Zahl der Aufträge zu verteilen, soweit die Auslagen nicht ausschließlich bei der Durchführung eines Auftrags entstanden sind. ²Das Wegegeld (Nummer 711 des Kostenverzeichnisses) und die Auslagenpauschale (Nummer 713 des Kostenverzeichnisses) sind für jeden Auftrag gesondert zu erheben.

Gerichtsvollzieherkostengesetz (GvKostG)

Abschnitt 4: Übergangs- und Schlussvorschriften

§ 18 Übergangsvorschrift

(1) ¹Die Kosten sind nach bisherigem Recht zu erheben, wenn der Auftrag vor dem Inkrafttreten einer Gesetzesänderung erteilt worden ist, Kosten der in § 15 Abs. 1 genannten Art jedoch nur, wenn sie vor dem Inkrafttreten einer Gesetzesänderung entstanden sind. ²Wenn der Auftrag zur Abnahme der eidesstattlichen Versicherung mit einem Vollstreckungsauftrag verbunden ist, ist der Zeitpunkt maßgebend, zu dem der Vollstreckungsauftrag erteilt ist.

(2) ¹Absatz 1 gilt auch, wenn Vorschriften geändert werden, auf die dieses Gesetz verweist.

§ 19 Übergangsvorschrift aus Anlass des Inkrafttretens dieses Gesetzes

(1) ¹Die Kosten sind vorbehaltlich des Absatzes 2 nach dem Gesetz über Kosten der Gerichtsvollzieher in der im Bundesgesetzblatt Teil III, Gliederungsnummer 362-1, veröffentlichen bereinigten Fassung, zuletzt geändert durch Artikel 2 Abs. 5 des Gesetzes vom 17. Dezember 1997 (BGBl. I S. 3039), zu erheben, wenn der Auftrag vor dem Inkrafttreten dieses Gesetzes erteilt worden ist; § 3 Abs. 3 Satz 1 und § 18 Abs. 1 Satz 2 sind anzuwenden. ²Werden solche Aufträge und Aufträge, die nach dem Inkrafttreten dieses Gesetzes erteilt worden sind, durch dieselbe Amtshandlung erledigt, sind die Gebühren insoweit gesondert zu erheben.

(2) ¹Kosten der in § 15 Abs. 1 genannten Art sind nach neuem Recht zu erheben, soweit sie nach dem Inkrafttreten dieses Gesetzes entstanden sind.

§ 20 (aufgehoben)

Gerichtsvollziehergebühren

(Anlage zu § 9 Kostenverzeichnis)

Nr.	Gebührentatbestand	Gebührenbetrag

1. Zustellung auf Betreiben der Parteien

(1) Die Zustellung an den Zustellungsbevollmächtigten mehrerer Beteiligter gilt als eine Zustellung.
(2) Die Gebühr nach Nummer 100 oder 101 wird auch erhoben, wenn der Gerichtsvollzieher die Ladung zum Termin zur Abnahme der eidesstattlichen Versicherung (§ 900 ZPO) oder den Pfändungs- und Überweisungsbeschluss an den Schuldner (§ 829 Abs. 2 Satz 2, auch i. V. m. § 835 Abs. 3 Satz 1 ZPO) zustellt.

Nr.	Gebührentatbestand	Gebührenbetrag
100	Persönliche Zustellung durch den Gerichtsvollzieher	7,50 EUR
101	Sonstige Zustellung	2,50 EUR
102	Beglaubigung eines Schriftstückes, das dem Gerichtsvollzieher zum Zwecke der Zustellung übergeben wurde (§ 192 Abs. 2 ZPO) je Seite . . . . Eine angefangene Seite wird voll berechnet.	Gebühr in Höhe der Dokumentenpauschale

2. Vollstreckung

Nr.	Gebührentatbestand	Gebührenbetrag
200	Amtshandlung nach § 845 Abs. 1 Satz 2 ZPO (Vorpfändung)	12,50 EUR
205	Bewirkung einer Pfändung (§ 808 Abs. 1, 2 Satz 2, §§ 809, 826 oder § 831 ZPO) . . . . Neben dieser Gebühr wird gegebenenfalls ein Zeitzuschlag nach Nummer 500 erhoben.	20,00 EUR
206	Übernahme beweglicher Sachen zum Zwecke der Verwertung in den Fällen der §§ 847 und 854 ZPO . .	12,50 EUR
210	Übernahme des Vollstreckungsauftrags von einem anderen Gerichtsvollzieher, wenn der Schuldner unter Mitnahme der Pfandstücke in einen anderen Amtsgerichtsbezirk verzogen ist	12,50 EUR
220	Entfernung von Pfandstücken, die im Gewahrsam des Schuldners, des Gläubigers oder eines Dritten belassen waren . . . . Die Gebühr wird auch dann nur einmal erhoben, wenn die Pfandstücke aufgrund mehrerer Aufträge entfernt werden. Neben dieser Gebühr wird gegebenenfalls ein Zeitzuschlag nach Nummer 500 erhoben.	12,50 EUR
221	Wegnahme oder Entgegennahme beweglicher Sachen durch den zur Vollstreckung erschienenen Gerichtsvollzieher . . . . Neben dieser Gebühr wird gegebenenfalls ein Zeitzuschlag nach Nummer 500 erhoben.	20,00 EUR
230	Wegnahme oder Entgegennahme einer Person durch den zur Vollstreckung erschienenen Gerichtsvollzieher . Neben dieser Gebühr wird gegebenenfalls ein Zeitzuschlag nach Nummer 500 erhoben. Sind mehrere Personen wegzunehmen, werden die Gebühren für jede Person gesondert erhoben.	40,00 EUR

Gerichtsvollziehergebühren

Nr.	Gebührentatbestand	Gebührenbetrag
240	Entsetzung aus dem Besitz unbeweglicher Sachen oder eingetragener Schiffe oder Schiffsbauwerke und die Einweisung in den Besitz (§ 885 ZPO) . . . . . Neben dieser Gebühr wird gegebenenfalls ein Zeitzuschlag nach Nummer 500 erhoben.	75,00 EUR
241	Wegnahme ausländischer Schiffe, die in das Schiffsregister eingetragen werden müssten, wenn sie deutsche Schiffe wären, und ihre Übergabe an den Gläubiger . . . . Neben dieser Gebühr wird gegebenenfalls ein Zeitzuschlag nach Nummer 500 erhoben.	100,00 EUR
242	Übergabe unbeweglicher Sachen an den Verwalter im Falle der Zwangsversteigerung oder Zwangsverwaltung . . . . Neben dieser Gebühr wird gegebenenfalls ein Zeitzuschlag nach Nummer 500 erhoben.	75,00 EUR
250	Zuziehung zur Beseitigung des Widerstandes (§ 892 ZPO) sowie zur Beseitigung von Zuwiderhandlungen gegen die Verpflichtung, eine Handlung zu unterlassen (§ 892a ZPO) . . . . Neben dieser Gebühr wird gegebenenfalls ein Zeitzuschlag nach Nummer 500 erhoben.	40,00 EUR
260	Abnahme der eidesstattlichen Versicherung	30,00 EUR
270	Verhaftung, Nachverhaftung, zwangsweise Vorführung .	30,00 EUR

3. Verwertung

Die Gebühren werden bei jeder Verwertung nur einmal erhoben. Dieselbe Verwertung liegt auch vor, wenn der Gesamterlös aus der Versteigerung oder dem Verkauf mehrerer Gegenstände einheitlich zu verteilen ist oder zu verteilen wäre und wenn im Falle der Versteigerung oder des Verkaufs die Verwertung in einem Termin erfolgt.

300	Versteigerung oder Verkauf von - beweglichen Sachen, - Früchten, die noch nicht vom Boden getrennt sind, - Forderungen oder anderen Vermögensrechten . . Neben dieser Gebühr wird gegebenenfalls ein Zeitzuschlag nach Nummer 500 erhoben.	40,00 EUR
301	Öffentliche Verpachtung an den Meistbietenden . . . . Neben dieser Gebühr wird gegebenenfalls ein Zeitzuschlag nach Nummer 500 erhoben.	40,00 EUR
302	Anberaumung eines neuen Versteigerungs- oder Verpachtungstermins . . . . Die Gebühr wird nur erhoben, wenn der vorherige Termin auf Antrag des Gläubigers oder des Antragstellers oder nach den Vorschriften der §§ 765a, 775, 813a, 813b ZPO nicht stattgefunden hat oder wenn der Termin infolge des Ausbleibens von Bietern oder wegen ungenügender Gebote erfolglos geblieben ist.	7,50 EUR

Gerichtsvollziehergebühren

Nr.	Gebührentatbestand	Gebührenbetrag
310	Mitwirkung bei der Versteigerung durch einen Dritten (§ 825 Abs. 2 ZPO) . . . . Neben dieser Gebühr wird gegebenenfalls ein Zeitzuschlag nach Nummer 500 erhoben.	12,50 EUR

4. Besondere Geschäfte

Nr.	Gebührentatbestand	Gebührenbetrag
400	Bewachung und Verwahrung eines Schiffes, eines Schiffsbauwerks oder eines Luftfahrzeugs (§§ 165, 170, 170a, 171, 171c, 171g, 171h ZVG, § 99 Abs. 2, § 106 Abs. 1 Nr. 1 des Gesetzes über Rechte an Luftfahrzeugen) . . . . Neben dieser Gebühr wird gegebenenfalls ein Zeitzuschlag nach Nummer 500 erhoben.	75,00 EUR
401	Feststellung der Mieter oder Pächter von Grundstücken im Auftrag des Gerichts je festgestellte Person. . . . . Die Gebühr wird auch erhoben, wenn die Ermittlungen nicht zur Feststellung eines Mieters oder Pächters führen.	5,00 EUR
410	Tatsächliches Angebot einer Leistung (§§ 293, 294 BGB) außerhalb der Zwangsvollstreckung	12,50 EUR
411	Beurkundung eines Leistungsangebots . . . . Die Gebühr entfällt, wenn die Gebühr nach Nummer 410 zu erheben ist.	5,00 EUR
420	Entfernung von Gegenständen aus dem Gewahrsam des Inhabers zum Zwecke der Versteigerung oder Verwahrung außerhalb der Zwangsvollstreckung . . .	12,50 EUR
430	Entgegennahme einer Zahlung, wenn diese nicht ausschließlich auf Kosten nach diesem Gesetz entfällt, die bei der Durchführung des Auftrags entstanden sind . . Die Gebühr wird auch erhoben, wenn der Gerichtsvollzieher einen entgegengenommenen Scheck selbst einzieht oder einen Scheck aufgrund eines entsprechenden Auftrags des Auftraggebers an diesen weiterleitet. Die Gebühr wird nicht im Falle des § 12 Abs. 2 GvKostG erhoben.	3,00 EUR

5. Zeitzuschlag

Nr.	Gebührentatbestand	Gebührenbetrag
500	Zeitzuschlag, sofern dieser bei der Gebühr vorgesehen ist, wenn die Erledigung der Amtshandlung nach dem Inhalt des Protokolls mehr als 3 Stunden in Anspruch nimmt, für jede weitere angefangene Stunde . Maßgebend ist die Dauer der Amtshandlung vor Ort.	15,00 EUR

Gerichtsvollziehergebühren

Nr.	Gebührentatbestand	Gebührenbetrag

6. Nicht erledigte Amtshandlung

Gebühren nach diesem Abschnitt werden erhoben, wenn eine Amtshandlung, mit deren Erledigung der Gerichtsvollzieher beauftragt worden ist, aus Rechtsgründen oder infolge von Umständen, die weder in der Person des Gerichtsvollziehers liegen noch von seiner Entschließung abhängig sind, nicht erledigt wird. Dies gilt insbesondere auch, wenn nach dem Inhalt des Protokolls pfändbare Gegenstände nicht vorhanden sind oder die Pfändung nach § 803 Abs. 2, §§ 812, 851b Abs. 2 Satz 2 ZPO zu unterbleiben hat. Eine Gebühr wird nicht erhoben, wenn der Auftrag an einen anderen Gerichtsvollzieher abgegeben wird oder hätte abgegeben werden können.

Nicht erledigte

600	— Zustellung (Nummern 100 und 101)	2,50 EUR
601	— Wegnahme einer Person (Nummer 230)	20,00 EUR
602	— Entsetzung aus dem Besitz (Nummer 240), Wegnahme ausländischer Schiffe (Nummer 241) oder Übergabe an den Verwalter (Nummer 242)	25,00 EUR
603	— Beurkundung eines Leistungsangebots (Nummer 411)	5,00 EUR
604	— Amtshandlung der in den Nummern 205 bis 221, 250 bis 301, 310, 400, 410 und 420 genannten Art	12,50 EUR

Die Gebühr für die nicht abgenommene eidesstattliche Versicherung wird nicht erhoben, wenn diese deshalb nicht abgenommen wird, weil der Schuldner sie innerhalb der letzten drei Jahre bereits abgegeben hat (§ 903 ZPO).

Nr.	Auslagentatbestand	Höhe

7. Auslagen

700	Pauschale für die Herstellung und Überlassung von Dokumenten:	
	1. Ablichtungen und Ausdrucke,	
	a) die auf Antrag angefertigt oder per Telefax übermittelt werden,	
	b) die angefertigt werden, weil der Auftraggeber es unterlassen hat, die erforderliche Zahl von Mehrfertigungen beizufügen:	
	für die ersten 50 Seiten je Seite	0,50 EUR
	für jede weitere Seite	0,15 EUR
	2. Überlassung von elektronisch gespeicherten Dateien anstelle der in Nummer 1 genannten Ablichtungen und Ausdrucke:	
	je Datei	2,50 EUR

(1) Die Höhe der Dokumentenpauschale nach Nummer 1 ist bei Durchführung eines jeden Auftrags und für jeden Kostenschuldner nach § 13 Abs. 1 Nr. 1 GvKostG gesondert zu berechnen; Gesamtschuldner gelten als ein Schuldner.

Gerichtsvollziehergebühren

Nr.	Auslagentatbestand	Höhe
	(2) § 191a Abs. 1 Satz 2 GVG bleibt unberührt.	
	(3) Eine Dokumentenpauschale für die erste Ablichtung oder den ersten Ausdruck eines mit eidesstattlicher Versicherung abgegebenen Vermögensverzeichnisses und der Niederschrift über die Abgabe der eidesstattlichen Versicherung werden von demjenigen Kostenschuldner nicht erhoben, von dem die Gebühr 260 zu erheben ist.	
701	Entgelte für Zustellungen mit Zustellungsurkunde …	in voller Höhe
702	Kosten, die durch öffentliche Bekanntmachung entstehen …	in voller Höhe
703	Nach dem JVEG an Zeugen, Sachverständige, Dolmetscher und Übersetzer zu zahlende Beträge …	in voller Höhe
	(1) Die Beträge werden auch erhoben, wenn aus Gründen der Gegenseitigkeit, der Verwaltungsvereinfachung oder aus vergleichbaren Gründen keine Zahlungen zu leisten sind.	
	(2) Auslagen für Gebärdensprachdolmetscher (§ 186 Abs. 1 GVG) und für Übersetzer, die zur Erfüllung der Rechte blinder oder sehbehinderter Personen herangezogen werden (§ 191a Abs. 1 GVG), werden nicht erhoben.	
704	An die zum Öffnen von Türen und Behältnissen sowie an die zur Durchsuchung von Schuldnern zugezogenen Personen zu zahlende Beträge. …	in voller Höhe
705	Kosten für die Umschreibung eines auf den Namen lautenden Wertpapiers oder für die Wiederinkurssetzung eines Inhaberpapiers …	in voller Höhe
706	Kosten, die von einem Kreditinstitut erhoben werden, weil ein Scheck des Vollstreckungsschuldners nicht eingelöst wird …	in voller Höhe
707	An Dritte zu zahlende Beträge für die Beförderung von Personen, Tieren und Sachen, das Verwahren von Tieren und Sachen, das Füttern von Tieren, die Beaufsichtigung von Sachen sowie das Abernten von Früchten …	in voller Höhe
708	An Einwohnermeldestellen für Auskünfte über die Wohnung des Beteiligten zu zahlende Beträge …	in voller Höhe
709	Kosten für Arbeitshilfen …	in voller Höhe
710	Pauschale für die Benutzung von eigenen Beförderungsmitteln des Gerichtsvollziehers zur Beförderung von Personen und Sachen je Fahrt …	5,00 EUR
711	Wegegeld je Auftrag für zurückgelegte Wegstrecken	
	— bis zu 10 Kilometer …	2,50 EUR
	— von mehr als 10 Kilometern bis 20 Kilometer …	5,00 EUR
	— von mehr als 20 Kilometern bis 30 Kilometer …	7,50 EUR
	— von mehr als 30 Kilometern …	10,00 EUR

Gerichtsvollziehergebühren

Nr.	Auslagentatbestand	Höhe
	(1) Das Wegegeld wird erhoben, wenn der Gerichtsvollzieher zur Durchführung des Auftrags Wegstrecken innerhalb des Bezirks des Amtsgerichts, dem der Gerichtsvollzieher zugewiesen ist, oder innerhalb des dem Gerichtsvollzieher zugewiesenen Bezirks eines anderen Amtsgerichts zurückgelegt hat. (2) Maßgebend ist die Entfernung vom Amtsgericht zum Ort der Amtshandlung, wenn nicht die Entfernung vom Geschäftszimmer des Gerichtsvollziehers geringer ist. Werden mehrere Wege zurückgelegt, ist der Weg mit der weitesten Entfernung maßgebend. Die Entfernung ist nach der Luftlinie zu messen. (3) Wegegeld wird nicht erhoben für 1. die sonstige Zustellung (Nummer 101), 2. die Versteigerung von Pfandstücken, die sich in der Pfandkammer befinden, und 3. im Rahmen des allgemeinen Geschäftsbetriebes zurückzulegende Wege, insbesondere zur Post und zum Amtsgericht. (4) In den Fällen des § 10 Abs. 2 Satz 1 und 2 GvKostG wird das Wegegeld für jede Vollstreckungshandlung, im Falle der Vorpfändung für jede Zustellung an einen Drittschuldner gesondert erhoben. Zieht der Gerichtsvollzieher Teilbeträge ein (§§ 806b, 813a, 900 Abs. 3 ZPO), wird das Wegegeld für den Einzug des zweiten und jedes weiteren Teilbetrages gesondert erhoben.	
712	Bei Geschäften außerhalb des Bezirks des Amtsgerichts, dem der Gerichtsvollzieher zugewiesen ist, oder außerhalb des dem Gerichtsvollzieher zugewiesenen Bezirks eines anderen Amtsgerichts, Reisekosten nach den für den Gerichtsvollzieher geltenden beamtenrechtlichen Vorschriften	in voller Höhe
713	Pauschale für sonstige bare Auslagen je Auftrag ...	20 % der zu erhebenden Gebühren — mindestens 3,00 EUR, höchstens 10,00 EUR

Gesetz über die Vergütung von Sachverständigen, Dolmetscherinnen, Dolmetschern, Übersetzerinnen und Übersetzern sowie die Entschädigung von ehrenamtlichen Richterinnen, ehrenamtlichen Richtern, Zeuginnen, Zeugen und Dritten (Justizvergütungs- und -entschädigungsgesetz – JVEG)

Vom 5.5.2004, BGBl. I S. 718, 776
BGBl. III 367-3

Zuletzt geändert durch Gesetz zur Einführung von Kapitalanleger-Musterverfahren vom 16.8.2005, BGBl. I S. 2425, 2444.

Inhaltsübersicht

Abschnitt 1: Allgemeine Vorschriften
- § 1 Geltungsbereich und Anspruchsberechtigte
- § 2 Geltendmachung und Erlöschen des Anspruchs, Verjährung
- § 3 Vorschuss
- § 4 Gerichtliche Festsetzung und Beschwerde
- § 4a Abhilfe bei Verletzung des Anspruchs auf rechtliches Gehör
- § 4b Elektronische Akte, elektronisches Dokument

Abschnitt 2: Gemeinsame Vorschriften
- § 5 Fahrtkostenersatz
- § 6 Entschädigung für Aufwand
- § 7 Ersatz für sonstige Aufwendungen

Abschnitt 3: Vergütung von Sachverständigen, Dolmetschern und Übersetzern
- § 8 Grundsatz der Vergütung
- § 9 Honorar für die Leistung der Sachverständigen und Dolmetscher
- § 10 Honorar für besondere Leistungen
- § 11 Honorar für Übersetzungen
- § 12 Ersatz für besondere Aufwendungen
- § 13 Besondere Vergütung
- § 14 Vereinbarung der Vergütung

Abschnitt 4: Entschädigung von ehrenamtlichen Richtern
- § 15 Grundsatz der Entschädigung
- § 16 Entschädigung für Zeitversäumnis
- § 17 Entschädigung für Nachteile bei der Haushaltsführung
- § 18 Entschädigung für Verdienstausfall

Abschnitt 5: Entschädigung von Zeugen und Dritten
- § 19 Grundsatz der Entschädigung
- § 20 Entschädigung für Zeitversäumnis
- § 21 Entschädigung für Nachteile bei der Haushaltsführung
- § 22 Entschädigung für Verdienstausfall
- § 23 Entschädigung Dritter

Abschnitt 6: Schlussvorschriften
- § 24 Übergangsvorschrift
- § 25 Übergangsvorschrift aus Anlass des Inkrafttretens dieses Gesetzes

Anlage 1 (zu § 9 Abs. 1)
Anlage 2 (zu § 10 Abs. 1)

Justizvergütungs- und -entschädigungsgesetz (JVEG)

Abschnitt 1: Allgemeine Vorschriften

§ 1 Geltungsbereich und Anspruchsberechtigte

(1) Dieses Gesetz regelt
1. die Vergütung der Sachverständigen, Dolmetscherinnen, Dolmetscher, Übersetzerinnen und Übersetzer, die von dem Gericht, der Staatsanwaltschaft, der Finanzbehörde in den Fällen, in denen diese das Ermittlungsverfahren selbstständig durchführt, der Verwaltungsbehörde im Verfahren nach dem Gesetz über Ordnungswidrigkeiten oder dem Gerichtsvollzieher herangezogen werden;
2. die Entschädigung der ehrenamtlichen Richterinnen und Richter bei den ordentlichen Gerichten und den Gerichten für Arbeitssachen sowie bei den Gerichten der Verwaltungs-, der Finanz- und der Sozialgerichtsbarkeit mit Ausnahme der ehrenamtlichen Richterinnen und Richter in Handelssachen, in berufsgerichtlichen Verfahren oder bei Dienstgerichten sowie
3. die Entschädigung der Zeuginnen, Zeugen und Dritten (§ 23), die von den in Nummer 1 genannten Stellen herangezogen werden.

Eine Vergütung oder Entschädigung wird nur nach diesem Gesetz gewährt. Der Anspruch auf Vergütung nach Satz 1 Nr. 1 steht demjenigen zu, der beauftragt worden ist; dies gilt auch, wenn der Mitarbeiter einer Unternehmung die Leistung erbringt, der Auftrag jedoch der Unternehmung erteilt worden ist.

(2) Dieses Gesetz gilt auch, wenn Behörden oder sonstige öffentliche Stellen von den in Absatz 1 Satz 1 Nr. 1 genannten Stellen zu Sachverständigenleistungen herangezogen werden. Für Angehörige einer Behörde oder einer sonstigen öffentlichen Stelle, die weder Ehrenbeamte noch ehrenamtlich tätig sind, gilt dieses Gesetz nicht, wenn sie ein Gutachten in Erfüllung ihrer Dienstaufgaben erstatten, vertreten oder erläutern.

(3) Einer Heranziehung durch die Staatsanwaltschaft oder durch die Finanzbehörde in den Fällen des Absatzes 1 Satz 1 Nr. 1 steht eine Heranziehung durch die Polizei oder eine andere Strafverfolgungsbehörde im Auftrag oder mit vorheriger Billigung der Staatsanwaltschaft oder der Finanzbehörde gleich. Satz 1 gilt im Verfahren der Verwaltungsbehörde nach dem Gesetz über Ordnungswidrigkeiten entsprechend.

(4) Die Vertrauenspersonen in den Ausschüssen zur Wahl der Schöffen und die Vertrauensleute in den Ausschüssen zur Wahl der ehrenamtlichen Richter bei den Gerichten der Verwaltungs- und der Finanzgerichtsbarkeit werden wie ehrenamtliche Richter entschädigt.

§ 2 Geltendmachung und Erlöschen des Anspruchs, Verjährung

(1) Der Anspruch auf Vergütung oder Entschädigung erlischt, wenn er nicht binnen drei Monaten bei der Stelle, die den Berechtigten herangezogen oder beauftragt hat, geltend gemacht wird. Die Frist beginnt
1. im Fall der schriftlichen Begutachtung oder der Anfertigung einer Übersetzung mit Eingang des Gutachtens oder der Übersetzung bei der Stelle, die den Berechtigten beauftragt hat,
2. im Falle der Vernehmung als Sachverständiger oder Zeuge oder der Zuziehung als Dolmetscher mit Beendigung der Vernehmung oder Zuziehung,
3. in den Fällen des § 23 mit Beendigung der Maßnahme und
4. im Fall der Dienstleistung als ehrenamtlicher Richter oder Mitglied eines Ausschusses im Sinne des § 1 Abs. 4 mit Beendigung der Amtsperiode.

Die Frist kann auf begründeten Antrag von der in Satz 1 genannten Stelle verlängert werden; lehnt sie eine Verlängerung ab, hat sie den Antrag unverzüglich dem nach § 4 Abs. 1 für die Festsetzung der Vergütung oder Entschädigung zuständigen Gericht vorzulegen, das durch unanfechtbaren Beschluss entscheidet. Weist das Gericht den Antrag zurück, erlischt der Anspruch, wenn die Frist nach Satz 1 abgelaufen und der Anspruch

Justizvergütungs- und -entschädigungsgesetz (JVEG)

nicht binnen zwei Wochen ab Bekanntgabe der Entscheidung bei der in Satz 1 genannten Stelle geltend gemacht worden ist.
(2) War der Berechtigte ohne sein Verschulden an der Einhaltung einer Frist nach Absatz 1 gehindert, gewährt ihm das Gericht auf Antrag Wiedereinsetzung in den vorigen Stand, wenn er innerhalb von zwei Wochen nach Beseitigung des Hindernisses den Anspruch beziffert und die Tatsachen glaubhaft macht, welche die Wiedereinsetzung begründen. Nach Ablauf eines Jahres, von dem Ende der versäumten Frist an gerechnet, kann die Wiedereinsetzung nicht mehr beantragt werden. Gegen die Ablehnung der Wiedereinsetzung findet die Beschwerde statt. Sie ist nur zulässig, wenn sie innerhalb von zwei Wochen eingelegt wird. Die Frist beginnt mit der Zustellung der Entscheidung. § 4 Abs. 4 Satz 1 bis 3 und Abs. 6 bis 8 ist entsprechend anzuwenden.
(3) Der Anspruch auf Vergütung oder Entschädigung verjährt in drei Jahren nach Ablauf des Kalenderjahrs, in dem der nach Absatz 1 Satz 2 Nr. 1 bis 4 maßgebliche Zeitpunkt eingetreten ist. Auf die Verjährung sind die Vorschriften des Bürgerlichen Gesetzbuchs anzuwenden. Durch den Antrag auf gerichtliche Festsetzung (§ 4) wird die Verjährung wie durch Klageerhebung gehemmt. Die Verjährung wird nicht von Amts wegen berücksichtigt.
(4) Der Anspruch auf Erstattung zu viel gezahlter Vergütung oder Entschädigung verjährt in drei Jahren nach Ablauf des Kalenderjahrs, in dem die Zahlung erfolgt ist. § 5 Abs. 3 des Gerichtskostengesetzes gilt entsprechend.

§ 3 Vorschuss
Auf Antrag ist ein angemessener Vorschuss zu bewilligen, wenn dem Berechtigten erhebliche Fahrtkosten oder sonstige Aufwendungen entstanden sind oder voraussichtlich entstehen werden oder wenn die zu erwartende Vergütung für bereits erbrachte Teilleistungen einen Betrag von 2 000 Euro übersteigt.

§ 4 Gerichtliche Festsetzung und Beschwerde
(1) Die Festsetzung der Vergütung, der Entschädigung oder des Vorschusses erfolgt durch gerichtlichen Beschluss, wenn der Berechtigte oder die Staatskasse die gerichtliche Festsetzung beantragt oder das Gericht sie für angemessen hält. Zuständig ist
1. das Gericht, von dem der Berechtigte herangezogen worden ist, bei dem er als ehrenamtlicher Richter mitgewirkt hat oder bei dem der Ausschuss im Sinne des § 1 Abs. 4 gebildet ist;
2. das Gericht, bei dem die Staatsanwaltschaft besteht, wenn die Heranziehung durch die Staatsanwaltschaft oder in deren Auftrag oder mit deren vorheriger Billigung durch die Polizei oder eine andere Strafverfolgungsbehörde erfolgt ist, nach Erhebung der öffentlichen Klage jedoch das für die Durchführung des Verfahrens zuständige Gericht;
3. das Landgericht, bei dem die Staatsanwaltschaft besteht, die für das Ermittlungsverfahren zuständig wäre, wenn die Heranziehung in den Fällen des § 1 Abs. 1 Satz 1 Nr. 1 durch die Finanzbehörde oder in deren Auftrag oder mit deren vorheriger Billigung durch die Polizei oder eine andere Strafverfolgungsbehörde erfolgt ist, nach Erhebung der öffentlichen Klage jedoch das für die Durchführung des Verfahrens zuständige Gericht;
4. das Amtsgericht, in dessen Bezirk der Gerichtsvollzieher seinen Amtssitz hat, wenn die Heranziehung durch den Gerichtsvollzieher erfolgt ist, abweichend davon im Verfahren der Zwangsvollstreckung das Vollstreckungsgericht.

(2) Ist die Heranziehung durch die Verwaltungsbehörde im Bußgeldverfahren erfolgt, werden die zu gewährende Vergütung oder Entschädigung und der Vorschuss durch gerichtlichen Beschluss festgesetzt, wenn der Berechtigte gerichtliche Entscheidung gegen die Festsetzung durch die Verwaltungsbehörde beantragt. Für das Verfahren gilt § 62 des Gesetzes über Ordnungswidrigkeiten.

Justizvergütungs- und -entschädigungsgesetz (JVEG)

(3) Gegen den Beschluss nach Absatz 1 können der Berechtigte und die Staatskasse Beschwerde einlegen, wenn der Wert des Beschwerdegegenstands 200 Euro übersteigt oder wenn sie das Gericht, das die angefochtene Entscheidung erlassen hat, wegen der grundsätzlichen Bedeutung der zur Entscheidung stehenden Frage in dem Beschluss zulässt.

(4) Soweit das Gericht die Beschwerde für zulässig und begründet hält, hat es ihr abzuhelfen; im Übrigen ist die Beschwerde unverzüglich dem Beschwerdegericht vorzulegen. Beschwerdegericht ist das nächsthöhere Gericht. Eine Beschwerde an einen obersten Gerichtshof des Bundes findet nicht statt. Das Beschwerdegericht ist an die Zulassung der Beschwerde gebunden; die Nichtzulassung ist unanfechtbar.

(5) Die weitere Beschwerde ist nur zulässig, wenn das Landgericht als Beschwerdegericht entschieden und sie wegen der grundsätzlichen Bedeutung der zur Entscheidung stehenden Frage in dem Beschluss zugelassen hat. Sie kann nur darauf gestützt werden, dass die Entscheidung auf einer Verletzung des Rechts beruht; die §§ 546 und 547 der Zivilprozessordnung gelten entsprechend. Über die weitere Beschwerde entscheidet das Oberlandesgericht. Absatz 4 Satz 1 und 4 gilt entsprechend.

(6) Anträge und Erklärungen können zu Protokoll der Geschäftsstelle abgegeben oder schriftlich eingereicht werden; § 129a der Zivilprozessordnung gilt entsprechend. Die Beschwerde ist bei dem Gericht einzulegen, dessen Entscheidung angefochten wird.

(7) Das Gericht entscheidet über den Antrag durch eines seiner Mitglieder als Einzelrichter; dies gilt auch für die Beschwerde, wenn die angefochtene Entscheidung von einem Einzelrichter oder einem Rechtspfleger erlassen wurde. Der Einzelrichter überträgt das Verfahren der Kammer oder dem Senat, wenn die Sache besondere Schwierigkeiten tatsächlicher oder rechtlicher Art aufweist oder die Rechtssache grundsätzliche Bedeutung hat. Das Gericht entscheidet jedoch immer ohne Mitwirkung ehrenamtlicher Richter. Auf eine erfolgte oder unterlassene Übertragung kann ein Rechtsmittel nicht gestützt werden.

(8) Die Verfahren sind gebührenfrei. Kosten werden nicht erstattet.

(9) Die Beschlüsse nach den Absätzen 1, 2, 4 und 5 wirken nicht zu Lasten des Kostenschuldners.

§ 4 a Abhilfe bei Verletzung des Anspruchs auf rechtliches Gehör

(1) Auf die Rüge eines durch die Entscheidung nach diesem Gesetz beschwerten Beteiligten ist das Verfahren fortzuführen, wenn

1. ein Rechtsmittel oder ein anderer Rechtsbehelf gegen die Entscheidung nicht gegeben ist und
2. das Gericht den Anspruch dieses Beteiligten auf rechtliches Gehör in entscheidungserheblicher Weise verletzt hat.

(2) Die Rüge ist innerhalb von zwei Wochen nach Kenntnis von der Verletzung des rechtlichen Gehörs zu erheben; der Zeitpunkt der Kenntniserlangung ist glaubhaft zu machen. Nach Ablauf eines Jahres seit Bekanntmachung der angegriffenen Entscheidung kann die Rüge nicht mehr erhoben werden. Formlos mitgeteilte Entscheidungen gelten mit dem dritten Tage nach Aufgabe zur Post als bekannt gemacht. Die Rüge ist bei dem Gericht zu erheben, dessen Entscheidung angegriffen wird; § 4 Abs. 6 Satz 1 gilt entsprechend. Die Rüge muss die angegriffene Entscheidung bezeichnen und das Vorliegen der in Absatz 1 Nr. 2 genannten Voraussetzungen darlegen.

(3) Den übrigen Beteiligten ist, soweit erforderlich, Gelegenheit zur Stellungnahme zu geben.

(4) Das Gericht hat von Amts wegen zu prüfen, ob die Rüge an sich statthaft und ob sie in der gesetzlichen Form und Frist erhoben ist. Mangelt es an einem dieser Erfordernisse, so ist die Rüge als unzulässig zu verwerfen. Ist die Rüge unbegründet, weist das Gericht sie zurück. Die Entscheidung ergeht durch unanfechtbaren Beschluss. Der Beschluss soll kurz begründet werden.

Justizvergütungs- und -entschädigungsgesetz (JVEG)

(5) Ist die Rüge begründet, so hilft ihr das Gericht ab, indem es das Verfahren fortführt, soweit dies aufgrund der Rüge geboten ist.
(6) Kosten werden nicht erstattet.

§ 4 b Elektronische Akte, elektronisches Dokument
(1) Die Vorschriften über die elektronische Akte und das gerichtliche elektronische Dokument für das Verfahren, in dem der Anspruchsberechtigte herangezogen worden ist, sind anzuwenden.
(2) Soweit für Anträge und Erklärungen in dem Verfahren, in dem der Anspruchsberechtigte herangezogen worden ist, die Aufzeichnung als elektronisches Dokument genügt, genügt diese Form auch für Anträge und Erklärungen nach diesem Gesetz. Die verantwortende Person soll das Dokument mit einer qualifizierten elektronischen Signatur nach dem Signaturgesetz versehen. Ist ein übermitteltes elektronisches Dokument für das Gericht zur Bearbeitung nicht geeignet, ist dies dem Absender unter Angabe der geltenden technischen Rahmenbedingungen unverzüglich mitzuteilen.
(3) Ein elektronisches Dokument ist eingereicht, sobald die für den Empfang bestimmte Einrichtung des Gerichts es aufgezeichnet hat.

Abschnitt 2: Gemeinsame Vorschriften

§ 5 Fahrtkostenersatz
(1) Bei Benutzung von öffentlichen, regelmäßig verkehrenden Beförderungsmitteln werden die tatsächlich entstandenen Auslagen bis zur Höhe der entsprechenden Kosten für die Benutzung der ersten Wagenklasse der Bahn einschließlich der Auslagen für Platzreservierung und Beförderung des notwendigen Gepäcks ersetzt.
(2) Bei Benutzung eines eigenen oder unentgeltlich zur Nutzung überlassenen Kraftfahrzeugs werden
1. dem Zeugen oder dem Dritten (§ 23) zur Abgeltung der Betriebskosten sowie zur Abgeltung der Abnutzung des Kraftfahrzeugs 0,25 Euro,
2. den in § 1 Abs. 1 Satz 1 Nr. 1 und 2 genannten Anspruchsberechtigten zur Abgeltung der Anschaffungs-, Unterhaltungs- und Betriebskosten sowie zur Abgeltung der Abnutzung des Kraftfahrzeugs 0,30 Euro

für jeden gefahrenen Kilometer ersetzt zuzüglich der durch die Benutzung des Kraftfahrzeugs aus Anlass der Reise regelmäßig anfallenden baren Auslagen, insbesondere der Parkentgelte. Bei der Benutzung durch mehrere Personen kann die Pauschale nur einmal geltend gemacht werden. Bei der Benutzung eines Kraftfahrzeugs, das nicht zu den Fahrzeugen nach Absatz 1 oder Satz 1 zählt, werden die tatsächlich entstandenen Auslagen bis zur Höhe der in Satz 1 genannten Fahrtkosten ersetzt; zusätzlich werden die durch die Benutzung des Kraftfahrzeugs aus Anlass der Reise angefallenen regelmäßigen baren Auslagen, insbesondere die Parkentgelte, ersetzt, soweit sie der Berechtigte zu tragen hat.
(3) Höhere als die in Absatz 1 oder Absatz 2 bezeichneten Fahrtkosten werden ersetzt, soweit dadurch Mehrbeträge an Vergütung oder Entschädigung erspart werden oder höhere Fahrtkosten wegen besonderer Umstände notwendig sind.
(4) Für Reisen während der Terminsdauer werden die Fahrtkosten nur insoweit ersetzt, als dadurch Mehrbeträge an Vergütung oder Entschädigung erspart werden, die beim Verbleiben an der Terminsstelle gewährt werden müssten.
(5) Wird die Reise zum Ort des Termins von einem anderen als dem in der Ladung oder Terminsmitteilung bezeichneten oder der zuständigen Stelle unverzüglich angezeigter Ort angetreten oder wird zu einem anderen als zu diesem Ort zurückgefahren, werden Mehrkosten nach billigem Ermessen nur dann ersetzt, wenn der Berechtigte zu diesen Fahrten durch besondere Umstände genötigt war.

Justizvergütungs- und -entschädigungsgesetz (JVEG)

§ 6 Entschädigung für Aufwand

(1) Wer innerhalb der Gemeinde, in der der Termin stattfindet, weder wohnt noch berufstätig ist, erhält für die Zeit, während der er aus Anlass der Wahrnehmung des Termins von seiner Wohnung und seinem Tätigkeitsmittelpunkt abwesend sein muss, ein Tagegeld, dessen Höhe sich nach § 4 Abs. 5 Satz 1 Nr. 5 Satz 2 des Einkommensteuergesetzes bestimmt.

(2) Ist eine auswärtige Übernachtung notwendig, wird ein Übernachtungsgeld nach den Bestimmungen des Bundesreisekostengesetzes gewährt.

§ 7 Ersatz für sonstige Aufwendungen

(1) Auch die in den §§ 5, 6 und 12 nicht besonders genannten baren Auslagen werden ersetzt, soweit sie notwendig sind. Dies gilt insbesondere für die Kosten notwendiger Vertretungen und notwendiger Begleitpersonen.

(2) Für die Anfertigung von Ablichtungen und Ausdrucken werden 0,50 Euro je Seite für die ersten 50 Seiten und 0,15 Euro für jede weitere Seite, für die Anfertigung von Farbkopien oder Farbausdrucken 2 Euro je Seite ersetzt. Die Höhe der Pauschale ist in derselben Angelegenheit einheitlich zu berechnen. Die Pauschale wird für Ablichtungen und Ausdrucke aus Behörden- und Gerichtsakten gewährt, soweit deren Herstellung zur sachgemäßen Vorbereitung oder Bearbeitung der Angelegenheit geboten war, sowie für Ablichtungen und zusätzliche Ausdrucke, die nach Aufforderung durch die heranziehende Stelle angefertigt worden sind.

(3) Für die Überlassung von elektronisch gespeicherten Dateien anstelle der in Absatz 2 genannten Ablichtungen und Ausdrucke werden 2,50 Euro je Datei ersetzt.

Abschnitt 3: Vergütung von Sachverständigen, Dolmetschern und Übersetzern

§ 8 Grundsatz der Vergütung

(1) Sachverständige, Dolmetscher und Übersetzer erhalten als Vergütung
1. ein Honorar für ihre Leistungen (§§ 9 bis 11),
2. Fahrtkostenersatz (§ 5),
3. Entschädigung für Aufwand (§ 6) sowie
4. Ersatz für sonstige und für besondere Aufwendungen (§§ 7 und 12).

(2) Soweit das Honorar nach Stundensätzen zu bemessen ist, wird es für jede Stunde der erforderlichen Zeit einschließlich notwendiger Reise- und Wartezeiten gewährt. Die letzte bereits begonnene Stunde wird voll gerechnet, wenn sie zu mehr als 30 Minuten für die Erbringung der Leistung erforderlich war; anderenfalls beträgt das Honorar die Hälfte des sich für eine volle Stunde ergebenden Betrags.

(3) Soweit vergütungspflichtige Leistungen oder Aufwendungen auf die gleichzeitige Erledigung mehrerer Angelegenheiten entfallen, ist die Vergütung nach der Anzahl der Angelegenheiten aufzuteilen.

(4) Den Sachverständigen, Dolmetschern und Übersetzern, die ihren gewöhnlichen Aufenthalt im Ausland haben, kann unter Berücksichtigung ihrer persönlichen Verhältnisse, insbesondere ihres regelmäßigen Erwerbseinkommens, nach billigem Ermessen eine höhere als die in Absatz 1 bestimmte Vergütung gewährt werden.

Justizvergütungs- und -entschädigungsgesetz (JVEG)

§ 9 Honorar für die Leistung der Sachverständigen und Dolmetscher

(1) Der Sachverständige erhält für jede Stunde ein Honorar

in der Honorargruppe ...	in Höhe von ... Euro
1	50
2	55
3	60
4	65
5	70
6	75
7	80
8	85
9	90
10	95
M 1	50
M 2	60
M 3	85

Die Zuordnung der Leistungen zu einer Honorargruppe bestimmt sich nach der Anlage 1. Wird die Leistung auf einem Sachgebiet erbracht, das in keiner Honorargruppe genannt wird, ist sie unter Berücksichtigung der allgemein für Leistungen dieser Art außergerichtlich und außerbehördlich vereinbarten Stundensätze einer Honorargruppe nach billigem Ermessen zuzuordnen; dies gilt entsprechend, wenn ein medizinisches oder psychologisches Gutachten einen Gegenstand betrifft, der in keiner Honorargruppe genannt wird. Erfolgt die Leistung auf mehreren Sachgebieten oder betrifft das medizinische oder psychologische Gutachten mehrere Gegenstände und sind die Sachgebiete oder Gegenstände verschiedenen Honorargruppen zugeordnet, bemisst sich das Honorar einheitlich für die gesamte erforderliche Zeit nach der höchsten dieser Honorargruppen; jedoch gilt Satz 3 entsprechend, wenn dies mit Rücksicht auf den Schwerpunkt der Leistung zu einem unbilligen Ergebnis führen würde. § 4 gilt entsprechend mit der Maßgabe, dass die Beschwerde auch zulässig ist, wenn der Wert des Beschwerdegegenstands 200 Euro nicht übersteigt. Die Beschwerde ist nur zulässig, solange der Anspruch auf Vergütung noch nicht geltend gemacht worden ist.

(2) Im Fall des § 22 Abs. 1 Satz 2 Nr. 3 der Insolvenzordnung beträgt das Honorar des Sachverständigen abweichend von Absatz 1 für jede Stunde 65 Euro.

(3) Das Honorar des Dolmetschers beträgt für jede Stunde 55 Euro. Ein ausschließlich als Dolmetscher Tätiger erhält eine Ausfallentschädigung in Höhe von höchstens 55 Euro, soweit er durch die Aufhebung eines Termins, zu dem er geladen war und dessen Aufhebung nicht durch einen in seiner Person liegenden Grund veranlasst war, einen Einkommensverlust erlitten hat und ihm die Aufhebung erst am Terminstag oder an einem der beiden vorhergehenden Tage mitgeteilt worden ist.

§ 10 Honorar für besondere Leistungen

(1) Soweit ein Sachverständiger oder ein sachverständiger Zeuge Leistungen erbringt, die in der Anlage 2 bezeichnet sind, bemisst sich das Honorar oder die Entschädigung nach dieser Anlage.

(2) Für Leistungen der in Abschnitt O des Gebührenverzeichnisses für ärztliche Leistungen (Anlage zur Gebührenordnung für Ärzte) bezeichneten Art bemisst sich das Honorar in entsprechender Anwendung dieses Gebührenverzeichnisses nach dem 1,3fachen Gebührensatz. § 4 Abs. 2 bis 4 Satz 1 und § 10 der Gebührenordnung für Ärzte gelten entsprechend; im Übrigen bleiben die §§ 7 und 12 unberührt.

Justizvergütungs- und -entschädigungsgesetz (JVEG)

(3) Soweit für die Erbringung einer Leistung nach Absatz 1 oder Absatz 2 zusätzliche Zeit erforderlich ist, erhält der Berechtigte ein Honorar nach der Honorargruppe 1.

§ 11 Honorar für Übersetzungen

(1) Das Honorar für eine Übersetzung beträgt 1,25 Euro für jeweils angefangene 55 Anschläge des schriftlichen Textes. Ist die Übersetzung, insbesondere wegen der Verwendung von Fachausdrücken oder wegen schwerer Lesbarkeit des Textes, erheblich erschwert, erhöht sich das Honorar auf 1,85 Euro, bei außergewöhnlich schwierigen Texten auf 4 Euro. Maßgebend für die Anzahl der Anschläge ist der Text in der Zielsprache; werden jedoch nur in der Ausgangssprache lateinische Schriftzeichen verwendet, ist die Anzahl der Anschläge des Textes in der Ausgangssprache maßgebend. Wäre eine Zählung der Anschläge mit unverhältnismäßigem Aufwand verbunden, wird deren Anzahl unter Berücksichtigung der durchschnittlichen Anzahl der Anschläge je Zeile nach der Anzahl der Zeilen bestimmt.

(2) Für eine oder für mehrere Übersetzungen aufgrund desselben Auftrags beträgt das Honorar mindestens 15 Euro.

(3) Soweit die Leistung des Übersetzers in der Überprüfung von Schriftstücken oder Aufzeichnungen der Telekommunikation auf bestimmte Inhalte besteht, ohne dass er insoweit eine schriftliche Übersetzung anfertigen muss, erhält er ein Honorar wie ein Dolmetscher.

§ 12 Ersatz für besondere Aufwendungen

(1) Soweit in diesem Gesetz nichts anderes bestimmt ist, sind mit der Vergütung nach den §§ 9 bis 11 auch die üblichen Gemeinkosten sowie der mit der Erstattung des Gutachtens oder der Übersetzung üblicherweise verbundene Aufwand abgegolten. Es werden jedoch gesondert ersetzt

1. die für die Vorbereitung und Erstattung des Gutachtens oder der Übersetzung aufgewendeten notwendigen besonderen Kosten, einschließlich der insoweit notwendigen Aufwendungen für Hilfskräfte, sowie die für eine Untersuchung verbrauchten Stoffe und Werkzeuge;
2. für die zur Vorbereitung und Erstattung des Gutachtens erforderlichen Lichtbilder oder an deren Stelle tretenden Ausdrucke 2 Euro für den ersten Abzug oder Ausdruck und 0,50 Euro für jeden weiteren Abzug oder Ausdruck;
3. für die Erstellung der schriftlichen Gutachten 0,75 Euro je angefangene 1 000 Anschläge; ist die Zahl der Anschläge nicht bekannt, ist diese zu schätzen;
4. die auf die Vergütung entfallende Umsatzsteuer, sofern diese nicht nach § 19 Abs. 1 des Umsatzsteuergesetzes unerhoben bleibt.

(2) Ein auf die Hilfskräfte (Absatz 1 Satz 2 Nr. 1) entfallender Teil der Gemeinkosten wird durch einen Zuschlag von 15 Prozent auf den Betrag abgegolten, der als notwendige Aufwendung für die Hilfskräfte zu ersetzen ist, es sei denn, die Hinzuziehung der Hilfskräfte hat keine oder nur unwesentlich erhöhte Gemeinkosten veranlasst.

§ 13 Besondere Vergütung

(1) Haben sich die Parteien dem Gericht gegenüber mit einer bestimmten oder abweichend von der gesetzlichen Regelung zu bemessenden Vergütung einverstanden erklärt, ist diese Vergütung zu gewähren, wenn ein ausreichender Betrag an die Staatskasse gezahlt ist.

Justizvergütungs- und -entschädigungsgesetz (JVEG)

(2) Die Erklärung nur einer Partei genügt, soweit sie sich auf den Stundensatz nach § 9 oder bei schriftlichen Übersetzungen auf die Vergütung für jeweils angefangene 55 Anschläge nach § 11 bezieht und das Gericht zustimmt. Die Zustimmung soll nur erteilt werden, wenn das Eineinhalbfache des nach den §§ 9 bis 11 zulässigen Honorars nicht überschritten wird. Vor der Zustimmung hat das Gericht die andere Partei zu hören. Die Zustimmung und die Ablehnung der Zustimmung sind unanfechtbar.

(3) Im Musterverfahren nach dem Kapitalanleger-Musterverfahrensgesetz ist die Vergütung unabhängig davon zu gewähren, ob ein ausreichender Betrag an die Staatskasse gezahlt ist. Im Fall des Absatzes 2 genügt die Erklärung eines Beteiligten (§ 8 des Kapitalanleger-Musterverfahrensgesetzes). Die Anhörung der übrigen Beteiligten kann dadurch ersetzt werden, dass die Vergütungshöhe, für die die Zustimmung des Gerichts erteilt werden soll, öffentlich bekannt gemacht wird. Die öffentliche Bekanntmachung wird durch Eintragung in das Klageregister nach § 2 des Kapitalanleger-Musterverfahrensgesetzes bewirkt. Zwischen der öffentlichen Bekanntmachung und der Entscheidung über die Zustimmung müssen mindestens vier Wochen liegen.

§ 14 Vereinbarung der Vergütung

Mit Sachverständigen, Dolmetschern und Übersetzern, die häufiger herangezogen werden, kann die oberste Landesbehörde, für die Gerichte und Behörden des Bundes die oberste Bundesbehörde, oder eine von diesen bestimmte Stelle eine Vereinbarung über die zu gewährende Vergütung treffen, deren Höhe die nach diesem Gesetz vorgesehene Vergütung nicht überschreiten darf.

Abschnitt 4: Entschädigung von ehrenamtlichen Richtern

§ 15 Grundsatz der Entschädigung

(1) Ehrenamtliche Richter erhalten als Entschädigung
1. Fahrtkostenersatz (§ 5),
2. Entschädigung für Aufwand (§ 6),
3. Ersatz für sonstige Aufwendungen (§ 7),
4. Entschädigung für Zeitversäumnis (§ 16),
5. Entschädigung für Nachteile bei der Haushaltsführung (§ 17) sowie
6. Entschädigung für Verdienstausfall (§ 18).

(2) Soweit die Entschädigung nach Stunden bemessen ist, wird sie für die gesamte Dauer der Heranziehung einschließlich notwendiger Reise- und Wartezeiten, jedoch für nicht mehr als zehn Stunden je Tag, gewährt. Die letzte bereits begonnene Stunde wird voll gerechnet.

(3) Die Entschädigung wird auch gewährt,
1. wenn ehrenamtliche Richter von der zuständigen staatlichen Stelle zu Einführungs- und Fortbildungstagungen herangezogen werden,
2. wenn ehrenamtliche Richter bei den Gerichten der Arbeits- und der Sozialgerichtsbarkeit in dieser Eigenschaft an der Wahl von gesetzlich für sie vorgesehenen Ausschüssen oder an den Sitzungen solcher Ausschüsse teilnehmen (§§ 29, 38 des Arbeitsgerichtsgesetzes, §§ 23, 35 Abs. 1, § 47 des Sozialgerichtsgesetzes).

§ 16 Entschädigung für Zeitversäumnis

Die Entschädigung für Zeitversäumnis beträgt 5 Euro je Stunde.

§ 17 Entschädigung für Nachteile bei der Haushaltsführung

Justizvergütungs- und -entschädigungsgesetz (JVEG)

Ehrenamtliche Richter, die einen eigenen Haushalt für mehrere Personen führen, erhalten neben der Entschädigung nach § 16 eine zusätzliche Entschädigung für Nachteile bei der Haushaltsführung von 12 Euro je Stunde, wenn sie nicht erwerbstätig sind oder wenn sie teilzeitbeschäftigt sind und außerhalb ihrer vereinbarten regelmäßigen täglichen Arbeitszeit herangezogen werden. Die Entschädigung von Teilzeitbeschäftigten wird für höchstens zehn Stunden je Tag gewährt abzüglich der Zahl an Stunden, die der vereinbarten regelmäßigen täglichen Arbeitszeit entspricht. Die Entschädigung wird nicht gewährt, soweit Kosten einer notwendigen Vertretung erstattet werden.

§ 18 Entschädigung für Verdienstausfall

Für den Verdienstausfall wird neben der Entschädigung nach § 16 eine zusätzliche Entschädigung gewährt, die sich nach dem regelmäßigen Bruttoverdienst einschließlich der vom Arbeitgeber zu tragenden Sozialversicherungsbeiträge richtet, jedoch höchstens 20 Euro je Stunde beträgt. Die Entschädigung beträgt bis zu 39 Euro je Stunde für ehrenamtliche Richter, die in demselben Verfahren an mehr als 20 Tagen herangezogen oder innerhalb eines Zeitraums von 30 Tagen an mindestens sechs Tagen ihrer regelmäßigen Erwerbstätigkeit entzogen werden. Sie beträgt bis zu 51 Euro je Stunde für ehrenamtliche Richter, die in demselben Verfahren an mehr als 50 Tagen herangezogen werden.

Abschnitt 5: Entschädigung von Zeugen und Dritten

§ 19 Grundsatz der Entschädigung

(1) Zeugen erhalten als Entschädigung
1. Fahrtkostenersatz (§ 5),
2. Entschädigung für Aufwand (§ 6),
3. Ersatz für sonstige Aufwendungen (§ 7),
4. Entschädigung für Zeitversäumnis (§ 20),
5. Entschädigung für Nachteile bei der Haushaltsführung (§ 21) sowie
6. Entschädigung für Verdienstausfall (§ 22).

Dies gilt auch bei schriftlicher Beantwortung der Beweisfrage.

(2) Soweit die Entschädigung nach Stunden bemessen ist, wird sie für die gesamte Dauer der Heranziehung einschließlich notwendiger Reise- und Wartezeiten, jedoch für nicht mehr als zehn Stunden je Tag, gewährt. Die letzte bereits begonnene Stunde wird voll gerechnet.

(3) Soweit die Entschädigung durch die gleichzeitige Heranziehung in verschiedenen Angelegenheiten veranlasst ist, ist sie auf diese Angelegenheiten nach dem Verhältnis der Entschädigungen zu verteilen, die bei gesonderter Heranziehung begründet wären.

(4) Den Zeugen, die ihren gewöhnlichen Aufenthalt im Ausland haben, kann unter Berücksichtigung ihrer persönlichen Verhältnisse, insbesondere ihres regelmäßigen Erwerbseinkommens, nach billigem Ermessen eine höhere als die in den §§ 20 bis 22 bestimmte Entschädigung gewährt werden.

§ 20 Entschädigung für Zeitversäumnis

Die Entschädigung für Zeitversäumnis beträgt 3 Euro je Stunde, soweit weder für einen Verdienstausfall noch für Nachteile bei der Haushaltsführung eine Entschädigung zu gewähren ist, es sei denn, dem Zeugen ist durch seine Heranziehung ersichtlich kein Nachteil entstanden.

Justizvergütungs- und -entschädigungsgesetz (JVEG)

§ 21 Entschädigung für Nachteile bei der Haushaltsführung
Zeugen, die einen eigenen Haushalt für mehrere Personen führen, erhalten eine Entschädigung für Nachteile bei der Haushaltsführung von 12 Euro je Stunde, wenn sie nicht erwerbstätig sind oder wenn sie teilzeitbeschäftigt sind und außerhalb ihrer vereinbarten regelmäßigen täglichen Arbeitszeit herangezogen werden. Die Entschädigung von Teilzeitbeschäftigten wird für höchstens zehn Stunden je Tag gewährt abzüglich der Zahl an Stunden, die der vereinbarten regelmäßigen täglichen Arbeitszeit entspricht. Die Entschädigung wird nicht gewährt, soweit Kosten einer notwendigen Vertretung erstattet werden.

§ 22 Entschädigung für Verdienstausfall
Zeugen, denen ein Verdienstausfall entsteht, erhalten eine Entschädigung, die sich nach dem regelmäßigen Bruttoverdienst einschließlich der vom Arbeitgeber zu tragenden Sozialversicherungsbeiträge richtet und für jede Stunde höchstens 17 Euro beträgt. Gefangene, die keinen Verdienstausfall aus einem privatrechtlichen Arbeitsverhältnis haben, erhalten Ersatz in Höhe der entgangenen Zuwendung der Vollzugsbehörde.

§ 23 Entschädigung Dritter
(1) Dritte, die aufgrund einer gerichtlichen Anordnung nach § 142 Abs. 1 Satz 1 oder § 144 Abs. 1 der Zivilprozessordnung Urkunden, sonstige Unterlagen oder andere Gegenstände vorlegen oder deren Inaugenscheinnahme dulden, sowie Dritte, die aufgrund eines Beweiszwecken dienenden Ersuchens der Strafverfolgungsbehörde
1. Gegenstände herausgeben (§ 95 Abs. 1, § 98a der Strafprozessordnung) oder die Pflicht zur Herausgabe entsprechend einer Anheimgabe der Strafverfolgungsbehörde abwenden,
2. Auskunft erteilen,
3. die Überwachung und Aufzeichnung der Telekommunikation ermöglichen (§ 100b Abs. 3 der Strafprozessordnung) oder
4. durch telekommunikationstechnische Maßnahmen die Ermittlung
    a) von solchen Telekommunikationsanschlüssen ermöglichen, von denen ein bestimmter Telekommunikationsanschluss angewählt wurde (Fangeinrichtung, Zielsuchläufe ohne Datenabgleich nach § 98a der Strafprozessordnung),
    b) der von einem Telekommunikationsanschluss hergestellten Verbindungen ermöglichen (Zählvergleichseinrichtung),

werden wie Zeugen entschädigt. Dies gilt nicht für die Zuführung der telefonischen Zeitansage, die betriebsfähige Bereitstellung und die Überlassung von Wählanschlüssen sowie für die betriebsfähige Bereitstellung von Festverbindungen, die nicht für bestimmte Überwachungsmaßnahmen eingerichtet werden.

(2) Bedient sich der Dritte eines Arbeitnehmers oder einer anderen Person, werden ihm die Aufwendungen dafür (§ 7) im Rahmen des § 22 ersetzt; § 19 Abs. 2 und 3 gilt entsprechend.

(3) Die notwendige Benutzung einer eigenen Datenverarbeitungsanlage für Zwecke der Rasterfahndung wird entschädigt, wenn die Investitionssumme für die im Einzelfall benutzte Hard- und Software zusammen mehr als 10 000 Euro beträgt. Die Entschädigung beträgt
1. bei einer Investitionssumme von mehr als 10 000 bis 25 000 Euro für jede Stunde der Benutzung 5 Euro; die gesamte Benutzungsdauer ist auf volle Stunden aufzurunden;
2. bei sonstigen Datenverarbeitungsanlagen
    a) neben der Entschädigung nach Absatz 1 für jede Stunde der Benutzung der Anlage für die Entwicklung eines für den Einzelfall erforderlichen, besonderen Anwendungsprogramms 10 Euro und
    b) für die übrige Dauer der Benutzung einschließlich des hierbei erforderlichen Personalaufwands ein Zehnmillionstel der Investitionssumme je Sekunde für die Zeit,

Justizvergütungs- und -entschädigungsgesetz (JVEG)

in der die Zentraleinheit belegt ist (CPU-Sekunde), höchstens 0,30 Euro je CPU-Sekunde.

Die Investitionssumme und die verbrauchte CPU-Zeit sind glaubhaft zu machen.

(4) Der eigenen elektronischen Datenverarbeitungsanlage steht eine fremde gleich, wenn die durch die Auskunftserteilung entstandenen direkt zurechenbaren Kosten (§ 7) nicht sicher feststellbar sind.

(5) Abweichend von den Absätzen 1 und 2 ist in den Fällen des Absatzes 1 Satz 1 Nr. 3 für die betriebsfähige Bereitstellung einer Festverbindung je Ende, das nicht in Einrichtungen des Betreibers der Festverbindung liegt, ein Betrag von 153 Euro für eine zweiadrige und ein Betrag von 306 Euro für eine vier- oder mehradrige Festverbindung zu ersetzen; für die Benutzung von Festverbindungen und die Nutzung von Wählverbindungen sind die in den allgemeinen Tarifen dafür vorgesehenen Entgelte zu ersetzen.

Abschnitt 6: Schlussvorschriften

§ 24 Übergangsvorschrift

Die Vergütung und die Entschädigung sind nach bisherigem Recht zu berechnen, wenn der Auftrag an den Sachverständigen, Dolmetscher oder Übersetzer vor dem Inkrafttreten einer Gesetzesänderung erteilt oder der Berechtigte vor diesem Zeitpunkt herangezogen worden ist. Dies gilt auch, wenn Vorschriften geändert werden, auf die dieses Gesetz verweist.

§ 25 Übergangsvorschrift aus Anlass des Inkrafttretens dieses Gesetzes

Das Gesetz über die Entschädigung der ehrenamtlichen Richter in der Fassung der Bekanntmachung vom 1. Oktober 1969 (BGBl. I S. 1753), zuletzt geändert durch Artikel 1 Abs. 4 des Gesetzes vom 22. Februar 2002 (BGBl. I S. 981), und das Gesetz über die Entschädigung von Zeugen und Sachverständigen in der Fassung der Bekanntmachung vom 1. Oktober 1969 (BGBl. I S. 1756), zuletzt geändert durch Artikel 1 Abs. 5 des Gesetzes vom 22. Februar 2002 (BGBl. I S. 981), sowie Verweisungen auf diese Gesetze sind weiter anzuwenden, wenn der Auftrag an den Sachverständigen, Dolmetscher oder Übersetzer vor dem 1. Juli 2004 erteilt oder der Berechtigte vor diesem Zeitpunkt herangezogen worden ist. Satz 1 gilt für Heranziehungen vor dem 1. Juli 2004 auch dann, wenn der Berechtigte in derselben Rechtssache auch nach dem 1. Juli 2004 herangezogen worden ist.

Justizvergütungs- und -entschädigungsgesetz (JVEG)

Anlage 1
(zu § 9 Abs. 1)

Sachgebiet	Honorargruppe
Abbruch	5
Abfallstoffe	5
Abrechnung im Hoch- und Ingenieurbau	6
Akustik, Lärmschutz	5
Altbausanierung	5
Altlasten	3
Bauphysik	5
Baustoffe	5
Bauwerksabdichtung	6
Beton-, Stahlbeton- und Spannbetonbau	5
Betriebsunterbrechungs- und -verlagerungsschäden	9
Bewertung von Immobilien	6
Brandschutz und Brandursachen	5
Briefmarken und Münzen	2
Büroeinrichtungen und -organisation	5
Dachkonstruktionen	5
Datenverarbeitung	8
Diagrammscheibenauswertung	5
Elektrotechnische Anlagen und Geräte	5
Erd- und Grundbau	3
Fahrzeugbau	6
Fenster, Türen, Tore	5
Fliesen und Baukeramik	5
Fußböden	4
Garten- und Landschaftsgestaltung / Garten- und Landschaftsbau	3
Grafisches Gewerbe	6
Hausrat	3
Heizungs-, Klima- und Lüftungstechnik	4
Holz / Holzbau	4
Honorare (Architekten und Ingenieure)	7
Immissionen	5
Ingenieurbau	4
Innenausbau	5
Kältetechnik	6
Kraftfahrzeugschäden und -bewertung	6
Kraftfahrzeugunfallursachen	6
Kunst und Antiquitäten	4
Maschinen und Anlagen	6
Mieten und Pachten	5
Möbel	3
Musikinstrumente	1
Rundfunk- und Fernsehtechnik	4
Sanitärtechnik	5
Schäden an Gebäuden	6
Schiffe, Wassersportfahrzeuge	4
Schmuck, Juwelen, Perlen, Gold- und Silberwaren	3
Schriftuntersuchung	3
Schweißtechnik	3
Sprengtechnik	2
Stahlbau	4
Statik im Bauwesen	4
Straßenbau	5
Tiefbau	4
Unternehmensbewertung	10
Vermessungstechnik	1
Wärme- und Kälteschutz	6
Wasserversorgung und Abwässer	3

Justizvergütungs- und -entschädigungsgesetz (JVEG)

Gegenstand medizinischer und psychologischer Gutachten	Honorargruppe
Einfache gutachtliche Beurteilungen, insbesondere — in Gebührenrechtsfragen, — zur Minderung der Erwerbsfähigkeit nach einer Monoverletzung, — zur Haft-, Verhandlungs- oder Vernehmungsfähigkeit, — zur Verlängerung einer Betreuung.	M 1
Beschreibende (Ist-Zustands-)Begutachtung nach standardisiertem Schema ohne Erörterung spezieller Kausalzusammenhänge mit einfacher medizinischer Verlaufsprognose und mit durchschnittlichem Schwierigkeitsgrad, insbesondere Gutachten — in Verfahren nach dem SGB IX, — zur Minderung der Erwerbsfähigkeit und zur Invalidität, — zu rechtsmedizinischen und toxikologischen Fragestellungen im Zusammenhang mit der Feststellung einer Beeinträchtigung der Fahrtüchtigkeit durch Alkohol, Drogen, Medikamente oder Krankheiten, — zu spurenkundlichen oder rechtsmedizinischen Fragestellungen mit Befunderhebungen (z. B. bei Verletzungen und anderen Unfallfolgen), — zu einfachen Fragestellungen zur Schuldfähigkeit ohne besondere Schwierigkeiten der Persönlichkeitsdiagnostik, — zur Einrichtung einer Betreuung, — zu Unterhaltsstreitigkeiten aufgrund einer Erwerbs- oder Arbeitsunfähigkeit, — zu neurologisch-psychologischen Fragestellungen in Verfahren nach der FeV.	M 2
Gutachten mit hohem Schwierigkeitsgrad (Begutachtungen spezieller Kausalzusammenhänge und/oder differenzialdiagnostischer Probleme und/oder Beurteilung der Prognose und/oder Beurteilung strittiger Kausalitätsfragen), insbesondere Gutachten — zum Kausalzusammenhang bei problematischen Verletzungsfolgen, — zu ärztlichen Behandlungsfehlern, — in Verfahren nach dem OEG, — in Verfahren nach dem HHG, — zur Schuldfähigkeit bei Schwierigkeiten der Persönlichkeitsdiagnostik, — in Verfahren zur Anordnung einer Maßregel der Besserung und Sicherung (in Verfahren zur Entziehung der Fahrerlaubnis zu neurologisch/psychologischen Fragestellungen) — zur Kriminalprognose, — zur Aussagetüchtigkeit, — zur Widerstandsfähigkeit,	M 3

Justizvergütungs- und -entschädigungsgesetz (JVEG)

Gegenstand medizinischer und psychologischer Gutachten	Honorargruppe
– in Verfahren nach den §§ 3, 10, 17 und 105 JGG, – in Unterbringungsverfahren, – in Verfahren nach § 1905 BGB, – in Verfahren nach dem TSG, – in Verfahren zur Regelung von Sorge- oder Umgangsrechten, – zur Geschäfts-, Testier- oder Prozessfähigkeit, – zu Berufskrankheiten und zur Minderung der Erwerbsfähigkeit bei besonderen Schwierigkeiten, – zu rechtsmedizinischen, toxikologischen und spurenkundlichen Fragestellungen im Zusammenhang mit einer abschließenden Todesursachenklärung, ärztlichen Behandlungsfehlern oder einer Beurteilung der Schuldfähigkeit.	

Anlage 2
(zu § 10 Abs. 1)

Nr.	Bezeichnung der Leistung	Honorar in Euro

Abschnitt 1
Leichenschau und Obduktion

Das Honorar in den Fällen der Nummern 100, 102 bis 106 umfasst den zur Niederschrift gegebenen Bericht; in den Fällen der Nummern 102 bis 106 umfasst das Honorar auch das vorläufige Gutachten. Das Honorar nach den Nummern 102 bis 106 erhält jeder Obduzent gesondert.

Nr.	Bezeichnung der Leistung	Honorar in Euro
100	Besichtigung einer Leiche, von Teilen einer Leiche, eines Embryos oder eines Fetus oder Mitwirkung bei einer richterlichen Leichenschau	49,00
	für mehrere Leistungen bei derselben Gelegenheit jedoch höchstens	119,00
101	Fertigung eines Berichts, der schriftlich zu erstatten oder nachträglich zur Niederschrift zu geben ist ...	25,00
	für mehrere Leistungen bei derselben Gelegenheit jedoch höchstens	84,00
102	Obduktion	195,00
103	Obduktion unter besonders ungünstigen äußeren Bedingungen: Das Honorar 102 beträgt	275,00
104	Obduktion unter anderen besonders ungünstigen Bedingungen (Zustand der Leiche etc.): Das Honorar 102 beträgt	396,00

Justizvergütungs- und -entschädigungsgesetz (JVEG)

Nr.	Bezeichnung der Leistung	Honorar in Euro
105	Sektion von Teilen einer Leiche oder Öffnung eines Embryos oder nicht lebensfähigen Fetus	84,00
106	Sektion oder Öffnung unter besonders ungünstigen Bedingungen:	
	Das Honorar 105 beträgt	119,00

Abschnitt 2
Befund

200	Ausstellung eines Befundscheins oder Erteilung einer schriftlichen Auskunft ohne nähere gutachtliche Äußerung	21,00
201	Die Leistung der in Nummer 200 genannten Art ist außergewöhnlich umfangreich:	
	Das Honorar 200 beträgt	bis zu 44,00
202	Zeugnis über einen ärztlichen Befund mit von der heranziehenden Stelle geforderter kurzer gutachtlicher Äußerung oder Formbogengutachten, wenn sich die Fragen auf Vorgeschichte, Angaben und Befund beschränken und nur ein kurzes Gutachten erfordern	38,00
203	Die Leistung der in Nummer 202 genannten Art ist außergewöhnlich umfangreich:	
	Das Honorar 202 beträgt	bis zu 75,00

Abschnitt 3
Untersuchungen, Blutentnahme

300	Untersuchung eines Lebensmittels, Bedarfsgegenstands, Arzneimittels, von Luft, Gasen, Böden, Klärschlämmen, Wässern oder Abwässern und dgl. und eine kurze schriftliche gutachtliche Äußerung:	
	Das Honorar beträgt für jede Einzelbestimmung je Probe	4,00 bis 51,00
301	Die Leistung der in Nummer 300 genannten Art ist außergewöhnlich umfangreich oder schwierig:	
	Das Honorar 300 beträgt	bis zu 1 000,00
302	Mikroskopische, physikalische, chemische, toxikologische, bakteriologische, serologische Untersuchung, wenn das Untersuchungsmaterial von Menschen oder Tieren stammt:	
	Das Honorar beträgt je Organ oder Körperflüssigkeit	5,00 bis 51,00
	Das Honorar umfasst das verbrauchte Material, soweit es sich um geringwertige Stoffe handelt, und eine kurze gutachtliche Äußerung.	

Justizvergütungs- und -entschädigungsgesetz (JVEG)

Nr.	Bezeichnung der Leistung	Honorar in Euro
303	Die Leistung der in Nummer 302 genannten Art ist außergewöhnlich umfangreich oder schwierig: Das Honorar 302 beträgt	bis zu 1 000,00
304	Herstellung einer DNA-Probe und ihre Überprüfung auf Geeignetheit (z. B. Hochmolekularität, humane Herkunft, Ausmaß der Degradation, Kontrolle des Verdaus)	bis zu 205,00
	Das Honorar umfasst das verbrauchte Material, soweit es sich um geringwertige Stoffe handelt, und eine kurze gutachtliche Äußerung.	
305	Elektrophysiologische Untersuchung eines Menschen	13,00 bis 115,00
	Das Honorar umfasst eine kurze gutachtliche Äußerung und den mit der Untersuchung verbundenen Aufwand.	
306	Raster-elektronische Untersuchung eines Menschen oder einer Leiche, auch mit Analysenzusatz	13,00 bis 300,00
	Das Honorar umfasst eine kurze gutachtliche Äußerung und den mit der Untersuchung verbundenen Aufwand.	
307	Blutentnahme	9,00
	Das Honorar umfasst eine Niederschrift über die Feststellung der Identität.	

Abschnitt 4
Abstammungsgutachten

(1) Das Honorar wird, soweit nichts anderes bestimmt ist, für jede zu untersuchende Person gesondert gewährt.

(2) Eine in den Nummern 400 bis 414 nicht genannte Merkmalsbestimmung wird wie eine an Arbeitsaufwand vergleichbare Bestimmung honoriert.

(3) Das Honorar umfasst das verbrauchte Material, soweit es sich um geringwertige Stoffe handelt.

Nr.	Bezeichnung der Leistung	Honorar in Euro
400	Bestimmung der AB0-Blutgruppe	10,00
401	Bestimmung der Untergruppe	8,00
402	MN-Bestimmung	8,00
403	Bestimmung der Merkmale des Rh-Komplexes (C, C^w, c, D, E, e und weitere) je Merkmal	10,00
	bei Bestimmung mehrerer Merkmale jedoch höchstens	56,00
404	Bestimmung der Blutgruppenmerkmale P, K, S und weitere, falls direkt bestimmbar, je Merkmal	10,00
	bei Bestimmung mehrerer Merkmale jedoch höchstens	56,00
405	Bestimmung indirekt nachweisbarer Merkmale (D^u, s, Fy und weitere) je Merkmal	23,00

Justizvergütungs- und -entschädigungsgesetz (JVEG)

Nr.	Bezeichnung der Leistung	Honorar in Euro
	bei Bestimmung mehrerer Merkmale jedoch höchstens	86,00
406	Gesamttypisierung der HLA-Antigene der Klasse I mittels Lymphozytotoxizitätstests mit mindestens 180 Antiseren	357,00
	Das Honorar umfasst das Material einschließlich höherwertiger Stoffe und Testseren.	
407	Zusätzlich erforderlicher Titrationsversuch	25,00
408	Zusätzlich erforderlicher Spezialversuch (Absättigung, Bestimmung des Dosiseffekts usw.)	23,00
409	Bestimmung der Typen der sauren Erythrozyten-Phosphatase, der Phosphoglucomutase, der Adenylatkinase, der Adenosindesaminase, der Glutamat-Pyruvat-Transaminase, der Esterase D, der 6-Phosphogluconat-Dehydrogenase und weiterer Enzymsysteme	23,00
410	Bestimmung der Merkmale des Gm-Systems oder des Inv-Systems je Merkmal	23,00
	bei Bestimmung mehrerer Merkmale jedoch höchstens	75,00
411	Bestimmung eines Systems mit Proteinfärbung oder vergleichbarer Färbung nach Elektrophorese oder Fokussierung (Hp, Pi, Tf, C 3 und weitere) je Merkmal	23,00
412	Bestimmung eines Systems mit Immunfixation oder Immunoblot nach Elektrophorese oder Fokussierung (Gc, PLG, ORM, F XIII und weitere) je Merkmal	39,00
413	Bestimmung eines VNTR-DNA-Systems oder eines vergleichbar effizienten Systems je verwendete Sonde insgesamt jedoch höchstens	140,00 800,00
	Das Honorar umfasst die Aufbereitung des Materials (z. B. die Isolierung, den Verdau und die Trennung von humanen Nukleinsäuren) sowie die Auswertung.	
414	Bestimmung eines STR-DNA-Systems je System insgesamt jedoch höchstens	40,00 600,00
	Das Honorar umfasst die Aufbereitung des Materials (z. B. die Isolierung, den Verdau, die PCR und die Trennung von humanen Nukleinsäuren) sowie die Auswertung.	
415	Schriftliches Gutachten für jede begutachtete Person	16,00

Justizvergütungs- und -entschädigungsgesetz (JVEG)

Nr.	Bezeichnung der Leistung	Honorar in Euro

Abschnitt 5
Erbbiologische Abstammungsgutachten

(1) Das Honorar umfasst die gesamte Tätigkeit des Sachverständigen und etwaiger Hilfspersonen, insbesondere die Untersuchung, die Herstellung der Lichtbilder einschließlich der erforderlichen Abzüge, die Herstellung von Abdrücken, etwa notwendige Abformungen und dgl. sowie die Auswertung und Beurteilung des gesamten Materials; es umfasst ferner die Entgelte für Post- und Telekommunikationsdienstleistungen sowie die Kosten für die Anfertigung des schriftlichen Gutachtens in drei Stücken und für einen Durchschlag für die Handakten des Sachverständigen.

(2) Das Honorar umfasst nicht
1. Leistungen nach den Nummern 302 bis 307 und nach Abschnitt 4 dieser Anlage,
2. Leistungen nach dem Abschnitt O des Gebührenverzeichnisses für ärztliche Leistungen (Anlage zur Gebührenordnung für Ärzte) und
3. die Begutachtung etwa vorhandener erbpathologischer Befunde durch Fachärzte.

(3) Hat der Sachverständige Einrichtungen einer Körperschaft, Anstalt oder Stiftung des öffentlichen Rechts benutzt, erhält er das Honorar 502 und 503 nur bis zur Höhe der tatsächlich aufgewendeten Kosten, höchstens jedoch die Beträge nach den Nummern 502 und 503.

Nr.	Bezeichnung der Leistung	Honorar in Euro
500	Erbbiologisches Abstammungsgutachten nach den anerkannten erbbiologischen Methoden, wenn bis zu drei Personen untersucht werden	713,00
501	Untersuchung jeder weiteren Person	175,00
502	Vorbereitung und Erstattung des Gutachtens, wenn bis zu drei Personen untersucht werden	214,00
503	Vorbereitung und Erstattung des Gutachtens für jede weitere Person	55,00

AnwaltFormulare Strafrecht

Hrsg. von Staatsanwalt Steffen Breyer, Fachanwalt für Strafrecht Maximilian Endler und Richter Bernhard Thurn
1. Auflage 2006, ca. 700 Seiten
gebunden, mit CD-ROM, ca. 88 €
ISBN 3-8240-0841-6
Erscheint August 2006

Das Strafrecht kompakt aufbereitet: Praxisgerecht wird die komplexe Materie in der für die AnwaltFormulare bewährten Weise dargestellt. Im **typischen Sachverhalt** ist eine Situation aufgezeigt, die in der Praxis immer wieder vorkommt. In den darauf folgenden **rechtlichen Grundlagen** wird die Rechtslage mit Schwerpunkt auf die in der Praxis relevanten Themen erläutert und in **Schriftsatzmustern** für die tägliche Praxis umgesetzt. **Checklisten** und Musterformulierungen runden das Bild ab. Alle Muster können Sie problemlos von der beiliegenden **CD-ROM** in Ihre kanzleiinterne Software übernehmen und individualisieren.

Die drei Herausgeber aus Anwaltschaft, Richterschaft und Staatsanwaltschaft bieten Ihnen als Strafverteidiger **Lösungsvorschläge aus allen drei Blickwinkeln der Rechtspraxis.** Optimales taktisches Vorgehen unter den prozessualen und kostenrechtlichen Aspekten wird ebenso geliefert wie mögliche Alternativen und deren Folgen. In einem besonderen Kapitel erfahren Sie alles Relevante zum Thema Kosten.

Aus dem Inhalt
- Die Übernahme des strafrechtlichen Mandats
- Verteidigung im Ermittlungsverfahren
- Untersuchungshaft
- Verteidigung im Zwischenverfahren
- Verteidigung im Hauptverfahren
- Rechtsmittel

DeutscherAnwaltVerlag
Wachsbleiche 7 · 53111 Bonn · T 0228 91911-0 · F 0228 91911-23

Lohnpfändungstabellen
für
Monats-, Wochen- und Tageseinkommen

Stand 1. 7. 2005

unter Berücksichtigung des Siebten Gesetzes zur Änderung der Pfändungsfreigrenzen vom 13. 12. 2001 (BGBl. I S. 3638) sowie der Bekanntmachung zu § 850c der Zivilprozessordnung (Pfändungsfreigrenzenbekanntmachung 2005) vom 25. 2. 2005 (BGBl. I S. 493)

Hinweis: Erläuterungen zu den Tabellen und zur Berechnung der Erhöhung der Pfändungsfreibeträge zum 1. 7. 2005 siehe Seite 334 ff.

Pfändungstabelle bei Monatseinkommen

Nettolohn monatlich bis ... €		Pfändbarer Betrag bei Unterhaltspflicht*) für					5 und mehr Personen
		0	1	2	3	4	
bis	989,99	0,00	0,00	0,00	0,00	0,00	0,00
990,00	999,99	3,40	0,00	0,00	0,00	0,00	0,00
1.000,00	1.009,99	10,40	0,00	0,00	0,00	0,00	0,00
1.010,00	1.019,99	17,40	0,00	0,00	0,00	0,00	0,00
1.020,00	1.029,99	24,40	0,00	0,00	0,00	0,00	0,00
1.030,00	1.039,99	31,40	0,00	0,00	0,00	0,00	0,00
1.040,00	1.049,99	38,40	0,00	0,00	0,00	0,00	0,00
1.050,00	1.059,99	45,40	0,00	0,00	0,00	0,00	0,00
1.060,00	1.069,99	52,40	0,00	0,00	0,00	0,00	0,00
1.070,00	1.079,99	59,40	0,00	0,00	0,00	0,00	0,00
1.080,00	1.089,99	66,40	0,00	0,00	0,00	0,00	0,00
1.090,00	1.099,99	73,40	0,00	0,00	0,00	0,00	0,00
1.100,00	1.109,99	80,40	0,00	0,00	0,00	0,00	0,00
1.110,00	1.119,99	87,40	0,00	0,00	0,00	0,00	0,00
1.120,00	1.129,99	94,40	0,00	0,00	0,00	0,00	0,00
1.130,00	1.139,99	101,40	0,00	0,00	0,00	0,00	0,00
1.140,00	1.149,99	108,40	0,00	0,00	0,00	0,00	0,00
1.150,00	1.159,99	115,40	0,00	0,00	0,00	0,00	0,00
1.160,00	1.169,99	122,40	0,00	0,00	0,00	0,00	0,00
1.170,00	1.179,99	129,40	0,00	0,00	0,00	0,00	0,00
1.180,00	1.189,99	136,40	0,00	0,00	0,00	0,00	0,00
1.190,00	1.199,99	143,40	0,00	0,00	0,00	0,00	0,00
1.200,00	1.209,99	150,40	0,00	0,00	0,00	0,00	0,00
1.210,00	1.219,99	157,40	0,00	0,00	0,00	0,00	0,00
1.220,00	1.229,99	164,40	0,00	0,00	0,00	0,00	0,00

* Zu berücksichtigen sind tatsächlich erbrachte Unterhaltsleistungen des Schuldners gegenüber seinem Ehegatten, einem früheren Ehegatten, seinem Lebenspartner, einem früheren Lebenspartner, einem Verwandten oder einem Elternteil nach §§ 1615 I, 1615 n BGB.

Pfändungstabelle bei Monatseinkommen

Nettolohn monatlich bis ... €		Pfändbarer Betrag bei Unterhaltspflicht*) für					5 und mehr Personen
		0	1	2	3	4	
1.230,00	1.239,99	171,40	0,00	0,00	0,00	0,00	0,00
1.240,00	1.249,99	178,40	0,00	0,00	0,00	0,00	0,00
1.250,00	1.259,99	185,40	0,00	0,00	0,00	0,00	0,00
1.260,00	1.269,99	192,40	0,00	0,00	0,00	0,00	0,00
1.270,00	1.279,99	199,40	0,00	0,00	0,00	0,00	0,00
1.280,00	1.289,99	206,40	0,00	0,00	0,00	0,00	0,00
1.290,00	1.299,99	213,40	0,00	0,00	0,00	0,00	0,00
1.300,00	1.309,99	220,40	0,00	0,00	0,00	0,00	0,00
1.310,00	1.319,99	227,40	0,00	0,00	0,00	0,00	0,00
1.320,00	1.329,99	234,40	0,00	0,00	0,00	0,00	0,00
1.330,00	1.339,99	241,40	0,00	0,00	0,00	0,00	0,00
1.340,00	1.349,99	248,40	0,00	0,00	0,00	0,00	0,00
1.350,00	1.359,99	255,40	0,00	0,00	0,00	0,00	0,00
1.360,00	1.369,99	262,40	2,05	0,00	0,00	0,00	0,00
1.370,00	1.379,99	269,40	7,05	0,00	0,00	0,00	0,00
1.380,00	1.389,99	276,40	12,05	0,00	0,00	0,00	0,00
1.390,00	1.399,99	283,40	17,05	0,00	0,00	0,00	0,00
1.400,00	1.409,99	290,40	22,05	0,00	0,00	0,00	0,00
1.410,00	1.419,99	297,40	27,05	0,00	0,00	0,00	0,00
1.420,00	1.429,99	304,40	32,05	0,00	0,00	0,00	0,00
1.430,00	1.439,99	311,40	37,05	0,00	0,00	0,00	0,00
1.440,00	1.449,99	318,40	42,05	0,00	0,00	0,00	0,00
1.450,00	1.459,99	325,40	47,05	0,00	0,00	0,00	0,00
1.460,00	1.469,99	332,40	52,05	0,00	0,00	0,00	0,00
1.470,00	1.479,99	339,40	57,05	0,00	0,00	0,00	0,00
1.480,00	1.489,99	346,40	62,05	0,00	0,00	0,00	0,00
1.490,00	1.499,99	353,40	67,05	0,00	0,00	0,00	0,00
1.500,00	1.509,99	360,40	72,05	0,00	0,00	0,00	0,00
1.510,00	1.519,99	367,40	77,05	0,00	0,00	0,00	0,00
1.520,00	1.529,99	374,40	82,05	0,00	0,00	0,00	0,00
1.530,00	1.539,99	381,40	87,05	0,00	0,00	0,00	0,00
1.540,00	1.549,99	388,40	92,05	0,00	0,00	0,00	0,00
1.550,00	1.559,99	395,40	97,05	0,00	0,00	0,00	0,00
1.560,00	1.569,99	402,40	102,05	0,00	0,00	0,00	0,00
1.570,00	1.579,99	409,40	107,05	3,01	0,00	0,00	0,00

* Zu berücksichtigen sind tatsächlich erbrachte Unterhaltsleistungen des Schuldners gegenüber seinem Ehegatten, einem früheren Ehegatten, seinem Lebenspartner, einem früheren Lebenspartner, einem Verwandten oder einem Elternteil nach §§ 1615 l, 1615 n BGB.

Pfändungstabelle bei Monatseinkommen

Nettolohn monatlich bis ... €		Pfändbarer Betrag bei Unterhaltspflicht*) für					5 und mehr Personer
		0	1	2	3	4	
1.580,00	1.589,99	416,40	112,05	7,01	0,00	0,00	0,00
1.590,00	1.599,99	423,40	117,05	11,01	0,00	0,00	0,00
1.600,00	1.609,99	430,40	122,05	15,01	0,00	0,00	0,00
1.610,00	1.619,99	437,40	127,05	19,01	0,00	0,00	0,00
1.620,00	1.629,99	444,40	132,05	23,01	0,00	0,00	0,00
1.630,00	1.639,99	451,40	137,05	27,01	0,00	0,00	0,00
1.640,00	1.649,99	458,40	142,05	31,01	0,00	0,00	0,00
1.650,00	1.659,99	465,40	147,05	35,01	0,00	0,00	0,00
1.660,00	1.669,99	472,40	152,05	39,01	0,00	0,00	0,00
1.670,00	1.679,99	479,40	157,05	43,01	0,00	0,00	0,00
1.680,00	1.689,99	486,40	162,05	47,01	0,00	0,00	0,00
1.690,00	1.699,99	493,40	167,05	51,01	0,00	0,00	0,00
1.700,00	1.709,99	500,40	172,05	55,01	0,00	0,00	0,00
1.710,00	1.719,99	507,40	177,05	59,01	0,00	0,00	0,00
1.720,00	1.729,99	514,40	182,05	63,01	0,00	0,00	0,00
1.730,00	1.739,99	521,40	187,05	67,01	0,00	0,00	0,00
1.740,00	1.749,99	528,40	192,05	71,01	0,00	0,00	0,00
1.750,00	1.759,99	535,40	197,05	75,01	0,00	0,00	0,00
1.760,00	1.769,99	542,40	202,05	79,01	0,00	0,00	0,00
1.770,00	1.779,99	549,40	207,05	83,01	0,29	0,00	0,00
1.780,00	1.789,99	556,40	212,05	87,01	3,29	0,00	0,00
1.790,00	1.799,99	563,40	217,05	91,01	6,29	0,00	0,00
1.800,00	1.809,99	570,40	222,05	95,01	9,29	0,00	0,00
1.810,00	1.819,99	577,40	227,05	99,01	12,29	0,00	0,00
1.820,00	1.829,99	584,40	232,05	103,01	15,29	0,00	0,00
1.830,00	1.839,99	591,40	237,05	107,01	18,29	0,00	0,00
1.840,00	1.849,99	598,40	242,05	111,01	21,29	0,00	0,00
1.850,00	1.859,99	605,40	247,05	115,01	24,29	0,00	0,00
1.860,00	1.869,99	612,40	252,05	119,01	27,29	0,00	0,00
1.870,00	1.879,99	619,40	257,05	123,01	30,29	0,00	0,00
1.880,00	1.889,99	626,40	262,05	127,01	33,29	0,00	0,00
1.890,00	1.899,99	633,40	267,05	131,01	36,29	0,00	0,00
1.900,00	1.909,99	640,40	272,05	135,01	39,29	0,00	0,00
1.910,00	1.919,99	647,40	277,05	139,01	42,29	0,00	0,00
1.920,00	1.929,99	654,40	282,05	143,01	45,29	0,00	0,00

* Zu berücksichtigen sind tatsächlich erbrachte Unterhaltsleistungen des Schuldners gegenüber seinem Ehegatten, einem früheren Ehegatten, seinem Lebenspartner, einem früheren Lebenspartner, einem Verwandten oder einem Elternteil nach §§ 1615 l, 1615 n BGB.

Pfändungstabelle bei Monatseinkommen

Nettolohn monatlich bis ... €		Pfändbarer Betrag bei Unterhaltspflicht*) für					5 und mehr Personen
		0	1	2	3	4	
1.930,00	1.939,99	661,40	287,05	147,01	48,29	0,00	0,00
1.940,00	1.949,99	668,40	292,05	151,01	51,29	0,00	0,00
1.950,00	1.959,99	675,40	297,05	155,01	54,29	0,00	0,00
1.960,00	1.969,99	682,40	302,05	159,01	57,29	0,00	0,00
1.970,00	1.979,99	689,40	307,05	163,01	60,29	0,00	0,00
1.980,00	1.989,99	696,40	312,05	167,01	63,29	0,88	0,00
1.990,00	1.999,99	703,40	317,05	171,01	66,29	2,88	0,00
2.000,00	2.009,99	710,40	322,05	175,01	69,29	4,88	0,00
2.010,00	2.019,99	717,40	327,05	179,01	72,29	6,88	0,00
2.020,00	2.029,99	724,40	332,05	183,01	75,29	8,88	0,00
2.030,00	2.039,99	731,40	337,05	187,01	78,29	10,88	0,00
2.040,00	2.049,99	738,40	342,05	191,01	81,29	12,88	0,00
2.050,00	2.059,99	745,40	347,05	195,01	84,29	14,88	0,00
2.060,00	2.069,99	752,40	352,05	199,01	87,29	16,88	0,00
2.070,00	2.079,99	759,40	357,05	203,01	90,29	18,88	0,00
2.080,00	2.089,99	766,40	362,05	207,01	93,29	20,88	0,00
2.090,00	2.099,99	773,40	367,05	211,01	96,29	22,88	0,00
2.100,00	2.109,99	780,40	372,05	215,01	99,29	24,88	0,00
2.110,00	2.119,99	787,40	377,05	219,01	102,29	26,88	0,00
2.120,00	2.129,99	794,40	382,05	223,01	105,29	28,88	0,00
2.130,00	2.139,99	801,40	387,05	227,01	108,29	30,88	0,00
2.140,00	2.149,99	808,40	392,05	231,01	111,29	32,88	0,00
2.150,00	2.159,99	815,40	397,05	235,01	114,29	34,88	0,00
2.160,00	2.169,99	822,40	402,05	239,01	117,29	36,88	0,00
2.170,00	2.179,99	829,40	407,05	243,01	120,29	38,88	0,00
2.180,00	2.189,99	836,40	412,05	247,01	123,29	40,88	0,00
2.190,00	2.199,99	843,40	417,05	251,01	126,29	42,88	0,79
2.200,00	2.209,99	850,40	422,05	255,01	129,29	44,88	1,79
2.210,00	2.219,99	857,40	427,05	259,01	132,29	46,88	2,79
2.220,00	2.229,99	864,40	432,05	263,01	135,29	48,88	3,79
2.230,00	2.239,99	871,40	437,05	267,01	138,29	50,88	4,79
2.240,00	2.249,99	878,40	442,05	271,01	141,29	52,88	5,79
2.250,00	2.259,99	885,40	447,05	275,01	144,29	54,88	6,79
2.260,00	2.269,99	892,40	452,05	279,01	147,29	56,88	7,79
2.270,00	2.279,99	899,40	457,05	283,01	150,29	58,88	8,79

* Zu berücksichtigen sind tatsächlich erbrachte Unterhaltsleistungen des Schuldners gegenüber seinem Ehegatten, einem früheren Ehegatten, seinem Lebenspartner, einem früheren Lebenspartner, einem Verwandten oder einem Elternteil nach §§ 1615 l, 1615 n BGB.

Pfändungstabelle bei Monatseinkommen

Nettolohn monatlich bis ... €		Pfändbarer Betrag bei Unterhaltspflicht*) für					5 und mehr Personen
		0	1	2	3	4	
2.280,00	2.289,99	906,40	462,05	287,01	153,29	60,88	9,79
2.290,00	2.299,99	913,40	467,05	291,01	156,29	62,88	10,79
2.300,00	2.309,99	920,40	472,05	295,01	159,29	64,88	11,79
2.310,00	2.319,99	927,40	477,05	299,01	162,29	66,88	12,79
2.320,00	2.329,99	934,40	482,05	303,01	165,29	68,88	13,79
2.330,00	2.339,99	941,40	487,05	307,01	168,29	70,88	14,79
2.340,00	2.349,99	948,40	492,05	311,01	171,29	72,88	15,79
2.350,00	2.359,99	955,40	497,05	315,01	174,29	74,88	16,79
2.360,00	2.369,99	962,40	502,05	319,01	177,29	76,88	17,79
2.370,00	2.379,99	969,40	507,05	323,01	180,29	78,88	18,79
2.380,00	2.389,99	976,40	512,05	327,01	183,29	80,88	19,79
2.390,00	2.399,99	983,40	517,05	331,01	186,29	82,88	20,79
2.400,00	2.409,99	990,40	522,05	335,01	189,29	84,88	21,79
2.410,00	2.419,99	997,40	527,05	339,01	192,29	86,88	22,79
2.420,00	2.429,99	1004,40	532,05	343,01	195,29	88,88	23,79
2.430,00	2.439,99	1011,40	537,05	347,01	198,29	90,88	24,79
2.440,00	2.449,99	1018,40	542,05	351,01	201,29	92,88	25,79
2.450,00	2.459,99	1025,40	547,05	355,01	204,29	94,88	26,79
2.460,00	2.469,99	1032,40	552,05	359,01	207,29	96,88	27,79
2.470,00	2.479,99	1039,40	557,05	363,01	210,29	98,88	28,79
2.480,00	2.489,99	1046,40	562,05	367,01	213,29	100,88	29,79
2.490,00	2.499,99	1053,40	567,05	371,01	216,29	102,88	30,79
2.500,00	2.509,99	1060,40	572,05	375,01	219,29	104,88	31,79
2.510,00	2.519,99	1067,40	577,05	379,01	222,29	106,88	32,79
2.520,00	2.529,99	1074,40	582,05	383,01	225,29	108,88	33,79
2.530,00	2.539,99	1081,40	587,05	387,01	228,29	110,88	34,79
2.540,00	2.549,99	1088,40	592,05	391,01	231,29	112,88	35,79
2.550,00	2.559,99	1095,40	597,05	395,01	234,29	114,88	36,79
2.560,00	2.569,99	1102,40	602,05	399,01	237,29	116,88	37,79
2.570,00	2.579,99	1109,40	607,05	403,01	240,29	118,88	38,79
2.580,00	2.589,99	1116,40	612,05	407,01	243,29	120,88	39,79
2.590,00	2.599,99	1123,40	617,05	411,01	246,29	122,88	40,79
2.600,00	2.609,99	1130,40	622,05	415,01	249,29	124,88	41,79
2.610,00	2.619,99	1137,40	627,05	419,01	252,29	126,88	42,79
2.620,00	2.629,99	1144,40	632,05	423,01	255,29	128,88	43,79

* Zu berücksichtigen sind tatsächlich erbrachte Unterhaltsleistungen des Schuldners gegenüber seinem Ehegatten, einem früheren Ehegatten, seinem Lebenspartner, einem früheren Lebenspartner, einem Verwandten oder einem Elternteil nach §§ 1615 I, 1615 n BGB.

Pfändungstabelle bei Monatseinkommen

Nettolohn monatlich bis ... €		Pfändbarer Betrag bei Unterhaltspflicht*) für					5 und mehr Personen
		0	1	2	3	4	
2.630,00	2.639,99	1151,40	637,05	427,01	258,29	130,88	44,79
2.640,00	2.649,99	1158,40	642,05	431,01	261,29	132,88	45,79
2.650,00	2.659,99	1165,40	647,05	435,01	264,29	134,88	46,79
2.660,00	2.669,99	1172,40	652,05	439,01	267,29	136,88	47,79
2.670,00	2.679,99	1179,40	657,05	443,01	270,29	138,88	48,79
2.680,00	2.689,99	1186,40	662,05	447,01	273,29	140,88	49,79
2.690,00	2.699,99	1193,40	667,05	451,01	276,29	142,88	50,79
2.700,00	2.709,99	1200,40	672,05	455,01	279,29	144,88	51,79
2.710,00	2.719,99	1207,40	677,05	459,01	282,29	146,88	52,79
2.720,00	2.729,99	1214,40	682,05	463,01	285,29	148,88	53,79
2.730,00	2.739,99	1221,40	687,05	467,01	288,29	150,88	54,79
2.740,00	2.749,99	1228,40	692,05	471,01	291,29	152,88	55,79
2.750,00	2.759,99	1235,40	697,05	475,01	294,29	154,88	56,79
2.760,00	2.769,99	1242,40	702,05	479,01	297,29	156,88	57,79
2.770,00	2.779,99	1249,40	707,05	483,01	300,29	158,88	58,79
2.780,00	2.789,99	1256,40	712,05	487,01	303,29	160,88	59,79
2.790,00	2.799,99	1263,40	717,05	491,01	306,29	162,88	60,79
2.800,00	2.809,99	1270,40	722,05	495,01	309,29	164,88	61,79
2.810,00	2.819,99	1277,40	727,05	499,01	312,29	166,88	62,79
2.820,00	2.829,99	1284,40	732,05	503,01	315,29	168,88	63,79
2.830,00	2.839,99	1291,40	737,05	507,01	318,29	170,88	64,79
2.840,00	2.849,99	1298,40	742,05	511,01	321,29	172,88	65,79
2.850,00	2.859,99	1305,40	747,05	515,01	324,29	174,88	66,79
2.860,00	2.869,99	1312,40	752,05	519,01	327,29	176,88	67,79
2.870,00	2.879,99	1319,40	757,05	523,01	330,29	178,88	68,79
2.880,00	2.889,99	1326,40	762,05	527,01	333,29	180,88	69,79
2.890,00	2.899,99	1333,40	767,05	531,01	336,29	182,88	70,79
2.900,00	2.909,99	1340,40	772,05	535,01	339,29	184,88	71,79
2.910,00	2.919,99	1347,40	777,05	539,01	342,29	186,88	72,79
2.920,00	2.929,99	1354,40	782,05	543,01	345,29	188,88	73,79
2.930,00	2.939,99	1361,40	787,05	547,01	348,29	190,88	74,79
2.940,00	2.949,99	1368,40	792,05	551,01	351,29	192,88	75,79
2.950,00	2.959,99	1375,40	797,05	555,01	354,29	194,88	76,79
2.960,00	2.969,99	1382,40	802,05	559,01	357,29	196,88	77,79
2.970,00	2.979,99	1389,40	807,05	563,01	360,29	198,88	78,79

* Zu berücksichtigen sind tatsächlich erbrachte Unterhaltsleistungen des Schuldners gegenüber seinem Ehegatten, einem früheren Ehegatten, seinem Lebenspartner, einem früheren Lebenspartner, einem Verwandten oder einem Elternteil nach §§ 1615 I, 1615 n BGB.

Pfändungstabelle bei Monatseinkommen

Nettolohn monatlich bis ... €		Pfändbarer Betrag bei Unterhaltspflicht*) für					5 und mehr Personen
		0	1	2	3	4	
2.980,00	2.989,99	1396,40	812,05	567,01	363,29	200,88	79,79
2.990,00	2.999,99	1403,40	817,05	571,01	366,29	202,88	80,79
3.000,00	3.009,99	1410,40	822,05	575,01	369,29	204,88	81,79
3.010,00	3.019,99	1417,40	827,05	579,01	372,29	206,88	82,79
3.020,00	3.020,06	1424,40	832,05	583,01	375,29	208,88	83,79

Der Mehrbetrag über 3.020,06 Euro ist voll pfändbar.

* Zu berücksichtigen sind tatsächlich erbrachte Unterhaltsleistungen des Schuldners gegenüber seinem Ehegatten, einem früheren Ehegatten, seinem Lebenspartner, einem früheren Lebenspartner, einem Verwandten oder einem Elternteil nach §§ 1615 l, 1615 n BGB.

Pfändungstabelle bei Wocheneinkommen

Nettolohn wöchentlich bis ... €		Pfändbarer Betrag bei Unterhaltspflicht*) für					5 und mehr Personen
		0	1	2	3	4	
bis	227,49	0,00	0,00	0,00	0,00	0,00	0,00
227,50	229,99	0,55	0,00	0,00	0,00	0,00	0,00
230,00	232,49	2,30	0,00	0,00	0,00	0,00	0,00
232,50	234,99	4,05	0,00	0,00	0,00	0,00	0,00
235,00	237,49	5,80	0,00	0,00	0,00	0,00	0,00
237,50	239,99	7,55	0,00	0,00	0,00	0,00	0,00
240,00	242,49	9,30	0,00	0,00	0,00	0,00	0,00
242,50	244,99	11,05	0,00	0,00	0,00	0,00	0,00
245,00	247,49	12,80	0,00	0,00	0,00	0,00	0,00
247,50	249,99	14,55	0,00	0,00	0,00	0,00	0,00
250,00	252,49	16,30	0,00	0,00	0,00	0,00	0,00
252,50	254,99	18,05	0,00	0,00	0,00	0,00	0,00
255,00	257,49	19,80	0,00	0,00	0,00	0,00	0,00
257,50	259,99	21,55	0,00	0,00	0,00	0,00	0,00
260,00	262,49	23,30	0,00	0,00	0,00	0,00	0,00
262,50	264,99	25,05	0,00	0,00	0,00	0,00	0,00
265,00	267,49	26,80	0,00	0,00	0,00	0,00	0,00
267,50	269,99	28,55	0,00	0,00	0,00	0,00	0,00
270,00	272,49	30,30	0,00	0,00	0,00	0,00	0,00
272,50	274,99	32,05	0,00	0,00	0,00	0,00	0,00
275,00	277,49	33,80	0,00	0,00	0,00	0,00	0,00
277,50	279,99	35,55	0,00	0,00	0,00	0,00	0,00
280,00	282,49	37,30	0,00	0,00	0,00	0,00	0,00
282,50	284,99	39,05	0,00	0,00	0,00	0,00	0,00
285,00	287,49	40,80	0,00	0,00	0,00	0,00	0,00
287,50	289,99	42,55	0,00	0,00	0,00	0,00	0,00
290,00	292,49	44,30	0,00	0,00	0,00	0,00	0,00
292,50	294,99	46,05	0,00	0,00	0,00	0,00	0,00
295,00	297,49	47,80	0,00	0,00	0,00	0,00	0,00
297,50	299,99	49,55	0,00	0,00	0,00	0,00	0,00
300,00	302,49	51,30	0,00	0,00	0,00	0,00	0,00
302,50	304,99	53,05	0,00	0,00	0,00	0,00	0,00
305,00	307,49	54,80	0,00	0,00	0,00	0,00	0,00
307,50	309,99	56,55	0,00	0,00	0,00	0,00	0,00
310,00	312,49	58,30	0,00	0,00	0,00	0,00	0,00

* Zu berücksichtigen sind tatsächlich erbrachte Unterhaltsleistungen des Schuldners gegenüber seinem Ehegatten, einem früheren Ehegatten, seinem Lebenspartner, einem früheren Lebenspartner, einem Verwandten oder einem Elternteil nach §§ 1615 l, 1615 n BGB.

Pfändungstabelle bei Wocheneinkommen

Nettolohn wöchentlich bis ... €		Pfändbarer Betrag bei Unterhaltspflicht*) für					5 und mehr Personer
		0	1	2	3	4	
312,50	314,99	60,05	0,23	0,00	0,00	0,00	0,00
315,00	317,49	61,80	1,48	0,00	0,00	0,00	0,00
317,50	319,99	63,55	2,73	0,00	0,00	0,00	0,00
320,00	322,49	65,30	3,98	0,00	0,00	0,00	0,00
322,50	324,99	67,05	5,23	0,00	0,00	0,00	0,00
325,00	327,49	68,80	6,48	0,00	0,00	0,00	0,00
327,50	329,99	70,55	7,73	0,00	0,00	0,00	0,00
330,00	332,49	72,30	8,98	0,00	0,00	0,00	0,00
332,50	334,99	74,05	10,23	0,00	0,00	0,00	0,00
335,00	337,49	75,80	11,48	0,00	0,00	0,00	0,00
337,50	339,99	77,55	12,73	0,00	0,00	0,00	0,00
340,00	342,49	79,30	13,98	0,00	0,00	0,00	0,00
342,50	344,99	81,05	15,23	0,00	0,00	0,00	0,00
345,00	347,49	82,80	16,48	0,00	0,00	0,00	0,00
347,50	349,99	84,55	17,73	0,00	0,00	0,00	0,00
350,00	352,49	86,30	18,98	0,00	0,00	0,00	0,00
352,50	354,99	88,05	20,23	0,00	0,00	0,00	0,00
355,00	357,49	89,80	21,48	0,00	0,00	0,00	0,00
357,50	359,99	91,55	22,73	0,00	0,00	0,00	0,00
360,00	362,49	93,30	23,98	0,17	0,00	0,00	0,00
362,50	364,99	95,05	25,23	1,17	0,00	0,00	0,00
365,00	367,49	96,80	26,48	2,17	0,00	0,00	0,00
367,50	369,99	98,55	27,73	3,17	0,00	0,00	0,00
370,00	372,49	100,30	28,98	4,17	0,00	0,00	0,00
372,50	374,99	102,05	30,23	5,17	0,00	0,00	0,00
375,00	377,49	103,80	31,48	6,17	0,00	0,00	0,00
377,50	379,99	105,55	32,73	7,17	0,00	0,00	0,00
380,00	382,49	107,30	33,98	8,17	0,00	0,00	0,00
382,50	384,99	109,05	35,23	9,17	0,00	0,00	0,00
385,00	387,49	110,80	36,48	10,17	0,00	0,00	0,00
387,50	389,99	112,55	37,73	11,17	0,00	0,00	0,00
390,00	392,49	114,30	38,98	12,17	0,00	0,00	0,00
392,50	394,99	116,05	40,23	13,17	0,00	0,00	0,00
395,00	397,49	117,80	41,48	14,17	0,00	0,00	0,00
397,50	399,99	119,55	42,73	15,17	0,00	0,00	0,00

* Zu berücksichtigen sind tatsächlich erbrachte Unterhaltsleistungen des Schuldners gegenüber seinem Ehegatten, einem früheren Ehegatten, seinem Lebenspartner, einem früheren Lebenspartner, einem Verwandten oder einem Elternteil nach §§ 1615 l, 1615 n BGB.

Pfändungstabelle bei Wocheneinkommen

Nettolohn wöchentlich bis ... €		Pfändbarer Betrag bei Unterhaltspflicht*) für					5 und mehr Personen
		0	1	2	3	4	
400,00	402,49	121,30	43,98	16,17	0,00	0,00	0,00
402,50	404,99	123,05	45,23	17,17	0,00	0,00	0,00
405,00	407,49	124,80	46,48	18,17	0,00	0,00	0,00
407,50	409,99	126,55	47,73	19,17	0,11	0,00	0,00
410,00	412,49	128,30	48,98	20,17	0,86	0,00	0,00
412,50	414,99	130,05	50,23	21,17	1,61	0,00	0,00
415,00	417,49	131,80	51,48	22,17	2,36	0,00	0,00
417,50	419,99	133,55	52,73	23,17	3,11	0,00	0,00
420,00	422,49	135,30	53,98	24,17	3,86	0,00	0,00
422,50	424,99	137,05	55,23	25,17	4,61	0,00	0,00
425,00	427,49	138,80	56,48	26,17	5,36	0,00	0,00
427,50	429,99	140,55	57,73	27,17	6,11	0,00	0,00
430,00	432,49	142,30	58,98	28,17	6,86	0,00	0,00
432,50	434,99	144,05	60,23	29,17	7,61	0,00	0,00
435,00	437,49	145,80	61,48	30,17	8,36	0,00	0,00
437,50	439,99	147,55	62,73	31,17	9,11	0,00	0,00
440,00	442,49	149,30	63,98	32,17	9,86	0,00	0,00
442,50	444,99	151,05	65,23	33,17	10,61	0,00	0,00
445,00	447,49	152,80	66,48	34,17	11,36	0,00	0,00
447,50	449,99	154,55	67,73	35,17	12,11	0,00	0,00
450,00	452,49	156,30	68,98	36,17	12,86	0,00	0,00
452,50	454,99	158,05	70,23	37,17	13,61	0,00	0,00
455,00	457,49	159,80	71,48	38,17	14,36	0,07	0,00
457,50	459,99	161,55	72,73	39,17	15,11	0,57	0,00
460,00	462,49	163,30	73,98	40,17	15,86	1,07	0,00
462,50	464,99	165,05	75,23	41,17	16,61	1,57	0,00
465,00	467,49	166,80	76,48	42,17	17,36	2,07	0,00
467,50	469,99	168,55	77,73	43,17	18,11	2,57	0,00
470,00	472,49	170,30	78,98	44,17	18,86	3,07	0,00
472,50	474,99	172,05	80,23	45,17	19,61	3,57	0,00
475,00	477,49	173,80	81,48	46,17	20,36	4,07	0,00
477,50	479,99	175,55	82,73	47,17	21,11	4,57	0,00
480,00	482,49	177,30	83,98	48,17	21,86	5,07	0,00
482,50	484,99	179,05	85,23	49,17	22,61	5,57	0,00
485,00	487,49	180,80	86,48	50,17	23,36	6,07	0,00

* Zu berücksichtigen sind tatsächlich erbrachte Unterhaltsleistungen des Schuldners gegenüber seinem Ehegatten, einem früheren Ehegatten, seinem Lebenspartner, einem früheren Lebenspartner, einem Verwandten oder einem Elternteil nach §§ 1615 l, 1615 n BGB.

Pfändungstabelle bei Wocheneinkommen

Nettolohn wöchentlich bis ... €		Pfändbarer Betrag bei Unterhaltspflicht*) für					5 und mehr Personen
		0	1	2	3	4	
487,50	489,99	182,55	87,73	51,17	24,11	6,57	0,00
490,00	492,49	184,30	88,98	52,17	24,86	7,07	0,00
492,50	494,99	186,05	90,23	53,17	25,61	7,57	0,00
495,00	497,49	187,80	91,48	54,17	26,36	8,07	0,00
497,50	499,99	189,55	92,73	55,17	27,11	8,57	0,00
500,00	502,49	191,30	93,98	56,17	27,86	9,07	0,00
502,50	504,99	193,05	95,23	57,17	28,61	9,57	0,03
505,00	507,49	194,80	96,48	58,17	29,36	10,07	0,28
507,50	509,99	196,55	97,73	59,17	30,11	10,57	0,53
510,00	512,49	198,30	98,98	60,17	30,86	11,07	0,78
512,50	514,99	200,05	100,23	61,17	31,61	11,57	1,03
515,00	517,49	201,80	101,48	62,17	32,36	12,07	1,28
517,50	519,99	203,55	102,73	63,17	33,11	12,57	1,53
520,00	522,49	205,30	103,98	64,17	33,86	13,07	1,78
522,50	524,99	207,05	105,23	65,17	34,61	13,57	2,03
525,00	527,49	208,80	106,48	66,17	35,36	14,07	2,28
527,50	529,99	210,55	107,73	67,17	36,11	14,57	2,53
530,00	532,49	212,30	108,98	68,17	36,86	15,07	2,78
532,50	534,99	214,05	110,23	69,17	37,61	15,57	3,03
535,00	537,49	215,80	111,48	70,17	38,36	16,07	3,28
537,50	539,99	217,55	112,73	71,17	39,11	16,57	3,53
540,00	542,49	219,30	113,98	72,17	39,86	17,07	3,78
542,50	544,99	221,05	115,23	73,17	40,61	17,57	4,03
545,00	547,49	222,80	116,48	74,17	41,36	18,07	4,28
547,50	549,99	224,55	117,73	75,17	42,11	18,57	4,53
550,00	552,49	226,30	118,98	76,17	42,86	19,07	4,78
552,50	554,99	228,05	120,23	77,17	43,61	19,57	5,03
555,00	557,49	229,80	121,48	78,17	44,36	20,07	5,28
557,50	559,99	231,55	122,73	79,17	45,11	20,57	5,53
560,00	562,49	233,30	123,98	80,17	45,86	21,07	5,78
562,50	564,99	235,05	125,23	81,17	46,61	21,57	6,03
565,00	567,49	236,80	126,48	82,17	47,36	22,07	6,28
567,50	569,99	238,55	127,73	83,17	48,11	22,57	6,53
570,00	572,49	240,30	128,98	84,17	48,86	23,07	6,78
572,50	574,99	242,05	130,23	85,17	49,61	23,57	7,03

* Zu berücksichtigen sind tatsächlich erbrachte Unterhaltsleistungen des Schuldners gegenüber seinem Ehegatten, einem früheren Ehegatten, seinem Lebenspartner, einem früheren Lebenspartner, einem Verwandten oder einem Elternteil nach §§ 1615 l, 1615 n BGB.

Pfändungstabelle bei Wocheneinkommen

Nettolohn wöchentlich bis ... €		Pfändbarer Betrag bei Unterhaltspflicht*) für					5 und mehr Personen
		0	1	2	3	4	
575,00	577,49	243,80	131,48	86,17	50,36	24,07	7,28
577,50	579,99	245,55	132,73	87,17	51,11	24,57	7,53
580,00	582,49	247,30	133,98	88,17	51,86	25,07	7,78
582,50	584,99	249,05	135,23	89,17	52,61	25,57	8,03
585,00	587,49	250,80	136,48	90,17	53,36	26,07	8,28
587,50	589,99	252,55	137,73	91,17	54,11	26,57	8,53
590,00	592,49	254,30	138,98	92,17	54,86	27,07	8,78
592,50	594,99	256,05	140,23	93,17	55,61	27,57	9,03
595,00	597,49	257,80	141,48	94,17	56,36	28,07	9,28
597,50	599,99	259,55	142,73	95,17	57,11	28,57	9,53
600,00	602,49	261,30	143,98	96,17	57,86	29,07	9,78
602,50	604,99	263,05	145,23	97,17	58,61	29,57	10,03
605,00	607,49	264,80	146,48	98,17	59,36	30,07	10,28
607,50	609,99	266,55	147,73	99,17	60,11	30,57	10,53
610,00	612,49	268,30	148,98	100,17	60,86	31,07	10,78
612,50	614,99	270,05	150,23	101,17	61,61	31,57	11,03
615,00	617,49	271,80	151,48	102,17	62,36	32,07	11,28
617,50	619,99	273,55	152,73	103,17	63,11	32,57	11,53
620,00	622,49	275,30	153,98	104,17	63,86	33,07	11,78
622,50	624,99	277,05	155,23	105,17	64,61	33,57	12,03
625,00	627,49	278,80	156,48	106,17	65,36	34,07	12,28
627,50	629,99	280,55	157,73	107,17	66,11	34,57	12,53
630,00	632,49	282,30	158,98	108,17	66,86	35,07	12,78
632,50	634,99	284,05	160,23	109,17	67,61	35,57	13,03
635,00	637,49	285,80	161,48	110,17	68,36	36,07	13,28
637,50	639,99	287,55	162,73	111,17	69,11	36,57	13,53
640,00	642,49	289,30	163,98	112,17	69,86	37,07	13,78
642,50	644,99	291,05	165,23	113,17	70,61	37,57	14,03
645,00	647,49	292,80	166,48	114,17	71,36	38,07	14,28
647,50	649,99	294,55	167,73	115,17	72,11	38,57	14,53
650,00	652,49	296,30	168,98	116,17	72,86	39,07	14,78
652,50	654,99	298,05	170,23	117,17	73,61	39,57	15,03
655,00	657,49	299,80	171,48	118,17	74,36	40,07	15,28
657,50	659,99	301,55	172,73	119,17	75,11	40,57	15,53
660,00	662,49	303,30	173,98	120,17	75,86	41,07	15,78

* Zu berücksichtigen sind tatsächlich erbrachte Unterhaltsleistungen des Schuldners gegenüber seinem Ehegatten, einem früheren Ehegatten, seinem Lebenspartner, einem früheren Lebenspartner, einem Verwandten oder einem Elternteil nach §§ 1615 l, 1615 n BGB.

Pfändungstabelle bei Wocheneinkommen

Nettolohn wöchentlich bis ... €		Pfändbarer Betrag bei Unterhaltspflicht*) für					5 und mehr Personen
		0	1	2	3	4	
662,50	664,99	305,05	175,23	121,17	76,61	41,57	16,03
665,00	667,49	306,80	176,48	122,17	77,36	42,07	16,28
667,50	669,99	308,55	177,73	123,17	78,11	42,57	16,53
670,00	672,49	310,30	178,98	124,17	78,86	43,07	16,78
672,50	674,99	312,05	180,23	125,17	79,61	43,57	17,03
675,00	677,49	313,80	181,48	126,17	80,36	44,07	17,28
677,50	679,99	315,55	182,73	127,17	81,11	44,57	17,53
680,00	682,49	317,30	183,98	128,17	81,86	45,07	17,78
682,50	684,99	319,05	185,23	129,17	82,61	45,57	18,03
685,00	687,49	320,80	186,48	130,17	83,36	46,07	18,28
687,50	689,99	322,55	187,73	131,17	84,11	46,57	18,53
690,00	692,49	324,30	188,98	132,17	84,86	47,07	18,78
692,50	694,99	326,05	190,23	133,17	85,61	47,57	19,03
695,00	695,03	327,80	191,48	134,17	86,36	48,07	19,28

Der Mehrbetrag über 695,03 Euro ist voll pfändbar.

* Zu berücksichtigen sind tatsächlich erbrachte Unterhaltsleistungen des Schuldners gegenüber seinem Ehegatten, einem früheren Ehegatten, seinem Lebenspartner, einem früheren Lebenspartner, einem Verwandten oder einem Elternteil nach §§ 1615 l, 1615 n BGB.

Pfändungstabelle bei Tageseinkommen

Nettolohn täglich bis ... €		Pfändbarer Betrag bei Unterhaltspflicht*) für					5 und mehr Personen
		0	1	2	3	4	
bis	45,49	0,00	0,00	0,00	0,00	0,00	0,00
45,50	45,99	0,11	0,00	0,00	0,00	0,00	0,00
46,00	46,49	0,46	0,00	0,00	0,00	0,00	0,00
46,50	46,99	0,81	0,00	0,00	0,00	0,00	0,00
47,00	47,49	1,16	0,00	0,00	0,00	0,00	0,00
47,50	47,99	1,51	0,00	0,00	0,00	0,00	0,00
48,00	48,49	1,86	0,00	0,00	0,00	0,00	0,00
48,50	48,99	2,21	0,00	0,00	0,00	0,00	0,00
49,00	49,49	2,56	0,00	0,00	0,00	0,00	0,00
49,50	49,99	2,91	0,00	0,00	0,00	0,00	0,00
50,00	50,49	3,26	0,00	0,00	0,00	0,00	0,00
50,50	50,99	3,61	0,00	0,00	0,00	0,00	0,00
51,00	51,49	3,96	0,00	0,00	0,00	0,00	0,00
51,50	51,99	4,31	0,00	0,00	0,00	0,00	0,00
52,00	52,49	4,66	0,00	0,00	0,00	0,00	0,00
52,50	52,99	5,01	0,00	0,00	0,00	0,00	0,00
53,00	53,49	5,36	0,00	0,00	0,00	0,00	0,00
53,50	53,99	5,71	0,00	0,00	0,00	0,00	0,00
54,00	54,49	6,06	0,00	0,00	0,00	0,00	0,00
54,50	54,99	6,41	0,00	0,00	0,00	0,00	0,00
55,00	55,49	6,76	0,00	0,00	0,00	0,00	0,00
55,50	55,99	7,11	0,00	0,00	0,00	0,00	0,00
56,00	56,49	7,46	0,00	0,00	0,00	0,00	0,00
56,50	56,99	7,81	0,00	0,00	0,00	0,00	0,00
57,00	57,49	8,16	0,00	0,00	0,00	0,00	0,00
57,50	57,99	8,51	0,00	0,00	0,00	0,00	0,00
58,00	58,49	8,86	0,00	0,00	0,00	0,00	0,00
58,50	58,99	9,21	0,00	0,00	0,00	0,00	0,00
59,00	59,49	9,56	0,00	0,00	0,00	0,00	0,00
59,50	59,99	9,91	0,00	0,00	0,00	0,00	0,00
60,00	60,49	10,26	0,00	0,00	0,00	0,00	0,00
60,50	60,99	10,61	0,00	0,00	0,00	0,00	0,00
61,00	61,49	10,96	0,00	0,00	0,00	0,00	0,00
61,50	61,99	11,31	0,00	0,00	0,00	0,00	0,00
62,00	62,49	11,66	0,00	0,00	0,00	0,00	0,00

* Zu berücksichtigen sind tatsächlich erbrachte Unterhaltsleistungen des Schuldners gegenüber seinem Ehegatten, einem früheren Ehegatten, seinem Lebenspartner, einem früheren Lebenspartner, einem Verwandten oder einem Elternteil nach §§ 1615 l, 1615 n BGB.

Pfändungstabelle bei Tageseinkommen

Nettolohn täglich bis ... €		Pfändbarer Betrag bei Unterhaltspflicht*) für					5 und mehr Personen
		0	1	2	3	4	
62,50	62,99	12,01	0,05	0,00	0,00	0,00	0,00
63,00	63,49	12,36	0,30	0,00	0,00	0,00	0,00
63,50	63,99	12,71	0,55	0,00	0,00	0,00	0,00
64,00	64,49	13,06	0,80	0,00	0,00	0,00	0,00
64,50	64,99	13,41	1,05	0,00	0,00	0,00	0,00
65,00	65,49	13,76	1,30	0,00	0,00	0,00	0,00
65,50	65,99	14,11	1,55	0,00	0,00	0,00	0,00
66,00	66,49	14,46	1,80	0,00	0,00	0,00	0,00
66,50	66,99	14,81	2,05	0,00	0,00	0,00	0,00
67,00	67,49	15,16	2,30	0,00	0,00	0,00	0,00
67,50	67,99	15,51	2,55	0,00	0,00	0,00	0,00
68,00	68,49	15,86	2,80	0,00	0,00	0,00	0,00
68,50	68,99	16,21	3,05	0,00	0,00	0,00	0,00
69,00	69,49	16,56	3,30	0,00	0,00	0,00	0,00
69,50	69,99	16,91	3,55	0,00	0,00	0,00	0,00
70,00	70,49	17,26	3,80	0,00	0,00	0,00	0,00
70,50	70,99	17,61	4,05	0,00	0,00	0,00	0,00
71,00	71,49	17,96	4,30	0,00	0,00	0,00	0,00
71,50	71,99	18,31	4,55	0,00	0,00	0,00	0,00
72,00	72,49	18,66	4,80	0,04	0,00	0,00	0,00
72,50	72,99	19,01	5,05	0,24	0,00	0,00	0,00
73,00	73,49	19,36	5,30	0,44	0,00	0,00	0,00
73,50	73,99	19,71	5,55	0,64	0,00	0,00	0,00
74,00	74,49	20,06	5,80	0,84	0,00	0,00	0,00
74,50	74,99	20,41	6,05	1,04	0,00	0,00	0,00
75,00	75,49	20,76	6,30	1,24	0,00	0,00	0,00
75,50	75,99	21,11	6,55	1,44	0,00	0,00	0,00
76,00	76,49	21,46	6,80	1,64	0,00	0,00	0,00
76,50	76,99	21,81	7,05	1,84	0,00	0,00	0,00
77,00	77,49	22,16	7,30	2,04	0,00	0,00	0,00
77,50	77,99	22,51	7,55	2,24	0,00	0,00	0,00
78,00	78,49	22,86	7,80	2,44	0,00	0,00	0,00
78,50	78,99	23,21	8,05	2,64	0,00	0,00	0,00
79,00	79,49	23,56	8,30	2,84	0,00	0,00	0,00
79,50	79,99	23,91	8,55	3,04	0,00	0,00	0,00

* Zu berücksichtigen sind tatsächlich erbrachte Unterhaltsleistungen des Schuldners gegenüber seinem Ehegatten, einem früheren Ehegatten, seinem Lebenspartner, einem früheren Lebenspartner, einem Verwandten oder einem Elternteil nach §§ 1615 l, 1615 n BGB.

Pfändungstabelle bei Tageseinkommen

Nettolohn täglich bis ... €		Pfändbarer Betrag bei Unterhaltspflicht*) für					5 und mehr Personen
		0	1	2	3	4	
80,00	80,49	24,26	8,80	3,24	0,00	0,00	0,00
80,50	80,99	24,61	9,05	3,44	0,00	0,00	0,00
81,00	81,49	24,96	9,30	3,64	0,00	0,00	0,00
81,50	81,99	25,31	9,55	3,84	0,02	0,00	0,00
82,00	82,49	25,66	9,80	4,04	0,17	0,00	0,00
82,50	82,99	26,01	10,05	4,24	0,32	0,00	0,00
83,00	83,49	26,36	10,30	4,44	0,47	0,00	0,00
83,50	83,99	26,71	10,55	4,64	0,62	0,00	0,00
84,00	84,49	27,06	10,80	4,84	0,77	0,00	0,00
84,50	84,99	27,41	11,05	5,04	0,92	0,00	0,00
85,00	85,49	27,76	11,30	5,24	1,07	0,00	0,00
85,50	85,99	28,11	11,55	5,44	1,22	0,00	0,00
86,00	86,49	28,46	11,80	5,64	1,37	0,00	0,00
86,50	86,99	28,81	12,05	5,84	1,52	0,00	0,00
87,00	87,49	29,16	12,30	6,04	1,67	0,00	0,00
87,50	87,99	29,51	12,55	6,24	1,82	0,00	0,00
88,00	88,49	29,86	12,80	6,44	1,97	0,00	0,00
88,50	88,99	30,21	13,05	6,64	2,12	0,00	0,00
89,00	89,49	30,56	13,30	6,84	2,27	0,00	0,00
89,50	89,99	30,91	13,55	7,04	2,42	0,00	0,00
90,00	90,49	31,26	13,80	7,24	2,57	0,00	0,00
90,50	90,99	31,61	14,05	7,44	2,72	0,00	0,00
91,00	91,49	31,96	14,30	7,64	2,87	0,01	0,00
91,50	91,99	32,31	14,55	7,84	3,02	0,11	0,00
92,00	92,49	32,66	14,80	8,04	3,17	0,21	0,00
92,50	92,99	33,01	15,05	8,24	3,32	0,31	0,00
93,00	93,49	33,36	15,30	8,44	3,47	0,41	0,00
93,50	93,99	33,71	15,55	8,64	3,62	0,51	0,00
94,00	94,49	34,06	15,80	8,84	3,77	0,61	0,00
94,50	94,99	34,41	16,05	9,04	3,92	0,71	0,00
95,00	95,49	34,76	16,30	9,24	4,07	0,81	0,00
95,50	95,99	35,11	16,55	9,44	4,22	0,91	0,00
96,00	96,49	35,46	16,80	9,64	4,37	1,01	0,00
96,50	96,99	35,81	17,05	9,84	4,52	1,11	0,00
97,00	97,49	36,16	17,30	10,04	4,67	1,21	0,00

* Zu berücksichtigen sind tatsächlich erbrachte Unterhaltsleistungen des Schuldners gegenüber seinem Ehegatten, einem früheren Ehegatten, seinem Lebenspartner, einem früheren Lebenspartner, einem Verwandten oder einem Elternteil nach §§ 1615 l, 1615 n BGB.

Pfändungstabelle bei Tageseinkommen

Nettolohn täglich bis ... €		Pfändbarer Betrag bei Unterhaltspflicht*) für					5 und mehr Personen
		0	1	2	3	4	
97,50	97,99	36,51	17,55	10,24	4,82	1,31	0,00
98,00	98,49	36,86	17,80	10,44	4,97	1,41	0,00
98,50	98,99	37,21	18,05	10,64	5,12	1,51	0,00
99,00	99,49	37,56	18,30	10,84	5,27	1,61	0,00
99,50	99,99	37,91	18,55	11,04	5,42	1,71	0,00
100,00	100,49	38,26	18,80	11,24	5,57	1,81	0,00
100,50	100,99	38,61	19,05	11,44	5,72	1,91	0,01
101,00	101,49	38,96	19,30	11,64	5,87	2,01	0,06
101,50	101,99	39,31	19,55	11,84	6,02	2,11	0,11
102,00	102,49	39,66	19,80	12,04	6,17	2,21	0,16
102,50	102,99	40,01	20,05	12,24	6,32	2,31	0,21
103,00	103,49	40,36	20,30	12,44	6,47	2,41	0,26
103,50	103,99	40,71	20,55	12,64	6,62	2,51	0,31
104,00	104,49	41,06	20,80	12,84	6,77	2,61	0,36
104,50	104,99	41,41	21,05	13,04	6,92	2,71	0,41
105,00	105,49	41,76	21,30	13,24	7,07	2,81	0,46
105,50	105,99	42,11	21,55	13,44	7,22	2,91	0,51
106,00	106,49	42,46	21,80	13,64	7,37	3,01	0,56
106,50	106,99	42,81	22,05	13,84	7,52	3,11	0,61
107,00	107,49	43,16	22,30	14,04	7,67	3,21	0,66
107,50	107,99	43,51	22,55	14,24	7,82	3,31	0,71
108,00	108,49	43,86	22,80	14,44	7,97	3,41	0,76
108,50	108,99	44,21	23,05	14,64	8,12	3,51	0,81
109,00	109,49	44,56	23,30	14,84	8,27	3,61	0,86
109,50	109,99	44,91	23,55	15,04	8,42	3,71	0,91
110,00	110,49	45,26	23,80	15,24	8,57	3,81	0,96
110,50	110,99	45,61	24,05	15,44	8,72	3,91	1,01
111,00	111,49	45,96	24,30	15,64	8,87	4,01	1,06
111,50	111,99	46,31	24,55	15,84	9,02	4,11	1,11
112,00	112,49	46,66	24,80	16,04	9,17	4,21	1,16
112,50	112,99	47,01	25,05	16,24	9,32	4,31	1,21
113,00	113,49	47,36	25,30	16,44	9,47	4,41	1,26
113,50	113,99	47,71	25,55	16,64	9,62	4,51	1,31
114,00	114,49	48,06	25,80	16,84	9,77	4,61	1,36
114,50	114,99	48,41	26,05	17,04	9,92	4,71	1,41

* Zu berücksichtigen sind tatsächlich erbrachte Unterhaltsleistungen des Schuldners gegenüber seinem Ehegatten, einem früheren Ehegatten, seinem Lebenspartner, einem früheren Lebenspartner, einem Verwandten oder einem Elternteil nach §§ 1615 I, 1615 n BGB.

Pfändungstabelle bei Tageseinkommen

Nettolohn täglich bis ... €		Pfändbarer Betrag bei Unterhaltspflicht*) für					5 und mehr Personen
		0	1	2	3	4	
115,00	115,49	48,76	26,30	17,24	10,07	4,81	1,46
115,50	115,99	49,11	26,55	17,44	10,22	4,91	1,51
116,00	116,49	49,46	26,80	17,64	10,37	5,01	1,56
116,50	116,99	49,81	27,05	17,84	10,52	5,11	1,61
117,00	117,49	50,16	27,30	18,04	10,67	5,21	1,66
117,50	117,99	50,51	27,55	18,24	10,82	5,31	1,71
118,00	118,49	50,86	27,80	18,44	10,97	5,41	1,76
118,50	118,99	51,21	28,05	18,64	11,12	5,51	1,81
119,00	119,49	51,56	28,30	18,84	11,27	5,61	1,86
119,50	119,99	51,91	28,55	19,04	11,42	5,71	1,91
120,00	120,49	52,26	28,80	19,24	11,57	5,81	1,96
120,50	120,99	52,61	29,05	19,44	11,72	5,91	2,01
121,00	121,49	52,96	29,30	19,64	11,87	6,01	2,06
121,50	121,99	53,31	29,55	19,84	12,02	6,11	2,11
122,00	122,49	53,66	29,80	20,04	12,17	6,21	2,16
122,50	122,99	54,01	30,05	20,24	12,32	6,31	2,21
123,00	123,49	54,36	30,30	20,44	12,47	6,41	2,26
123,50	123,99	54,71	30,55	20,64	12,62	6,51	2,31
124,00	124,49	55,06	30,80	20,84	12,77	6,61	2,36
124,50	124,99	55,41	31,05	21,04	12,92	6,71	2,41
125,00	125,49	55,76	31,30	21,24	13,07	6,81	2,46
125,50	125,99	56,11	31,55	21,44	13,22	6,91	2,51
126,00	126,49	56,46	31,80	21,64	13,37	7,01	2,56
126,50	126,99	56,81	32,05	21,84	13,52	7,11	2,61
127,00	127,49	57,16	32,30	22,04	13,67	7,21	2,66
127,50	127,99	57,51	32,55	22,24	13,82	7,31	2,71
128,00	128,49	57,86	32,80	22,44	13,97	7,41	2,76
128,50	128,99	58,21	33,05	22,64	14,12	7,51	2,81
129,00	129,49	58,56	33,30	22,84	14,27	7,61	2,86
129,50	129,99	58,91	33,55	23,04	14,42	7,71	2,91
130,00	130,49	59,26	33,80	23,24	14,57	7,81	2,96
130,50	130,99	59,61	34,05	23,44	14,72	7,91	3,01
131,00	131,49	59,96	34,30	23,64	14,87	8,01	3,06
131,50	131,99	60,31	34,55	23,84	15,02	8,11	3,11
132,00	132,49	60,66	34,80	24,04	15,17	8,21	3,16

* Zu berücksichtigen sind tatsächlich erbrachte Unterhaltsleistungen des Schuldners gegenüber seinem Ehegatten, einem früheren Ehegatten, seinem Lebenspartner, einem früheren Lebenspartner, einem Verwandten oder einem Elternteil nach §§ 1615 l, 1615 n BGB.

Pfändungstabelle bei Tageseinkommen

Nettolohn täglich bis ... €		Pfändbarer Betrag bei Unterhaltspflicht*) für					5 und mehr Personen
		0	1	2	3	4	
132,50	132,99	61,01	35,05	24,24	15,32	8,31	3,21
133,00	133,49	61,36	35,30	24,44	15,47	8,41	3,26
133,50	133,99	61,71	35,55	24,64	15,62	8,51	3,31
134,00	134,49	62,06	35,80	24,84	15,77	8,61	3,36
134,50	134,99	62,41	36,05	25,04	15,92	8,71	3,41
135,00	135,49	62,76	36,30	25,24	16,07	8,81	3,46
135,50	135,99	63,11	36,55	25,44	16,22	8,91	3,51
136,00	136,49	63,46	36,80	25,64	16,37	9,01	3,56
136,50	136,99	63,81	37,05	25,84	16,52	9,11	3,61
137,00	137,49	64,16	37,30	26,04	16,67	9,21	3,66
137,50	137,99	64,51	37,55	26,24	16,82	9,31	3,71
138,00	138,49	64,86	37,80	26,44	16,97	9,41	3,76
138,50	138,99	65,21	38,05	26,64	17,12	9,51	3,81
139,00	139,01	65,56	38,30	26,84	17,27	9,61	3,86

Der Mehrbetrag über 139,01 Euro ist voll pfändbar.

---

* Zu berücksichtigen sind tatsächlich erbrachte Unterhaltsleistungen des Schuldners gegenüber seinem Ehegatten, einem früheren Ehegatten, seinem Lebenspartner, einem früheren Lebenspartner, einem Verwandten oder einem Elternteil nach §§ 1615 l, 1615 n BGB.

Erläuterungen zu vorstehenden Tabellen
Stand 1. 7. 2005

Die vorstehenden Tabellen, aufgestellt für die Nettolöhne bei monatlichen, wöchentlichen und täglichen Lohnzahlungen, ermöglichen das Ablesen der pfändbaren Beträge des Arbeitseinkommens unter Berücksichtigung der Zahl der vom Schuldner zu unterhaltenden Personen, sowie der Bestimmungen über die Abrundung sowohl des Nettoeinkommens wie auch der pfändbaren Beträge. Eine Abrundung des errechneten Nettolohnes vor Anwendung der Tabellen entfällt damit.

Gemäß § 20 EGZPO sind für eine vor dem In-Kraft-Treten des Art. 1 des Siebten Gesetzes zur Änderung der Pfändungsfreigrenzen (1. 1. 2002) ausgebrachte Pfändung hinsichtlich der nach diesem Zeitpunkt fälligen Leistungen die Vorschriften des § 850a Nr. 4, § 850b Abs. 1 Nr. 4, § 850c und § 850f Abs. 3 der Zivilprozessordnung in der ab diesem Zeitpunkt geltenden Fassung anzuwenden. Auf Antrag des Gläubigers, des Schuldners oder des Drittschuldners hat das Vollstreckungsgericht den Pfändungsbeschluss entsprechend zu berichtigen. Der Drittschuldner kann nach dem Inhalt des früheren Pfändungsbeschlusses mit befreiender Wirkung leisten, bis ihm der Berichtigungsbeschluss zugestellt wird.

Soweit die Wirksamkeit einer Verfügung über Arbeitseinkommen davon abhängt, dass die Forderung der Pfändung unterworfen ist, sind die Vorschriften des § 850a Nr. 4, § 850b Abs. 1 Nr. 4, § 850c und § 850f Abs. 3 der Zivilprozessordnung in der ab dem Datum des In-Kraft-Tretens des Art. 1 des Siebten Gesetzes zur Änderung der Pfändungsfreigrenzen geltenden Fassung (1. 1. 2002) hinsichtlich der Leistungen, die nach diesem Zeitpunkt fällig werden, auch anzuwenden, wenn die Verfügung vor diesem Zeitpunkt erfolgt ist. Der Drittschuldner kann nach den bis zum Datum des In-Kraft-Tretens des Art. 1 des Siebten Gesetzes zur Änderung der Pfändungsfreigrenzen geltenden Vorschriften solange mit befreiender Wirkung leisten, bis ihm eine entgegenstehende vollstreckbare gerichtliche Entscheidung zugestellt wird oder eine Verzichtserklärung desjenigen zugeht, an den der Schuldner nach den ab diesem Zeitpunkt geltenden Vorschriften weniger zu leisten hat.

Die vorstehenden Ausführungen gelten entsprechend für die Änderung der Pfändungsfreigrenzen ab dem 1. 7. 2005.
Durch Beschluss vom 24. 1. 2006 - VII ZB 93/05 = InVo 2006, 143 = Rpfleger 2006, 202, hat der Bundesgerichtshof die Erhöhung der Pfändungsfreigrenzen zum 1. 7. 2005 für rechtswirksam erklärt.

Bekanntmachung zu § 850 c der Zivilprozessordnung (Pfändungsfreigrenzenbekanntmachung 2005)

Vom 25. Februar 2005

Auf Grund des § 850 c Abs. 2a Satz 2 der Zivilprozessordnung, der durch Artikel 1 Nr. 4 Buchstabe c des Gesetzes vom 13. 12. 2001 (BGBl. I S. 3638) eingefügt worden ist, wird bekannt gemacht:

Die unpfändbaren Beträge nach § 850c Abs. 1 und 2 der Zivilprozessordnung erhöhen sich zum 1. Juli 2005

- in Absatz 1 Satz 1
  - von 930 auf 985,15 Euro monatlich,
  - von 217,50 auf 226,72 Euro wöchentlich,
  - von 43,50 auf 45,34 Euro täglich,
- in Absatz 1 Satz 2
  - von 2060 auf 2182,15 Euro monatlich,
  - von 478,50 auf 502,20 Euro wöchentlich,
  - von 96,50 auf 100,44 Euro täglich,

  - von 350 auf 370,76 Euro monatlich,
  - von 81 auf 85,32 Euro wöchentlich,
  - von 17 auf 17,06 Euro täglich,

  - von 195 auf 206,56 Euro monatlich,
  - von 45 auf 47,54 Euro wöchentlich,
  - von 9 auf 9,51 Euro täglich,
- in Absatz 2 Satz 2
  - von 2851 auf 3020,06 Euro monatlich,
  - von 658 auf 695,03 Euro wöchentlich,
  - von 131,58 auf 139,01 Euro täglich.

Die ab 1. 7. 2005 geltenden Pfändungsfreibeträge ergeben sich im Übrigen aus den als Anhang abgedruckten Tabellen.

Die **Neuberechnung** der Pfändungsfreibeträge sowie der Pfändungstabellen gem. § 850 c ZPO zum 1. 7. 2005 erfolgte nach Mitteilung des Bundesministeriums der Justiz durch eine Erhöhung der Monatsbeträge um 5,93 % gegenüber dem Stichtag 1. 1. 2002 gemäß § 32 a Abs. 1 Nr. 1 EStG.

Die Anpassung der monatlichen Pfändungsfreibeträge sowie der monatlichen Obergrenze für die Berechnung des unpfändbaren Betrags erfolgte jeweils mit der gemäß § 32 a Abs. 1 Nr. 1 Einkommensteuergesetz vorgegebenen prozentualen Erhöhung von 5,93 %. Anschließend wurden daraus spitz die jeweiligen Wochenbeträge, daraus wiederum die jeweiligen Tagesbeträge errechnet. Im Anschluss wurden die neu berechneten Pfändungsfreibeträge auf Cent-Beträge gerundet. Die Berechnung des jeweiligen Höchstwertes des Pfändungsfreibetrags (für Monat/Woche/Tag) erfolgte als Addition aus den bereits auf Cent-Beträge gerundeten Freibeträgen des Schuldners und der (fünf berücksichtigungsfähigen) unterhaltsberechtigten Personen.

Die wochenbezogenen Beträge ergeben sich als Division der monatsbezogenen durch 365/(7*12) also durch die jahresdurchschnittliche Wochenanzahl pro Monat. Die tagesbezogenen Pfändungsfreibeträge ergeben sich als Division des wochenbezogenen durch 5 (Arbeitstage je Woche).

Die Berechnung des unpfändbaren Einkommensanteils, der über den Freibetrag hinausgeht, erfolgte nach dem in § 350 c Abs. 2 ZPO festgelegten Verfahren. Zu den ab dem 1. 7. 2005 gültigen Pfändungstabellen für Monatsbeträge, Wochenbeträge und Tagesbeträge siehe Seite 313 ff.

Pfändungsvorschriften betreffend Arbeitseinkommen (Auszug)

§ 850 ZPO Pfändungsschutz für Arbeitseinkommen

(1) Arbeitseinkommen, das in Geld zahlbar ist, kann nur nach Maßgabe der §§ 850 a bis 850 i gepfändet werden.

(2) Arbeitseinkommen im Sinne dieser Vorschrift sind die Dienst- und Versorgungsbezüge der Beamten, Arbeits- und Dienstlöhne, Ruhegelder und ähnliche nach dem einstweiligen oder dauernden Ausscheiden aus dem Dienst- oder Arbeitsverhältnis gewährte fortlaufende Einkünfte, ferner Hinterbliebenenbezüge sowie sonstige Vergütungen für Dienstleistungen aller Art, die die Erwerbstätigkeit des Schuldners vollständig oder zu einem wesentlichen Teil in Anspruch nehmen.

(3) Arbeitseinkommen sind auch die folgenden Bezüge, soweit sie in Geld zahlbar sind:

a) Bezüge, die ein Arbeitnehmer zum Ausgleich für Wettbewerbsbeschränkungen für die Zeit nach Beendigung seines Dienstverhältnisses beanspruchen kann;

b) Renten, die aufgrund von Versicherungsverträgen gewährt werden, wenn diese Verträge zur Versorgung des Versicherungsnehmers oder seiner unterhaltsberechtigten Angehörigen eingegangen sind.

(4) Die Pfändung des in Geld zahlbaren Arbeitseinkommens erfaßt alle Vergütungen, die dem Schuldner aus der Arbeits- oder Dienstleistung zustehen, ohne Rücksicht auf ihre Benennung oder Berechnungsart.

§ 850 a ZPO Unpfändbare Bezüge

Unpfändbar sind:

1. zur Hälfte die für die Leistung von Mehrarbeitsstunden gezahlten Teile des Arbeitseinkommens;
2. die für die Dauer eines Urlaubs über das Arbeitseinkommen hinaus gewährten Bezüge, Zuwendungen aus Anlaß eines besonderen Betriebsergebnisses und Treugelder, soweit sie den Rahmen des Üblichen nicht übersteigen;
3. Aufwandsentschädigungen, Auslösungsgelder und sonstige soziale Zulagen für auswärtige Beschäftigungen, das Entgelt für selbstgestelltes Arbeitsmaterial, Gefahrenzulagen sowie Schmutz- und Erschwerniszulagen, soweit diese Bezüge den Rahmen des Üblichen nicht übersteigen;
4. Weihnachtsvergütungen bis zum Betrage der Hälfte des monatlichen Arbeitseinkommens, höchstens aber bis zum Betrage von 500 Euro;
5. Heirats- und Geburtsbeihilfen, sofern die Vollstreckung wegen anderer als der aus Anlaß der Heirat oder der Geburt entstandenen Ansprüche betrieben wird;
6. Erziehungsgelder, Studienbeihilfen und ähnliche Bezüge;
7. Sterbe- und Gnadenbezüge aus Arbeits- oder Dienstverhältnissen;
8. Blindenzulagen.

§ 850 b ZPO Bedingt pfändbare Bezüge

(1) Unpfändbar sind ferner

1. Renten, die wegen einer Verletzung des Körpers oder der Gesundheit zu entrichten sind;
2. Unterhaltsrenten, die auf gesetzlicher Vorschrift beruhen, sowie die wegen Entziehung einer solchen Forderung zu entrichtenden Renten;
3. fortlaufende Einkünfte, die ein Schuldner aus Stiftungen oder sonst aufgrund der Fürsorge und Freigiebigkeit eines Dritten oder aufgrund eines Altenteils oder Auszugsvertrags bezieht;
4. Bezüge aus Witwen-, Waisen-, Hilfs- und Krankenkassen, die ausschließlich oder zu einem wesentlichen Teil zu Unterstützungszwecken gewährt werden, ferner Ansprüche aus

Lebensversicherungen, die nur auf den Todesfall des Versicherungsnehmers abgeschlossen sind, wenn die Versicherungssumme 3579 Euro nicht übersteigt.

(2) Diese Bezüge können nach den für Arbeitseinkommen geltenden Vorschriften gepfändet werden, wenn die Vollstreckung in das sonstige bewegliche Vermögen des Schuldners zu einer vollständigen Befriedigung des Gläubigers nicht geführt hat oder voraussichtlich nicht führen wird und wenn nach den Umständen des Falles, insbesondere nach der Art des bezutreibenden Anspruchs und der Höhe der Bezüge die Pfändung der Billigkeit entspricht.

(3) Das Vollstreckungsgericht soll vor seiner Entscheidung die Beteiligten hören.

§ 850 c ZPO Pfändungsgrenzen für Arbeitseinkommen

(1) Arbeitseinkommen ist unpfändbar, wenn es, je nach dem Zeitraum, für den es gezahlt wird, nicht mehr als

930,00* Euro monatlich,
217,50* Euro wöchentlich oder
43,50* Euro täglich

beträgt.

Gewährt der Schuldner aufgrund einer gesetzlichen Verpflichtung seinem Ehegatten, einem früheren Ehegatten, seinem Lebenspartner, einem früheren Lebenspartner oder einem Verwandten oder nach §§ 1615 l, 1615 n des Bürgerlichen Gesetzbuchs einem Elternteil Unterhalt, so erhöht sich der Betrag, bis zu dessen Höhe Arbeitseinkommen unpfändbar ist, auf bis zu

2 060,00* Euro monatlich,
478,50* Euro wöchentlich oder
96,50* Euro täglich

und zwar um

350,00* Euro monatlich,
81,00* Euro wöchentlich oder
17,00* Euro täglich

für die erste Person, der Unterhalt gewährt wird, und um je

195,00* Euro monatlich,
45,00* Euro wöchentlich oder
9,00* Euro täglich

für die zweite bis fünfte Person.

(2) Übersteigt das Arbeitseinkommen den Betrag, bis zu dessen Höhe es je nach der Zahl der Personen, denen der Schuldner Unterhalt gewährt, nach Absatz 1 unpfändbar ist, so ist es hinsichtlich des überschießenden Betrages zu einem Teil unpfändbar, und zwar in Höhe von

drei Zehnteln, wenn der Schuldner keiner der in Absatz 1 genannten Personen Unterhalt gewährt,

zwei weiteren Zehnteln für die erste Person, der Unterhalt gewährt wird,

und je einem weiteren Zehntel für die zweite bis fünfte Person.

Der Teil des Arbeitseinkommens der 2 851* Euro monatlich (658* Euro wöchentlich, 131,58* Euro täglich) übersteigt, bleibt bei der Berechnung des unpfändbaren Betrags unberücksichtigt.

(2a) Die unpfändbaren Beträge nach Absatz 1 und Absatz 2 Satz 2 ändern sich jeweils zum 1. Juli eines Jahres, erstmalig zum 1. Juli 2003, entsprechend der im Vergleich zum eweiligen Vorjahreszeitraum sich ergebenden prozentualen Entwicklung des Grundfreibetrages nach § 32 a Abs. 1 Nr. 1 des Einkommensteuergesetzes; der Berechnung ist die am 1. Januar des jeweiligen Jahres geltende Fassung des § 32 a Abs. 1 Nr. 1 des Einkommen-

---

* Werte ab 1. 7. 2005 vgl. Seite 335.

steuergesetzes zugrunde zu legen. Das Bundesministerium der Justiz gibt die maßgebenden Beträge rechtzeitig im Bundesgesetzblatt bekannt.

(3) Bei der Berechnung des nach Absatz 2 pfändbaren Teils des Arbeitseinkommens ist das Arbeitseinkommen, gegebenenfalls nach Abzug des nach Absatz 2 Satz 2 pfändbaren Betrages, wie aus der Tabelle ersichtlich, die diesem Gesetz als Anlage beigefügt ist, nach unten abzurunden, und zwar bei Auszahlung für Monate auf einen durch 10 Euro, bei Auszahlung für Wochen auf einen durch 2,50 Euro oder bei Auszahlung für Tage auf einen durch 50 Cent teilbaren Betrag. Im Pfändungsbeschluß genügt die Bezugnahme auf die Tabelle.

(4) Hat eine Person, welcher der Schuldner aufgrund gesetzlicher Verpflichtung Unterhalt gewährt, eigene Einkünfte, so kann das Vollstreckungsgericht auf Antrag des Gläubigers nach billigem Ermessen bestimmen, daß diese Person bei der Berechnung des unpfändbaren Teils des Arbeitseinkommens ganz oder teilweise unberücksichtigt bleibt; soll die Person nur teilweise berücksichtigt werden, so ist Absatz 3 Satz 2 nicht anzuwenden.

§ 850 d ZPO Pfändbarkeit bei Unterhaltsansprüchen

(1) Wegen der Unterhaltsansprüche, die kraft Gesetzes einem Verwandten, dem Ehegatten, einem früheren Ehegatten, dem Lebenspartner, einem früheren Lebenspartner oder nach §§ 1615 l, 1615 n des Bürgerlichen Gesetzbuchs einem Elternteil zustehen, sind das Arbeitseinkommen und die in § 850 a Nr. 1, 2 und 4 genannten Bezüge ohne die in § 850 c bezeichneten Beschränkungen pfändbar. Dem Schuldner ist jedoch so viel zu belassen, als er für seinen notwendigen Unterhalt und zur Erfüllung seiner laufenden gesetzlichen Unterhaltspflichten gegenüber den dem Gläubiger vorgehenden Berechtigten oder zur gleichmäßigen Befriedigung der dem Gläubiger gleichstellenden Berechtigten bedarf; von den in § 850 a Nr. 1, 2 und 4 genannten Bezügen hat ihm mindestens die Hälfte des nach § 850 a unpfändbaren Betrages zu verbleiben.

Der dem Schuldner hiernach verbleibende Teil seines Arbeitseinkommens darf den Betrag nicht übersteigen, der ihm nach den Vorschriften des § 850 c gegenüber nicht bevorrechtigten Gläubigern zu verbleiben hätte. Für die Pfändung wegen der Rückstände, die länger als ein Jahr vor dem Antrag auf Erlaß des Pfändungsbeschlusses fällig geworden sind, gelten die Vorschriften dieses Absatzes insoweit nicht, als nach Lage der Verhältnisse nicht anzunehmen ist, daß der Schuldner sich seiner Zahlungspflicht absichtlich entzogen hat.

(2) Mehrere nach Absatz 1 Berechtigte sind mit ihren Ansprüchen in folgender Reihenfolge zu berücksichtigen, wobei mehrere gleich nahe Berechtigte untereinander gleichen Rang haben:

a) die minderjährigen unverheirateten Kinder, der Ehegatte, ein früherer Ehegatte und ein Elternteil mit seinem Anspruch nach §§ 1615 l, 1615 n des Bürgerlichen Gesetzbuchs; für das Rangverhältnis des Ehegatten zu einem früheren Ehegatten gilt jedoch § 1582 des Bürgerlichen Gesetzbuchs entsprechend; das Vollstreckungsgericht kann das Rangverhältnis der Berechtigten zueinander auf Antrag des Schuldners oder eines Berechtigten nach billigem Ermessen in anderer Weise festsetzen; das Vollstreckungsgericht hat vor seiner Entscheidung die Beteiligten zu hören;

b) der Lebenspartner und ein früherer Lebenspartner;

c) die übrigen Abkömmlinge, wobei die Kinder den anderen vorgehen;

d) die Verwandten aufsteigender Linie, wobei die näheren Grade den entfernteren vorgehen.

(3) Bei der Vollstreckung wegen der in Absatz 1 bezeichneten Ansprüche sowie wegen der aus Anlaß einer Verletzung des Körpers oder der Gesundheit zu zahlenden Renten kann zugleich mit der Pfändung wegen fälliger Ansprüche auch künftig fällig werdendes Arbeitseinkommen wegen der dann jeweils fällig werdenden Ansprüche gepfändet und überwiesen werden.

§ 850 e ZPO Berechnung des pfändbaren Arbeitseinkommens
Für die Berechnung des pfändbaren Arbeitseinkommens gilt folgendes:
1. Nicht mitzurechnen sind die nach § 850 a der Pfändung entzogenen Bezüge, ferner Beträge, die unmittelbar aufgrund steuerrechtlicher oder sozialrechtlicher Vorschriften zur Erfüllung gesetzlicher Verpflichtungen des Schuldners abzuführen sind. Diesen Beträgen stehen gleich die auf den Auszahlungszeitraum entfallenden Beträge, die der Schuldner
a) nach den Vorschriften der Sozialversicherungsgesetze zur Weiterversicherung entrichtet oder
b) an eine Ersatzkasse oder ein Unternehmen der privaten Krankenversicherung leistet, soweit sie den Rahmen des Üblichen nicht übersteigen.
2. Mehrere Arbeitseinkommen sind auf Antrag vom Vollstreckungsgericht bei der Pfändung zusammenzurechnen. Der unpfändbare Grundbetrag ist in erster Linie dem Arbeitseinkommen zu entnehmen, das die wesentliche Grundlage der Lebenshaltung des Schuldners bildet.
2a. Mit Arbeitseinkommen sind auf Antrag auch Ansprüche auf laufende Geldleistungen nach dem Sozialgesetzbuch zusammenzurechnen, soweit diese der Pfändung unterworfen sind. Der unpfändbare Grundbetrag ist, soweit die Pfändung nicht wegen gesetzlicher Unterhaltsansprüche erfolgt, in erster Linie den laufenden Geldleistungen nach dem Sozialgesetzbuch zu entnehmen. Ansprüche auf Geldleistungen für Kinder dürfen mit Arbeitseinkommen nur zusammengerechnet werden, soweit sie nach § 76 des Einkommensteuergesetzes oder nach § 54 Abs. 5 des Ersten Buches Sozialgesetzbuch gepfändet werden können.
3. Erhält der Schuldner neben seinem in Geld zahlbaren Einkommen auch Naturalleistungen, so sind Geld- und Naturalleistungen zusammenzurechnen. In diesem Falle ist der in Geld zahlbare Betrag insoweit pfändbar, als der nach § 850 c unpfändbare Teil des Gesamteinkommens durch den Wert der dem Schuldner verbleibenden Naturalleistungen gedeckt ist.
4. Trifft eine Pfändung, eine Abtretung oder eine sonstige Verfügung wegen eines der in § 850 d bezeichneten Ansprüche mit einer Pfändung wegen eines sonstigen Anspruchs zusammen, so sind auf die Unterhaltsansprüche zunächst die gemäß § 850 d der Pfändung in erweitertem Umfang unterliegenden Teile des Arbeitseinkommens zu verrechnen. Die Verrechnung nimmt auf Antrag eines Beteiligten das Vollstreckungsgericht vor. Der Drittschuldner kann, solange ihm eine Entscheidung des Vollstreckungsgerichts nicht zugestellt ist, nach dem Inhalt der ihm bekannten Pfändungsbeschlüsse, Abtretungen und sonstigen Verfügungen mit befreiender Wirkung leisten.

§ 850 f ZPO Änderung des unpfändbaren Betrages
(1) Das Vollstreckungsgericht kann dem Schuldner auf Antrag von dem nach den Bestimmungen der §§ 850 c, 850 d und 850 i pfändbaren Teil seines Arbeitseinkommens einen Teil belassen, wenn
a) der Schuldner nachweist, dass bei Anwendung der Pfändungsfreigrenzen entsprechend der Anlage zu diesem Gesetz (zu § 850 c) der notwendige Lebensunterhalt im Sinn des Dritten und Elften Kapitels des Zwölften Buches Sozialgesetzbuch oder nach Kapitel 3, Abschnitt 2 des Zweiten Buches Sozialgesetzbuch für sich und für die Personen, denen er Unterhalt zu gewähren hat, nicht gedeckt ist,
b) besondere Bedürfnisse des Schuldners aus persönlichen oder beruflichen Gründen oder
c) der besondere Umfang der gesetzlichen Unterhaltspflichten des Schuldners, insbesondere die Zahl der Unterhaltsberechtigten, dies erfordern und überwiegende Belange des Gläubigers nicht entgegenstehen.

(2) Wird die Zwangsvollstreckung wegen einer Forderung aus einer vorsätzlich begangenen unerlaubten Handlung betrieben, so kann das Vollstreckungsgericht auf Antrag des Gläubigers den pfändbaren Teil des Arbeitseinkommens ohne Rücksicht auf die in § 850 c vorge-

sehenen Beschränkungen bestimmen; dem Schuldner ist jedoch so viel zu belassen, wie er für seinen notwendigen Unterhalt und zur Erfüllung seiner laufenden gesetzlichen Unterhaltspflichten bedarf.

(3) Wird die Zwangsvollstreckung wegen anderer als der in Absatz 2 und in § 850 d bezeichneten Forderungen betrieben, so kann das Vollstreckungsgericht in den Fällen, in denen sich das Arbeitseinkommen des Schuldners auf mehr als monatlich 2 815* Euro (wöchentlich 641* Euro, täglich 123,50* Euro) beläuft, über die Beträge hinaus, die nach § 850 c pfändbar wären, auf Antrag des Gläubigers die Pfändbarkeit unter Berücksichtigung der Belange des Gläubigers und des Schuldners nach freiem Ermessen festsetzen. Dem Schuldner ist jedoch mindestens so viel zu belassen, wie sich bei einem Arbeitseinkommen von monatlich 2 815* Euro (wöchentliche 641* Euro, täglich 123,50* Euro) aus § 850 c ergeben würde. Die Beträge nach den Sätzen 1 und 2 werden entsprechend der in § 850 c Abs. 2 a getroffenen Regelung jeweils zum 1. Juli eines jeden zweiten Jahres, erstmalig zum 1. Juli 2003, geändert.

§ 850 g ZPO Änderung der Unpfändbarkeitsvoraussetzungen

Ändern sich die Voraussetzungen für die Bemessung des unpfändbaren Teils des Arbeitseinkommens, so hat das Vollstreckungsgericht auf Antrag des Schuldners oder des Gläubigers den Pfändungsbeschluß entsprechend zu ändern. Antragsberechtigt ist auch ein Dritter, dem der Schuldner kraft Gesetzes Unterhalt zu gewähren hat. Der Drittschuldner kann nach dem Inhalt des früheren Pfändungsbeschlusses mit befreiender Wirkung leisten, bis ihm der Änderungsbeschluß zugestellt wird.

§ 850 h ZPO Verschleiertes Arbeitseinkommen

(1) Hat sich der Empfänger der vom Schuldner geleisteten Arbeiten oder Dienste verpflichtet, Leistungen an einen Dritten zu bewirken, die nach Lage der Verhältnisse ganz oder teilweise eine Vergütung für die Leistung des Schuldners darstellen, so kann der Anspruch des Drittberechtigten insoweit aufgrund des Schuldtitels gegen den Schuldner gepfändet werden, wie wenn der Anspruch dem Schuldner zustände. Die Pfändung des Vergütungsanspruchs des Schuldners umfaßt ohne weiteres den Anspruch des Drittberechtigten. Der Pfändungsbeschluß ist dem Drittberechtigten ebenso wie dem Schuldner zuzustellen.

(2) Leistet der Schuldner einem Dritten in einem ständigen Verhältnis Arbeiten oder Dienste, die nach Art und Umfang üblicherweise vergütet werden, unentgeltlich oder gegen eine unverhältnismäßig geringe Vergütung, so gilt im Verhältnis des Gläubigers zu dem Empfänger der Arbeits- und Dienstleistungen eine angemessene Vergütung als geschuldet. Bei der Prüfung, ob diese Voraussetzungen vorliegen, sowie bei der Bemessung der Vergütung ist auf alle Umstände des Einzelfalles, insbesondere die Art der Arbeits- und Dienstleistung, die verwandtschaftlichen oder sonstigen Beziehungen zwischen dem Dienstberechtigten und dem Dienstverpflichteten und die wirtschaftliche Leistungsfähigkeit des Dienstberechtigten Rücksicht zu nehmen.

§ 850 i ZPO Pfändungsschutz bei sonstigen Vergütungen

(1) Ist eine nicht wiederkehrende zahlbare Vergütung für persönlich geleistete Arbeiten oder Dienste gepfändet, so hat das Gericht dem Schuldner auf Antrag so viel zu belassen, als er während eines angemessenen Zeitraums für seinen notwendigen Unterhalt und den seines Ehegatten, eines früheren Ehegatten, seines Lebenspartners, eines früheren Lebenspartners, seiner unterhaltsberechtigten Verwandten oder eines Elternteils nach §§ 1615 l, 1615 n des Bürgerlichen Gesetzbuchs bedarf. Bei der Entscheidung sind die wirtschaftlichen Verhältnisse des Schuldners, insbesondere seine sonstigen Verdienstmöglichkeiten, frei zu würdigen. Dem Schuldner ist nicht mehr zu belassen, als ihm nach freier Schätzung des Gerichts verbleiben würde, wenn sein Arbeitseinkommen aus laufendem Arbeits- oder

---

* Werte ab 1. 7. 2005 vgl. Seite 335.

Dienstlohn bestände. Der Antrag des Schuldners ist insoweit abzulehnen, als überwiegende Belange des Gläubigers entgegenstehen.

(2) Die Vorschriften des Absatzes 1 gelten entsprechend für Vergütungen, die für die Gewährung von Wohngelegenheit oder eine sonstige Sachbenutzung geschuldet werden, wenn die Vergütung zu einem nicht unwesentlichen Teil als Entgelt für neben der Sachbenutzung gewährte Dienstleistungen anzusehen ist.

(3) Die Vorschriften des § 27 des Heimarbeitsgesetzes vom 14. März 1951 (BGBl. I S. 191) bleiben unberührt.

(4) Die Bestimmungen der Versicherungs-, Versorgungs- und sonstigen gesetzlichen Vorschriften über die Pfändung von Ansprüchen bestimmter Art bleiben unberührt.

§ 850 k ZPO Pfändungsschutz für Kontoguthaben aus Arbeitseinkommen

(1) Werden wiederkehrend Einkünfte der in den §§ 850 bis 850 b bezeichneten Art auf das Konto des Schuldners bei einem Geldinstitut überwiesen, so ist eine Pfändung des Guthabens auf Antrag des Schuldners vom Vollstreckungsgericht insoweit aufzuheben, als das Guthaben dem der Pfändung nicht unterworfenen Teil der Einkünfte für die Zeit von der Pfändung bis zu dem nächsten Zahlungstermin entspricht.

(2) Das Vollstreckungsgericht hebt die Pfändung des Guthabens für den Teil vorab auf, dessen der Schuldner bis zum nächsten Zahlungstermin dringend bedarf, um seinen notwendigen Unterhalt zu bestreiten und seine laufenden gesetzlichen Unterhaltspflichten gegenüber den dem Gläubiger vorgehenden Berechtigten zu erfüllen oder die dem Gläubiger gleichstehenden Unterhaltsberechtigten gleichmäßig zu befriedigen. Der vorab freigegebene Teil des Guthabens darf den Betrag nicht übersteigen, der dem Schuldner voraussichtlich nach Absatz 1 zu belassen ist. Der Schuldner hat glaubhaft zu machen, daß wiederkehrende Einkünfte der in den §§ 850 bis 850 b bezeichneten Art auf das Konto überwiesen worden sind und daß die Voraussetzungen des Satzes 1 vorliegen. Die Anhörung des Gläubigers unterbleibt, wenn der damit verbundene Aufschub dem Schuldner nicht zuzumuten ist.

(3) Im übrigen ist das Vollstreckungsgericht befugt, die in § 732 Abs. 2 bezeichneten Anordnungen zu erlassen.

§ 835 Abs. 3 ZPO Überweisung der Geldforderung

(3) Die Vorschriften des § 829 Abs. 2, 3 sind auf die Überweisung entsprechend anzuwenden. Wird ein bei einem Geldinstitut gepfändetes Guthaben eines Schuldners, der eine natürliche Person ist, dem Gläubiger überwiesen, so darf erst zwei Wochen nach der Zustellung des Überweisungsbeschlusses an den Drittschuldner aus dem Guthaben an den Gläubiger geleistet oder der Betrag hinterlegt werden.

Sicher ist sicher.

22. Auflage 2006, 781 Seiten,
broschiert, 59 €,
ISBN 3-8240-0833-5

Ortsverzeichnis 2006
Gerichte und Finanzbehörden

Nichts ist ärgerlicher als Fristversäumnisse durch Irrläufer. Arbeiten Sie deshalb nicht mit veralteten Adressen, sondern nur mit dem **Ortsverzeichnis 2006**.

Das Ortsverzeichnis 2006 zeichnet sich durch **hohe Aktualität und Zuverlässigkeit** aus. Denn selbstverständlich wurden wieder sämtliche Adress- und Zuständigkeitsdaten **bei den Gerichten und Finanzbehörden direkt abgefragt** und aktualisiert. Wie gewohnt finden Sie im neuen Ortsverzeichnis Informationen zu rund 13.000 politisch eigenständigen Orten sowie zu rund 7.000 eingemeindeten Orten und Ortsteilen.

DeutscherAnwaltVerlag

Wachsbleiche 7 · 53111 Bonn · **T** 0228 91911-0 · **F** 0228 91911-23

Zins- und Lombardsätze

1. EZB-Zinssätze für ständige Fazilitäten
% p.a.

Gültig ab		Zinssätze für die	
		Einlagefazilität	Spitzenrefinanzierungsfazilität [2)] [3)]
1999	1. Jan.[1)]	2,00	4,50
	4. Jan.	2,75	3,25
	22. Jan.	2,00	4,50
	9. April	1,50	3,50
	5. Nov.	2,00	4,00
2000	4. Feb.	2,25	4,25
	17. März	2,50	4,50
	28. April	2,75	4,75
	9. Juni	3,25	5,25
	1. Sep.	3,50	5,50
	6. Okt.	3,75	5,75
2001	11. Mai	3,50	5,50
	31. Aug.	3,25	5,25
	18. Sep.	2,75	4,75
	9. Nov.	2,25	4,25
2002	6. Dez	1,75	3,75
2003	7. März	1,50	3,50
	6. Juni	1,00	3,00

2. Diskont- und Lombardsatz der Deutschen Bundesbank
% p.a.

Gültig ab		Diskontsatz	Lombardsatz [2)] [3)]
1994	18. Febr.	5 1/4	6 3/4
	15. April	5	6 1/2
	13. Mai	4 1/2	6
1995	31. März	4	6
	25. Aug.	3 1/2	5 1/2
	15. Dez.	3	5
1996	19. April bis	2 1/2	4 1/2
1998	31. Dez.		

3. Basiszinssatz gemäß DÜG
% p.a.

Gültig ab		Basiszinssatz [4)]
1999	1. Jan.	2,50
	1. Mai	1,95
2000	1. Jan.	2,68
	1. Mai	3,42
	1. Sep.	4,26
2001	1. Sep.	3,62
2002	1. Jan. bis	2,71
	3. April	

1 Am 22. Dezember 1998 kündigte die Europäische Zentralbank (EZB) an, dass zu Beginn der Stufe 3 der Zinssatz für die Einlagefazilität 2,00 % und für die Spitzenrefinanzierungsfazilität 4,50 % betragen sollte. Als Übergangsregelung – zwischen dem 4. Januar und dem 21. Januar 1999 – wurde ausnahmsweise ein enger Korridor von 50 Basispunkten angewandt. Damit sollte den Marktteilnehmern der Übergang zu dem neuen System erleichtert werden. – **2** Ab 1. August 1990 bis 31. Dezember 1993 zugleich Zinssatz für Kassenkredite; ab 1. Januar 1994 wurden keine Kassenkredite mehr gewährt. Wird in einem Gesetz auf den Zinssatz für Kassenkredite des Bundes Bezug genommen, tritt gemäß Diskontsatz-Überleitungs-Gesetz (DÜG) an dessen Stelle der um 1,5 Prozentpunkte erhöhte Basissatz (s. Anmerkung 4). – **3** Gemäß DÜG i. V. m. der Lombardsatz-Überleitungs-Verordnung wird ab 1. Januar 1999 der Lombardsatz, soweit er als Bezugsgröße für Zinsen und andere Leistungen verwendet wird, durch den Zinssatz der EZB für die Spitzenrefinanzierungsfazilität (SRF-Satz) ersetzt. – **4** Er ersetzt gemäß Diskontsatz-Überleitungs-Gesetz (DÜG) i. V. m. der Basiszinssatz-Bezugsgrößen-Verordnung ab 1. Januar 1999 bis zum 31. Dezember 2001 den Diskontsatz, soweit dieser in Verträgen und Vorschriften als Bezugsgröße für Zinsen und andere Leistungen verwendet wird. Dieser Basiszinssatz ist der am 31. Dezember 1998 geltende Diskontsatz der Deutschen Bundesbank. Er verändert sich mit Beginn des 1. Januar, 1. Mai und 1. September eines jeden Jahres, erstmals mit Beginn des 1. Mai 1999, und zwar dann, wenn sich der Zinssatz der EZB für längerfristige Refinanzierungsgeschäfte (marginaler LRG-Satz) um mindestens 0,5 Prozentpunkte verändert hat.

Basiszinssatz nach § 247 BGB

Aktueller Stand	Gültig ab
1,37 %	1. Januar 2006
1,17 %	1. Juli 2005
1,21 %	1. Januar 2005
1,13 %	1. Juli 2004
1,14 %	1. Januar 2004
1,22 %	1. Juli 2003
1,97 %	1. Januar 2003

Zins- u. Lombardsätze
Zins- u.
Diskont-Tabellen

Zins- und Diskont-Tabellen

Aufgabe. Es sollen die Zinsen nach einem gegebenen Satze für gegebene Tage von einem Darlehenskapital oder von einer Urteilsforderung berechnet werden. Wenn der Zinssatz 1, 1 1/2, 2, 2 1/2, 3, 3 1/2 usw. % beträgt (also nicht 1/4, 3/4 usw.) und wenn ferner die Dauer der Laufzeit runde Zahlen (10, 20, 30 usw. Tage) beträgt, liest man die Euro-Zinsen aus der Tabelle A wie folgt ab:

Urteilsforderung 630 Euro zuzüglich 4 % Zinsen auf 180 Tage.

Lösung. Aus der Tabelle A liest man nach den Gegebenheiten 4 % und 180 Tage die Zahl 2 ab. Diese multipliziere ich mit dem Hundertsatz des Kapitals (Komma um 2 Stellen nach links gerückt). Also 2 mal 6,30 = 12,60 Euro Zinsen.

Wenn die Zinssätze auf 1/4, 3/4 % gehen, nimmt man die Universaltabelle B, die bei jedem Prozentsatz und für jede Zeit und bei jedem Kapital angewandt werden kann.

Aufgabe. Wieviel Zinsen bringt ein Kapital von 1 200 Euro in 108 Tagen bei einem Zinssatz von 4 1/4 (4,25) %?

Lösung. Man findet in Tabelle B bei 108 die Zahl 0,3. Diese multipliziert man mit dem Zinssatz 4,25 und weiter mit dem Hundertsatz des Kapitals 12.

Also 0,3 mal 4,25 = 1,275 mal 12 = 15,30 Euro Zinsen.

Die Zinstabellen können auch zur Berechnung des Diskonts (Skontos) verwandt werden.

Zinstabelle A

Tage	1 %	1 1/2 %	2 %	2 1/2 %	3 %	3 1/2 %	4 %	4 1/2 %	5 %
10	0,02777	0,04166	0,05555	0,06955	0,08333	0,09722	0,11111	0,125	0,13883
20	0,05555	0,08333	0,11111	0,13888	0,16666	0,19444	0,22222	0,25	0,27777
30	0,08333	0,125	0,16666	0,20833	0,25	0,29166	0,33333	0,375	0,41666
40	0,11111	0,16666	0,22222	0,27777	0,33333	0,38888	0,44444	0,50	0,55555
50	0,13888	0,20833	0,27777	0,34722	0,41666	0,48611	0,55555	0,625	0,69444
60	0,16666	0,25	0,33333	0,41666	0,50	0,58333	0,66666	0,75	0,83333
70	0,19444	0,29166	0,38888	0,48611	0,58333	0,68055	0,77777	0,875	0,97222
80	0,22222	0,33333	0,44444	0,55555	0,66666	0,77777	0,88888	1,00	1,11111
90	0,25	0,375	0,50	0,625	0,75	0,875	1,00	1,125	1,250
100	0,27777	0,41666	0,55555	0,69444	0,83333	0,97222	1,11111	1,25	1,38888
110	0,30555	0,45833	0,61111	0,76388	0,91666	1,06944	1,22222	1,375	1,52777
120	0,33333	0,50	0,66666	0,83333	1,00	1,16666	1,33333	1,50	1,66666
130	0,36111	0,54166	0,72222	0,90277	1,08333	1,26388	1,44444	1,625	1,80555
140	0,38888	0,58333	0,77777	0,97222	1,16666	1,36111	1,55555	1,75	1,94444
150	0,41666	0,625	0,83333	1,04166	1,25	1,45833	1,66666	1,875	2,08333
160	0,44444	0,66666	0,88888	1,11111	1,33333	1,55555	1,77777	2,00	2,22222
170	0,47222	0,70833	0,94444	1,18055	1,41666	1,65277	1,88888	2,125	2,36111
180	0,50	0,75	1,00	1,25	1,50	1,75	2,00	2,25	2,50
190	0,52777	0,79166	1,05555	1,31944	1,58333	1,84722	2,11111	2,375	2,63888
200	0,55555	0,83333	1,11111	1,38888	1,66666	1,94444	2,22222	2,50	2,77777
210	0,58333	0,875	1,16666	1,45833	1,75	2,04166	2,33333	2,625	2,91666
220	0,61111	0,91666	1,22222	1,52777	1,83333	2,13888	2,44444	2,75	3,05555
230	0,63888	0,95833	1,27777	1,59722	1,91666	2,23611	2,55555	2,875	3,19444
240	0,66666	1,00	1,33333	1,66666	2,00	2,33333	2,66666	3,00	3,33333
250	0,69444	1,04166	1,38888	1,73611	2,08333	2,43055	2,77777	3,125	3,47222
260	0,72222	1,08333	1,44444	1,80555	2,16666	2,52777	2,88888	3,25	3,61111
270	0,75	1,125	1,50	1,875	2,25	2,625	3,00	3,375	3,75
280	0,77777	1,16666	1,55555	1,94444	2,33333	2,72222	3,11111	3,50	3,88888
290	0,80555	1,20833	1,61111	2,01388	2,41666	2,81944	3,22222	3,625	4,02777
300	0,83333	1,25	1,66666	2,08333	2,50	2,91666	3,33333	3,75	4,16666
310	0,86111	1,29166	1,72222	2,15277	2,58333	3,01388	3,44444	3,875	4,30555
320	0,88888	1,33333	1,77777	2,22222	2,66666	3,11111	3,55555	4,00	4,44444
330	0,91666	1,375	1,83333	2,29166	2,75	3,20833	3,66666	4,125	4,58333
340	0,94444	1,41666	1,88888	2,36111	2,83333	3,30555	3,77777	4,25	4,72222
350	0,97222	1,45833	1,94444	2,43055	2,91666	3,40277	3,88888	4,375	4,86111
360	1,00	1,50	2,00	2,50	3,00	3,50	4,00	4,50	5,00

Tage	5 1/2 %	6 %	6 1/2 %	7 %	7 1/2 %	8 %	8 1/2 %	9 %	9 1/2 %
10	0,15277	0,16666	0,18055	0,19444	0,20833	0,22222	0,23611	0,25	0,26388
20	0,30555	0,33333	0,36111	0,38888	0,41666	0,44444	0,47222	0,50	0,52777
30	0,45833	0,50	0,54166	0,58333	0,625	0,66666	0,70833	0,75	0,79166
40	0,61111	0,66666	0,72222	0,77777	0,83333	0,88888	0,94444	1,00	1,05555
50	0,76388	0,83333	0,90277	0,97222	1,04166	1,11111	1,18055	1,25	1,31944
60	0,91666	1,00	1,08333	1,16666	1,25	1,33333	1,41666	1,50	1,58333
70	1,06944	1,16666	1,26388	1,36111	1,45833	1,55555	1,65277	1,75	1,84722
80	1,22222	1,33333	1,44444	1,55555	1,66666	1,77777	1,88888	2,00	2,11111
90	1,375	1,50	1,625	1,75	1,875	2,00	2,125	2,25	2,375
100	1,52777	1,66666	1,80555	1,94444	2,08333	2,22222	2,36111	2,50	2,63888

Tage	5 ½ %	6 %	6 ½ %	7 %	7 ½ %	8 %	8 ½ %	9 %	9 ½ %
110	1,68055	1,83333	1,98611	2,13888	2,29166	2,44444	2,59722	2,75	2,90277
120	1,83333	2,00	2,16666	2,33333	2,50	2,66666	2,83333	3,00	3,16666
130	1,98611	2,16666	2,34722	2,52777	2,70833	2,88888	3,06944	3,25	3,43055
140	2,13888	2,33333	2,52777	2,72222	2,91666	3,11111	3,30555	3,50	3,69444
150	2,29166	2,50	2,70833	2,91666	3,125	3,33333	3,54166	3,75	3,95833
160	2,44444	2,66666	2,88888	3,11111	3,33333	3,55555	3,77777	4,00	4,22222
170	2,59722	2,83333	3,06944	3,30555	3,54166	3,77777	4,01388	4,25	4,48611
180	2,75	3,00	3,25	3,50	3,75	4,00	4,25	4,50	4,75
190	2,90277	3,16666	3,43055	3,69444	3,95833	4,22222	4,48611	4,75	5,01388
200	3,05555	3,33333	3,61111	3,88888	4,16666	4,44444	4,72222	5,00	5,27777
210	3,20833	3,50	3,79166	4,08333	4,375	4,66666	4,95833	5,25	5,54166
220	3,36111	3,66666	3,97222	4,27777	4,58333	4,88888	5,19444	5,50	5,80555
230	3,51388	3,83333	4,15277	4,47222	4,79166	5,11111	5,43055	5,75	6,06944
240	3,66666	4,00	4,33333	4,66666	5,00	5,33333	5,66666	6,00	6,33333
250	3,81944	4,16666	4,51388	4,86111	5,20833	5,55555	5,90277	6,25	6,59722
260	3,97222	4,33333	4,69444	5,05555	5,41666	5,77777	6,13888	6,50	6,86111
270	4,125	4,50	4,875	5,25	5,625	6,00	6,375	6,75	7,125
280	4,27777	4,66666	5,05555	5,44444	5,83333	6,22222	6,61111	7,00	7,38888
290	4,43055	4,83333	5,23611	5,63888	6,04166	6,44444	6,84722	7,25	7,65277
300	4,58333	5,00	5,41666	5,83333	6,25	6,66666	7,08333	7,50	7,91666
310	4,73611	5,16666	5,59722	6,02777	6,45833	6,88888	7,31944	7,75	8,18055
320	4,88888	5,33333	5,77777	6,22222	6,66666	7,11111	7,55555	8,00	8,44444
330	5,04166	5,50	5,95833	6,41666	6,875	7,33333	7,79166	8,25	8,70833
340	5,19444	5,66666	6,13888	6,61111	7,08333	7,55555	8,02777	8,50	8,97222
350	5,34722	5,83333	6,31944	6,80555	7,29166	7,77777	8,26388	8,75	9,23611
360	5,50	6,00	6,50	7,00	7,50	8,00	8,50	9,00	9,50

Zinstabelle B

Tage	1 %	Tage	1 %	Tage	1 %	Tage	1 %	Tage	1 %
1	0,00277	19	0,05277	37	0,10277	55	0,15277	73	0,20277
2	0,00555	20	0,05555	38	0,10555	56	0,15555	74	0,20555
3	0,00833	21	0,05833	39	0,10833	57	0,15833	75	0,20833
4	0,01111	22	0,06111	40	0,11111	58	0,16111	76	0,21111
5	0,01388	23	0,06388	41	0,11388	59	0,16388	77	0,21388
6	0,01666	24	0,06666	42	0,11666	60	0,16666	78	0,21666
7	0,01944	25	0,06944	43	0,11944	61	0,16944	79	0,21944
8	0,02222	26	0,07222	44	0,12222	62	0,17222	80	0,22222
9	0,025	27	0,075	45	0,125	63	0,175	81	0,225
10	0,02777	28	0,07777	46	0,12777	64	0,17777	82	0,22777
11	0,03055	29	0,08055	47	0,13055	65	0,18055	83	0,23055
12	0,03333	30	0,08333	48	0,13333	66	0,18333	84	0,23333
13	0,03611	31	0,08611	49	0,13611	67	0,18611	85	0,23611
14	0,03888	32	0,08888	50	0,13888	68	0,18888	86	0,23888
15	0,04166	33	0,09166	51	0,14166	69	0,19166	87	0,24166
16	0,04444	34	0,09444	52	0,14444	70	0,19444	88	0,24444
17	0,04722	35	0,09722	53	0,14722	71	0,19722	89	0,24722
18	0.05	36	0,10	54	0,15	72	0,20	90	0,25

Tage	1 %	Tage	1 %	Tage	1 %	Tage	1 %	Tage	1 %
91	0,25277	145	0,40277	199	0,55277	253	0,70277	307	0,85277
92	0,25555	146	0,40555	200	0,55555	254	0,70555	308	0,85555
93	0,25833	147	0,40833	201	0,55833	255	0,70833	309	0,85833
94	0,26111	148	0,41111	202	0,56111	256	0,71111	310	0,86111
95	0,26388	149	0,41388	203	0,56388	257	0,71388	311	0,86388
96	0,26666	150	0,41666	204	0,56666	258	0,71666	312	0,86666
97	0,26944	151	0,41944	205	0,56944	259	0,71944	313	0,86944
98	0,27222	152	0,42222	206	0,57222	260	0,72222	314	0,87222
99	0,275	153	0,425	207	0,575	261	0,725	315	0,875
100	0,27777	154	0,42777	208	0,57777	262	0,72777	316	0,87777
101	0,28055	155	0,43055	209	0,58055	263	0,73055	317	0,88055
102	0,28333	156	0,43333	210	0,58333	264	0,73333	318	0,88333
103	0,28611	157	0,43611	211	0,58611	265	0,73611	319	0,88611
104	0,28888	158	0,43888	212	0,58888	266	0,73888	320	0,88888
105	0,29166	159	0,44166	213	0,59166	267	0,74166	321	0,89166
106	0,29444	160	0,44444	214	0,59444	268	0,74444	322	0,89444
107	0,29722	161	0,44722	215	0,59722	269	0,74722	323	0,89722
108	0,30	162	0,45	216	0,60	270	0,75	324	0,90
109	0,30277	163	0,45277	217	0,60277	271	0,75277	325	0,90277
110	0,30555	164	0,45555	218	0,60555	272	0,75555	326	0,90555
111	0,30833	165	0,45833	219	0,60833	273	0,75833	327	0,90833
112	0,31111	166	0,46111	220	0,61111	274	0,76111	328	0,91111
113	0,31388	167	0,46388	221	0,61388	275	0,76388	329	0,91388
114	0,31666	168	0,46666	222	0,61666	276	0,76666	330	0,91666
115	0,31944	169	0,46944	223	0,61944	277	0,76944	331	0,91944
116	0,32222	170	0,47222	224	0,62222	278	0,77222	332	0,92222
117	0,325	171	0,475	225	0,625	279	0,775	333	0,925
118	0,32777	172	0,47777	226	0,62777	280	0,77777	334	0,92777
119	0,33055	173	0,48055	227	0,63055	281	0,78055	335	0,93055
120	0,33333	174	0,48333	228	0,63333	282	0,78333	336	0,93333
121	0,33611	175	0,48611	229	0,63611	283	0,78611	337	0,93611
122	0,33888	176	0,48888	230	0,63888	284	0,78888	338	0,93888
123	0,34166	177	0,49166	231	0,64166	285	0,79166	339	0,94166
124	0,34444	178	0,49444	232	0,64444	286	0,79444	340	0,94444
125	0,34722	179	0,49722	233	0,64722	287	0,79722	341	0,94722
126	0,35	180	0,50	234	0,65	288	0,80	342	0,95
127	0,35277	181	0,50277	235	0,65277	289	0,80277	343	0,95277
128	0,35555	182	0,50555	236	0,65555	290	0,80555	344	0,95555
129	0,35833	183	0,50833	237	0,65833	291	0,80833	345	0,95833
130	0,36111	184	0,51111	238	0,66111	292	0,81111	346	0,96111
131	0,36388	185	0,51388	239	0,66388	293	0,81388	347	0,96388
132	0,36666	186	0,51666	240	0,66666	294	0,81666	348	0,96666
133	0,36944	187	0,51944	241	0,66944	295	0,81944	349	0,96944
134	0,37222	188	0,52222	242	0,67222	296	0,82222	350	0,97222
135	0,375	189	0,525	243	0,675	297	0,825	351	0,975
136	0,37777	190	0,52777	244	0,67777	298	0,82777	352	0,97777
137	0,38055	191	0,53055	245	0,68055	299	0,83055	353	0,98055
138	0,38333	192	0,53333	246	0,68333	300	0,83333	354	0,98333
139	0,38611	193	0,53611	247	0,68611	301	0,83611	355	0,98611
140	0,38888	194	0,53888	248	0,68888	302	0,83888	356	0,98888
141	0,39166	195	0,54166	249	0,69166	303	0,84166	357	0,99166
142	0,39444	196	0,54444	250	0,69444	304	0,84444	358	0,99444
143	0,39722	197	0,54722	251	0,69722	305	0,84722	359	0,99722
144	0,40	198	0,55	252	0,70	306	0,85	360	1,00

Amortisationstabelle

Die Amortisationstabelle setzt uns in den Stand, bei einem Tilgungsdarlehen (Tilgungshypothek) zu errechnen, wie lange der Schuldner Zinsen und Tilgungssatz zahlen muss, um den Gläubiger wegen Kapital und Zinsen zu befriedigen. Das Wesen der Tilgungsschuld besteht darin, dass der Schuldner an jedem Zahlungstermin den gleichen Betrag, die sog. Annuität, bezahlt. Mit jeder Rate wird die Kapitalschuld geringer; der Zinsbetrag (Anteil der Zinsen) an der Annuität verringert sich mehr und mehr, während sich gleichzeitig der Tilgungsbetrag ständig erhöht.

Zinssatz	Tilgungssatz														
	1/2	3/4	1	1 1/4	1 1/2	1 3/4	2	2 1/4	2 1/2	2 3/4	3	3 1/4	3 1/2	3 3/4	4
2	81,27	65,60	55,47	48,25	42,77	38,48	35,00	32,12	29,67	27,59	25,78	24,81	22,81	21,58	20,47
2 1/4	76,60	62,30	52,95	46,27	41,18	37,15	33,86	31,15	28,83	26,85	25,15	23,63	22,31	21,12	20,06
2 1/2	72,55	59,38	50,73	44,48	39,71	35,91	32,82	30,26	28,07	26,18	24,55	23,10	21,81	20,67	19,65
2 3/4	68,97	56,76	48,71	42,85	38,38	34,80	31,86	29,42	27,34	25,54	23,96	22,59	21,37	20,27	19,28
3	65,81	54,44	46,87	41,39	37,17	33,76	30,97	28,65	26,66	24,93	23,44	22,12	20,92	19,86	18,91
3 1/4	62,97	52,33	45,24	40,05	36,04	32,80	30,17	27,92	26,04	24,38	22,92	21,65	20,52	19,50	18,58
3 1/2	60,44	50,41	43,70	38,78	34,96	31,90	29,40	27,27	25,44	23,84	22,46	21,24	20,15	19,16	18,27
3 3/4	58,13	48,65	42,32	37,64	34,03	31,10	28,67	26,62	24,86	23,36	22,03	20,81	19,76	18,80	17,93
4	56,02	47,06	41,03	36,57	33,12	30,32	28,01	26,05	24,35	22,86	21,58	20,44	19,42	18,49	17,65
4 1/4	54,09	45,56	39,81	35,58	32,28	29,58	27,37	25,47	23,83	22,43	21,20	20,09	19,10	18,20	17,38
4 1/2	52,30	44,20	38,70	34,65	31,48	28,88	26,75	24,92	23,38	22,02	20,78	19,72	18,75	17,87	17,12
4 3/4	50,65	42,89	37,67	33,77	30,72	28,27	26,21	24,44	22,90	21,60	20,44	19,40	18,46	17,61	16,83
5	49,14	41,72	36,69	32,94	30,05	27,64	25,65	23,94	22,50	21,23	20,10	19,09	18,18	17,36	16,60
5 1/2	46,40	39,58	34,91	31,48	28,74	26,53	24,66	23,10	21,69	20,50	19,43	18,48	17,61	16,82	16,15
6	44,02	37,67	33,38	30,16	27,59	25,51	23,75	22,29	21,00	19,82	18,81	17,90	17,13	16,38	15,69

Anwendung: Beispiel: 4 % Zinsen und 1 % Tilgung. Dann ist die Annuität, d. h. der Betrag, den der Schuldner alljährlich insgesamt zu zahlen hat, 5 %. Aus der Tabelle liest man die Zahl 41,03 ab. Das bedeutet, der Schuldner muss die Annuität von 5 % 41 Jahre lang zahlen, mit der letzten Rate muss er noch den Kapitalrest von 0,03 mal 5 % = 0,15 % zahlen.

Hebegebühr (Nr. 1009 RVG-VV/§ 149 KostO)

Die Mindestgebühr beträgt 1 Euro. Die Hebegebühr ist daher bis auf den Cent genau zu berechnen. Lediglich Beträge unter einem Cent werden auf einen vollen Cent angehoben; ab 0,5 Cent wird aufgerundet (§ 2 Abs. 2 S. 2 RVG/§ 32 Abs. 2 KostO). Die früher gängigen Tabellen zur Hebegebühr sind nach Wegfall der Aufrundungsvorschrift zum 1.1.2002 daher nicht mehr praktikabel.

Die Höhe der Hebegebühren errechnet sich nach Nr. 1 bis 3 wie folgt:

- Nr. 1: Bei Auszahlungen bis zu 2.500 Euro einschließlich erhält der Anwalt
  - aus dem Auszahlungsbetrag 1,0 %, mindestens 1 Euro.
- Nr. 2: Bei einem Betrag über 2.500 Euro bis zu 10.000 Euro einschließlich erhält er
  - 1,0 % aus 2.500 Euro = 25,00 Euro
  - aus dem darüber hinausgehenden Wert weitere 0,5 %.
- Nr. 3: Bei Zahlungen über 10.000 Euro steht ihm zu:
  - 1,0 % aus 2.500 Euro = 25,00 Euro
  - zuzüglich 0,5 % aus 7.500 Euro = 37,50 Euro
  - aus dem Mehrwert über 10.000 Euro weitere 0,25 %.

Berechnungsbeispiele nach Nr. 1009 VV	Nr. 1: 1 %	Nr. 2: 0,5 %	Nr. 3: 0,25 %	Summe
Beispiel 1: 50,00 € Lösung: Die Gebühr beträgt 1 Euro (Mindestgebühr).	0,50 €			**1,00 €**
Beispiel 2: 2.000,00 € Lösung: Die Gebühr beträgt 20 Euro (1 % von 2.000 Euro).	20,00 €			**20,00 €**
Beispiel 3: 4.000,00 € Lösung: Die Gebühr beträgt 32,50 Euro (1 % von 2.500 Euro und 0,5 % von 1.500 Euro).	25,00 €	7,50 €		**32,50 €**
Beispiel 4: 15.000,00 € Lösung: Die Gebühr beträgt 75,00 Euro (1 % von 2.500 Euro, 0,5 % von 7.500 Euro und 0,25 % von 5.000 Euro).	25,00 €	37,50 €	12,50 €	**75,00 €**

Abrechnungsgrundsätze bei der Verkehrsunfallschadenregulierung

Die Abwicklung von Unfallschäden gegenüber Kfz-Haftpflichtversicherern sollte möglichst unkompliziert und unbürokratisch gestaltet werden. Unnötige Diskussionen bei der Abrechnung mit Versicherern sollten, wenn möglich, vermieden werden. Einige Haftpflichtversicherer haben vor diesem Hintergrund darüber informiert, dass sie Rechtsanwaltsgebühren bei Schadensfällen nach den nachstehenden Grundsätzen abrechnen werden. Die Verfahrensweise wird nur gegenüber den Anwälten und Anwältinnen angewandt, die sich mit ihr in allen Fällen uneingeschränkt einverstanden erklären.

I. Abrechungsgrundsätze

1. Bei der vollständigen außergerichtlichen Regulierung von Haftpflichtschäden (Kraftfahrzeughaftpflicht und Allgemeine Haftpflicht) im Rahmen ihrer Eintrittspflicht wird eine Geschäftsgebühr von 1,8 nach Nr. 2400 VV-RVG aus dem Entschädigungsbetrag gezahlt, ohne Rücksicht darauf, ob der Fall schlicht abgerechnet, verglichen oder besprochen wurde.
2. Sind Gegenstand der Regulierung (auch) Körperschäden, erhöht sich die Gebühr ab einem Gesamterledigungswert von 10.000,00 Euro auf 2,1.
3. Vertritt der Rechtsanwalt mehrere durch ein Unfallereignis Geschädigte,[1] so errechnet sich der Gegenstandswert aus der Summe der Erledigungswerte. Die Gebühr erhöht sich in diesen Fällen auf 2,4.
4. Sind Gegenstand der Regulierung in den Fällen zu Ziffer 3 (auch) Körperschäden, so erhöht sich die Gebühr ab einem Gesamterledigungswert von 10.000,00 Euro auf 2,7.

II. Liste der Versicherer

Angeboten werden diese Abrechnungsgrundsätze von folgenden Versicherern:
- Allianz (einschließlich VVD und OVD)[2]
- DEVK[3]
- Öffentliche Landesbrandkasse Versicherungen Oldenburg[4]
- VGH Landwirtschaftliche Brandkasse Hannover[5]
- VHV.[6]

Die Württembergische Versicherung bietet ebenfalls die vorstehenden Abrechnungsgrundsätze an, allerdings nicht generell, sondern nur mit bestimmten Kanzleien im Einzelfall.

---

[1] Gemeinschaftliche Beteiligung wie bei Anm. 1 zu Nr. 1008 VV-RVG ist nicht erforderlich.
[2] Beauftragung des Anwalts nach dem 30. 6. 2004.
[3] Schadensfälle nach dem 30. 6. 2004.
[4] Schadensfälle ab dem 1. 10. 2004.
[5] Schadensfälle ab dem 1. 7. 2004, soweit sie nicht schon vor dem 31. 10. 2004 abgerechnet worden sind.
[6] Schadensfälle ab dem 1. 1. 2005.

III. Übersicht: Gebührensätze

	ein Auftraggeber	mehrere Auftraggeber[7]
Nur Sachschaden	1,8	2,4
Personenschaden (und Sachschaden) bei einem Gesamterledigungswert unter 10.000 Euro	1,8	2,4
Personenschaden (und Sachschaden) ab einem Gesamterledigungswert von 10.000 Euro	2,1	2,7

---

[7] Gemeinschaftliche Beteiligung wie bei Anm. 1 zu Nr. 1008 VV-RVG ist nicht erforderlich.